《过程思维丛书》编委会

主编 陶秀璈　王治河

编委（以姓氏笔画为序）

丁立群	于奇智	王立志	王成兵	王志成	王秀阁
王治河	艾四林	史瑞杰	冯石岗	李小娟	李　方
李素霞	成长春	邢建昌	曲跃厚	刘孝廷	任　平
朱小蔓	朱葆伟	乔瑞金	张妮妮	汪小熙	孟根龙
陈　忠	杨　深	赵鹤龄	赵伶俐	金惠敏	杨富斌
欧阳康	俞懿娴	高春花	高峰强	黄　铭	黄瑞雄
黄书进	袁祖社	陶秀璈	韩　震	商红日	裴　勇
裴娣娜	蔡　仲	鲍宗豪	霍桂桓	樊美筠	薄洁萍

未名·过程思维丛书

怀特海自然哲学
——机体哲学初探

俞懿娴 著

北京大学出版社
PEKING UNIVERSITY PRESS

图书在版编目(CIP)数据

怀特海自然哲学:机体哲学初探/俞懿娴著.—北京:北京大学出版社,2012.3
(未名·过程思维丛书)
ISBN 978-7-301-19658-8

Ⅰ.①怀… Ⅱ.①俞… Ⅲ.①怀特海,A.N.(1861~1947)-自然哲学-研究 Ⅳ.①B561.52

中国版本图书馆 CIP 数据核字(2011)第 220205 号

书　　名:怀特海自然哲学——机体哲学初探
著作责任者:俞懿娴　著
组　　稿:杨书澜
责 任 编 辑:魏冬峰
标 准 书 号:ISBN 978-7-301-19658-8/B·1018
出 版 发 行:北京大学出版社
地　　址:北京市海淀区成府路205号　100871
网　　址:http://www.pup.cn　电子邮箱:weidf02@sina.com
电　　话:邮购部 62752015　发行部 62750672　编辑部 62750673
　　　　　出版部 62754962
印 　刷 　者:三河市博文印刷厂
经 　销 　者:新华书店
　　　　　965 毫米×1300 毫米　16 开本　20 印张　333 千字
　　　　　2012 年 3 月第 1 版　2012 年 3 月第 1 次印刷
定　　价:39.00 元

未经许可,不得以任何方式复制或抄袭本书之部分或全部内容。
版权所有,侵权必究
举报电话:010-62752024　电子邮箱:fd@pup.pku.edu.cn

原 序

本书的目的在探讨西方当代过程哲学家怀特海（Alfred North Whitehead）在"机体哲学"发展的初期，他的"自然哲学"或者"自然科学哲学"的学说要旨。怀特海认为自然哲学的首要工作，在探讨自然知识背后预设的原理，剖析科学的基本概念，以及知觉与自然之间的关系。他的自然哲学或者科学哲学在讨论的议题上，虽然和当代科学哲学的主流"逻辑实证论"（logical positivism）颇多相同之处，但在哲学意图、哲学方法与实质内容上却颇有不同。逻辑实证论以唯物机械论与经验实证论为其预设，其目的在揭示科学理论的逻辑结构，为科学解释、科学概念，以及科学语言寻求逻辑的基础。而怀特海的自然哲学是受到20世纪初科学新发现——相对论与量子物理学的影响而产生的，主要目的在对古典物理学的唯物机械论加以批判。在西方，从17世纪牛顿发现万有引力、完成了古典物理学的建立起，"机械论的宇宙"便取代了传统"目的论的宇宙"。根据唯物机械论，作为一具大机械的宇宙，是由无数具有质量的物质粒子散布在绝对时空之中所构成，其中粒子的位置与运动均遵循机械物理的法则，可以测量与预测。诚如18世纪法国物理学家拉普拉斯（Pierre-Simon Laplace，1749—1827）所构想，如果有人能知道所有自然界中作用的力，以及构成世界万事万物的位置，他就能把握大至天体、小至原子，一切物质的运动，无论是过去的、现在的或是未来的——所有物质的运动。唯物机械论中的自然就是因果决定的自然，这样的自然据怀特海说来，是以"简单定位"（simple location）作为预设，由具有质量的物质占据一刹那的时间、一定点的空间所构成。这是一个无声、无色、无味、没有意义、没有目的、没有价值的宇宙。1977年诺贝尔奖得主普里戈金（I. Prigogine）说得好："科学成功地展开了与自然的对话。不过这对话最初的结果是发现了一个沉寂的世界。这是古典科学的一大吊诡;它对人展示了一个死寂的、被动的自然,一个像自动机器般的自然,一旦这机器给设定好了,就会依照设定的程序运作下去。以这意义而言,人与自然的对话不但没有拉近人和自然的距离,反而使得人在自然界里更为孤立。这一项人类理性的胜利变为一个悲哀的真理。科学似乎贬抑(debase)了任何它所触碰到的东西的价值。"(见《从混沌到有序》,*Order out of Chaos*)

古典物理学除了确立了机械宇宙论,更重要的是使人相信永恒、普遍而客观的真理是可以取得的。小至物质粒子的存在,大至天体运行,都遵循一个相同的物理法则。这样乐观的、静态的机械宇宙观,到了 20 世纪先后受到爱因斯坦(Albert Einstein,1879—1955)的相对论与量子物理学的挑战。伽利略认为物体运动必然有一不动的背景供其参照,爱因斯坦否认自然界有这样不动的背景,所有的运动都是相对的,凡从运动的地球上进行观测一定有误差。其一,移动的物体之间各具有相对的时空套具(space-time continuum),时空也是相对的,真实自然的时空不是牛顿一度进向的绝对时间以及三度进向的绝对空间。其二,在真空中的光速对任何静者恒静、动者恒动的观察者而言都是一样的,这意味着时间与空间并不像牛顿所主张是全然不同的,而是可以互换的。其三,爱因斯坦不仅消除了时空的绝对区分,也消除了质量与能量的绝对区分,他认为当物体以接近光速运动时,就会取得质量,质能可以互相转换。其四,在重力作用下,物体运动最短的距离不是直线,而是曲线,因为在重力场里,物质使得时空弯曲。爱因斯坦的理论虽然不是对牛顿物理学的全盘否定,却是对传统的时空物质观革命性的诠释。

随着爱因斯坦相对论之后,量子物理学带来另一波的物理学革命。在巨观宇宙的系统中,牛顿的物理学与爱因斯坦的相对论都可以解释物体运动的现象,但是在微观的粒子世界,机械论便不适用了,必须以几率论(probabilism)取而代之。首先基本粒子如电子具有波动与粒子的双重个性(a duality of wave and particle),使得自牛顿与惠更斯(Christian Huygens,1629—1695)以来,对于光究竟是粒子还是波动的争议失去焦点,使人不能再运用简单的二分法描述宇宙实在。电子既有波动的性质,它的运动就不是机械性的。发现原子轨道模型的玻尔(Niels Bohr,1885—1962)就说电子是以跳跃的方式从一个轨道到另一个轨道,藉以释放能量,而这"跳跃"是几率性的,不是机械因果决定的。接着海森伯格(Werner Karl Heisenberg,1909—1976)提出"测不准定理"(the principle of uncertainty):对于基本粒子、量子的测量,由于测量本身必然造成扰动,使得

原 序

我们无法同时测得粒子运动的位置与速度。"量子现象"显示没有绝对客观的观察与测量,所有的测量皆有主观的参与(subjective participation)。在面对量子物理学的挑战时,爱因斯坦虽然坚称"上帝不会玩骰子",但已无法挽回古典物理学与相对论的机械论为几率论取而代之的局面。

怀特海自然哲学正是以这些科学革命为背景的。虽然他对于量子物理学在1924年以后的发展似乎并未深究,在他的著作中,不曾提及海森伯格、德布罗意(de Broglie)等人的理论,但是他以"韵律"(rhythm)、"模式"(pattern)的概念描写"自然基本的事实",和那些新的科学理论是相容的。根据科学的新发现,怀特海提出"经验的自然便是真实的自然"这样的论点,说明感官与思想、经验与理性、知觉与自然、心与物、主与客、内在与外在,具处于连续不绝的时空关系之中,这关系是"交锁关联"(interrelated)的,也就是日后他所谓是"机体性的"(organismic)。怀特海根据科学理论本身提供的材料,以真实经验为后盾,藉以打倒机械唯物论的苦心是十分明显的。他的睿智与洞见,影响了不少当代的理论物理学家,如普里戈金与玻姆(David Bohm)等人。

不过本书的目的是哲学的,不是科学的。"自然哲学"之所以是"哲学",在于它所处理的是自然科学理论的基本概念,以及理论背后的普遍预设,而不是科学知识本身,因此除非必要,相关科学理论本身的讨论并非本书探讨的课题。同时怀特海的自然哲学和西方当代的过程哲学家、机体论者、新实在论者与批判实在论者,以及实用主义者有不少声息相通之处,本书也在尽可能的范围内加以介绍。然而更为完整与细节的说明,则不是本书的篇幅所能处理的,有待另一本专著为之。

本书的写作有如奥迪赛(Odyssey)的旅程,在哲学的大海往返迷航了近二十年,如果没有家母的鼓励,程师石泉的督促并提供宝贵的意见,本书难有与读者相见之日。本书的出版,要感谢正中书局,不过其中有任何错误,当由作者负责。

俞懿娴
2000年12月3日于台中大度山

再版序

怀特海的机体哲学（philosophy of organism）和过程思想（process thought）是当代西方思潮的一朵奇葩；不同于分析哲学（含逻辑哲学、科学哲学、认知哲学、心灵哲学、语言哲学等等）强调"分析"（analysis），欧陆哲学（含存在主义、现象学、诠释学等等）、后现代哲学（含后实用主义、当代德法语哲学、后结构主义、解构主义、批判理论等等）强调"存在"（existence）、"先验"（a priori）或"差异"（difference），机体哲学所重视的是"过程"（process）、"有机"（organicity）和"创化"（creativity）；不仅提供当代哲学另一项选择，且和中国传统整体圆融的思维模式最为接近，不容吾人忽视。

"过程"（process）和"机体"的概念，对中国人而言并不陌生。易言"生生"，老子言"抱一得一"，华严天台言"一即一切，一切即一"等等；正如李约瑟（Joseph Needham）在《大滴定》（*The Grand Titration*）《时间和东方人》一文中曾说："中国文化的永恒哲学是有机的自然主义（organic naturalism）；那不变地接受时间的实在性与重要性。"中国古代思想的确充满过程和机体的元素。而怀特海在20世纪初期提出机体哲学，也不乏西方哲学传统的依据。在古希腊时期，柏拉图（Plato）、亚里士多德（Aristotle）和斯多噶学派（the Stoics）皆主张宇宙万有为一有目的、有意图、有秩序的有机整体，其中弥布生机不已的世界灵魂（the world-soul）。然而这项生机弥漫的宇宙观却在17世纪科学兴起之后，被视为前科学的思想化石，从而为机械唯物论（mechanistic materialism）所取代。根据机械唯物的宇宙观，世界是由具有"惯性"（inertia）、没有目的、没有意图的物质所构成，其运动变化均遵循机械因果法则，容许甚少自由的空间。这使得西方自科学兴起之后，便长期陷于机械与目的、自然与精神、唯物与唯心、决定与自由、科技与人文、科学与宗教之间的对峙冲突。即使自笛卡儿（Rene Descartes）以降，斯宾诺莎（B. Spinoza）以最近乎机体一元论（organic monism）的泛神思想，莱布尼兹（G. W. Leibniz）以多元的精神单子论（monadology）以及从而衍生康德（I. Kant）的先验论（transcendentalism）和整个德国观念论（German idealism）传统，不断试图化解这些对立，却未能奏其功。

怀特海是少数西方当代哲学中企图化解现代科学文明和传统文化经验对立的另一项努力。基于对科学唯物论（scientific materialism）的批判和20世纪科学的新发现，尤其是量子物理学（quantum mechanics）和马克斯威尔（Maxwell）的电磁场论（the theory of electric-magnetic field），怀特海以动态的、相互关联的"事件"和"韵律"（rhythm）取代"物质"，以"关系"（relation）取代"实体"（substance）在传统哲学的地位，从而在认识论上，发展出以"意义"（significance）为核心的知觉论，并提出极具特色的对象论（doctrine of objects）、觉察论（doctrine of awareness）、流程论（doctrine of passage）和契入论（doctrine of ingression）。于是这早期的自然哲学里的"事件本体论"（event-ontology）取代了"唯物实体论"（materialistic substantialism），为其日后发展机体哲学奠下基础。本书之作便在介绍怀特海机体哲学发展萌芽阶段的这些主要学说及其产生的背景，其目的在引介怀特海哲学，主要的基调是"欣赏"和"理解"，并非"怀疑"和"批判"。

怀特海的机体哲学坚持哲学理性的价值，提供各种建立世界观所必备的观念、理想、价值、意义、目的、自我、上帝等概念元素，实为极具深度与广度的当代西方哲学。又怀特海曾认为他的哲学与"印度或者中国思想"相近，其追随者哈兹洵（Charles Hartshorne）受此影响，乃以佛教为一过程哲学，引发西方学者对佛教研究的兴趣，开启中西哲学重要的对话管道。1971年美国神学家兼哲学家小柯布（John B. Cobb, Jr.）与格里芬（David R. Griffin）为研究怀特海与哈兹洵的哲学，创立"过程研究中心"（Center for Process Studies），发行《过程研究》（Process Studies），多次举行怀特海国际学术研讨会，近年来更建立"国际过程网络"（International Process Network），致力促进世界各国过程思想之研究。与此同时，当代中国哲学家方东美与程石泉二先生也因过程哲学强调"创化过程"，而特别予以重视。他们一致认为西方过程哲学与中国哲学儒道两家，尤其是"易经哲学"以及"华严宗哲学"，颇有会通之处。而中西的创化过程思想均强调宇宙万物通体相关、超越各种极端主义与二元对立。可以期待在中西哲学家的共同努力之下，中国哲学与西方的过程哲学发展出在形上学、宇宙论、本体论、价值论、美学、伦理学、神学、语言哲学、方法学……种种比较研究。

值此 21 世纪，世界文明变局不已，自然科学迅速发展，国际之间信息科技、媒体传播、政治经济、交通卫生、文化教育、军事外交种种互动频繁，以及全球气候变迁、自然生态濒于崩溃、道德社会生态趋于瓦解……凡此种种均显示人与宇宙自然、人与社会、人与人之间实为交锁关联的有机整体，任何部分的问题皆会影响整体，而任何整体的问题也会影响部分。其间错综复杂、相依互补的关系，并非分析的心态所能穷究。此时怀特海的机体哲学所提供"创造综合"(creative synthesis)的新思维，或许有助于新世纪文明的开展。

本书得以和大陆读者相见，要感谢美国过程研究中心中国部主任王治河博士的大力推荐与改正以及北京大学出版社的协助。一本已出版了十年的书在再版时却没有太多的更正，可说是作者的懈怠，但也希望本书能以原貌接受大雅方家的批评指教。

俞懿娴
台湾台中东海大学哲学系
2011 年 7 月 21 日

目录

原序 / 1

再版序 / 1

第一章 / 1

绪论

第一节 自然哲学在怀特海哲学发展上的定位 1

第二节 自然哲学与相关学说 16

第二章 / 45

思想的组织

第一节 空间、时间和相对性 45

第二节 经验与思想 47

第三章 / 71

近代科学唯物论批判

第一节 科学唯物论与"简单定位" 71

第二节 自然两橛论 81

第三节 "简单定位"与"具体性错置" 90

第四章 / 98

意义论

第一节 巴克莱的两难 100
第二节 知觉、意义相关性与齐一意义 105

第五章 / 114

事件论

第一节 事件的特征 114
第二节 事件的外在性与延展抽象法 117
第三节 觉知事件与创生进程 123

第六章 / 127

对象论

第一节 "对象"和"事件"的区别 128
第二节 对象的种类 138
第三节 对象与对象、对象与事件之间的关系 142
第四节 以"对象"和"事件"为基础的知觉观 148

第七章 / 150

觉察论

第一节 觉察与思想 151
第二节 总体事实与柏格森的"疏导"概念 155
第三节 属性认识与相关性认识 157
第四节 观念性觉察 159
第五节 "自然对心灵封闭"的争议 160
第六节 "自然对心灵封闭"的真谛与柏格森的知觉论 165

第八章 / 170

时间与自然的流程

第一节 共存与觉知事件 170

第二节 怀特海的"流程"与柏格森的"时间" 174
第三节 时空的同构性与异质性 177
第四节 时段与"一刻" 178
第五节 自然的流程与心灵的流程 180

第九章 / 185

契入论

第一节 普遍契入 186
第二节 感觉对象之分析 189
第三节 知觉对象之分析 191
第四节 科学对象之分析 193
第五节 实体与属性之二元关系 193
第六节 殊相与共相之二元关系 195
第七节 多项复杂关系 197
第八节 齐一意义与表象属性 198
第九节 自然科学三概念 202
第十节 齐一意义与休谟论因果关系 204
第十一节 知觉的集合论与控制论 207

第十章 / 213

结论

附录一 / 223

怀特海自传

附录二 / 232

怀特海与机体哲学

一、怀特海的生平与著作 232
二、怀特海哲学发展阶段 245
三、机体思想发展 249

附录三 / 260

怀特海与后现代世界观

一、后现代世界观与后现代科学 265

二、怀特海对现代科学世界观的批判 270

三、建构的后现代世界观 278

参考书目 / 290

索引 / 297

第一章

绪论

第一节　自然哲学在怀特海哲学发展上的定位

怀特海（Alfred North Whitehead，1861—1947）的自然哲学（philosophy of nature）或自然科学哲学（philosophy of natural science）——更精确地说是科学哲学（philosophy of science）①在他的机体哲学（philosophy of organism）发展上，占据了关键性的地位。原来是数学家与数理逻辑学家的怀特海，从1914年起到1924年之间，开始致力于自然科学哲学的研究，探讨自然科学知识的原理以及自然的概念。这些研究不仅本身具有高度的原创性，也说明了怀特海早期哲学思想的发展是以认识论为主要的课题，

---

① 怀特海的"自然哲学"便是他的"自然科学哲学"。在西方哲学传统中，自然哲学旨在探讨外在自然世界的"实在性"（reality）与普遍原理，以宇宙论和本体论为主要课题。怀特海受到自然科学的影响，认为探讨"自然科学知识原理"是哲学的主要功能，因而以认识论和本体论作为自然科学哲学，即科学哲学的主要课题，包括探讨自然科学基本概念的原理，如时间、空间、运动、测量等等。然而他一向认为科学哲学研究的最终目的在发现"自然终极的事实"（the ultimate facts of nature），就这点而言，科学哲学与自然哲学并没有实质上的不同，可以说自然哲学涵盖了自然科学哲学。本书在此不区分二者。

在形上学方面,虽然他发展出来"事件本体论"(event-ontology),但是对于宇宙论和价值论方面的研究,则被他刻意地搁置一旁。而形上学被他刻意地排除在外。另一方面怀特海的自然哲学也正指示了他的机体思想的萌发;其中两大主轴一是驳斥科学唯物论(scientific materialism)的种种谬误,一是发展以"事件论"(doctrine of events)和"对象论"(doctrine of objects)为核心的知觉论,根据知觉论提出自然是"过程"(process)、是"创化进程"(creative advance)的理念。本书的目的便在根据怀特海早期自然哲学的主要著作,《思想的组织》(*The Organisation of Thought Educational and Scientific*)①、《自然知识原理探究》(*An Enquiry concerning the Principles of Natural Knowledge*)②、《自然的概念》(*Concept of Nature*, 1920)③、《相对性原理》(*The Principle of Relativity*, 1922)④与《齐一性与偶然性》("Uniformity and Contingency")⑤一文,以及《科学与现代世界》(*Science and the Modern World*)⑥中相关的部分,探讨怀特海自然哲学要旨,以及其中含蕴的重要机体思想。至于机体哲学思想本身与《科学与现代世界》中的相关学说,则有待另一本书处理之。

怀特海是西方当代最重要的哲学家之一,应是毋庸置疑的。在西方当代哲学界一片反形上学的声浪之中,怀特海坚持哲学传统,肯定哲学的思辨功能,进而发展出绵密复杂的宇宙论与形上学体系,使他在西方哲学史上取得了有如柏拉图一般的地位。在英美分析学派与欧陆现象学派两大学术势力之外,他一面建立自己的机体哲学,一面为过程哲学(process philosophy)另辟门户,影响更是深远广泛。怀特海生前在英美国便已名重士林,死后数十年间他的学说著作仍为学者讨论不休。到了1971年,

---

① A. N. Whitehead, *The Organisation of Thought Educational and Scientific* (London: Williams and Norgate, 1917).

② A. N. Whitehead, *An Enquiry concerning the Principles of Natural Knowledge* (New York: Dover Publications, Inc., 1982).

③ A. N. Whitehead, *Concept of Nature* (London: Cambridge University Press, 1920).

④ A. N. Whitehead, *The Principle of Relativity* (London: Cambridge University Press, 1922).

⑤ A. N. Whitehead, "Uniformity and Contingency," in *Essays in Science and Philosophy* (New York: Philosophical Library, 1947), pp. 132—148.

⑥ A. N. Whitehead, *Science and the Modern World* (New York: The Macmillan Company, 1925).

他在美国著名的追随者哈兹洵(Charles Hartshorne)的弟子小柯布(John B. Cobb, Jr.)和福特(Lewis Ford)邀集了巴包(Ian Baubour)、科派(Milic Capek)、克司勤(William Christian)、劳伦斯(Nathaniel Lawrence)、来克瑞(Ivor Leclerc)、罗威(Victor Lowe)、施密特(Paul Schmidt)、歇本(Donald Sherburne)等怀特海学者,发行《过程研究》(Process Studies)杂志,数十年不歇,发起了一场过程神学运动(the movement of process theology)。迄今以加州克来蒙神学院(The School of Theology at Claremont)为中心的"过程研究中心"(The Center for Process Studies)仍定期发行刊物,举行国际学术会议,研讨怀特海和哈兹洵的思想。

生平与著作

怀特海出生在19世纪英国维多利亚女王时代典型的乡绅家庭,他的祖父、父亲、长辈亲戚都在地方担任神职或教职的领导工作,家庭教育严格良好。① 由于幼年体弱多病,他一直留在家中受教,直到14岁才正式入学。经过英国传统古文中学的绅士教育,在1880年他进入剑桥大学三一学院(Trinity College, Cambridge University)主修数学。1885年毕业,他接受了剑桥大学的教职,直到1910年离开剑桥为止。1898年怀特海出版了《普遍代数论》(A Treatise on Universal Algebra, with Applications)一书,②1905年发表《论物质世界的数学概念》("On Mathematical Concepts of the Material World")一文,③批评现代科学物质观。1906年与1907年接着分别出版两册与几何学有关的小书《投影几何公设》(The Axioms of Projective Geometry)和《描写几何公设》(The Axioms of Descriptive Geome-

---

① 有关怀特海的生平,参见 A. N. Whitehead, "Autobiographical Notes," "Memories," "The Education of an Englishman," in *Essays in Science and Philosophy* (New York: Philosophical Library, 1948); Nathaniel Lawrence, "Biography," *Alfred North Whitehead A Primer of His Philosophy* (New York: Twayne Publishers, Inc., 1974), pp. 11—24。

② A. N. Whitehead, *A Treatise on Universal Algebra with Applications* (Cambridge: Cambridge University Press, 1898).

③ A. N. Whitehead, "On Mathematical Concepts of the Material World," in *Alfred North Whitehead: An Anthology*, eds. F. S. C. Northrop and Mason W. Gross (New York: Macmillan Co., 1953).

try),这两本书可视为《普遍代数论》的"公设附录"(appendix of axioms)。① 1910 年离开剑桥大学之后,隔一年前往伦敦大学(University College, London)任教,于此期间他先写了《数学导论》(An Introduction to Mathematics)②,接着为《大英百科全书》(Encyclopedia Britannica)撰写"数学的性质"("Mathematics, Nature of")的辞目,随后和罗素(Bertrand Russell)合作,从 1910 年起到 1913 年间陆续出版《数理大全》(Principia Mathematica)三册,③为当代的符号逻辑奠下基础。直到此时,哲学家怀特海还不曾出现,虽然他已遵照柏拉图理想的教育蓝图,接受了最好的前哲学预备训练:研究数学与几何学。

1912 年之后,怀特海的研究兴趣开始有明显的转变,一是对教育,一是对自然。他陆续发表一些关于数学教育、技术教育、通识教育的论文,其中以《教育的目的》("The Aims of Education", 1916)最为著名。同时他也开始研究重要的自然科学概念,探讨科学思想与知觉经验之间的关系,《思想的组织》("The Organisation of Thought", 1916)便是代表作。1917 年他以"思想的组织"为题,出版《思想的组织:教育的和科学的》一书,搜集了从 1912 年到 1917 年间的相关论文。其中有关科学哲学部分的有《空间、时间和相对论》("Space, Time, and Relativity", 1915)、《思想的组织》、《某些科学观念的剖析》("The Anatomy of Some Scientific Ideas", 1917)等三篇。1918 年第一次世界大战结束,战争期间他痛失爱子。1919 年以纪念爱子为名,怀特海出版了《自然知识原理探究》,是为他有系统地论述自然哲学的第一部著作。往后在短短的三年中,他陆续出版《自然的概念》和《相对性原理》两本书,不断重复探讨与《自然知识原理探究》相同的主题。1922 年他在"亚里士多德学会"(Aristotelian Society)发表的论文《齐一性与偶然性》,以及在"詹姆士—史高特讲座"(James-Scott Lecture)发表的《相关性》("Relatedness")均属同类性质的文章。这时我们有了一位对科学哲学与自然概念深感兴趣的跨行哲学家,虽然他提出了一套"事件本体论"(event-ontology),但对于形上学保持相当的距离。

---

① Victor Lowe, "The Development of Whitehead's Philosophy," in *The Philosophy of A. N. Whitehead*, ed. Paul A. Schilpp (Illinois: Open Court, 1951), p.47.

② A. N. Whitehead, *An Introduction to Mathematics* (London: Home University Library of Modern Knowledge, 1911).

③ A. N. Whitehead & B. Russell, *Principia Mathematica*, 3 vols. (Cambridge: Cambridge University Press, 1910-1913).

第一章
绪论

1924年，怀特海已经63岁了，他从"肯辛顿皇家科学技术学院"（Imperial College of Science and Technology in Kensington）退休，接受美国哈佛大学（Harvard University）校长罗威尔（President Lowell）的邀请，举家移居新大陆，展开了他最重要的哲学生涯。1925年出版《科学与现代世界》、1926年出版《形成中的宗教》（*Religion in the Making*）①、1927年出版《象征其意义与作用》（*Symbolism Its Meaning and Effect*）②、《过程与实在》（*Process and Reality*）③、《理性的功能》（*Function of Reason*）④、1933年出版《观念的历险》（*Adventures of Ideas*）⑤、1938年出版《思想的形态》（*The Modes of Thought*）⑥。这些著作呈现了怀特海哲学最丰富、最成熟的面貌，其中又以《过程与实在》最为著名，这是他机体哲学与过程宇宙论（process cosmology）的代表之作。

哲学发展分期

由前述简介可知，怀特海思想发展至少经历了三个时期：即数学与逻辑时期、自然哲学或自然科学哲学时期以及形上学与宇宙论时期。这样的分期符合大多数怀特海学者的看法。罗威即认为怀特海在其学术生涯的第一时期致力于数学与逻辑的研究，第二时期致力于自然科学哲学，第三时期致力于形上学以及形上观念在文明历史上扮演的角色。⑦ 克司勤

---

① A. N. Whitehead, *Religion in the Making* (New York: The Macmillan Company, 1926).

② A. N. Whitehead, *Symbolism Its Meaning and Effect* (New York: The Macmillan Company, 1927).

③ 西方学者多认为怀特海最重要的哲学成就即《过程与实在》（*Process and Reality*）一书，怀氏则称该书——事实上是他在爱丁堡大学（University of Edinburgh）一系列的吉福讲座（Gifford Lectures）合编成册——旨在阐扬"机体哲学"的传统。A. N. Whitehead, eds. D. R. Griffin and D. W. Sherburne, corrected edition, *Process and Reality* (New York: The Free Press, 1978).

④ A. N. Whitehead, *The Function of Reason* (Princeton: Princeton University Press, 1929).

⑤ A. N. Whitehead, *Adventures of Ideas* (New York: The Free Press, 1961).

⑥ A. N. Whitehead, *Modes of Thought* (New York: The Macmillan Company, 1927).

⑦ Victor Lowe, "The Development of Whitehead's Philosophy," *The Philosophy of A. N. Whitehead*, p.1.

也认为怀特海的著作可分为三期:第一期在剑桥以及伦敦大学学院时,研究数学与逻辑。第二期在伦敦皇家科学技术学院,自1914年起,研究自然科学哲学。第三期自1924年起在哈佛大学转而研究思辨哲学。① 梅斯(Wolfe Mays)与克司勤持相同看法,认为怀特海的三期著作分别为数学与数学逻辑、自然哲学(于其中怀特海似乎提出一反映自然世界的逻辑结构,藉以说明数学与物理的概念如何衍生自经验的事实),以及形上学时期。② 施密特的见解稍有不同,他根据怀特海知觉论的发展指出《论物质世界的数学概念》一文与《思想的组织》代表怀特海早期逻辑思想,《自然知识原理探究》、《自然的概念》、《相对性原理》代表他的科学哲学思想,《科学与现代世界》、《过程与实在》、《观念的冒险》则代表他的宇宙论思想。③ 而劳伦斯完全不考虑怀特海在1919年以前的著作,将怀特海的思想发展分为三期:1919年到1922年的早期自然哲学时期,1925年到1927年的转变期,以及1929年到1938年宇宙论的成熟期。④

早期哲学与晚期哲学关系之争议

虽然各家对于怀特海思想发展的分期没有太大的不同,但对于各时期之间的关系,却颇多争议。究竟怀特海早期数学与逻辑思想,是否为他晚期形上学与宇宙论思想做了准备？还是他认为逻辑与数学哲学过于抽象且狭隘,造成他思想上的瓶颈,以致完全放弃这方面的研究,而从事自然哲学方面的研究,再转而致力于形上学与宇宙论？他的形上学是逐步渐进地发展而成？还是舍弃旧思想的创新与突破？他的自然哲学思想是机体哲学的源头？还是被放弃了的旧思想？质而言之,他的思想发展是断续的(discontinuous)？还是延续的(continuous)？

对于上述问题,克司勤认为数学物理学(mathematical physics)引导了

---

① 参见 William A. Christian, *An Interpretation of Whitehead's Metaphysics* (1959, Westport, Connecticut: Greenwood Press, Publishers, 1977), p.1。

② W. Mays, *The Philosophy of Whitehead* (London: George Allen & Unwin Ltd., 1959), p.17.

③ Paul F. Schmidt, *Perception and Cosmology in Whitehead's Philosophy* (New Jersey: New Brunswick, 1967), p.3.

④ Nathaniel Lawrence, *Whitehead's Philosophical Development* (New York: Greenwood Press, Publishers, 1968), xix.

怀特海研究自然哲学,就好像自然哲学的问题引导他研究思辨哲学一样,但不能因此说怀特海从一开始就思考形上学的问题;他的形上学著作应是从1925年出版的《科学与现代世界》一书开始的。而《过程与实在》完整地表达了怀特海的形上学系统。① 来克瑞则认为怀特海的哲学兴趣早已见19世纪90年代他对牛顿宇宙论的批判。受到当时新科学——相对论与电磁场理论的影响。他着手研究自然哲学,发展新的自然基本观念("事件"),以取代古典物理学的时空物质观。这时他认为哲学主要的功能在分析批判科学概念。其后怀特海兴趣转移,开始探讨更广泛的哲学议题,为了发展更完备的哲学架构、更逻辑一致的哲学概念,怀特海乃进入形上学的领域。这项转变意义重大,不仅是把相同的议题放在较大的研究架构之中,因此怀特海的形上学思想并不是早期自然哲学的扩大延伸。② 诺柏(Jorge Luis Nobo)称克司勤和来克瑞的观点是诠释怀特海的"传统派"(the traditional approach),他们的基本立场有三:一是整个怀特海形上学的系统见于《过程与实在》一书,二是该书只有一个形上学系统,三是这形上系统或多或少也见于《科学与现代世界》、《形成中的宗教》和《象征其意义与作用》三本书中。③ "传统派"将怀特海的形上学等同于他的哲学,因而强调他的思想的"断续性",乃至否定《科学与现代世界》之前与《过程与实在》之后怀氏著作的重要性。

劳伦斯则肯定怀特海的哲学是渐次发展而成,但也认为其"延续性"不比"断续性"来得重要。就整体而言,怀特海的思想有两条不变的路线,一是实在论的,一是概念论的。不过早期思想显示怀特海主要兴趣在认识论,较诸晚期形上学的兴趣为狭隘。因此劳伦斯主张怀特海开始致力于数学理论,其后对于探讨自然科学的哲学基础感到兴趣。由于他力图扫除观念论与相关认识论对科学的影响,使他打开视野,涉及更广泛的科学哲学的议题。当他哲学研究的议题不断扩大时,先前被排除的论题也不断地加入。可以说从《自然知识原理探究》到《思想的形态》,怀特海的哲学兴趣持续改变。先是单单对自然哲学感兴趣,接着变得对这些问

---

① A. N. Whitehead, "Preface," *Process and Reality*.
② Ivor Leclere, *Whitehead's Metaphysics An Introductory Exposition* (London: George Allen and Unwin Ltd., 1958), pp. 3—11.
③ Jorge Luis Nobo, "The Approach to Whitehead: Traditional? Genetic? Or Systematic?" *Process Studies*, Volume 27: 1—2, 1998, pp. 48—49.

题在更高层次的宇宙论中的意义感到兴趣,最后对发展价值理念感到兴趣。①

罗威则强调怀特海思想发展有延续性,他认为从《普遍代数论》一书是哲学的著作,以及《论物质世界的数学概念》一文含有对科学唯物论的批判便可见端倪,怀特海并不如一般人以为早期他只热衷于数学与逻辑的研究。事实上一开始他的兴趣就在数学宇宙论(Mathematical Cosmology),并持续致力于结合几何学与变迁的世界,这是他整个哲学不变的宗旨。② 而施密特认为从怀特海知觉论的发展可见他的思想是持续一贯的,他的知觉论与自然科学哲学、形上学的发展密不可分;但是施密特仍观察到怀特海早期论文与自然科学哲学时期的著作有显著的不同。前者没有将"事件"(event)与"对象"(object)③区别开来,且将科学与形上学的研究分开;后者则对于"事件"与"对象"有所区分,且强调科学与形上学研究的关系密切。④ 梅斯则认为怀特海晚期形上学的著作,正是以他早期数学逻辑的研究为源头。表面看来怀特海晚期形上学著作中有大量

---

① Nathaniel Lawrence, *Whitehead's Philosophical Development*, xiii—xxi.

② Victor Lowe, "The Development of Whitehead's Philosophy," *The Philosophy of Alfred North Whitehead*, pp. 18—46.

③ "事件"是指立即的发生(happening),具体的时空关联(space-time relata),译名较不具争议。详见后文。"object"与"subject"(通译为"主体")一词相对,通译为"客体"。其拉丁字源本意指丢在路上(to throw in the way)的"东西",在英文中,既指感官知觉所见客观独立之物(即具体存在于时空之中的外在事物),相当于德文 objekt 一词;又指心灵或肉体所朝向的、思维的、感受的、行动的对象,相当于德文 Gegenstand 一词。怀特海根据英文一词二义,站在实在论的立场,认为"object"一词,既指客观存在的事物特质(但不是实体),又是感官知觉的对象。将"object"译作"客体"或"物体",虽可表达客观实物之意,然而无法表达"对象"之意。在此权且以"对象"一词,作为客观对象的简称,有时也依文意作"客体"或"物体"。

④ 施密特认为《论物质世界的数学概念》一文原在阐析物质世界的数学逻辑结构,这早期著作中便含有怀特海晚期对现代科学观念的批判,以及对知觉观念反省的重要线索。该文中提到多种"基本关系"(fundamental relations),各关系有其关联的方向,这关系的方向正是以后《过程与实在》中所谓"摄持的向量特质"(the vector character of a prehension)。有关"线性客观实在"(linear objective reals)的描述,也近乎《过程与实在》中所谓"简单的物理感"(simple physical feelings)。施密特此说是否言过其实,有待论定,但是怀特海在《论物质世界的数学概念》一文中已开始对现代科学唯物论加以批判,确是不争的事实。参见 Paul F. Schmidt, *Perception and Cosmology in Whitehead's Philosophy*, pp. 3—14。

令人难以理解的哲学术语,与他早期数学逻辑的著作迥然不同,事实上经过仔细的考察可知,这些哲学术语只是他早期观念的扩大运用而已。梅斯因此认为怀特海的形上学只是一种应用逻辑,近乎现代所谓操控学(cybernetics)的研究。①

对于上述"发展派"(the developmental approach)的看法,福特颇不以为然。他认为仅仅是议题的扩大、兴趣的改变,并不足以解释怀特海何以要发展形上学。怀特海晚期哲学思想并非导因于早期自然哲学认识论的内在困难,也不是出于兴趣转移到形上学上,而是他"晚期的形上学思想"和"早期的形上学思想"之间有冲突。福特指出事实上怀特海的自然哲学本来就有形上思想,并非只有晚期才有,只是二者的形上系统不同而已。前后期形上学的转型可见于《科学与现代世界》一书之中。② 诺柏称福特的说法可视为诠释怀特海哲学的"发生派"(the genetic approach),这一派较"传统派"更强调怀特海思想的断续性。③

上述各家的说法因角度不同,各有道理,唯梅斯的说法最不可取。他似乎完全忽视了怀特海思想中诗学的、形上学的、价值论的层面,只是一味盲目地将怀特海纳入假设演证法(the hypothetical-demonstrative method)为科学方法的思潮之中。其余各家依诺柏的区分,这里可将"发展派"并入"传统派",他们都主张《过程与实在》中有完整的形上学系统;其次主张唯有《过程与实在》是怀特海最后发展而成的形上学,则属"发生派"。诺柏则在两派之外另举"系统派"(the systematic approach):主张怀特海整个形上学系统散见于他的著作之中,《过程与实在》固然是他的登

---

① 梅斯认为《过程与实在》中的哲学方法与现代逻辑的公设法(the axiomatic method)极为相似,怀特海早期著作中对于外在世界知觉的研究近于现象论(phenomenalism),而晚期作品中更明白的肯定可经验的感觉性质在知觉过程中是经由生理与物理的活动而取得;其中运用现代逻辑的定理法以强调复杂关联的系统,以及肯定现代物理学的场域理论以强调物理系统的历史性,这些正是怀特海晚期著作的两大特色。加上他在《论物质世界的数学概念》一文中提及"多项关系"(many-termed relation)与《过程与实在》中电磁事件背后的普遍系统极为相似,足以证明怀特海早期与晚期著作关系密切。参见 W. Mays, *The Philosophy of Whitehead*, pp.17—20。

② Lewis S. Ford, *The Emergence of Whitehead's Metaphysics* (Albany: State University of New York Press, 1984), pp.1—2。

③ 诺柏总括"发生派"的立场为:一、怀特海的《过程与实在》显示他放弃了许多先前主张的形上学立场;二、怀特海最后的形上学立场只见于《过程与实在》。

峰造极之作,但在此前后的其余著作也是不可忽视的。①

这里怀特海学者之间主要的争议是:一、《过程与实在》一书是否足以完整表达怀特海的形上思想? 有些人认为是的,有些人则持保留的态度;二、怀特海晚期形上思想是否是早期自然哲学思想的扩大发展? 二者之间是否有延续性? 有些人认为是,有些人则持否定的态度。这样的争议不易得到定论,因为怀特海的思想发展本来就多样而复杂,有延续性也有断续性,不论是哪派的诠释者都可以在怀特海的著作里找到丰富的论据。无论学者对于《过程与实在》与怀特海其他著作之间的关系有何不同的看法,他们都一致同意该书在他的思想里占有独特的地位。同时也可以肯定从怀特海自然哲学的著作里,确实能发现许多晚期机体哲学的雏形观念。

自然哲学的关键地位

持平而论,怀特海前哲学时期有关数学与逻辑的素养,当然对他晚期哲学思想的形成有所影响。但是这影响只见于他应用数学描写物理世界的理念,而不是对符号逻辑与数学运算本身的发挥。另一方面,本着莱布尼茨"普遍数学"的理想,怀特海一度认为数学推理可应用于一切追求严格精密思想的领域,不过哲学与文学想象当一并被排斥在外,在《普遍代数论》一书的序言中他说:"数学的理想是在建立一个计算方式(Calculus),来帮助我们对思想或外在世界经验进行推论,藉以确认并精确地描述思想或事件的前续后继。除开哲学思想、归纳推论和文学想象,所有严肃的思想应当是由一计算方式发展出来的数学。"②由此可见在这个时期,怀特海不认为哲学和数学是一样的"严肃思想"。即使就《普遍代数论》一书而论,该书是属于数学哲学的领域,怀特海在其中没有表现他对真正的哲学或形上学有任何兴趣。其后怀特海继续应用数学和几何学描写具体经验中的时空物质世界,如《论物质世界的数学概念》正是这方面的研究成果。该文首度质疑空间的点尘观、时间的刹那观、物质的粒子论,怀疑这些概念是否合乎逻辑。但是这项质疑是出自几何学的立场,不是出自思辨哲学的立场。正如罗威曾指出,事实上怀特海于该文中特意排除哲学的讨论;在谈到物质世界可能是"在人的感觉缺陷之下永不可知

---

① Jorge Luis Nobo, "The Approach to Whitehead: Traditional? Genetic? Or Systematic?" *Process Studies*, Volume 27: 1—2, pp. 48—49.

② A. N. Whitehead, *A Treatise on Universal Algebra*, viii.

的(对象)"时,他曾说:"这是一个与我们无关的哲学问题。"有关物质世界的数学概念形成的问题,他又说这"完全是为了逻辑或数学而被提出,与哲学只有间接关系而已,只是因为逻辑与数学能把物质世界的基本观念从特殊偶性概念的纠缠中分解开来。"① 由此可见怀特海这时主要的兴趣,近似古代希腊的毕达哥拉斯(Pythagoras, 497 B.C.),是将几何学与这个变迁世界结合起来,虽然开始触及科学哲学,却不曾有形上思辨的考虑。

怀特海最早符合一般称作"哲学"的著作,要算是自1915年起发表的有关认识论与科学哲学方面的三篇短文。在《空间、时间、相对性》里,他借着对现代科学中的基本概念"时间"和"空间"的哲学讨论,说明科学工作在以逻辑的概念组织零碎的经验,而这样的工作直接取材于立即经验,可避免多余的假设。在《思想的组织》②一文中,他刻意区分科学与形上学的不同,并明确地指出形上学主要在精确地说明"那些提供有关指证真际的每项经验来源与类型"(every source and every type of experience yields demonstrative proof of such a reality and of its nature),科学在透过归纳逻辑以发现自然法则,也就是以特定的科学概念来组织知觉经验,进而找出自然法则。科学与形上学都以相同的立即经验为出发点,但两者各走各的道路。因此科学的基础并非建立在形上学的预设之上。③ 1917年在《某些科学观念的剖析》一文里,怀特海却肯定了形上学与科学之间的关系。他认为虽然自然科学研究的对象是"事实",排除一切"价值"的考虑,但形上学之"本体论"则在"决定真实存在的事物的性质"(determination of the nature of what truly exists),形上学之"价值论"则在对科学做出价值批判(这价值可能是审美的、道德的或者实用的),将形上学的研究

---

① Victor Lowe, "The Development of Whitehead's Philosophy," *The Philosophy of Alfred North Whitehead*, p.44.

② Ibid., pp.55—56. 根据罗威的研究,怀特海在数理逻辑时期的著作《论物质世界的数学概念》一文便是一"数学宇宙论",不过他最早在科学哲学上的论文还是《思想的组织》。

③ 怀特海举例说,形上学探讨我们对椅子的知觉如何使我们和某种真际联系起来,科学则将这些知觉归并特定的集合,附加上科学所需要的、同类型的"理想知觉",那在计划好的状况下便可取得。我们可以说怀特海这里的立场是:形上学是以具体经验与真际为研究对象,也就是"本体论"的研究,而科学是以"逻辑思维"、"理想经验"为内容,其与哲学的主要关系是在"认识论"上。A. N. Whitehead, *The Organisation of Thought*, pp.113—114.

排除在科学之外,确实是个遗憾。① 科学的研究不能减少对形上学的需求;有关可能性(possibility)与实现性(actuality)之间的关系,尤其有赖于形上学的研究,"科学甚至使得形上学的需求更为迫切"②。随后他应用数学、几何学的模型以描写自然世界的构想,进一步与哲学(认识论与自然科学哲学)相结合,《自然知识原理探究》、《自然的概念》、《相对性原理》等三本有关自然科学哲学的著作,正是这方面努力的成果,也是怀特海机体哲学发展的第一个阶段。不过在这个阶段,他或许已涉及认识论与本体论的研究,但仍将形上学排除在研究领域之外。

1925 年在《自然知识原理探究》再版序里,怀特海说希望"在不久的将来能将这些书(《自然知识原理探究》、《自然的概念》、《相对性原理》)中的观点,具体呈现在一更为完整的形上学中。"果然不久之后,怀特海的第一本形上学著作《科学与现代世界》就出版了。在序言里他强调哲学之为"批判宇宙论"的功能是:"在协调、更新,以至于证明那些对于事物性质的不同直观。"为了充分发挥这项功能,甚至需要排除认识论的讨论,③更遑论数理逻辑了。《科学与现代世界》代表怀特海机体哲学发展的第二个阶段,是他的思想由自然科学哲学过渡到形上学和宇宙论一部最重要的著作。就该书的议题而论,其中有关"科学唯物论"的批判应属怀特海自然科学哲学的一部分。至于以"机体机械论"(organic mechanism)取代"唯物机械论"(materialistic mechanism)、提出"现行机缘"(actual occasion)④、"摄持"

---

① A. N. Whitehead, "The Anatomy of Some Scientific Ideas," in *The Organisation of Thought*, p. 134.

② Ibid., p. 190.

③ A. N. Whitehead, *Science and the Modern World*, vii—ix.

④ "现行机缘"一词首见于《科学与现代世界》一书,系指构成我们的立即经验的具体实在。在《过程与实在》一书中,他以"现行单元"一词与之交互使用,指构成世界的最终真实事物,是八个存在范畴之中的第一个、也是最基本的存在范畴。"现行单元"有三重特征:一是由其过去所"给予"(given)的;二是主体特质(subjective character),即它在创化过程之中有目的的特质;三是超体特质(superjective character),以它特殊满足为条件的超越创化造成的实用价值(the pragmatic value of its specific satisfaction qualifying the transcendent creativity)的特征。换言之,"现行单元"有其过去,决定其现在。然而在创化进程之中,不断地产生朝向未来的目的,结合现在与未来,使之成为"超越现在"的"超体"。参见 A. N. Whitehead, *Science and the Modern World*, p. 170, *Process and Reality*, p. 87.

(prehension)①、"永象"(eternal object)②、"上帝"(God)③等概念,则明示怀特海机体哲学与思辨宇宙论的诞生。《过程与实在》一书更是机体哲

---

① "摄持"是指认知与非认知的体会(apprehension),或译为"摄知"与"摄受"。然而"摄知"的认知意涵过于强烈,译作"摄受"又缺乏主动体会之意,这里译为"摄持"以避免前述的缺失,且"持"字有把捉的意涵,较为切近怀特海的本意。"摄持"首见于《科学与现代世界》一书中,在《过程与实在》里是怀特海八个存在范畴(categories of existence)中的一个。根据怀特海的说法,"摄持"构成"现行单元",使得一个"现行单元"能成为另一个"现行单元"的对象,或者使得"永象"能契入"现行单元"。原则上"摄持"类似向量,有一定的"方向",是各种事物之间"相关的具体事实"(concrete facts of relatedness)。"摄持"是有相关性的,其要素有三:一是摄持的主体(如知觉者),二是被摄持的与材(the datum which is prehended)(如被知觉物),三是主体如何摄持与材的"主体形式"(如知觉)。参见 A. N. Whitehead, *Science and the Modern World*, p. 69, *Process and Reality*, p. 23。

② A. N. Whitehead, *Process and Reality*, p. 25. "永象"系"永恒对象"的简称,是怀特海八个存在范畴之一。怀特海称"永象"是"特定事实的纯粹潜存"(pure potentials for the specific determination of fact),或者"确定的形式"(forms of definiteness)。在"现行单元"生成的过程之中,一切事物都在更新,只有"永象"不变。对怀特海而言,"永象"与其说接近柏拉图的"理型",不如说接近洛克的"观念"。"永象"对于"现行单元"而言是纯粹的潜存,就其自身而言是受感的概念。"永象"可以契入主客两种"现行单元";就主体的而言,"永象"决定其"主体形式"(subjective forms);就客体而言,"永象"决定其"与材"(datum)(与材就是"现行单元"摄持的内容)。据此,怀特海将"永象"区分为主体的与客体的两类(subjective and objective species):"主体的永象"是指感受的"主体形式"的特定元素(an element in the definiteness of the subjective form of a feeling),也就是情绪、感受强度、厌恶、不厌恶、苦乐等等情感。"客体的永象"则有如柏拉图的数学理型,是感受的与材。

③ 怀特海在《科学与现代世界》里首先提出"神"的概念,作为机体哲学的终极预设。在《神》的那一章他开宗明义的说,他的神近乎亚里士多德的神,是一个形而上的、哲学概念的神。只是亚里士多德的神是原动者(the prime mover),超越一切万有之上,推动宇宙而自身不动;怀特海则以神作为"聚合原理"(the principle of concretion)取代之;现行机缘与"永象"或与其他"现行机缘"相结合生成的过程本身,就是具体实现各种可能的过程,神是提供了一切可能性的原理。在《过程与实在》中,怀特海的神论则发展成一"万有在神论"(Panentheism):神既超越现行世界,又内在于现行世界。神之为真实存有,与一般"现行单元"并无不同;只是神没有过去。"现行单元"具有心物二极,神也同时具有心理层面与物理层面:就前者,神原初的"概念摄持"(conceptual prehension)以永象为对象,造成他的"原初性"(primordial nature);就后者,神后效的"物理摄持"(physical prehension)以现行世界为对象,造成他的"后效性"(consequent nature)。参见 A. N. Whitehead, *Science and the Modern World*, pp. 173—174, *Process and Reality*, p. 31。

学的灌顶之作;在思辨哲学的立场怀特海以大量篇幅,说明他的"现行单元"和"永象"的本体论,阐述机体哲学与其解决传统哲学问题的高度价值,以及机体哲学的摄持论(theory of prehension)。其中第四部分的"延展论"("Theory of Extension")方涉及机体之间数学关系的讨论,是怀特海持续应用数学以描写自然真际的理念。

由此可见,确实如福特所说,怀特海在自然哲学时期已有形上学的见解,只是不同于稍晚宇宙论时期的形上学思想。但这不能证明两者是不兼容的,或者是冲突的。只能说怀特海原来认为科学哲学和形上学各有各的研究领域,彼此不应逾越;后来他将科学哲学提升到宇宙论的层次,并与形上学相结合,因而发展出"过程宇宙论"。事实上,怀特海思想发展本身正是一个"过程",其中当然有连续不变的部分(如"机体"、"过程"的思想),也有不断创新的部分(如形上学、神学的思想),彼此相关,互为影响,因此诺柏"系统派"的诠释应较"发生派"更近乎实情。

无可否认,《过程与实在》在怀特海的哲学中占有最重要的地位,但该书艰涩难以理解也是出名的。全书的发展不仅如一繁复绸密的蛛网,层层包裹高度抽象的哲学议题,所用的名相,无论是以常用字铸造新意(如"命题感"propositional feeling)、还是自创新字(如"超体"superject),都是生硬得令人难以理解,更遑论他所提出的四种基本范畴:三个终极范畴(the category of the ultimate)——创化(creativity)、多与一①;八个存在范畴(categories of existence)——现行单元(actual entity)、摄持、聚结(nexus)②、主体形式③、

----

① A. N. Whitehead, *Process and Reality*, p. 21. 怀特海称"创化"、"多"、"一"分别与"事物"(thing)、"存有"(being)、"单元"(entity)是同义词。其中"创化"是共相的共相(the universal of universals),更新的原理(the principle of novelty),"现行单元"自我创造的活动(the generic activity of self-creation),也是终极事实的特征。

② Ibid., p. 22. "聚结"或"社群"(society),八个存在范畴之一,是"公共的事实"(public matters of fact),也是"现行单元"的集合。"现行单元"是微观的实物(microscomic entity),个别的能知者,"聚结"则是巨观的实物,如人群,树林,住宅区等等。

③ Ibid., p. 24. "主体形式",八个存在范畴之一,是"隐私的事实"(private matters of fact),也是"现行单元"摄持"与材"的主观感受,如情绪、评价、意图、不厌恶、厌恶、意识等等。

永象、命题(proposition)①、杂多(multiplicity)②、对比(contrast)③；二十七种解释范畴(categories of explanation)，④以及九种范畴义务(categoreal obligations)，⑤企图以有限的名相与范畴,描摹宇宙聚合创进的复杂过程，常

---

① A. N. Whitehead, *Process and Reality*, p. 24."命题"，八个存在范畴之一，是"在潜存决定中的事实"(the matters of fact in potential determination)、"特殊决定事实的不纯粹潜存"(impure potentials for the specific determination of matters of fact)，或者是"理论"(theories)。"命题"最简单的形式为"主述式"，原是具有真假值的逻辑语句，怀特海则用以指称以"现行单元"为逻辑主词、"永象"为逻辑述词所构成的混合聚结。在这样的聚结里，因为与特殊决定的"现行单元"连结，"永象"丧失了纯粹的潜存性，成为"不纯粹的潜存"。

② Ibid."杂多"，八个存在范畴之一，是"不同实物的纯粹散布"(pure disjunctions of diverse entities)，也就是各种不同种类实物的集合。"杂多"不同于"社群"，后者是由同类的"现行单元"集合而成，前者则是不同种类实物的集合。

③ Ibid."对比"，八个存在范畴之一，是"在一个摄持之中综合实物的形态"(modes of synthesis of entities in one prehension)，或者是"有模式的实物"(patterned entities)。当一个摄持之中有许多复杂的与材时，这些与材构成的整体就是"对比"。任何不同的与材都可综合成为"对比"，因此可以产生无数的对比事物。例如"命题"就是"对比"，而其中最重要的"对比"就是"肯定与否定的对比"(affirmation-negation contrast)。在"对比"中，"现行单元"的摄持可以透过对不同"与材"的比较，判别其高下，进而影响"主体满足"的强度。"现行单元"越能发现自身经验之中的"对比"，便越能提升且深化它的经验。反之，较原始的"现行单元"不能发现经验之中的"对比"，致使自身经验趋于浅薄无聊。

④ Ibid., pp. 22—26. 二十七种解释范畴在解释现行世界之为创化过程，以及八种存在范畴的意义与功能。其中第一点到第十点之中，除了第七点与"永象"有关，其余皆在说明"现行单元"的"生成"(the becoming of the actual entities)。从第十点起到第十三点解释"摄持"，以及相关的"主观形式"。第十四点解释"聚结"，第十五点解释"命题"，第十六点解释"杂多"，第十七点解释"对比"，第十八点论及"本体论原理"(the ontological principle)或"动力因与目的因原理"(the principle of efficient and final causation)：任何现行单元的存在与生成，均有其理由，第十九点说明基本的实物为"现行单元"与"永象"，第二十点到第二十四点说明"现行单元"的功能，第二十五点到第二十七点说明"现行单元"生成的最后阶段是"满足"。

⑤ Ibid., pp. 26—28. 九种范畴义务在说明个别与集体的"现行单元"在创化进程中的各种原理。这九种范畴义务为：(1)主体单一范畴(the category of subjective unity)；(2)客体同一性范畴(the category of objective identity)；(3)客体歧异性范畴(the category of objective diversity)；(4)概念评价范畴(the category of conceptual valuation)；(5)概念贬价范畴(the category of conceptual reversion)；(6)变质范畴(the category of transmutation)；(7)主体和谐范畴(the category of subjective harmony)；(8)主体强度范畴(the category of subjective intensity)；(9)自由与决定范畴(the category of freedom and determination)。

令读者陷入一连串"定义公式"的泥淖之中,不知其所以然。相较之下,怀特海的其他著作,尤其是早期自然哲学方面的著作,遣词用语要简单明确得多。更且正如"发展派"与"系统派"所主张怀特海的思想发展有其延续性;我们可在他的自然哲学之中看见其机体哲学的萌芽。事实上《过程与实在》里许多重要的名相与概念,要不是早已出现在自然哲学之中,就是从其中演变而来。因此要完整地了解怀特海的机体哲学,通过自然哲学实为必由之途。再说从 1919 年《自然知识原理探究》的出版,到 1927 年《过程与实在》的出版,也不过短短八年的时间,要说这些著作彼此之间关联不大,或者怀特海的思想在短期间断然变化,既不符合他自己的说法,也违背一般哲学家思想发展的原理。因此我们的工作是:一方面将怀特海的自然科学哲学看做是完整的思想发展阶段,可以单独研讨处理;另一方面也要探讨其中重要的核心理念和怀特海晚期形上学说之间的关联。

第二节 自然哲学与相关学说

怀特海之所以是 20 世纪最重要的哲学家,因为他的思想极具原创性,是发前人所未见。他对科学唯物论以及西方传统"实体"(substance)思想的深刻批判,建立起破除两元论(dualism)、重视时间和创化概念的机体主义,其智慧洞见确为西方哲学家中所罕见。但伟大的思想必不是孤起的事件,而有其思想渊源与时代背景,这在一个哲学家早期的思想发展中,最为明显可见。怀特海虽然在学生时代不曾受过专业的哲学训练,他的哲学专业素养可能不及同时代的布德利(Francis Herbert Bradley, 1846—1924)、鲍桑葵(Bernard Bosanquet, 1848—1923)或者麦克塔嘉(John McTaggart Ellis McTaggart, 1866—1925)——这可见于怀特海在自传中承认读不进黑格尔(Georg Wilhelm Friedrich Hegel, 1770—1831)的著作,虽然他声称曾受教于赫丹爵士(Lord Haldane),读过一页黑格尔的著作,也曾和人格观念论者(personal idealist)麦克塔嘉友善,从他那里得到一些黑格尔的基本思想。① 但另一方面他一直保持对哲学的兴趣,熟悉英国经验论尤其是巴克莱(George Berkeley, 1681—1741)、休谟(David

---

① 详见文后附录及 A. N. Whitehead, "Process and Reality," *Essays in Science and Philosophy*, pp. 114—119。

Hume,1711—1776)等人的学说,也爱好柏拉图(Plato,428—348 B.C)的语录,甚至能熟记康德(Immanuel Kant,1724—1804)《纯粹理性批判》(Critique of Pure Reason)的部分内容。由此可见,怀特海早岁虽然专攻数学,却对哲学极具热忱,他对于西方的哲学传统有深刻的认识,也便不足为奇了。

思想背景

怀特海生活的时代,19世纪下半叶到20世纪上半叶,西方自然科学与哲学都有长足的发展。在英国达尔文(Charles Darwin,1809—1882)的"演化论"(theory of evolution)带来极大的冲击,"物竞天择,适者生存"的理论否定了传统的"神创论"(creationism)与"完美物种"(perfect species)的构想,提供了生物有机体与物种和环境交互作用的概念。达尔文的自然演化论,在他之前法国拉马克(Chevalier de Lamarck,1744—1829)的"用进废退论"以及其他演化思想,刺激了柏格森(Henri Bergson,1859—1941)的"生机论"(vitalism)和"创化演化论"(theory of creative evolution)以及各种"机体论"(organicisms)的产生。① 而柏格森曾于1910年到牛津大学讲学,对怀特海有一定的影响。② 在几何学方面,"非欧几何"(Non-

---

① 有关这方面的讨论,详见 George R. Lucas Jr., *The Rehabilitation of Whitehead An Analytic and Historical Assessment of Process Philosophy* (New York: State University of New York Press, 1989), pp.15—35。

② 柏格森、亚历山大和詹姆士是怀特海在著作中最常引述到的哲学家,但他们对怀特海思想是否有"影响",却是学者间争议的话题。以柏格森为例,拿脱普(Filmer S. C. Northrop)提出怀特海自己承认受到柏格森影响的直接证据是他曾和友人卡尔(H. Wildon Carr)讨论柏格森的学说:"在那令人印象深刻的战争期间,当怀特海的科学哲学成形的时候,卡尔曾写一本关于柏格森的书,并且和怀特海持续地讨论这位法国哲学家。"他因而认为怀特海整个科学与哲学的观点深受柏格森的影响,两人主要的不同在于柏格森认为科学中的"空间化"(spatialization)作用是错误的,怀特海则不以为然;如果在科学程序中使用空间的概念有助于科学家进行精准的预测,何以"空间化"作用会是一项错误?因此怀特海虽然接受柏格森"时段"与"过程"的概念,但同时也主张空间是事实的具体成分。罗威却提出相反意见,他认为怀特海受到柏格森影响的直接证据十分有限。怀特海热衷数学宇宙论与经验认识论,这些都与柏格森哲学无关。持平而论,怀特海"过程"概念的发展受到科学的影响要大于哲学,但柏格森的"过程"概念除了受到演化思想的影响,也出于对古典物理学与科学唯物论的批判。二者之间虽不必有因果先后的影响关系,但对于同样的课题,确实有不少接近的见解。参见 Victor Lowe, "The Influence of Bergson, James and Alexander on Whitehead," *Journal of the History of Ideas*, Vol. X, No.2 (April 1949), p.267f; Filmer S. C. Northrop, "Whitehead's Philosophy of Science," in *The Philosophy of A. N. Whitehead*, ed. Paul A. Schilpp, p.169。

Euclidean Geometry)、"李曼几何"(Riemannian Geometry)和"投影几何"(Projective Geometry)的出现,大大地改变了传统几何观。在物理学方面,法拉第(Michael Faraday,1791—1867)的电磁效应说(electromagnetic effect)和马克斯威尔(James Clerk Maxwell,1831—1879)的"电磁场理论"(theory of electromagnetic field)、闵可夫斯基(H. Minkowski)的相对时空连续体的理论(theory of relativistic space-time continuum),以及其后爱因斯坦(Albert Einstein,1879—1955)"普遍与特殊相对论"(general and special theories of relativity)、普郎克(Max Plank,1858—1947)的"量子理论"(quantum theory),在在挑战了古典物理学的绝对时空观和物质观,动摇了物体运动遵守机械因果法则的信念。而怀特海自然哲学的科学观正是根据这些科学新发现而形成的。

在此同时英国哲学界有一股反科学的思潮,由史特灵(J. H. Stirling,1820—1909)倡导的新黑格尔主义(neo-Hegelianism)与绝对观念论(absolute idealism)正盛行于英国各大学。英国传统哲学向以经验论、功利论(utilitarianism)、实证论(positivism)为特色,自史特灵于1865年出版《黑格尔的秘密》(*The Secret of Hegel*)一书后,却引发了英国观念论的运动。史特灵之后,格林(T. H. Green,1836—1882)、卡德(E. Caird,1835—1908)均推崇黑格尔是康德哲学的继承者,可说是观念论中的"新康德主义者"。1883年,赫丹爵士、约翰·赫丹(John S. Haldane)、平哥派提生(A. S. Pringle-Pattison)、李奇(D. G. Ritchie)、钟斯(Sir H. Jones)、索来(W. R. Sorley)、鲍桑葵等人合著《哲学评论集》,被视为"新黑格尔主义"的共同宣言,稍后布德利与麦克塔嘉也成为该学派的健将。其中牛津大学的布德利(Merton College, Oxford University)和鲍桑葵(Balliol College, Oxford University)、剑桥大学的麦克塔嘉,都是间接介绍黑格尔思想给怀特海的人。①

观念论虽然在英国各大学占据优势,但立刻受到"实在论"(Realism)的挑战。在牛津大学托马斯凯斯(Thomas Case,1844—1925)从1899年到1910年间担任形上学的讲座,从1904年到1924年又任圣体书院(Corpus Christi College)的校长,曾在1877年出版《道德实在论》(*Realism in*

---

① 根据卡普来斯顿(F. Copleston)的分析,19世纪后半叶英国哲学界发起了观念论的运动,或者是受到康德的影响,或者是受到黑格尔的影响,因之,观念论有"新康德主义"与"新黑格尔主义"之别。参见F. Copleston, *A History of Philosophy* (London: Jarrold and Sons Ltd., 1966), Vol. VIII, pp. 146—150。

Morals)、1888 年出版《自然实在论》(*Physical Realism*)二书,发动了对主观观念论(subjective idealism)和现象论的批评。同时威尔生(John Cook Wilson,1849—1915)站在逻辑的立场,对布德利和鲍桑葵的学说提出批判,反对观念论以能知的主体作为知识基础的论点,主张自然世界独立于人心知觉之外。亚历山大(Samuel Alexander,1859—1938)也于 1914 年发表《实在论的基础》("The Basis of Realism")一长文,肯定心灵、物质以及二者之间关系的实在性。[①] 自此英国学界产生了反对观念论的实在论风潮,分析学派的奠基者摩尔(G. C. Moore)和罗素都是其中著名者。观念论与实在论的基本争议即意识与外在自然世界间的关系与主客认识问题:观念论者认为意识构成自然,自然依附意识而立,心外无物;实在论者则认为有独立于人心之外的世界存在。这些正是怀特海在自然哲学中企图化解的问题,原则怀氏采取实在论的立场。

观念论与实在论都曾远渡重洋,在美洲新大陆找到发展的沃土;罗易士(Josiah Royce,1855—1916)1914 年在哈佛大学担任阿弗德哲学讲座(The Alford Chair of Philosophy),倡言绝对观念论,批驳实在论。另一方面,1901 年蒙塔克(William Pepperell Montague)在《哲学评论》(*The Philosophical Review*)发表《罗易士教授对实在论的批判》("Professor Royce's Refutation of Realism")与稍后的派瑞(Ralph Barton Perry,1876—1957)发表的《罗易士教授对实在论的批判和多元论》("Professor Royce's Refutation of Realism and Pluralism"),均在反驳罗易士对实在论的批评。1910 年他们和侯特(E. B. Holt,1873—1946)等人在《哲学杂志》(*Journal of Philosophy*)上发表《六个实在论者的计划与第一个园地》("The Program and First Platform of Six Realists")与 1912 年出版的《新实在论:哲学的共同研究》(*The New Realism*:*Co-operative Studies in Philosophy*)一书,提出了"新实在论"成立的共同宣言。准此,1920 年樏克(D. Drake,1898—1933)、拉福约(A. O. Lovejoy,1873—1962)、帕特(J. B. Pratt,1875—1944)、罗格斯(A. K. Rogers,1868—1936)、桑塔耶那(G. Santayana,1863—1925)、沙乐(R. W. Sellars)、史强(C. A. Strong,1862—1940)等人合著了《批判实在论论文集:知识问题的共同研究》(*Essays in Critical Realism*:*A Co-operative Study of the Problems of Knowledge*)一书,则标志了

---

① S. Alexander, "The Basis of Realism," *Proceedings of the British Academy* (London: Oxford University Press, 1913—1914), pp. 279—314.

"批判实在论"(critical realism)的成立。怀特海本人的哲学立场一贯是多元实在论,这立场虽然不是直接受到新实在论或批判实在论的影响,但与他们的学说有不少相通之处。这些实在论者中唯桑塔耶那受到怀特海的推崇,他经常提及的另一位实在论者则是原籍澳洲的亚历山大。① 与此同时,美国学界还有另一股澎湃汹涌的哲学思潮,即以帕思(Charles Sanders Peirce, 1839—1914)、詹姆士(William James, 1842—1910)和杜威(John Dewey, 1859—1952)为首的实用主义(Pragmatism)。除了根据科学经验,发展出以"实际效用"(the pragmatic effect)作为知识与价值规准的学说之外,实用主义者也受到演化论的影响,发展出强调变化、过程、经验连续性的哲学思想,这些观念都与怀特海的机体思想不谋而和。其中詹姆士"意识流"(the flux of consciousness)的构想,特别引起怀特海的重视。

由以上简述可知,与怀特海哲学思想,尤其是与他早期自然哲学思想发展有关的学术思潮不仅一端。举其荦荦大者厥为英国经验论、康德哲学、柏拉图哲学、柏格森创化演化论、英国观念论与机体论、实在论以及科学新发现:电磁场理论与相对时空连续性概念。至于美国哲学的观念论、实在论与实用主义对他的影响是很有限的。毕竟怀特海到哈佛大学开展他最丰富灿烂的哲学事业时,已经63岁了,思想臻至成熟。对他来说,这时最重要的工作是创新而非因袭,是批判而不是接受。而由于怀特海的思想本身极具原创性,独立于任何学术传统之外,即使是与他早期思想发展有关的英国哲学思潮,也只在提供他一个思想发展的背景,而不是作为决定他思想的因素。正如罗威所说,怀特海以欣赏和同情的心情阅读相关哲学家(如柏格森、亚历山大和詹姆士)的著作,他们的著作无疑鼓励了他往某个哲学方向发展,并与他们产生了同道之感,但这不是说他的思想受到他们的影响或者从他们而来。② 要详细说明所有与怀特海哲学发展有关的学术思潮,不是本书的工作,也不是本书篇幅所允许的。这里只就其中与怀特海自然哲学关系最为密切者加以说明,目的在帮助我们掌握这个研究课题。

---

① F. Copleston, *A History of Philosophy*, Vol. VIII, pp. 380—401.
② Victor Lowe, "The Influence of Bergson, James and Alexander on Whitehead," *Journal of the History of Ideas*, pp. 267—296.

自然哲学要旨

这里先需简述怀特海自然哲学的大要,再说明与之相关的哲学思想。怀特海自然哲学思想有两大主轴,一是对科学唯物论的批判,一是根据以"事件论"和"对象论"为核心的"知觉论",提出自然是"创化进程"的理念。怀特海将最早有关自然科学哲学的论文,也就是前面提到收在《思想的组织》一书中的三篇短文:《空间、时间与相对性》、《思想的组织》以及《某些科学观念的剖析》。三篇文章虽然简要,但已具备其后自然哲学思想的雏形。首先《空间、时间与相对性》一文在探讨自然科学的基本概念"时间"与"空间",同时主张一项时空相对论:"空间"是"对象"(即物体)之间的延展关系,而"时间"是"事件"之间的延展关系,并肯定我们生活在"时段"(duration)之中,不是在"刹那"(instant)之间。该文虽已确定科学工作在以逻辑的概念组织零碎的经验,但对于知觉问题着墨不深。[①]而《思想的组织》主要是在探讨科学知识的逻辑基础——"归纳法"所牵涉的知觉问题。科学的知识便是有组织的思想,但自然科学是以感官知觉所能认识的外在世界作为研究对象,因此知识与感觉经验不可分。表面上看来,怀特海这项立场与一般经验论者相同,他们都肯定感官知觉是取得外在自然之知的管道。不过传统经验论者,无论是洛克(John Locke,1632—1704)或者休谟,都把知觉看做是外物刺激感官后产生的消极反应(心灵处于被动的地位);知觉独立于思维,完全取决于外在的事物。怀特海却肯定自然知识是针对所作的知觉有组织和有系统的思维,[②]感官知觉也不免包含思想的成分在其中。在《某些科学观念的剖析》里,他并提出"事实即思想,思想即事实"的说法。文中他也提出"感觉对象"(sense-objects)、"视觉对象"(sight-object)、"思想对象"(thought-object)、"科学对象"(scientific objects)等概念,并进一步说明"对象"和"事件"的概念。"对象"是我们知觉认知到的事物,如猫、狗、树、椅子,"事件"则绵延占据一段时间。[③] 这样"经验认识论"(experiential epistemology)与"事件本体论"——一种多元实在论(Pluralistic Realism)的构想,贯穿了怀特海的整个自然哲学。同时文中肯定经验与思想、知觉与自

---

① A. N. Whitehead, *The Organisation of Thought Educational and Scientific*, p. 196.
② Ibid., p. 106.
③ Ibid., p. 141.

然是有内在关联的整体(interrelated whole),确定了"知觉论"与归纳逻辑是自然哲学研究的主题,标志了机体哲学的起步。

除了知觉论与归纳逻辑之外,怀特海自然哲学的另一个主轴即对"科学唯物论"的批判。《思想的组织》是他科学哲学研究的起点,但书中对科学唯物论并没有明确的批评。《自然知识原理探究》一书才是有关这方面第一本有系统的论著,该书与《自然的概念》、《相对性原理》可说是怀特海在自然科学哲学方面最重要的著作。根据怀特海自己的说法,三本书之间的关系"既独立而又互补"。在《自然的概念》的序文里,他说:

> [《自然的概念》]是我先前的一本书《自然知识原理探究》的姊妹作。两本书都可以独立阅读,但它们彼此互补。有的时候本书提供一些前书忽略的观点,有的时候以不同方式探讨相同的议题。①

在1925年《自然知识原理探究》的再版序言里,他说:

> 自从这本书的第一版在1919年上市后,我又在《自然的概念》和《相对性原理》里重行思考该书的主题。希望不久的将来能将这些书中的观点,具体呈现于一更为完整的形上学之中。②

这"更为完整的形上学"便是先前提到的《科学与现代世界》。虽然根据出版时间与主题内容,该书总被划归怀特海哲学的形上学时期,但其中仍有部分的内容是自然科学哲学的延续。总之在前后不超过四年的期间(1919—1922),怀特海出版了三本书并发表《齐一性与偶然性》一文。贯穿这些著作的基本概念是"自然"、"知觉"、"经验"、"时段"、"意义"(significance)、"事件"、"对象"、"时间"、"空间"、"流程"(passage)、"延展抽象法"(the method of extensive abstraction)、"相关性"、"共存"(cogredience)、"齐一性"等等。其目的首在从"立即经验"(immediate experience)的观点批评科学唯物论的物质机械观,并指出那不相连续的时空物质观[《科学与现代世界》里称"简单定位"(simple location)的预设],是造成"自然的两橛"(bifurcation of nature)与"具体性错置"(misplaced concreteness)(后者见于《科学与现代世界》,不过这些概念已出现于之前的三本书)谬误的根源。从科学唯物论的立场看来,自然是由处于刹那点尘

---

① A. N. Whitehead, *Concept of Nature*, vi.
② A. N. Whitehead, *An Enquiry concerning the Principles of Natural Knowledge*, second edition, xi.

的物质微粒（instant-point-matter）所构成，知觉呈现的声色世界只是表象（appearances）罢了。真实的自然无声、无色、无味、没有意义、没有目的、一片死寂，是一个由不连续的物质质点构成的机械宇宙。认知这自然的心灵只是被动的容器而已，知觉不过是感觉器官受到外物刺激后产生的零碎反应。如此科学唯物论造成了一个心物二分的宇宙：一个独立自存于心灵之外的物质世界（原因的自然，causal nature），还有一在物质之上附加心灵性质的可感世界（表象的自然，apparent nature）。前者真实而不可知，后者可知而不真实。怀特海认为科学唯物论的构想完全背离经验事实；将直接经验到的整体自然硬生生的分割成"原因的自然"与"表象的自然"，是犯了"自然两橛"的谬误。同时将经过科学抽象思考过的自然当作是真实的自然，也就是将高度抽象的时空特质——"简单定位"当作是具体的事实，是犯了"具体性错置"的谬误。真实的自然既是"原因的自然"也是"表象的自然"，二者不可或分。真实经验告诉我们具体的自然是由延展的（extensive）时空关联者（space-time relata）——即"事件"所构成，是创新不已的流程或过程。① 心灵是有意识的思维，主动认知的官能，而知觉则是有组织的经验，能"体会"事物与事物之间的关系，"觉察"（awareness）自然的相关性（the relatedness of nature）。科学唯物论无法说明"自然终极的事实"，也不能提供正确的知觉概念。不同的知觉概念引导出不同的自然概念，不同的自然概念也预设了不同的知觉概念。科学唯物论的自然概念预设了素朴经验论的知觉概念，机体的自然概念则预设了整体的知觉概念。

于是怀特海一面批评科学唯物论的基本预设："简单定位"的观念，以及因而造成的"自然两橛"与"具体性错置"的谬误，另一方面对"知觉"进行了深刻的分析，藉以把握真实的自然概念。在他看来，知觉是把握事物之间相关的、有意义的经验，是对整体自然相关性的觉察，而这相关性

---

① 在怀特海自然哲学里，"流程"与"过程"二概念差异不大，均指自然处于时空不断变迁转换的创新过程。不过究其本意，"流程"一词源于"过去"或"经过"（pass），仅有时间流逝之意，而"过程"则有自始而终，含有整体结构之意。根据瑞斯恪（Nicholas Rescher）的分析，"过程"是指"有顺序结构的阶段与层面构成的前继后续的顺序"（a sequentially structured sequence of successive stages or phases），其特征有三：一是由不同阶段组合的整体，二是有某种时间整合性，三是有一结构，在时间上展现固定的模式。参见 Nicholas Rescher, "On Situating Process Philosophy," in *Process Studies*, Vol. 28/1—2, (Spring-Summer, 1999), p. 37。

是事物之间的内在关系(internal relation),不是外在关系(external relation)。自然科学必须依靠抽象的、分析性的思想,但科学哲学却要随时注意到自然界的"事实"是具体的、是彼此相关的、是处于时间之流中的"时段"或者"事件"。据此,在《科学与现代世界》中,他特别提出"机体机械论"的构想。

为了说明"自然的具体事实",怀特海先根据巴克莱的学说提出"意义"(significance)的概念。知觉经验是"有意义"的,我们从立即知觉里体会到事物处境与整体相关性,这就是"意义"。"意义"说明经验是连续的,事物是相关的,知觉与自然在时空关联中相互"指示"(signifying)彼此的意义,构成一个整体。这个整体中的自然是"创化进程",知觉在其中是认知的活动。此外,不仅是知觉活动的自身,有知觉的"躯体生命"(bodily life)与被知觉的自然之间也有"意义相关性"(significant relatedness)。而事件与自然成分的"齐一意义"(uniform significance)是"自然齐一律"(principle of natural uniformity)的基础;自然法则不能脱离人对自然普遍关系与特质的认知。

于是怀特海提出"事件"与"对象"的概念,作为自然事实的两个基本的"要素"(elements)与"成分"(factors)。"事件"是自然最基本的存在,是时空关联者,"对象"则是"事件"的特质。"对象"有不同种类、不同种类的"对象"之间有因果的关系,"处境"(situation)则是"对象"与"事件"之间的关系。立即现前的知觉或"感官觉察"(sense-awareness)能辨识自然的"要素"与"成分"。怀特海还区别"感官觉察"和"觉察"的不同,提出"相关性认识"(cognizance by relatedness)与"属性认识"(cognizance by adjective)的概念,前者能认识事物之间的关系,即事件;后者能认识事物本身的特质,即对象。站在多元实在论的立场,怀特海主张"自然对心灵封闭"(Nature is closed to mind),以维护自然的客观实在性。同时为了维护心灵在自然中的独特性,他也主张"流程对心灵而言,超乎自然"(Passage extends beyond nature to mind),以说明时间对心灵而言有异于物理测量的意义(因为心灵有记忆的能力)。

为了解释"事件"与"对象"之间复杂的多元关系,怀特海提出"契入"(ingression)的概念——一个近乎柏拉图的"参与"(participation)概念。"处境"是"事件"与"对象"之间的"特殊关系","契入"则是"事件"与"对象"之间的"普遍关系"。受到法拉第的电子概念和马克斯威尔电磁场理论的影响,怀特海以"契入"作为一个对象普遍"进入"所有事件的关系,并将之作为自然"齐一意义"的基础。根据"契入"的概念,怀特海提出自然科学研究的三个基本概念:"事件的连续体的结构"(the structure of the continuum of events)、"弥布属性和属性粒子"(pervasive adjectives and adjectival particles),以及"属性粒子的原子场域"(the atomic field of an adjectival particle),说明自然齐一性的真谛。基于契入的理论,怀特海强调有关自然知识的知觉,就是对契入"事件"之中感觉对象的知觉。据此,他深入分析感觉对象与知觉对象二者之间的关系,提出知觉的"控制论"(the control theory)以取代知觉的"集合论"(the class theory)。

由以上简述可知,怀特海自然哲学的基本立场为:以"立即经验"为认识起点的经验论,以具体时空发生——即"事件"为"自然的事实"的实在多元论,以知觉和自然、对象与事件交锁关联、有"内在关系"的机体论(机体论与实在论结合可名之为"机体实在论",虽然他不曾使用这个名词),和以"流程"和"过程"为自然本质的过程论。这些基本立场与前述相关思潮关系密切,略论如下。

立即经验论与相关学说

首先怀特海认为感官知觉或"立即经验",是我们认识外在自然世界的起点,这是一项符合英国传统经验论的原则。只是传统经验论或说"素朴经验论"(Naïve Empiricism)认为这"立即经验"或感官知觉,可化约为不可再分的"感觉原子"(sensory atoms)或者"简单观念"(simple ideas),而意识经验便是观念的联结。同时经验论者虽然肯定外在世界是提供感官"感觉与材"(sense-data)的来源,但认为所有关于外在世界的性质,必须透过感官才能取得,而这些可感性质(sensible qualities)为人心所附加者,是外在世界的"表象"(representations)。外在世界毕竟不可知(巴克莱认为心外无物,休谟根本否定外在世界存在),可知者唯"表象"或"现象"而已。

这经验论的"感觉论"(sensationalism)、"联念论"(associationism)、"表象实在论"(representative realism)与"现象论"将心灵看做是被动的容器,自然的法则是出于心理必然的期待或信念,在康德看来不足以作为知识的基础。知识必须具有普遍有效性(universal validity)、必然性(a priori),且是综合的(synthetic)。时空是感性的必然形式(aesthetic a priori forms),十二范畴(categories)是悟性的必然形式(a priori forms of understanding),所有的知觉经验必须经过认识的先天必然形式加以整理,才能成为知识的材料。怀特海同意康德对素朴经验论的批判,他一开始便肯定知觉经验与逻辑思想有一为二、二为一的密切关系。不过在他而言,思想之于知觉并不是康德式的先验必然形式;思想的功能只是在变动不居的知觉经验之中,确定事物(根据怀特海的术语即"事件")不变的性质与关系(根据怀特海的术语即"对象"),而不在提供先天的认识形式。沿着这个思路发展,怀氏确立了"自然是知觉所观察到的"(Nature is what we observed.)这一项经验原则。

显然这里怀特海所谓的"知觉",不是感官被动地接受外物刺激所引发的反应;他认为知觉是把握事物之间关系的、有意义的(significant)经验,即对整体自然相关性的"感官觉察"以及对自然变迁的"体会"。① 所谓"感官觉察"也就是"立即经验",感官当下立即知觉的对象是连续不绝的自然世界,所"体会"的自身经验与自然总在变迁之流中(in a flux)。怀特海以"感官觉察"与"体会"描写知觉活动,旨在强调知觉经验的连续性与主动性,同时他肯定知觉必发生在"时段"之中,因为在具体的"立即经验"之中没有"刹那"的存在,存在总须在一段时间之中。如此怀特海的知觉经验与意识观接近布德利、詹姆士以及柏格森的构想:知觉经验是当下立即的,也是连续的、不断变迁的、占据一定时段的,且是整体的。

布德利的立即经验

布德利虽倡言绝对观念论,却不同于黑格尔理性主义的主张。布德利和黑格尔均同意"真际"(reality)是不可或分的总体(totality),是"绝对者"(the Absolute),不过对于如何把捉这"真际",却持不同看法。黑格尔认为唯有理性,不同于悟性,足以深入"绝对者"的内在生命,进而把捉"真际"。在理性的辩证思考下,方可揭露"绝对者"为一整体存有,以及自然宇宙发展的根本结构。② 布德利则否认理性有这样的功能,他认为人类的思想仅能及于表象的世界,无法把握"真际"。思想是"关系性的"(relational),仅能制造矛盾与悖律(antinomies),而"真际"则超越一切矛盾与悖律。③ 如此"真际"仅见于一无所别、含容赅遍的"立即经验"之

---

① 一般英语用法,"体会"是指正在掌握对事物的理解(understanding),含有正在进行理解、还没有完成的意思;与之相对的"领悟"(comprehension)则表示理解已经完成的状态。这里怀特海显然认为知觉包含认知的成分(虽然这认知是不完整、有些模糊的),而不只是被动地接受外物刺激,取得"感觉与材"。

② 参见 F. Copleston, *A History of Philosophy*, Vol. VIII, p. 188.

③ 参见 F. H. Bradley, *Essays on Truth and Reality* (Oxford: The Clarendon Press, 1914), p. 107f.

中。在"立即经验"里,"主体、客体和二者之间的关系都成为长存一体的元素或层面"。换言之,在这经验之中"无法区别我的觉察和被觉察的对象之间的不同。在这立即的感受中,能知与存有为一,知识以之为起始点"①。绝对真际之中既然没有关系差别,是一整体,当然不容许杂多的存在。因此在布德利的眼中,主体、客体、时间、空间、实体、属性、变化、关系,一切分别均属表象,终将容摄于真际之中,②这便是布德利的绝对一元论(absolute monism)。由此可见,布德利所谓的"立即经验"不是洛克的简单观念,也不是休谟的"印象"(impressions),而是整体无别的意识感受(feeling),是一项经验的无限的行动(an infinite act of experience)。③这样的经验是最高层次的立即感受,在这层次中,主体与客体之类的对立语词寂然无声,彼此丧失外在性。可以说"立即经验"正是融合杂多事物外在性的纯粹精神,在这整体之中一切事物成为具有内在关系的部分。④布德利的"立即经验"说,强调经验的整体性,化除主客二分,与怀特海的观点一致。不同的是怀特海的"立即经验"并没有达到布德利所谓"纯粹精神"的层次,只是单纯的感官知觉直接所得,因此较接近"实在论",而非"观念论"。

詹姆士的纯粹经验论与意识流

詹姆士和布德利一样主张"除此立即经验之外,别无真际"。他提出"纯粹经验"(pure experience)作为无分别的感受,其中意识与内容、主体与客体、心与物的区别还未经分析反省,未能成立,这便是所谓的"中立一

---

① F. H. Bradley, *Essays on Truth and Reality* (Oxford: The Clarendon Press, 1914), pp. 159—160.

② 布德利虽然认为真际不同于表象,真际是一,表象是多;真际是绝对的,表象是关系的(relational);真际是和谐的,表象是矛盾的,但这不是说只有真际存在,表象不存在。反之,布德利认为表象的存在无可置疑,真际之中必然含摄表象,表象是"真实的"表象。而表象之外别无真际,真际是表象的总体。只是表象在真际之中必须转化,化除其中矛盾的部分,使之融入整体和谐。参见 F. H. Bradley, *Appearance and Reality* (London: Oxford University Press, 1969), p.132。

③ F. H. Bradley, *Essays on Truth and Reality*, pp.172—173.

④ F. H. Bradley, *Appearance and Reality*, pp.146—147.

元论"(neutral monism)。① 表面上看来詹姆士的立场接近布德利的绝对一元论,然而他却提出"极端经验论"(radical empiricism),主张多元论。根据"感觉原子论"或休谟的"素朴经验论",感觉经验是分离的单元,我们无法直接知觉到事物之间的"关系"。"极端经验论"则肯定经验是连续的,并直截了当地接受联结关系(taking conjunctions at their face value),且将这关系视同如被它们联结的事物一样的真实。② 既然关系与相关的事物都是真实的,那么真际便是多元,而不是一元了。詹姆士多元论的立场和怀特海是一致的,时与布德利的一元论针锋相对。此外布德利强调经验的整体性,詹姆士则强调经验的变迁性。在分析意识性质时,詹姆士指出意识不是感觉原子的集合,而是心灵状态(states of mind)如瀑流般前继后续构成的"思想之流"(stream of thought)、"意识之流"(stream of consciousness)或者"主体生命之流"(stream of subjective life)。③ 而怀特海的"立即经验"正是这样整体、连续、不断变化的经验的意识之流。

詹姆士认为知觉与其他意识状态总是一去不返,随着时间的流逝,同一个心理活动不会再发生。经验在时间之中,更新不已,具有超越自身的未来性,过去的经验则根据个人的兴趣与注意,仅有部分留存在记忆之中。他把握了经验的现前性、未来性与变迁性,但"立即经验"既然只是"特殊现前的"(specious present),又如何含摄过去与未来? 布德利认为时间只是表象,在"立即经验"的真际之中根本没有过去、现在、未来的区分,詹姆士却将时间看做是意识的本质,那么说明过去、现在与未来在"立即经验"中的定位,便成为迫切的课题。④ 帕思稍早于詹姆士提出意识本质上占据时间的构想,他认为在心灵之前出现的不是刹那,而是刹那出现

---

① William James, "Does 'Consciousness' Exist?," in *Writings of William James*, ed. John J. McDermott (New York: Random House Inc., 1968), pp.169—170;并参见俞懿娴:《古典美国实用主义——帕思与詹姆士》,载《东海学报》第34卷,民国八十二年六月,第66—70页。

② William James, "Essays in Radical Empiricism" in *William James The Essential Writings*, ed. Bruce W. Wilshire (New York: State University of New York Press, 1984), p.220.

③ William James, "The Stream of Consciousness," in *Philosophers of Process*, eds. D. Browning and W.T. Myers (New York: Fordham University Press, 1988), p.85.

④ 换言之,如果"立即经验"只是当下现前的经验,那其中如何含括过去与未来? 如不能含括过去与未来,又如何能构成连续的整体? 参见 F.H. Bradley, *Essays on Truth and Reality*, pp.149—150。

的一个时刻(a moment)。因此现在有一半是过去,一半是未来,立即的感受(immediate feeling)经历了涵盖现前刹那的无限时段。① 怀特海自然哲学中也有这"时段"的观念,然而他的观念更接近柏格森"时段",与美国实用主义者虽相呼应,但无甚关联。

柏格森的时段概念

柏格森认为我们的经验是由不可量化、异质性(heterogeneous)意识状态所构成,而意识以时间为本质,连续不绝。"纯粹时段"(pure duration)正是我们的意识状态前继后续的形式,是融合意识过去状态于现前之中的个体生命。这不是说现前的意识必须完全吸收过去的感觉与观念,也不是说要完全忘记过去,而是在现前知觉中回忆过去,使现在与过去形成有机的整体。好像聆听乐曲一章,但见一个音调融入另一个音调,形成整个曲调。这时曲调前继后续,没有部分的区别。其中的音符彼此穿透,交相关联,构成一个整体。各个音符都是整个曲调不可或缺的一个元素,代表整个曲调,同时除了透过思想的抽象分析之外,也无法与整个乐曲区隔开来而独自存在。同理,先前的意识状态融入现前的意识之中,彼此穿透,交相关联,构成一个有机的整体。② 意识之所以能如此因为它有记忆的功能,柏格森因而说"所有的意识都是将过去保存且累积于现在的记忆"③。记忆也许有限,也许仅能保存很少的部分或者刚才发生的事,然而如果没有记忆,又岂能有意识?另一方面,柏格森也认为意识是对未来的期待,想想每次在面临选择的时候,心灵总有一种思考方向,虽然我们常常忙着现在,却总是想着未来。注意(attention)便是期待,意识之中总含着对生命的注意。生命一开始便在一时段之中保存过去,期待未来,而时段之中的过去、现在与未来彼此交迭,构成不可分割的连续体。④ 正如罗威所分析,柏格森的"时段"或许和怀特海的"时段"概念不全然相同,后者缺乏前者的心灵色彩,但二人对于意识经验的看法,确有

---

① Charles Sanders Peirce, "The Law of Mind," in *Philosophers of Process*, p. 34.

② Henri Bergson, trans. F. L. Pogson, *Time and Free Will An Essay on the Immediate Data of Consciousness* (London: Swan Sonnerschein & Co., Limited., 1901), pp. 100—101.

③ Henri Bergson, trans. H. Wildon Carr, *Mind-Energy Lectures and Essays* (London: Macmillan and Co. Limited, 1920), p. 5.

④ Ibid., p. 13.

重要的相同处:一是肯定生命存在于时段之中,不是存在于刹那之间;二是肯定记忆与期待在意识的作用;三是肯定立即经验的连续性、整体性与相关性。

由上述说明可知,怀特海所谓的"立即经验"不是单纯的实际经验或素朴经验论中的感官知觉。虽然知觉不脱离感官的作用,但不等于感官作用。立即的知觉经验必须占据一段时间,因而成为整体连续经验的一部分。在每个时段之中,因为记忆与期待的作用,同时融合意识的过去、现在与未来。根据这"立即经验"的特性,怀特海乃从知觉论中发展出"意义论"与"觉察论",成为他自然哲学的主要学说。

实在论与相关学说

怀特海自然哲学第二个重要的特征便是"实在论"。"实在论"原是对"观念论"的反动;"观念论"认为心灵意识是认识的主体,自然世界是认识的客体,离开主体,没有独立的客体存在。而"实在论"则肯定有独立于心灵之外自然世界存在,其中詹姆士不仅肯定主客双方均有实在性,甚而主张两者之间的关系和任何其他连结的关系都是实在的。实在论也是针对康德先验论(transcendentalism)的反动,康德认为认识的主体具有先天必然的认识形式,自然世界的特质是由主体构成。实在论则认为自然世界有自身的特质与结构,并非出于主体的构成。

根据卢卡斯(George Lucas)的分析,实在论对观念论的批判表现在四方面:一是反对布德利的"神秘一元论"(mystical monism),主张"本体多元论";二是反对布德利提倡的交互内在相关性的理念,倾向客观论(objectivism),认为被知觉的对象自身的性质不受到与认知者之间关系的影响;三是主张与康德"认识二元论"不同的"认识一元论",实在论者都认为"能知者"(the knower)和"被认知的对象与事物状态"(the objects and the states of affairs that are known)是一项更广泛、同构型背景(context)的一部分;四是以近乎柏拉图的普遍理性之域,说明恒常的事物,以及经验之流中重复出现的模式与形式;而怀特海的自然哲学具备上述所有的特质。① 首先他的"事件本体论"便是一种"本体多元论";他以"事实"(matters of fact)或"特殊现前"作为自然知识的基础,认为这事实是含括所有不同事物的最终原始(Fact is an ultimate primitive including all diver-

---

① George R. Lucas Jr., *The Rehabilitation of Whitehead*, pp.41—44.

sification），这事实是总体（It is the totality）。① 自然的事实有两大特征：一是变迁不已的"事件"，二是"事件"的恒常特质——"对象"。"对象"必须依附"事件"而存在，因此可以说自然最终的事实便是"事件"。首先，"事件"最基本的性质便是时空关系，因而怀特海不仅肯定"关系"的实在性，也肯定时空的实在性，尤其是时间的实在性。其次，虽然怀特海肯定事件与事件、事件与对象、对象与对象之间有内在关联性，但同时他也肯定事件以对象为其特质，事物各有其"特质"、"成分"、"属性"；第三，他反对认识主体构成被认识客体的康德认识论，主张心灵与自然同时共处于一更广泛的自然流程之中；最后，他的"对象论"则近乎柏拉图的理型（Platonic forms）。

桑塔耶那的实在论

怀特海的多元实在论与美国实用主义者极为接近，不过他较常提及的实在论者是桑塔耶那和亚历山大。桑塔耶那反对经验论以感觉为"表象"（appearances）的理论。针对布德利"表象"与"真际"的区分，他认为"表象"正是"真际"的性质，否则真际就没有空间、时间、特质与相互关系。② 同时他肯定精神、物质和事物本质的存在；"本质"（essence）是直觉的对象，独立自存，永恒无误。本质自有特质，亘古已存，不论是否有人能加以辨识。本质既有实现也有可能，含括所有我们可以提及与想到的对象，其数量无限。本质作为直觉的对象，其内容在不同直觉之中总是相同的，可说它是共相、普遍观念或者抽象概念。但本质本身不是抽象的，在事物还没有清晰地被知觉之前已然存在。每个本质有其真实完整性。对经验而言，任何事物没有比那精确完整在我们面前的表象，更为个别具体，而这便是"本质"。简而言之，桑塔耶那肯定所有形式的存有（精神、物质、本质、事物的形式与性质），尤其肯定事物的本质有永恒无限的实在性，这概念和怀特海的"对象"极为接近。③ 只是"本质"的概念与亚里士多德的实体论同调，而怀特海的"对象"则完全与"实体"概念无关。

---

① A. N. Whitehead, *An Enquiry concerning the Principles of Natural Knowledge*, p. 59; A. N. Whitehead, *Principle of Relativity*, p. 15.

② George Santayana, *Reason in Science* (New York: Scribner's, 1906), p. 165.

③ 参见 George Santayana, *Scepticism and Animal Faith Introduction to a System of Philosophy* (New York: Dover Publications, Inc., 1955), pp. 67—98。

亚历山大的实在论

怀特海肯定"对象"与"事件"的实在性,主张"自然对心灵封闭"以及"流程对心灵而言,超乎自然",并且认为知觉者与被知觉对象"共存"于一更为广泛的自然流程之中,这些观点与亚历山大相近。亚历山大认为实在论的目的在排除观念论的"拟人论"(anthropomorphism)的色彩,在有限的物质世界中给予人和心灵适当的地位。一方面使自然世界免于受到心灵的添油加醋,而能取得其独立自存性,另一方面也肯定心灵的独特性以及因之而起的种种价值与理想。心灵与自然是两大主要存在,而两者之间的关系则建立在心灵对自然的认识上。这能知与所知之间的关系是在说明心灵与对象的存在,以及二者共存于相同的世界之中。

当然亚历山大的新实在论不同于"素朴实在论"(naïve realism);而是一"批判实在论"。"素朴实在论"单纯地主张有独立于人心与经验之外的客观事物存在,极易流于唯物论。"批判实在论"则认为即使我们肯定有独立于人心之外的客观事物,那也是出于心灵能体会到客观事物与心灵之间有这样一种独立的关系。事实上心物、主客、意识与自然以及其间的关系,都具有相同的实在性。虽然亚历山大和怀特海对于究竟什么是"实在的",看法不尽相同(亚历山大认为"时空"是经验的实在,怀特海则认为"过程"才是实在的,"时空"是从"过程"抽象而出的),但在认识论上的立场却是一致的"批判实在论"。

其次,亚历山大和桑塔耶那一样反对任何形式的"表象主义"(representationalism),根据这个理论,心灵所认识的并不是事物自身的性质,只是经由感官知觉取得的"表象"。比如透过触觉与视觉,我们对一张桌子会产生不同的知觉,认识到不同的性质,这些都不是桌子本身的性质。而亚历山大则认为心灵所认识的便是事物其自身,"表象"就是事物的真实特性。感觉不是意识和自然事物之间的媒介,而是事物的某种真实层面。不过肯定认识的主体与客体有同时共存的关系,并不是说客体必须依附主体而存在。事实上能知的主体所认识的是外于心灵的、独立自存的客体。在感觉经验里,如果没有感觉对象的刺激,心灵根本不可能有所认知;反之,感觉对象并不依赖感官知觉而存在。在感觉认知中,主体和客体进入了"知道"(knowing)与"被知道"(known)的关系。但"独立存在"(independence)是不同于认知的一种关系,是指某物的性质不受另一物所影响,也就是说两者间缺乏关系(absence of relation)。因此客体可能必须为主体所认识,但这不是说客体的性质会因主体而改变。心灵对于蓝色

"被感觉"而言是不可或缺的,但对于蓝色的"蓝"而言却非如此。事实上客体不论是否被主体认知,皆有其自身的性质,故独立于主体而存在。不过这不是说实在论是唯物论,只肯定客体的独立性,而否定主体的独立性。虽然在低级的感知层次,可说心灵依赖客体而存在,但在较高级的创造层次,心灵成为一种新的性质,自有其独立存在,并且能含摄(imply)客体,成为决定客体的原因。其实依赖与独立存在是相对的,严格地说没有任何事物不是依赖于其他事物或者整个宇宙而存在,至少必须依赖整个时空。如此实在论一方面寻求避免观念论(即唯心论),一方面也不愿蹈入唯物论,自然趋向于机体论了。①

机体论与内在关系说

怀特海自然哲学的第三个特征便是机体论。② 19 世纪末到 20 世纪初在浪漫运动(romantic movement)风潮的影响之下,德国观念论者提出具有机体思想的自然哲学观。其中黑格尔一方面对物理学、化学,尤其是生物学中的唯物论、机械论、化约论(reductionism)提出批判,另一方面发展出"机体目的论"(organic teleology),说明自然世界是由有机的单元所构成,各个单元之间有真实的内在关系。③ 布德利受到黑格尔的影响,乃发展出一套以"内在关系"为核心的机体思想。所谓"内在关系"是指事物与事物之间、事物与其性质之间有必然而不可或缺的关系,任何个体之间关系的改变,也会造成个体性质的改变。"内在关系"与"外在关系"相对,后者指事物与其性质之间的关系,是外在偶然的、并不影响其存在的关系,事物与事物之间也仅是物理化学的机械作用(因此外在关系也可视为动力因果关系),事物的总和并不影响其个别的性质,个别性质也不需透过整体才可了解。布德利则认为自然是一有机的系统,其各部分彼此内在交锁关联,非透过整体不足以了解其部分,整体不等于部分的总和。

---

① Samuel Alexander, "The Basis of Realism," *Proceedings of the British Academy* (London: Oxford University Press, 1913—1914), pp. 279—314.

② 受到演化论的影响,机体论根据生物有机体的生命现象,发展出"生机论"与"关系论"两种形式,前者以柏格森为代表,后者以布德利为代表。其基本主张为:一、机械物理法则不足以解释生物现象;二、整体大于部分的总和;三、整体决定部分的性质;四、部分无法从整体分离而被理解;五、部分之间动态的彼此相关且相互依存。

③ George R. Lucas Jr., *The Rehabilitation of Whitehead*, p.26.

举例来说,有甲、乙、丙三个个体,这些个体必因有更大的整体涵盖,彼此之间才可能有关系。其次,甲、乙、丙因它们所涉及的关系而造成改变;个别单独的甲、乙、丙和彼此相关的甲、乙、丙并不相同。事实上个体因其与其他个体的关系,而产生特定的性质,如果失去这关系必然造成自身性质的改变。第三,甲、乙、丙之为部分,决定所构成整体的性质,反之,它们的性质也受到整体的决定。① 麦克塔嘉也持相同看法,他认为部分会影响整体,如果部分变化了,整体也将随之而变,整体之中任何性质的改变,也将牵动其他性质的变化。② 同时如果有其他个体加入,也将影响整体的性质。例如在甲、乙、丙之外另有丁加入,则甲、乙、丙将和丁产生新的关系,影响到各自的性质,而部分性质的改变必造成整体的性质的改变。③ 简而言之,机体论的"内在关系说"主张所有事物之间都有内在关系,整体之中的各个部分也有内在关系。事实上根据布德利的绝对一元论,真际之中根本没有外在关系,有之仅是表象罢了。

怀特海接受了大多数机体论的主张,他肯定自然是一个整体,其中各部分之间有内在关系与基本关系(essential relation)。事件与事件、事件与对象、对象与对象彼此之间皆交相关联,影响彼此的性质,他甚而提出"机体机械论"的构想。不过他并没有因此而否定外在关系,或者否定事物具有偶然性质。④ 事实上机体论有其一定的困难,因为不是所有事物的性质都是必然的,有些是偶然的,其变化不足以造成事物本质的改变。然而根据机体论,所有性质都是必然的,整体之中的各个部分都处于牵一发而动全身的关系之中。怀特海并没有背书机体论的这项主张,他肯定事物之间有"基本关系",也有"偶然关系"(contingent relations)。对他而言,机体论的真正意义在以"整体与部分"的关系取代"主体与客体"的关系,以化解认识论上的困难。主客、心物的对立是笛卡儿(Rene Descartes, 1596—1650)二元论(Cartesian dualism)留下的问题。笛卡儿肯定心物实体存在,各具不同性质,造成心物二元论。其后观念论否定物质实

---

① F. H. Bradley, *Appearance and Reality*, p. 18 & pp. 514—519.
② J. McTaggart, *The Nature of Existence* (Cambridge, 1921), p. 113.
③ Ibid., p. 161.
④ 事实上怀特海同时认为所谓"内在关系"与"外在关系"只是出于感官知觉对于事物不同层面的认识:其中直觉体会到事件之间的关系都是内在关系,但知觉思想到对象之间的关系都是外在关系。参见 A. N. Whitehead, *Principles of Relativity*, p. 15。

体存在，并认为认识主体构成一切，客体依主体而立，意识决定自然。另一方面，唯物论否定心灵实体存在，认为物质构成一切，心灵现象依附物质而存在。怀特海自然哲学的认识论则采"整体关系"的观点，一种机体论的立场，主张认识的活动不是主体与客体之间的关系，而是"整体与部分"之间的关系。认识的主体（根据怀特海的术语即"觉知事件"percipient event）与被认识的客体（根据怀特海的术语即"对象"object）都是更广泛自然的一部分，共存于更为普遍的时空关系之中。认识活动的进行不仅牵涉"主客"，还需考虑"主客"所在的时空关系以及整体背景。

内在关系说与认识论上的困难

机体论的内在关系说还会造成一项认识论上的困难，那就是使得我们不可能取得知识。因为人的认知能力有限，仅有一定的认识范围，认知必须从部分开始。然而根据机体论的说法，所有的部分不仅彼此相关，更与整体相关，部分必须透过整体才能被认识。因此在认识部分之前，必先认识整体。如此一来，便产生"全有或全无"的困难；要不是我们有所有的知识，就是一无所知。好像詹姆士所说，有事物构成的绝对总体必然是高度的抽象；丈夫借着婚姻因为妻子而成为丈夫，一件事物因为其他事物而成为其自身，每件事都透过对立而自我创造。这抽象系统的逻辑便是如果有任何成员，那就有整个系统，如果有整个系统，那就有其中的成员。如果没有整个系统，也就什么都没有。① 其结果就如罗素所说："如果所有的知识是视宇宙为一整体的知识，那么就不会有知识了。"② 怀特海在自然哲学里，并没有陷入内在关系说的这个困境。他一方面站在实在论的立场，肯定事物有其特质，事物的过去、现在和未来有因先果后的关系；一方面站在经验论的立场，肯定归纳经验能把握自然齐一性与相关性，从已知推知未知，从部分推知整体，归纳逻辑正是化解由内在关系论所造成的困境的良方。③

机体论与生机论

机体论的另一个重要的论述便是认为物理化学的机械法则不足以解

---

① William James, "Absolutism and Empiricism," *Mind*, IX (1884), p. 282f.
② Bertrand Russell, *A History of Western Philosophy* (London: 1948), p. 772.
③ 参见 A. N. Whitehead, *The Principle of Relativity*, pp. 23—27 & p. 146; Victor Lowe, *Understanding Whitehead* (Baltimore: The Johns Hopkins Press, 1962), p. 86。

释生命与生物有机体的现象,柏格森的生机论和亚历山大的"创化综合论"(theory of creative syntheses)可为代表。柏格森认为机械物理法则仅能解释无机的物质宇宙,物质是有惯性(inertia)、可量化的、受到因果必然律的支配;而有机的生命则是有意识、有自由、能创造的。生命一开始就在"时段"之中保存过去、期待未来;在其中过去、现在和未来彼此交迭,构成不可分割的连续性。从演化的事实可见,生命展现缓慢累积(slow accumulation)与突变(sudden discharge)两种互补的工作,这工作有赖于能量的累积与释放。就意识而言,记忆是累积的作用,自由、选择与创新是释放的作用。就自然的事实看来,一方面有物质受到因果必然性的支配,缺乏记忆作用,对于先前的状态只有承袭,没有更新。另一方面有记忆的意识是自由的,在创化的连续性里,在"时段"之中,有真实的成长(real growth),在其中有不可分割的过去。科学显示整个生命的演化是生物不断适应环境的结果,这解释了何以生命局限于不同的形式,但无法说明何以生命形式由低等向高等演化。低级生物和高级的人类一样适应生存的环境,演化的目的必不止于适应环境。生命演化从原始形式到人显示这是"意识"对抗"物质"的过程。① 柏格森因而肯定宇宙中有一不可预见的创新活动,在持续的创化过程之中,时而引进新的生命形式,带来变化。惯性的物质世界是抽象的,具体的真际是由活生生的、有意识的生命所构成。② 柏格森称这样的创化作用为"生命力"(e'lan vital),有如亚历山大所谓的"创化综合"。亚历山大可说也是位生机论者,他同样认为生命现象无法化约为物理化学的过程。虽然生命不能脱离由物理化学法则支配的躯体,它的某些功能也必须符合物理化学法则,但生命本身是全新的性质,因为其中"生机"(vitality)完全不同于物理化学法则。就演化的事实看,生物由低而高不断演化,而生命便是带来新的性质的、那演化上的"关键点"(critical point)。自然在关键点上产生新的生命形式,从单细胞生物到多细胞,从植物到动物,一再标示"新的综合"的发生。这创化综合是从最低的存在层次开始发生的,因此绝对不是不断重复的机械法则所造成的。③

  怀特海同意机体论的基本论述,认为唯物论无法解释生命现象。生物学中生命有机体的概念,无法以"物质分布于刹那之间"加以表达。生

---

① Henri Bergson, *Mind-Energy Lectures and Essays*, pp. 13—21.

② Henri Bergson, "The Possible and the Real," in *Philosophers of Process*, pp. 175—176.

③ Samuel Alexander, "Natural Piety," in *Philosophers of Process*, pp. 128—129.

物有机体的本质是"功能",而这"功能"必须在连续的空间之中发挥。如此生物有机体是一有时空延展性的单元,而时空延展性便是它存有的本质。① 但怀特海并不认为意识是生命与无生命现象之间的界线,"韵律"(rhythm)是"生命"现象的表征,而不是"意识"。"有生命"的电子、原子、分子,只要展示"韵律"的活动——一定模式的活动,便是"有生命"。因此怀特海并不同意柏格森的生机论,他打破传统"有生命"与"无生命"现象的界线,为机体论开拓更大的领域。

过程论与相关学说

怀特海自然哲学第四个重要的特征便是"过程论",而"过程"的概念正是前面三者的预设。所谓"过程"是指一段时间前继后续、不断生成的序列结构;在怀特海的自然哲学里,无论是"经验"、"真际",还是"机体",都具备这个特性。"过程"概念至少蕴涵了四种意义:时间异质性(heterogeneity of time)、连续性、生成(becoming),以及更新(novelty)。西方最早提出"过程"概念的哲学家是古希腊的赫拉克利图斯(Heraclitus),他认为宇宙自然无时不在变迁之流中,并曾留下"濯足之水,已非前水"的名言。卢卡斯则认为怀特海的"过程"概念不必远追赫拉克利图斯,只需溯及18世纪中叶起,某些先达尔文主义的思辨演化论者(pre-Darwinian speculative evolutionists),包括拉马克、歌德(Johann Wolfgang von Goethe)、谢林(Schelling)、黑格尔在内。② 然而怀特海自然哲学中的"过程"概念虽然与演化论的关系密切,但前者仅着眼于生物有机体的演化,怀特海则着眼于整个自然宇宙。在新科学(主要是马克斯威尔电磁场理论与闵可夫斯基的相对时空连续体理论)的影响之下,怀特海观察到古典物理学与科学唯物论的时空物质观,并不符合"自然的事实"。古典物理学与科学唯物论忽视时间的重要性,将时间看做是同构型(homogeneous)、可量化的物理测量单位,这样的时间不会影响物质的性质。如此时间像空间一般是测量的坐标,也就像空间坐标一样是可逆转的(reversible),没有一定的方向。在这时空中的物质是孤立的单元(怀特海称之为"简单定位"),彼此之间毫不相关。同时物质的运动遵守一定的机械法则,其速度与位置均可预测,这样的物质宇宙是静态的、机械因果决定的宇宙,其中不可能有更新变化。

---

① A.N. Whitehead, *An Enquiry concerning the Principles of Natural Knowledge*, p.3.
② George R. Lucas Jr., *The Rehabilitation of Whitehead*, pp.16—19.

当代过程哲学家

怀特海的"过程"概念显然针对古典物理学与科学唯物论忽视时间的重要性、自然的连续性、生成与不断更新等事实而提出的;他的这些论点也和大多数的"过程哲学家"一致。布朗宁(Douglas Browning)与梅耶斯(William T. Myers)曾将帕思、詹姆士、尼采(Friedrich Nietzsche)、亚历山大、柏格森、杜威(John Dewey)、怀特海、米德(George Herbert Mead)和哈兹洵都看做是当代的过程哲学家,因为他们都重视"时间"的概念。这个名单含括了学界公认的过程哲学家,①其中帕思、詹姆士和杜威是美国实用主义者,亚历山大和柏格森是生机论者,与怀特海关系较为密切。而米德虽与杜威友善,和怀特海关系甚渺。哈兹洵是怀特海的追随者。至于尼采,如编者所说,早期他的文体是格言形式的,侧重心理学的,强烈反对从希腊哲学起的整个西方哲学传统,尤其排斥有关超越不变的真际、人性与道德的观念。他的晚期著作仍延续这些主题,对基督教、平等道德和功利概念发动无情的攻击,颂扬生命和肉体,提出"永劫反复"(eternal recurrence)的理论,从权力意志的观点诠解人类经验与动机,唤起自我创造与自我克服的个体——超人(the Overman)。编者并认为尼采在思想发展的晚期,并不知道大西洋的彼岸美国,也有和他相同的反对传统形上学超越实体与必然不变观念的哲学革命在展开,他们都强调生成、变化、个人具体的日常生活经验。② 或许尼采强调个人经验与心理、反对传统形上学的叛逆心态与某些美国实用主义者若合节符,但与怀特海尊重宗教、传统、道德与价值的基本态度,不可同日而语。而尼采"永劫反复"的理念,主张宇宙自然已有无数次相同的经历,③更是一种以"永恒重复"抹杀

---

① George R. Lucas Jr. *The Genesis of Modern Process Thought: A Historical Outline with Bibliography* (Metuchen, New Jersey: The Scarecrow Press, Inc., 1983), p. 3.

② *Philosophers of Process*, eds. D. Browning and W.T. Myers, p. 104.

③ 尼采著名的"永劫反复"理论见于他的《权力意志》一书:"如果宇宙被理解为一特定数量的能量,或为一特定数量的能量中心,而其他概念仍为不确定,因而无用,那么在极大的机遇之中,宇宙一定经历了无数次的组合,以构成它的存在。在无限次的组合之中,每一种可能性一定已经被实现过一次;不仅此也,它一定已经被实现了无数次。且只要在这些组合和它下一次再现之间,必然已经历过其他种可能的组合,因为这每一种组合都会以相同的秩序决定整个系列,一绝对相同的循环运动因而显示之间:这宇宙是一已重复无数次的循环运动,从永恒以来便在玩这个游戏。"参见 Friedrich Nietzsche, *The Will to Power*, ed. Walter Kaufmann, trans. Walter Kaufmann & R. J. Hollingdale (New York: Vintage Books, 1967), p. 549.

时间历史性的作法。编者仅因尼采于少数的篇章谈及变化生成,并推崇赫拉克利图斯——而其心态是叛逆的,其目的在否定永恒普遍的价值,宣扬极端的个人主义,将他纳入过程哲学家之列,实属不智。

帕思与过程论

稍早于怀特海或与怀特海同时、且与他思想接近的过程哲学家还是美国实用主义者与生机论者。帕思为实用主义的奠基者,他和生机论者一致主张机械律无法解释自然演化的事实。演化显示自然之中有不确定性(indeterminacy)、自发性,或者有"绝对机遇"(absolute chance);而演化原理不需要外在原因,只需有无限小的细胞意外的地开始生长即可。再者,精准的机械律无法使得同构型的事物产生异质性的变化,"能量守恒律"等于说所有受到机械法则支配的作用都是可逆转的(Operations governed by mechanical laws are reversible),但演化与生长的过程是不可逆转的。从时间在自然演化上扮演的角色可见,生物朝向多样性(diversity)和复杂性(complexity)变化,其间涉及不可预测的机率。因此机械必然性(mechanical necessity)不能解释自然的纯粹自发性和生命现象,以及自然的不规则现象。此外,必然性也不能解释心灵行动;意识以时间为本质,因而使时间有了从过去流向未来的方向,这与未来和过去的关系不同。因此心灵的法则与物理的法则大不相同;在物理律中时间的过去和未来与空间朝南朝北,并没有什么不同,在心理律中时间是不可逆转的,过去到未来不同于未来到过去。① 总之,自然演化显示"真际在过程之中"(Reality is in process),而且这个过程是连续的。

柏格森的时间观

由上述可知,从自然演化与意识活动的事实,帕思已看出时间的异质性、不可逆转性、连续性与机遇性;并且肯定真际是在过程之中。这些观点为其后的实用主义者詹姆士与杜威等所接受,在此不必赘言。然而在怀特海之前,首先对古典物理学与科学唯物论将时间"空间化"(spatialized)提出批判的,以"时段"的观念说明生命特质的,并主张"创化演化"的过程哲学家则是柏格森。穆拉其(John C. Mullarkey)认为在20世纪初

---

① Charles Sanders Peirce, "The Architecture of Theories," "The Doctrine of Necessity Examined," "The Law of Mind," in *Philosophers of Process*, p. 8, pp. 26—29, p. 34.

强调时间重要性的哲学家中,柏格森可称得上是第一人。他并提及《时间与西方人》(*Time and Western Man*)一书的作者刘易斯(Wyndham Lewis)将柏格森描写成"时间哲学的创造之源"(the creative source of the time philosophy),并认为"柏格森在将'时间'引进今日的哲学脉络之中,取得了卓越的地位"。甚至亚历山大也承认"在我们这个时代,柏格森可能是第一个严肃考虑时间课题的哲学家"[①]。柏格森认为时间的本质是"流动"(flow),"当其中一部分接踵而至的时候,没有任何一部分维持不变"[②]。时间这项异质性的特征不是任何机械的数学测量可以把握的,然而常识经验与科学研究中我们谈时间,正是指时间的物理测量,而不是指时间本身。物理测量的单位是"一"(unity),每个在"多"(multiplicity)中的单位都是同构型的(homogeneous),数目只有数量上的差别,没有性质上的不同。在心灵之前,各个单元是以空间区隔开来,因此数量可说是同时之间各单位在空间上的排比(juxtaposition in space)。这在测量具有同构型、不可穿透性(impenetrability)以及外延性(extensity)的物质上并没有什么困难,但是要测量具有强度(intensity)、象征表象(symbolic representation)作用的心灵与意识便不恰当了。意识与心灵以时间为本质,它们的存在是"时段"。这"时段"只有"直觉"能把握,而"空间"则出于理智测量的抽象作用。因此如果我们把时间看做是同构型、可测量的对象,那就是将空间的观念强加诸于纯粹的意识之上。[③] 柏格森说如此一来,"当我们呼唤时间的时候,空间应了声"[④]。这样的做法便是所谓的将时间"空间化"。于是他提出"时段"的概念与物理学的"时间"作对比,后者如同构型、可测量的空间一般,前者则是不可测量的生命属性,真实的时间。同时站在生机论的观点,柏格森认为生物在时间之中创化演化,生长变化,充满生机。这不断持续的进步,总是由过去吞噬未来,扩大前进,而"时段"就是这创化演化(creative evolution)的过程。这过程不是由不相连属的刹那构成,而是由有记忆的过去和一定"时段"的现前连续而成。[⑤]

[①] John C. Mullarkey, "Bergson and the Language of Process," *Process Studies*, Vol. 24 (1995), p. 44.

[②] Henri Bergson, *Creative Mind*, p. 12.

[③] Henri Bergson, *Time and Free Will*, pp. 75—99.

[④] Henri Bergson, *Creative Mind*, p. 14.

[⑤] 参见 Henri Bergson, *Creative Evolution*, trans. Arthur Mitchell (New York: Random House, Inc., 1944), p. 6f。

由上述可知，柏格森以时间作为自然创化演化的本质，他和帕思一致强调时间的异质性、不可逆转性、连续性、变化生成与更新，略有不同的是他更为重视过去与记忆在自然与经验中的作用，提出"过去内在于现前"（the immanence of the past in the present）的概念。怀特海的时间观与帕思和柏格森的十分接近，他完全接受柏格森对唯物论以"自然存在于刹那之间"（nature at an instant）的批判，同意存在必存在于"时段"之中的论点，他的"创化进程"和柏格森的"创化演化"极为相近，他的"事件"概念也吸收了柏格森的"时段"概念。所不同的是柏格森的"时段"充满了"生机"的色彩，怀特海的"事件"则没有任何心灵的含义，只是一种关系，所谓"时空关联者"。另一方面，怀特海将"事件"视为"时间原子"（temporal atom），有其个体性与独特性，一旦发生便不再重复出现，因此他主张"事件"只会生成（becoming）、消逝（perishing），但不会变化（change），柏格森则没有做这样的区分。而柏格森认为"延展"的概念只适用于空间（"强度"的概念适用于在时间之中的意识），他以在时间之中的意识与在空间之中物质作对比，认为自然演化的本质是时间，而不是空间。这无疑是受到笛卡儿心物二元论的影响。怀特海则认为时空不可或分，时间关系与空间关系都是自然的基本关系，时间并不比空间更为基本重要。准此，他所谓的"过程"，不仅是指时间的转换（transition of time），也是指空间的转换（transition of space）。①

亚历山大的时—空观

怀特海时空并重的立场，与亚历山大更为接近。亚历山大似乎受到闵可夫斯基"时空连续体"概念的影响，主张终极的真际与万物根本的所在（the basic matrix of all things），便是"时空"（space-time）。他同意柏格森真实时间的概念，但不同意柏氏将空间附属于时间之下。一般素朴的看法将时空看成是受容器，这样静态被动的时空观显然不符合自然演化的事实。亚历山大因而主张时空是个别事物之间的关系，同时并存或前继后续的关系。但这不是说个别事物先于时空而存在，反而时空是构成事物与事件的基本与材。更且时间与空间不可或分，"空间中的每一点都是由时间中的每个刹那所决定区分的，而时间中的每一刹那都是由它在

---

① 参见 Victor Lowe, "The Influence of Bergson, James and Alexander on Whitehead," pp. 276—278。

空间的位置所决定区分的"。换句话说,时间和空间共同构成一个真际,"一个纯粹事件或者'点—刹那'的无限连续体"。① 当然亚历山大以"时空"为经验真际(the empirical reality)的构想,不脱亚里士多德实体论的色彩,这与怀特海强调"事件"是时空关系颇有不同,②不过二人意欲结合动态的时间与静态的空间,不以此废彼的立场却是一致的。

总结以上所说,怀特海的自然哲学蕴涵丰富的整体经验论、多元实在论、机体论以及过程论的思想。与之相关的学说,主要见于布德利、柏格森、桑塔耶那、亚历山大、帕思和詹姆士等人的著作。撮其要如下:

(一)"立即经验"论(整体经验论):以立即经验为认识起点,肯定知觉经验的当下立即性、连续性、变迁性、相关性、整体性,以及时段性。其说与布德利、詹姆士和柏格森相近。

(二)多元实在论:以自然的事实为基础,肯定事件与对象、知觉与自然以及时空关系的实在性。其说与桑塔耶那和亚历山大相近。

(三)机体论:以自然相关性为原理,肯定事件与事件、对象与对象以及事件与对象之间有内在关联,其说与布德利相近。又以生物有机体为有时空延展性的单元,其说与柏格森和亚历山大相近。

(四)过程论:以自然为过程,肯定时间的异质性、连续性、变迁性、不可逆转性以及更新性。其说与帕思、柏格森和亚历山大相近。

本书大纲

在英国怀特海原是位数学专家与哲学业余爱好者,1903年他因在数学方面的著作,获选为皇家学院(Royal Society)的院士。然而在1931年,几乎三十年之后,他却因为在哲学上的成就,获得英国研究院(British Academy)院士的殊荣。于此期间,他发展出极具原创性的机体哲学思想,出版了20世纪最重要的形上学著作《过程与实在》,为当代过程哲学的发展奠下了深厚的基础。然而这项发展绝非偶然,从怀特海开始致力于哲学研究起,从他自然哲学的发展可见,他的思想和当代反科学唯物论、反二元论、反机械因果决定论、反康德先验论、反表象论的学派:如绝对观

---

① Samuel Alexander, *Space, Time and Deity* (London: Oxford University Press, 1920), p.4f, & p.66.

② 参见 Victor Lowe, "The Influence of Bergson, James and Alexander on Whitehead," *Journal of the History of Ideas*, Vol. XX, no.2, p.292。

念论、生机论、机体论、实在论、突创演化论等等声息相通。这里要再次强调的是，由于怀特海是独立于学术传统之外、极具原创性的哲学家，他的思想绝非拼凑相关学说而得。事实上他的自然哲学发展有其自身的逻辑与议题，本书根据他早期有关自然哲学方面的著作，以《思想的组织》、《自然知识原理探究》、《自然的概念》、《相对性原理》四书以及《齐一性与偶然性》一文为主，辅以《科学与现代世界》中有关的部分，就其议题发展的顺序，分作八章予以讨论之。第二章"思想的组织"是怀特海自然哲学与知觉论的发端；第三章"近代科学唯物论批判"讨论怀特海对"简单定位"的概念、"自然两橛论"以及"具体性错置"的批判；第四章"意义论"阐述怀特海知觉论的第一个核心概念——意义；第五章"事件论"阐述怀特海自然哲学本体论的基础——事件；第六章"对象论"阐述怀特海自然哲学认识论的基础——对象；第七章"觉察论"探讨怀特海知觉论的另一个核心概念——"感官觉察"与"觉察"；第八章"时间与自然流程"在补充怀特海的事件论与觉察论；第九章"契入论"则在补充怀特海的意义论与对象论；第十章"结论"重申怀特海自然哲学作为他的机体哲学发展的起点，提供了丰富的理论与概念，随着机体哲学的发展，蜕变成一思辨宇宙论与经验形上学的核心理念。自然哲学与机体哲学之间既延续又断续的关系，是毋庸置疑的。

又，怀特海自然哲学相关著作中，颇有数学、几何学乃至物理学的专门讨论，尤其是对于爱因斯坦相对论的批评。有关这方面的研究，可参见拿脱普（F. S. C. Northrop）[1]、麦克盖维（E. B. McGilvary）[2]、爱丁顿（A. S. Eddington）[3]、赛吉（J. L. Synge）[4]、福劳尔（D. R. Fowler）[5]、卢卡斯在等人的著作，尤其是帕特的《怀特海的科学哲学》（*Whitehead's Philosophy*

---

[1] F. S. C. Northrop, "Whitehead's Philosophy of Science," in *The Philosophy of A. N. Whitehead*.

[2] E. B. McGilvary, "Space-Time, Simple Location, and Prehension," in *The Philosophy of A. N. Whitehead*.

[3] A. S. Eddington, "A Comparison of Whitehead's and Einstein's Formulae," *Nature*, 113 (1924).

[4] J. L. Synge, *The Relativity Theory of A. N. Whitehead* (Lecture Series 5, Institute for Fluid Dynamics and Applied Mathematics, University of Maryland, 1951).

[5] Dean R. Fowler, "Whitehead's Theory of Relativity," *Process Studies*, Vol. 5, No. 3 (fall 1975).

of Science)一书,①更是这方面的专著。怀特海的科学思想无疑地是另一个引发学者研究兴趣的课题,不过本书的目的在于探讨怀特海的自然哲学,侧重其中与机体思想有关的哲学议题研究,为了避免涉入过于专门的科学讨论,仅就其中必要的部分加以论述。基本上怀特海的科学思想可以和他的自然哲学思想分开处理,而不致影响对其学说的认识。

---

① Robert M. Palter, *Whitehead's Philosophy of Science* (Chicago: The University of Chicago Press, 1960).

第二章

思想的组织

第一节 空间、时间和相对性

哲学的时空观

怀特海最早有关科学哲学的论文有三篇:《空间、时间和相对性》、《思想的组织》和《某些科学观念的剖析》,都收在《思想的组织》一书里。其中《空间、时间和相对性》一文,是1915年他在曼彻斯特(Manchester)"英国协会"(British Association)上所发表的,随后他也曾在"亚里士多德学会"(Aristotelian Society)上宣读。这篇短文主要在探讨现代科学的两个基本概念"时间"与"空间"的哲学含义。文中怀特海提到两种与时空有关的哲学观点:一是肯定以时空为感觉经验之条件的康德先验论(a priori theory),二是肯定时空是从经验中演绎出来的概念的经验论(experiential theory)。这两种观点各有优点;前者可以解释与时空相关法则的绝对普遍性,后者根据直接经验解释时空概念,可避免假设其他多余的概念。怀特海并以空间为例,提到两个与时空有关的科学理论:一是牛顿(Issac Newton,1642—1727)的绝对空间论,二是莱布尼茨的相对空间论。绝对空间论认为空间是点的集合,而空间的点是自足的单元,与占据空间的基本物质之间有不可界定的关系(the indefinable relation)。相对空间论则认为空间是事物之间的关系，没有所谓"自在之点"(a self-subsistent point)的存在。"点"只是物质之间的某种独特的关系，因而我们可以根据物体之间的关系来界定"点"。

牛顿的绝对时空论原来便是康德先验论的预设，而怀特海对于后者的论点有相反的看法。他说：

> 如果我对康德的理解是正确的——我承认自己的把握并不大，他主张在经验的活动中，我们知道时间和空间是经验发生的必要成分。我会建议——小心地建议，我们应当给予这个学说一个不同的方向，因为事实正好相反；也就是说在经验的活动中，我们知觉到一个由相关的不同部分所形成的整体。这些部分之间的关系拥有某些特质，而时间和空间是这些关系的某些特质的表现。如此我们赋予时间和空间的一般性(generality)和规律性(uniformity)正是表达经验结构的规律性(the uniformity of the texture of experience)。……时间和空间就其作为我们经验的特质，对经验而言是必要的，没有人能不遭遇时间和空间而有经验。我不认为康德的演证除了在说："是什么，就是什么"(what is, is)之外，还有什么别的意思。这话虽然是真，但对我们的帮助不大。①

这里怀特海显然采取了实在论的立场，认为时空是知觉经验本身的特质。我们必须从经验中认识到这些特质，而不是把时空看做是经验的先天形式，或者是认识的必要条件。从这项基本立场出发，怀特海于是倾向于接受时空相对论，也就是说时空是事物之间的相对关系。他认为我们在分析经验的时候，可以从中区分两种成分，一是"事件"，另一是"事物"(things)。"事物"之间有空间的延展关系；两个事物之间可能有涵盖、交迭或者相互排除的关系。事件之间有时间的延展关系；两个事件之间也可能有涵盖、交迭或者相互排除的关系。怀特海因而说：

> 事件在时间之中的延展性，大致可以模拟对象(即物体)在空间之中的延展性。空间的延展性是由对象之间的关系所表达的，时间的延展性则是由事件之间的关系所表达的。②

---

① A. N. Whitehead, *The Organisation of Thought Educational and Scientific*, p. 216.

② Ibid., p. 196.

上述引言,是怀特海对"事件"与"对象"最早的界定,同时也说明了具体时空经验的特质——延展性。在我们的具体经验中,无论是时间还是空间,都是绵延连续的。因此无论是空间的点或是时间的刹那,都不是我们直接经验所得。怀特海因而说:"我们活在'时段'之中,不是活在'点'之中。"①这项立场与机体论者、生机论者以及实用主义者相近。

　　最后在这篇短文的结论中,怀特海根据上述时空概念的分析,点出了他在自然哲学上的基本立场。他认为真正实在的只有立即经验。演证科学(deductive science)的工作在将概念应用在经验的材料上,再考虑概念与概念之间的关系。概念越抽象,其间的逻辑关系就越普遍。另一方面我们的经验是片断琐碎的(fragmentary),透过演证科学如数学,便能从琐碎的经验世界中建构出普遍的概念来。而前文提到的"经验结构的规律性",事实上无法从粗糙的经验材料中的立即关系里取得,而是由更为精致的合乎逻辑的概念所组织而成。

　　总结《空间、时间和相对性》中的重点思想是:

　　　一、在认识论的问题上,采取实在论的立场,反对康德的先验论。

　　　二、对于时空概念,采取相对论的立场,反对绝对论。

　　　三、区分"事件"与"对象"的不同,以前者的延展关系为时间,后者的延展关系为空间。

　　　四、肯定具体的存在,存在于"时段"之中,没有刹那的存在。

　　　五、确定科学的工作在运用逻辑概念整理零碎的经验,而逻辑是抽象的,经验是具体真实的。

第二节　经验与思想

经验与思想

　　上述怀特海的思想在《思想的组织》一文中,有更为细致的说明。这篇论文是怀特海在1916年新堡(Newcastle)的"英国协会"上发表的演

---

① A. N. Whitehead, *The Organisation of Thought Educational and Scientific*, p.196.

说。在这篇文章里,怀特海延续《空间、时间和相对性》以科学工作在运用逻辑概念整理零碎经验的构想,直指科学是有组织的思想,其本质是逻辑的;而这逻辑是归纳法。归纳法旨在搜集经验事实,将之与界定好的科学观念进行比较,藉以发现连结宇宙自然各部分的关系,进而建立经验法则,以说明我们生活的世界是个可以理解的、交锁关联的整体(conceived interrelated whole)。就这点而言,科学也是经验的思想组织(thought organization of experience)。怀特海说:

> 科学的工作是在发现存在于构成我们经验生命的知觉之流、情绪与感觉之中的各种关系。由色、声、香、味、触和各种官能感受构成的大千世界,正是科学活动的唯一领域。以此,科学是经验的思想组织。①

而现实经验的领域是杂多而纷乱的,个人经验是一连串的、零碎的、无法清楚辨识的事物。怀特海因而认为自然科学哲学的首要任务,便在探讨"立即经验"与科学思想间的关系。他说:

> 我坚持作为科学起点的现实经验领域,具有极为不整齐、不规律的特质(ill-adjusted character)。能把握住这项基本真理是建构科学哲学时取得智慧的第一步。这项事实常被语言所掩盖,受到科学程序的影响。科学使我们养成精准的概念可以表达立即经验的信念,结果使我们以为有一个立即可经验的世界,是由完美界定的事件之中的完美界定的对象所构成的,而经由我们的感官知觉为我们所认识。该事件发生在精准的刹那时间里,也发生在由不具部分的、没有体积的精准点尘所构成的空间之中。这样干净利落精准的世界,就是科学思想的目标。我认为这个世界是一个观念的世界,其中的内在关系(internal relations)是抽象概念之间的关系。而说明这个世界与实际经验所感受的世界之间明确的关系,正是科学哲学的基本议题。②

这里怀特海首先肯定科学的起点是立即的经验,不过这"立即经验"显然是常识与日常生活中的立即经验,其内容混乱零碎,有赖科学思想的

---

① A. N. Whitehead, *The Organisation of Thought Educational and Scientific*, pp. 109—110.

② Ibid., p.110.

整理。然而经过科学思想整理后的经验，往往转变成精准的、抽象的理想观念，便不再是原来的"立即经验"了。这段引文说明了怀特海思想的一贯特征：一是以"立即经验"作为认识的起点（虽然这里"立即经验"的概念尚不明确），二是以科学思想整理零碎的经验本身是高度的抽象工作，三是肯定经验反映的自然世界的各部分之间有内在关系。上述三点都是怀特海哲学的基本观点，贯穿他的整个思想发展，正如罗威所说，"《过程与实在》的作者对于这段话不会有任何意见"①。

科学知识是经验的思想组织；它的主要特征就在取得某些解释自然的概念，进而归纳出与经验知觉相符应的法则。然而精准的思想概念如何适用于杂多纷陈的经验之流中呢？怀特海认为首先有赖于"常识思维的机制"（apparatus of commonsense thought）。这里"常识思维"是指科学家在从事实际科学活动的时候，为了研究方便而设定的一些理所当然的概念与原则。比如有关特定物体的概念、特定的时间、同时性、相对位置等概念；以及根据过去经验模拟未来经验的原则。举例来说，如果我们心中有了某把椅子的概念，这概念很自然的会将所有与椅子有关的经验都联结起来：谁制作了这把椅子？谁卖了它？谁使用它？未来只要坐在这椅子上，谁都能有类似舒适的经验，乃至于椅子终将毁坏，预期椅子会化为柴火等等。常识思维可说是习以为常的统整思维，是科学活动不可或缺的基础。②

不过如果思想仅停留在常识的层次，仍不足以构成有组织、有系统的知识。科学知识有赖于"理想经验"（ideal experiences）、"理想知觉"（ideal perceptions），也就是对经验的逻辑分析与抽象工作。实际经验纷陈杂多，往往不能直接成为科学研究的对象。科学研究需严格取材，科学理论（如时间、空间的理论）常常建立在理想经验之上。理想知觉经验出自于想象，根据自身以及他人对外在世界的实际经验，予以想象的再制（imaginative reproduction）③；因此虽然不是直接得自实际经验，却与实际经验不相违背，甚而必须借着实际经验的检证，才能够确定科学知识的意义。举例而言，几何学上"点"的概念，并不是直接经验可得的对象，而是实际经

---

① Victor Lowe, *Understanding Whitehead* (Baltimore: Johns Hopkins Press, 1966), p.181.

② A. N. Whitehead, *The Organisation of Thought Educational and Scientific*, p.111.

③ Ibid., pp.113—114.

验"理想化"（idealized）了的结果。然而"理想化"了的概念不能背离实际经验。传统几何学认为空间（具理想的无限可分割性）是由无限个不具部分、不占容积（magnitude）的点所构成，但是实际的空间经验却不是得自两点之间的关系，而是得自于两个物体（bodies）之间的关系。物体必有其展延性，"点"只能是具有延展性的物体中的"一点"。如此根据实际经验，物体之间基本的空间关系是一物体（部分）可成为另一物体（整体）的一部分，具体地说，"点"与物体是"部分"（part）与"整体"（whole）之间的关系，不是"单元"（unit）与"堆积"（assemblage）的关系。而所谓物体不过是知觉的集合（class of perception），对于物体部分的知觉，构成了对于物体整体的知觉。如此根据知觉经验来界定"点"，可以说"点"是具有延展性的物体的集合，物体包含了"点"。① 这样的定义才能一面维护几何学上"点"的概念的理想性，一面避免这项概念产生违背实际经验的缺失。

质而言之，科学知识便是逻辑表述的常识经验。常识经验肯定我们在某时某处、所见所触、所坐所憩的是同一把椅子，科学知识则逻辑地以分子、原子、电子、波动等观念，将椅子表述为一个物体，藉以说明它内部组成之间的关系。科学是逻辑的思维，透过算术、代数、命题方程、与分析方式，整理杂多的知觉经验，进而以理想知觉为基础，形成科学概念。怀特海于是说道："没有观察的逻辑和没有逻辑的观察同样无法形成知识。"②观察是经验知觉，逻辑是理性思维，科学研究有赖此二者相辅相成，缺一不可。

关系的知觉

怀特海有关经验思想不即不离的主张，也见于《某些科学观念的剖析》一文里。文中怀特海指出科学研究的对象是"自然的事实"，这"事实"是我们所知觉到的，而科学知识则是对这知觉的思想。对于"事实"的知觉，也就是当下的感觉，即经验论所谓的"感觉呈现"（sense-presentation）。根据感觉论或者素朴经验论的看法，"感觉呈现"是指内外感官直接呈现于意识中的"感觉与材"（sense-data），如洛克所谓的"观念"，休谟所谓的"印象"。对洛克与休谟而言，观念与印象只是感官的立即知觉，

---

① A. N. Whitehead, *The Organisation of Thought Educational and Scientific*, pp. 128—131.

② Ibid., p. 132.

至多反映了事物的可感性质,除了与感觉者之外,并不涉及任何其他的关系。但怀特海则认为这类知觉并不只是辨识事物的性质,还涉及这对象与整个知觉意识内容的关系,以及这对象所在的时空关系。一般科学分析和传统的形上学将这样的知觉判断简化为一种赋予真实事物适当属性的方式:好像我们说"瞧!红色"便是在说"这真实的事物是红色的"。然而我们对于红色的知觉不只是对"红色物体"的知觉,"红色"一定是指在某时某地某个物体的红色,说"瞧!红色",意味着说"瞧!这儿有个红色的物体"。这样的表述显示有人对物体的颜色做了判断,而且是个立即的知觉判断。以这个意义而言,知觉是一种"关系",对红色的知觉是"我们所知觉到的是和其他表象有关的红色"(What we perceive is redness related to other apparents.)。① 这样的关系有赖知觉思想的"体会",怀特海说:

> 某些思想直接来自感觉呈现,而且是知觉意识状态的一部分。这样的思想是"有个红色的对象在那儿"。但一般而言,这思想不是口语的,而是对意识内容中的性质与关系的直接体会。……直接体会本质上是独特的,我们不可能同时体会到一个对象是红色的又是蓝色的。……事实便只是对红色对象的体会。②

这里当下的"体会"是个类似"直觉"(intuition)的概念,是有意识的感官知觉的立即作用,而这个作用无须借助理智或概念的分析。这"体会"与绪论中提到柏格森和亚历山大的"直觉"极为接近,进一步地说明怀特海的知觉经验不同于感觉论以及理智论(Intellectualism)的知觉经验;怀特海认为知觉能直接"体会"事物性质与其间的关系,后二者则否定我们能知觉到事物之间的"关系"。"关系"超越感知范围,我们所能知觉的只是事物的感觉性质。其后怀特海将"体会"发展成对"事件"的"感官觉察"(sense-awareness),一个与布德利的"感受"(feeling)接近的概念,更确定了怀特海采取整体经验论的立场。至于直接体会的内容,也就不是单纯的"感觉呈现",而是整体的"立即经验"了。这点在后文将更为明显可见。

怀特海的说法透过詹姆士以感知可直接认识"关系"的理论,将更可

---

① A. N. Whitehead, *The Organisation of Thought Educational and Scientific*, pp. 135—136. 所谓"其他表象"应是指红色物体的其他感觉性质,如形状、大小、重量、味道等等。

② Ibid., p. 137.

容易理解。詹姆士在分析我们的心灵状态时发现,透过内省(introspection)的审视,我们可以自觉到意识有如瀑流一般,前继后续,不断进行(going on)。这连续不绝又不断变化的意识之流中,可说有较为静态的"实质部分"(substantive parts),也有不断变化的"转换部分"(transitive parts)。而我们的思想往往集中在"实质部分",而忽略了"转换部分"。这使我们以为知觉所认识的总是静止的实质事物,至于想要观察思想之流中转换的部分,则十分困难。詹姆士认为思想史上过分强调意识的"实质部分",不能纪录意识的"转换部分",导致两种学派的发生。一是"感觉论"。感觉论者对于现行世界中的感觉对象之间无数关联的形式与关系,因为无法找到任何相应的实质感受,以至于无法发现任何可以名之的心灵状态(named mental states)来反映这些关系,所以干脆否认任何有这样的心灵状态。而很多感觉论者,就像休谟一样,进而否认在心灵之外有这样的关系。除了简单的、实质性的观念以外,其他都是言辞造成的假象(verbal illusion)。另一方面理智论者则坚持"关系"的实在性要超越心灵(extra mentem),但是却无法指出"关系"被认识的实质感受是什么,最后也不得不否认有这样的感受存在。他们认为"关系"是连续性的,是从主观的感觉和其他实质的意识条件抽取出来的,不过不是靠"心灵状态"或者感受可以认识这样的"关系"。有关"关系"的认识,纯属超越于感觉的另一个层次,是靠"思想"、"理智",或者"理性"的纯粹行动来认识,而这些心灵活动较诸迁逝不已的感觉事实,有不可言喻的优越性。詹姆士对于这两派的说法都不以为然,他认为如果有所谓的"感受",那就是对于存在于真实自然中的物体之间关系的感受。换言之,感受便存在于"关系"被认知之中。詹姆士说:

> 在语言中无论是一个连接词(conjunction)还是一个介系词(preposition),更别说是一个副词词组,或者其他的语法形式,或者语尾变化(inflection of voice),都表达了我们时时感受到思想中的对象之间确有某种关系。如果客观的说,这是表面现象显示的真实关系;如果主观说,这是意识流借着自身内在的着色(an inward coloring of its own),企图搭配每一个关系。不论根据那一种说法,关系都是无限的,而且没有任何一种现存的语言能穷尽这些关系。①

---

① William James, "The Stream of Consciousness," in *Philosophers of Process*, eds. D. Browning and W. T. Myers, pp. 86—88.

第二章
思想的组织

怀特海认为"关系"是我们可以体会到的,正如詹姆士说"关系"存在于我们的感受之中。他们都不能接受"感觉论"否认"关系"是可以被知觉的,也不赞成"理智论"主张"关系"的认知是超感官的。"关系"就是真实存在的事物特质,也是直接经验可以感知的对象。不过怀特海同时认为,除了感觉经验到的"关系"之外,还有逻辑思想中的"关系",把握感觉事物之间的逻辑关系正是科学工作的主要课题。

知觉与思想

为了进一步分析知觉与思想的关系,怀特海特别提出"最先的思想"(first thought)与"其次的思想"(secondary thought)的区别。所谓"最先的思想"便是指与立即感官知觉有关的思想,至于与思想有关的思想则是"其次的思想"(secondary thought);其中又包括"确实的思想"(actual thought)(即确实做了一项判断)与"假设的思想"(hypothetical thought)(即表达想象可能性的思想)两类。① 无论"最先的思想"或者确实的"其次的思想",都提供科学诠释所需的事实材料。换言之,"当感觉呈现的事实影响到科学思想,该事实便成了在立即体会中的思想要素。"就这点而言,可以说"事实就是思想,思想就是事实"②。

事实的呈现固然有赖于感官知觉,然而在成为科学取材的对象的时候,已有感知以外的其他心灵活动,如意志的选择、想象乃至常识思维牵涉其中。怀特海提醒我们,科学家在选择物理经验的时候,不全是从抽象的必然性着眼,而是考虑现有环境所提供的线索。这样的思维方式怀特海称之为"整套的常识思维机制"(the whole apparatus of commonsense thought)。例如说"椅子"是个常识的观念,分子、电子便在解释何以我们能看见椅子。科学的工作便在协调于立即的常识经验和抽象的概念之间,建立起其间的关系。怀特海说:

> 科学的目的在协调(harmonizing)我们原初的思想(primary thought)和反省的、衍生的思想之间,而前者含括在感觉呈现的立即体会之中。科学也以研发衍生的思想为目标,并使之有严格的逻辑

---

① William James, "The Stream of Consciousness," in *Philosophers of Process*, eds. D. Browning and W. T. Myers, p.138. "假设的思想"是指不受肯否判断的、意识实际的思想内容,如"二加二等于四";"确实思想"则在对实际思想作反省判断,如肯定或否定"二加二等于四"。

② Ibid.

53

关联。科学的理论所要达成的和谐,便是使理论与观察相契合,而观察即是对感觉呈现的体会。①

由此可见,怀特海认为我们对自然的认识既基于常识经验——来自感觉呈现,又超越常识经验之上——经过逻辑思想的整理与选择。因此在科学研究的领域里,知觉与思想密不可分。接着他分析"对象"的概念,进一步说明这个道理。

对象与事件

怀特海所谓的"对象"便是一般人所知觉到的"事物"(things),如猫、狗、树、桌子、椅子、彩虹、水滴、火焰、狂风、钟声、味道、痛痒等等,这些对象一定占据空间。以科学的方式解释,我们之所以能知觉到这些对象,是因为有那些无法被知觉到的分子、原子、电子弥布于空间,彼此交互作用的结果。譬如我们看不见光波,但因光波而有视觉。如此具体发生的乃是"事件",而被知觉到的却是"对象",怀特海说:

> 直接被知觉到的对象相应于自然世界中一系列的事件,而事件则持续了一段时间(prolonging a stretch of time)。被知觉的对象不会一直相应于同一群分子(same group of molecules),好像几年之后我们认得(recognize)相同的猫,但那猫却与原先不同的分子相关。②

这段引言再次说明了"对象"与"事件"的区分:知觉的对象相应于自然的事件,前者是不变的认识对象,后者是以时间为本质的具体事物。不过这个区分不同于先前在《空间、时间和相对性》里,怀特海以"对象"关乎空间的延展关系,"事件"关乎时间的延展关系。在那样的区分里,"对象"与"事件"似乎都是具体的,除了涉及不同的时空特质,没有太大的差异。但是现在以"对象"是不变的概念,以"事件"为立即的发生,也就是随后所谓的"时空关联者"(space-time relata),则明显区隔"对象"与"事件"的不同。而这项区分正是怀特海发展"事件论"与"对象论"的基础,后文再详细讨论。

回到先前的讨论,就我们所认识自然事物或对象进行分析,也可发现知觉和思想有密不可分的关系。怀特海从其中分析出三项要素:一是科

---

① William James, "The Stream of Consciousness," in *Philosophers of Process*, eds. D. Browning and W. T. Myers, pp. 139—140.

② Ibid., p. 141.

学的思想对象,即分子、原子、电子、波动等等的存在,二是感觉对象,如色、声、香、味等等的性质,三是被知觉的思想对象,如猫、狗等等的事物。举例来说,姑且不论科学的解释,当我们听到猫叫,看到猫的形貌颜色,感觉到猫在两腿间摩擦的柔软体温……使我们"认得"一只猫,这猫很高兴看到我们,我们进而借着想象,产生了一只猫的思想。这里有关猫的感觉与知觉是直接的,有关猫的思想是间接的。不同的感觉对象,猫的形貌、颜色、叫声,共存于相同的时空关联之中,由思想将之结合成为一个知觉对象,是为猫。有时只有一种感觉对象,如黑暗中听到猫叫,也能引发我们对于猫的知觉,不过这也有赖于思想的推论。这三种要素,猫乃至于所有的对象(objects),包括分子、原子、电子在内,所有的存在都存在于一段时间之内(duration),而不是存在于刹那(instant)之间。不论是知觉的对象还是思想的对象,同样处于连续不绝的时间之流中。① 怀特海说:

> 我们认识到自己经验过了一整个的感觉呈现的时间之流(experiencing a complete time-flux of sense-presentation),这感觉之流可以区别成部分,而区别的依据是感官的相互不同——包括感觉类型的不同,和相同感觉类型中性质与强度的不同,以及时间关系和空间关系的不同。同时这些部分不是互不相干的,而且这些部分有无限的形态。②

时段与记忆

知觉的思想对象只有一个,其中涉及的感觉对象却有许多。在时间之流中,部分的感觉对象可为人所辨识,是属于相同的知觉对象,而这辨识有赖于心灵记忆与认知的功能。事实上在个人连续的经验之中,记忆与知觉只是一线之隔,没有根本的不同。怀特海说:

> 如果说我们生活在"时段"之中,而不是在刹那之间,也就是说现前是占据了一段时间(a stretch of time),那么记忆和立即呈现之间的区分便不是那么重要了。因为当现前变成立即的过去时,我们总是和逝去的现前在一起。在意识的范围里,既没有纯粹的记忆,也没有纯粹的立即呈现。无论如何,记忆也是一项意识的呈现。

---

① William James, "The Stream of Consciousness," in *Philosophers of Process*, eds. D. Browning and W. T. Myers, pp. 141—144.

② Ibid., p. 144.

另一个有关记忆值得注意的是：在现前的事件和过去的事件之间，我们无法直接知觉到时间的关系。现前的事件只和过去事件的记忆相关。不过过去事件记忆的本身是意识之中的现前因素。我们肯定只有在意识之中的因素有直接被知觉的关系，而在知觉发生的时候，知觉与记忆两者同在现前意识之中。不同知觉间的其他关系则是由推论所构成的。①

肯定我们生活在"时段"之中，强调记忆在连续经验中的作用，正是怀特海知觉论与柏格森、帕思和詹姆士学说最为接近的地方。

累聚原理与收敛原理

知觉与记忆同时并存于现前，因为我们总是在一段时间之中。在现前时段之中，现前的知觉时时流逝成为过去的记忆；同时原为未来所期待的也随即转为现前的知觉。如此现前知觉难免有过去记忆与未来期待的涉入，而外在世界的时空关系，则是主导构成知觉经验的因素。累聚过、现、未三世的意识经验，结合其间的时空关系以构成外在自然世界的原理，怀特海称之为经验的"累聚原理"(the principle of aggregation)。另一方面出于理智对事物单纯性(simplicity)的追求，我们对于感觉呈现的所有层面进行概念的分析，所运用的则是所谓的"单纯性收敛原理"(the principle of convergence to simplicity)，简称"收敛原理"。②

所谓"累聚原理"是指把握意识(包括知觉、记忆、期待)中时间关系的原理。例如当事件"甲"先于"乙"又和"乙"同时出现的时候，一旦时光流逝，使事件"甲"成为过去，而事件"乙"与"丙"同时出现于新的时段，并且"乙"先于"丙"。这时出于我们对"甲"、"乙"先后关系的记忆，可推论出过去的"甲"与当前的"丙"之间也有先后关系。如此根据"累聚原理"，即使出于不同的意识活动（不必一定是当前知觉），也可以推论的方式建立事件的时间先后关系。根据"累聚原理"，可以整理不同时刻的知觉思想对象，形成单一的知觉思想对象，从而建构出我们对于外在自然世界的概念。③

---

① William James, "The Stream of Consciousness," in *Philosophers of Process*, eds. D. Browning and W. T. Myers, pp. 144—145.
② Ibid., pp. 142—146.
③ Ibid., p. 146.

所谓"收敛原理"主要适用于处理静态感觉世界的空间关系;其目的在将这类关系单纯化。根据"收敛原理",事物均由部分构成,而部分可再分割为更小、更为单纯的部分,直到不同的部分彼此均有最单纯的空间关系为止。此外"收敛原理"也适用于占据时空的"感觉对象",使之根据"感觉类型"(type of sense)、"感觉性质"(quality of sense)以及"感觉强度"(intensity of sense)化分为更单纯的部分。"感觉对象"可说正是我们运用"收敛原理"进行分析的结果,使我们在感觉呈现之流中求得其间的单纯关系。同时"收敛原理"追求单纯性,藉此我们得到的知觉思想对象也符合基本的自然法则,这法则便是"客观稳定性律则"(the law of objective stability)。这律则也是"感觉对象凝聚的律则"(the law of the coherence of sense-objects),客观稳定性既适用于时间,也适用于空间,更可以和"收敛原理"相结合,这使杂乱的感觉对象终能凝聚成一个稳定客观的知觉思想对象[①]。

经验的"收敛原理"在追求感觉对象的单纯性,看起来与"感觉原子论"主张感官知觉可化约为不可再分割的"感觉原子"或者如洛克所谓的"简单观念"(simple ideas)极为接近。但"感觉原子"和"简单观念"是抽离了时空关系的抽象存在,并不是具体事实的经验。从"立即经验"出发,怀特海强调"感觉呈现"必有时空关系。因此他指出我们在分析复合"感觉呈现"之流的部分里,可得到三种特质:

一是单一感官的感觉对象的时间继续性(the time-succession of sense-objects),这对象含括在复合的部分之流(a composite partial stream)中,而其时间连续性是由非常类似的对象极为缓慢地变化所构成,因而在复合的部分之流中形成一同质成分之流(a homogeneous component stream);二是在这复合之流中的感觉对象的空间关系,在极短的时间之内,只要确实被体会到都是相同的,如此不同的成分之流(component streams),各自是同构型的,便"凝聚"(cohere)成整个复合的部分之流;三是如果其他"感觉呈现"的时空关系和复合部分之流十分接近,便可根据相同的规则(应即为"感觉对象凝聚的律则")与该复合部分之流结合。我称这些感觉呈现为"联结的感觉呈现"(the associated sense-presentation);这整个感觉呈现的部分之流,

---

① William James, "The Stream of Consciousness," in *Philosophers of Process*, eds. D. Browning and W. T. Myers, pp. 147—148.

则是所谓"知觉最先的粗糙思想对象"(first crude thought-object of perception)。①

怀特海并举例说明：

  我们把玩竹篮中的一个橘子30秒，看它、嗅它、抚弄它，注意到它在竹篮里所在的位置，然后离开。在这30秒内对橘子的知觉是"知觉的最先粗糙思想对象"，那盛着橘子的竹篮便是"联结的感觉呈现"。②

这就是说复合的感觉呈现能集合成"知觉最先的粗糙思想对象"，不仅因为它们处于相同的时空关系之中，而且和"其他感觉呈现"，也就是知觉背景有时空邻近的关系。因此巧合的空间关系结合各种感觉对象，构成"最先的粗糙思想对象"。我们对于这思想对象的认知几乎出于本能，不假思索。至于感觉对象的区分则出于在记忆上的反省分析。譬如透过视觉与触觉得到的感觉对象，在"最先的思想"中总是结合在一起的，只有在"其次的思想"里才会被分开。③ 不同的感觉对象因为"凝聚"在相同的复合之流中，所以能构成单一的思想对象。怀特海说：

  感官知觉的部分之流之所以能聚合(coalesce)成"知觉最先的粗糙思想对象"，是因为属于这部分之流所有的"感觉对象"[如猫的毛色、味道、叫声等等]都处于相同的地点，使得我们能知觉到某一时刻的那只猫；不过反之我们也可以说不同的"感觉对象"之所以处于相同地点，是因为都属于相同的某时刻的一只猫。④

"收敛原理"能凝聚不同的感觉对象成为单一的"粗糙知觉思想对象"，"累聚原理"则有助于我们综合不同的"粗糙知觉思想对象"成为一个"知觉的思想对象"。回到先前把玩的橘子，想让那"30秒钟的橘子"成为我们常识中橘子的概念，怀特海认为必须附加两项原理：一是"累聚原理"，一是"假设的感觉呈现"(hypothetical sense-presentation)。运用"累聚原理"，可以使得许多不同的"知觉最先的粗糙思想对象"结合成一个

---

① William James, "The Stream of Consciousness," in *Philosophers of Process*, eds. D. Browning and W. T. Myers, p. 148.

② Ibid.

③ Ibid., p. 149.

④ Ibid., p. 150.

第二章
思想的组织

"知觉的思想对象"。怀特海解释说：

> 把玩篮中的橘子之后，离去五分钟后再回来。在我们面前所呈现的是一个新的"知觉最先的粗糙思想对象"，和我们先前经验到的"30秒钟的橘子"没有不同。我们"累聚"这两个橘子的感觉呈现为一个橘子。透过累聚的作用，我们便取得"知觉其次的粗糙思想对象"（second crude thought-object of perception）。①

前面提到所谓"累聚"就是将过去、现在与未来的经验连结起来。这样的"累聚"，必有赖于记忆。在这橘子的例子里，想要在不同的时间知觉到同一个橘子，需要有知觉以外的心灵作用，尤其是想象力（imagination）。怀特海说：

> 现前的事实世界不只是"感觉呈现之流"而已，除了"感觉呈现"以外，我们还有其他的心灵活动，如情绪、意志、想象、概念和判断。没有任何自然的特质只靠"感觉呈现"便能进入意识，更别说是孤独自存了。"感觉呈现"和意识的其他内容之间有一定关系，目前我们已顾到概念与判断这两种内容。不过要完成一个橘子的知觉还需要有想象，也就是所谓的"假设的感觉呈现"。②

"假设的感觉呈现"是最常见的科学研究对象。当我们实际的感官知觉受到限制的时候，借着想象力，我们可以假设某个知觉对象所有可能的"感觉呈现"。好像在观看月球朝向地球这一面的时候，我们可以想象月球背面可能有的"感觉呈现"。怀特海认为这想象是否有相应的真际并不重要，重要的是这想象事实上存在，是形成"知觉的思想对象"这一概念的要素，也是科学研究的原始材料。怀特海说：

> 我们认识到的橘子是"感觉呈现"的恒常组合（a permanent collection of sense-presentations），好像那些"感觉呈现"是我们意识之中的实际元素，事实上却不然。我们所认识的橘子是放在切菜板上的，有形状、香味、颜色和其他的性质。换言之，我们想象"感觉呈现"的假设可能性，并认识到它们在我们的意识之中缺乏实现性（actuali-

---

① William James, "The Stream of Consciousness," in *Philosophers of Process*, eds. D. Browning and W. T. Myers, p.149. 怀特海认为"其次的粗糙思想对象"预设了记忆、想象与再辨识等意识作用，见下文。

② Ibid., p.151.

ty),事实上它们是无形的(immaterial)存在。对科学而言重要的事实是我们的概念;至于概念在形上真际的意义则不具科学重要性,至少对自然科学而言是如此。①

也就是说传统形上学所重视"共相"的实在性,在怀特海看来只需以"假设的感觉呈现"的可能性取代即可,形上学的研究对科学而言并不重要。

知觉的思想对象

严格地说,在"知觉的思想对象"形成的时候,产生的概念与判断都是"本能性的"(instinctive),不是我们有意识地追求的或者批判地采用的。"知觉的思想对象"原在显示完整"感觉呈现之流"中的关系,它们作为科学研究材料的价值是无可置疑。不过有关"知觉的思想对象"的应用,还是有其限制。首先,虽然大部分的"感觉呈现"可被解释为不同的、持久的思想对象,但不是所有的"感觉呈现"都可以这样解释。有时候"感觉呈现"不够清晰,无法提供明确的思想对象;有时候"感觉呈现"与"知觉的思想对象"不尽相符,如水中的筷子曲折、彩虹、海市蜃楼等等。有时候不同的"感觉呈现"因性质不同(如钟的形状与声音),有时候"感觉呈现"不够明确(如牙痛),使得我们无法辨识是否出于相同的"知觉的思想对象"。其次,"感觉呈现"变化无常,而"知觉的思想对象"却是恒常的。我们往往因为"感觉呈现"的变化,不知如何辨识相同的"知觉的思想对象"。例如一块肉经厨子煮过后,便不是原来的肉了。略烤一下我们还能辨识这是原来的肉,但烤个两天那肉成了焦炭就无法辨识了。究竟那块肉什么时候消失了呢?又如草长后枯萎,金字塔耸立在沙漠中几千年,不断受到风蚀,怎么能说草和金字塔是不变的思想对象呢?②

怀特海认为上述问题或许可以借着"收敛原理"予以化解。也就是说将"知觉的思想对象"分解成较小的部分,便可知它的每个部分都是恒常存在的。怀特海说:

例如狮身人面像因为鼻子被斲断而改变,经由适当的调查我们发现这遗失的部分在西欧或北美某个私人收藏处。如此不论哪个部

---

① William James, "The Stream of Consciousness," in *Philosophers of Process*, eds. D. Browning and W. T. Myers, p. 152.

② Ibid., pp. 153—154.

分,是被斲断的鼻子或是剩下的狮身人面像,仍维持了它的恒常性。……因此"知觉的思想对象"的变化,大致可以解释为是该对象部分的分解,至于该对象自身仍是"知觉的思想对象"。①

于是实际上在变化之中的知觉思想对象,在我们的概念里却维持了它的恒常性。这样的"知觉的思想对象"就是假设性的,出于我们的想象。正如前文指出,这对象在我们的意识中是"无形"(immaterial)的存在,不具实现性,是一"假设的感觉呈现"。怀特海说:

> 因之,"知觉的思想对象"中的变化,可说是由于它的部分分解为更小的部分所造成,那些分解后较小的部分自身也是"知觉的思想对象"。在文明人常识思想中预设的"知觉的思想对象",几乎都是假设性的。这物质宇宙可说是建立在"直接感觉呈现"(direct sense-presentation)这薄弱基础之上的一个想象的概念。不过它仍然是一个事实,确实是我们想象中的一个概念。在我们的意识之中,这概念是现实的(actual),就像"感觉呈现"是现实的一样。反省批判的工作就在要求意识中的这两种成分彼此相符,也就是将我们的"感觉呈现"解释为"假设的知觉思想对象"的确实实现(actual realization)。②

感觉对象

简单的说,"假设的知觉思想对象"便是概念,这概念能实现为"知觉的思想对象"则有赖于"科学的思想对象",如分子、原子、电子。"科学对象"借着意识中的"直接感觉呈现"展示它们的性质,我们也借着"感觉呈现"所提供的现象来认识它们。事实上有"科学的思想对象"才会有"感觉呈现",因此可将前者视为引发后者的原因。③ 怀特海这里的意思是说,因为有由分子、原子、电子等基本物质粒子(即"科学的思想对象",其后称"科学对象")所构成的物体(即现实的"知觉的思想对象",其后称"知觉对象")存在,我们才有可能对这物体产生感官知觉,意识之中才会有"感觉呈现"。简单的说,"科学对象"正是造成"感觉对象"产生的原因。事实上科学唯物论也有这样的主张,感官知觉的产生是由于构成物

---

① William James, "The Stream of Consciousness," in *Philosophers of Process*, eds. D. Browning and W. T. Myers, p. 155.

② Ibid.

③ Ibid., p. 156.

体的物质粒子刺激所造成。怀特海的"知觉因果论"与科学唯物论并无二致,在随后自然哲学的发展中,他也持续坚持这项主张。只是不同于科学唯物论只强调对象之间的"因果",怀特海还考虑知觉者与知觉对象所在的整体情境与时空关系。

即使在这自然哲学开始发展的阶段,怀特海就已观察到"感觉对象"并不只是单纯的"感觉呈现",那只提供我们感觉内容(sense-content)。"感觉对象"还涉及时间关系与空间关系,它们因为这三个因素(即感觉内容、时间关系与空间关系)而有区别。在知觉经验中,个别的"感觉对象"事实上是"整体感觉呈现之流"(complete stream of sense-presentation)的一部分,其中"感觉内容"的差异以对比而无限复杂,时间和空间则提供区别"感觉对象"简单而客观的根据。"感觉对象"本身必然占据一段时间与空间,如果有人认为"感觉对象"可以化约为在刹那之间的"原子",以为我们直接知觉到的是"点对象"(point-objects),则与事实不符。事实上由感觉对象"凝聚"而成的"知觉的思想对象",不论是"实现的"还是"假设的",都占据一个完整的时空范围。因此"感觉对象"是"整体感觉呈现之流"或者这"知觉的思想对象"的一部分,或者是空间的一部分,或者是时间的一部分,这二者之间的关系可说是"整体与部分"(whole and part)的关系,不是单元与累聚的关系。怀特海说:

> 因此在时间中的"点对象"和在空间中的"点对象",以及在时间和空间之中双重的"点对象",都是理智建构的概念。基本的事实是,在时空中延展的"感觉对象"和其他相同的对象之间有整体与部分的基本关系;只有在思维之中,根据"单纯性收敛原理",才能将之分割成一系列的部分。这部分与整体的关系,无论是时间关系还是空间关系,都是知觉中"感觉对象"之间的主要关系。由于"知觉的思想对象"是由不同的"感觉对象"所构成,因此这关系对"知觉的思想对象"而言是衍生的、次要的。更广泛地说,时空关系是"知觉的感觉对象"之间的主要关系,是"知觉的思想对象"之间的衍生关系。①

怀特海这话是站在认识论的立场上说的。在认识过程中,或许"感觉对象"要先于"知觉的思想对象"(也就是物体),换言之,我们要先知觉到

---

① William James, "The Stream of Consciousness," in *Philosophers of Process*, eds. D. Browning and W. T. Myers, p. 161.

一个物体的各种可感性质,才能认识这个物体。然而在本体层级上,必先有物体的存在,才会有对它的感知。而具体存在的物体必然占据一段时间与空间,依附其上的各种感觉对象也才会占据一定的时间与空间。因此将时空关系当做是"感觉对象"的主要关系,知觉对象的衍生关系,等于是把"感觉对象"看成是基本的存在,令"知觉对象"依附"感觉对象"而存在。这是于理不合的。因此怀特海在随后的著作中,对于"感觉对象"和"知觉对象"的因果关系,有更为详尽的分析,这我们将在"对象论"中再讨论。

整体与部分的时空关系

如果将时间关系与空间关系看成是"部分与整体"的关系,怀特海认为将有助于"点"、"线"、"面"的重新界定。前面提到"点"与物体是"整体与部分"之间的关系,而根据知觉经验来界定"点",可以说"点"是具有延展性的物体的集合。但在几何学里,有不具部分、没有容积的"点",有没有宽度只有长度的"线",以及没有高度只有长宽的"面"。在经验之流中,我们所体会到的却是"时段"(duration)、"路径"(route),以及"容积"(volume)。然而为了科学研究的方便,我们必须假设"点"、"线"、"面"的概念。以"点"为例,"点"作为最基本的几何学单位,可说是理想的极限(ideal limit)。这"极限"在数学上有一定的意义(如数列的极限或是函数值的极限),但在几何学上"点"作为"极限",仍然是个立即直觉体会到的观念。这么一来,"点"的概念只能诉诸于神秘的直觉,而无法加以界定了。这是我们所不取的。如果不诉诸于直觉,那么又该如何界定"点"之为理想极限的性质呢?① 怀特海认为"部分与整体"的关系能提供一个解答。

怀特海先区分"感觉时间"(sense-time)、"感觉空间"(sense-space)、和"知觉的思想时间"(thought-time of perception)、"知觉的思想空间"(thought-space of perception)的不同:前者是我们实际观察到的感觉对象之间的时空关系,这关系是断续零碎的(discontinuous, fragmentary),因为感觉是零碎的;后者则是"知觉的思想对象"之间的时空关系,这关系是连续的(continuous),因为所有"知觉的思想对象"彼此间都有时间或空间

---

① William James, "The Stream of Consciousness," in *Philosophers of Process*, eds. D. Browning and W. T. Myers, p.164.

的关系。① 如果以"整体与部分"的关系重新界定"点"的概念,便可将"点"看做是与"知觉思想对象"相关的时间关系或空间关系。同时运用"收敛原理",以不断逼近的方式,将整体分割为无数部分。整体时空关系经过分割之后,便成了"刹那"(time-point)与"点尘"(space-point)。举例来说,以一个封闭物体的收敛集合(a convergent set of enclosure-objects)来界定"点",该集合必须具备三个条件:(一)其中任何两个物体中,有一个涵盖另一个,(二)其中没有一个物体能被所有物体所涵盖,(三)不是集合中的封闭物体不会被所有集合中的物体所涵盖。这样的集合怀特海称之为"封闭物体的收敛集合",而"点"便是这集合收敛到最单纯极限的结果。他说:

> 沿着这集合系列,由大而小,我们便朝理想的单纯性收敛到任何我们想要逼近的程度,而这整个系列就是遵循"逼近的路径"(a route of approximation)将理想具体化的结果。事实上,这个系列便是"逼近的路径"。②

我们以一套正方形集合表示之:图中只要是正方形,便会有一个比它还小的正方形在它之内,因此没有一个正方形能为所有正方形所涵盖,而任何两个正方形之中,必有一个被另一个所涵盖。正方形越来越小,不断收敛逼近,终至于一点。

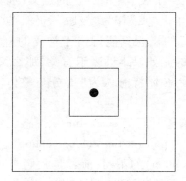

如此根据"单纯性收敛原理"和"整体与部分"的关系,便可以界定"点"的概念。运用"收敛原理"可以界定"点"的概念,运用"累聚原理"

---

① William James, "The Stream of Consciousness," in *Philosophers of Process*, eds. D. Browning and W. T. Myers, p. 162.

② Ibid., p. 167.

便可得到"线"和"面"的概念。"线"和"面"是由无数的"点"所构成,不断累聚"点"便可构成"线"和"面",就像累聚许多"知觉最先的粗糙思想对象",便可取得完整的"知觉的思想对象"。① 怀特海这里所谓的"单纯性收敛原理",稍后发展成"延展抽象法",是为他说明事件与事件关系的重要方法。详见"事件论"。

科学的思想对象

由前述可知,我们无法直接知觉到"科学思想对象",唯有"感觉呈现"经过思想概念的整理,取得感觉与思想之间的和谐,科学研究才有可能。感官知觉不断变迁,且经常含糊不清,而科学解释便在为这些变动模糊的现象,提供恒常的概念,以发现其中的规律与法则。例如我们可以把一大群粒子稳定的运动状态视为"知觉的思想对象",虽说我们知道这些粒子持续地不断在变化之中,但这些粒子的活动仍然保持了某些相同的特质。根据这些特质,我们可以解释为什么筷子会在水中曲折,声音越远越听不清楚等等。同时这些"科学的思想对象"也取得了一定的恒常性(permanence),进而有助于自然规律与法则的发现。怀特海说:

> 科学的思想对象,也就是分子、原子和电子等等,已取得了恒常性。事件被化约成空间结构中的变化(The events are reduced to changes in space-configuration.)。决定这些变化的法则是自然的终极法则。自然宇宙中变化法则的预设是:先前的宇宙状态决定其后变化的特质。因此只要知道当前宇宙的结构与事件,和所有有关的事例,便足以决定其后所有事件的发生。②

这里怀特海所说的,正是科学唯物论与唯物机械论的基本预设:所有自然事件的发生(果)都是由先前的事件(因)所决定的,这些事件又决定了随后的事件的发生。科派(Milic Capek)认为这唯物机械论最基本的命题,可以拉佩斯(Marquis de Laplace,1749—1827)的因果观为代表。拉佩斯说:

> 如果有一心智在某个刹那间能知道所有在自然中作用的力,以及构成世界所有事物的位置,假设这里说的心智广大到能将所有这

---

① William James, "The Stream of Consciousness," in *Philosophers of Process*, eds. D. Browning and W. T. Myers, pp. 174—175.

② Ibid., p. 180.

些数据加以分析,从宇宙中最大的物体的运动,到最小原子的运动都能以相同的公式涵盖之,那么对那个心智而言,未来就像过去一样,都能历历在目。①

这就是说唯物机械论者认为宇宙自然是由大量处于刹那间的微粒所构成(configurations of corpuscular entities),这些微粒有确定的位置与运动的速率,而现前的微粒构成是由过去的微粒构成所决定的,同时又决定了未来的微粒构成。如果有人能于一时知道所有现前物质微粒的运动与位置,便可藉以推知所有过去的以及未来微粒的运动与位置。

不过科学研究通常省略多数无关紧要的先前事件,只研究其中的少数几个。先是集中注意于少数的"感觉呈现"的特质,然后再集中注意于更为少数的"知觉的思想对象"。有意无意之间,古典科学思想以为只有相邻的物体彼此才能有作用,时空遥隔的物体则无法互动,物质是不相连属的。如此一来,只有意外撞击在一起的物体,才能发生关系,在不同地点的物体此间不会有任何关系。但万有引力的学说主张不论相隔多么遥远的物体,彼此间都有吸引力。为了解决这项难题,古典科学不得不假设有一连续弥布的以太(ether)作为传导重力的介质。然而这至多只能解释同时间散布于空间的物体之间的关系,无法解释物体在不同时间的变化。只要我们承认自然是由不相连属的物质所构成,而以太的存在与这一现象无关,那么便无法解释先前的原因如何可能造成随后结果的变化。古典科学的这项物质概念,受到现代科学的质疑。现代科学(这里怀特海指马克斯威尔的电磁场理论)批评古典物理学关于物质有"单纯性"(simplicity)、可以孤立独存的主张;事实上物质宇宙是个整体,其特质是"复杂性"(complexity),不是"单纯性"。物理学所追求的,不应是从"单纯性"中衍伸出"复杂性",而是在"复杂性"中发现其"持续性"(persistence)与"规律性"(regularity)。怀特海说:

> 以某种意义而言,规律性是一种单纯性,但是具有稳定相互关系的单纯性,不是没有内在结构的单纯性,也不是没有关系的单纯性。〔现代科学〕以为思想对象充满空间。它是个"场"(field),它是某些遍布空间的纯量(scalar)与向量(vector),②这些"量"在每个时空之

---

① 参见 Milic Capek, The Philosophical Impact of Contemporary Physics (New Jersey: D. Van Nostrand Co. Inc., 1961), pp. 121—122。

② "向量"是力的方向与长度,"纯量"纯粹是力的数量,没有方向。

点都有一定的值,且连续不断的分布在所有时间与空间之中,只有少数不连续的例外。这些不同数量的类型所形成的整个"场",在每个时空之点上有固定的关系,这关系便是自然的终极法则。①

这"场"的概念显然就是法拉第和马克斯威尔的"电磁场"(electro-magnetic field)。古典物理学认为物体因万有引力的相互吸引,形成重力场(gravitational field),这"场"并不是实质的存在,只是指较小的物体在接近巨大质量物体(如太阳)时,会有一定行径的"表象"(representation),是个"场表象"(field representation)。又重力吸引全由物体的质量与距离决定,时间在这里没有作用,换言之,重力的作用没有时间因素在里头。19 世纪下半叶,法拉第和马克斯威尔等人提出的"电磁场"理论,认为电力和磁力都会形成力场,而这个力场却是"实质"存在的。电磁力不同于重力,重力只有一个直线方向,电磁力会随着电磁极改变方向。电磁场一旦形成,就会以整个空间作为活动变化的"场",不像重力场只依定点的质料而有作用,电子在"电磁场"中的活动根据"场"的结构而进行。② 怀特海认为连结时空的是"场",不是"物质",显然是受到"电磁场"学说的影响。这"场"也是他在自然哲学中的基本概念,这概念与爱因斯坦相对论中"时空连续体"(space-time continuum)的概念结合,在《过程与实在》中发展成"延展连续体"(extensive continuum)的概念。

在古典物理学里,物质粒子的活动完全根据机械法则(mechanical laws),惯性运动定律。在电磁场的理论中,电子的活动则根据"电磁场"的"结构法则"(structure laws),每个电子的活动都是机率性的,根据电磁场的结构,所有的空间都是结构法则的背景,电子的过去历史构成一个"场",但"场"结构的改变(如从正电改为负电)也会影响所有电子的活动。因此一个"场"包含时间与空间结构,可被视为一行动的可能性,但这可能性代表一实现性。"场"的概念提供了一项新的科学思维:我们对"事实"的认知实际上是对事物"可能性"的认知,怀特海说:

> 认识实现性之下有一可能性的过程,是个齐一的过程,藉此科学思想引进了规律性(regularity)与恒常性(permanence)的概念。也就

---

① Milic Capek, The *Philosophical Impact of Contemporary Physics* (New Jersey: D. Van Nostrand Co. Inc., 1961), pp. 183—184.

② Albert Einstein and Leopold Infeld, *The Evolution of Physics* (New York: A Touchstone Book, 1966), pp. 125—150.

是我们从事实的实现(the actuality of fact)引导出可能性的实现(the actuality of possibility)。①

换言之,科学研究本在追求自然宇宙的恒常性与规律性,知觉经验要根据这些原则才能转换成科学思想;也就是说科学对象产生的过程,在于从知觉所提供的"事实的实现性",导出未来这类"事实"持续出现"可能性的实现性"。据此,科学命题出自于"实际的思想表述"(actual thought-expressions);"知觉的思想对象"出自于粗糙的"感觉对象";假设的(hypothetical)"知觉的思想对象"出自于实际的"知觉的思想对象";"物质之点"出自于假设的"知觉的思想对象"所假设的无限单元;"理想之点"出自于"物质之点";"科学的思想对象"出自于"知觉的思想对象";电子场出自实际电子之间的实际交互作用。质而言之,科学研究的对象必有实存事物与实际经验为其后盾;只是后者总在变迁之流中,而前者则在把捉其中的永恒性与规律性。②

怀特海的知觉分析

总结以上所说,怀特海认为科学思想必需有知觉经验的基础,而知觉经验则赖思想原理的组织、焠炼,始得成为科学思想的对象。他肯定自然科学哲学的首要工作,便在协调实际经验与科学思想之间。这里怀特海的知觉论不仅近似完形心理学(Gestalt Psychology)强调知觉背景与整体的观念,近似詹姆士的意识流,强调知觉意识经验的连续性,尤其强调知觉必发生在时空关系之中。传统科学以知觉对象仅存在"刹那之点"的构想,是高度的抽象;把自然看做是一名或多名知觉者对事件产生的片断知觉的总和,也站不住脚。从日常经验(common sense experience)的观点来说,所有在时间之流中的事件或物体,一定占据了展延的空间才能发挥功能,可说所有的存在都具备时空展延性。怀特海的这项知觉经验分析具有下述特征:

一、反对感觉论(sensationalism)的整体经验观

感觉论或素朴经验论(例如洛克的简单观念说,休谟的印象说)以为感觉经验(或感官知觉,感觉论并未区分感觉与知觉之不同)是

---

① A. N. Whitehead, *The Organisation of Thought Educational and Scientific*, p.186.

② Ibid., pp.162—186.

感官受外物刺激后立即直接所得,"代表"(represent)事物的性质或引发人们对外物的信念,是实证科学知识的依据。感觉经验可化约为简单的感觉原子,感觉原子间的连结(association)根据心理法则。怀特海则认为感官知觉虽是针对个人当前的立即经验,却与过去的记忆与未来的期待不能分开;换言之,经验是前继后续、整体的,不是感觉原子的连结。而知觉经验能"体会"事物之间的关系,同时"认知"事物的恒常特质,显示知觉作用的主动性。再则感官知觉要成为科学思想的对象,必须经过认知建构原理与逻辑思想的整理,"知觉"不仅包含"感觉",也包含"概念"。这样的经验观为他日后的"意义理论"(the theory of significance)奠下了基础。

二、反对把时空看做是外在关系(external relations)的相对时空观

不管是传统物理学认为所有事物存在于三度进向的空间与一度进向的时间之中,还是爱因斯坦的相对论以为事物处于时空套具(space-time continuum)之中(虽然空间不能脱离物质而存在),都是把时空看做是事物的外在关系;也就是说时空关系对于事物的性质并没有影响。怀特海采取时空相对论的立场,不仅主张时空是事物之间的关系,且是事物的内在关系(internal relations)。所有的事物都存在于一定时段、一定空间的展延之中,时空是构成事物的必要因素。怀特海把时空看做是事物的内在关系,取代了传统外在关系的观念,他用"整体与部分"的关系取代了"主客"的观念,正标示了机体思想的萌芽。

三、经验与理性并重

怀特海虽然和一般经验论者一致主张科学思想必需以经验事实为基础,但是他认为知觉之中包含了思想的成分,事实即思想,思想即事实,却展现了他经验与理性并重的立场。而他日后的哲学发展也一贯采取这个立场。虽然如此,怀特海提出的认知建构原理和康德的先验哲学并不相同;不管是累聚原理还是收敛原理,都不是先天的(a priori),而是因循常识经验内省的结果。

四、已有"事件"与"对象"的区分

在这个最早的阶段,怀特海已明确发展出"对象"与"事件"的观念。他先是以空间和时间区隔"事件"与"对象":"对象"之间的关系为空间延展性,而"事件"之间的关系为时间延展性。随后他便以"抽象"与"具体"、以不同的认识作用区别两者。"对象"关乎抽象的

思想概念,总是相同的、可辨识的;"事件"则是具体的时空关系者,总在经验之流中变迁不已,是可体会的。知觉所知觉到的是"时段"不是"刹那",现前经验总是立即褪色成为记忆,使得知觉对象的意识总是交错重迭。不同特质的对象之间,有复杂的"因果"关系,科学的思想对象最为基本,其次是知觉的思想对象,在其次是感觉对象。根据上述论点,怀特海在其后的著作中发展出更为完整的"事件论"与"对象论"来。

第三章

近代科学唯物论批判

怀特海认为根据"立即经验"可知,精确科学的思维所假设存在于"刹那"和"点尘"之中的知觉对象,事实上是处于延展的"时空关联者"(即具体事件)之中。"刹那"与"点尘"是理想的科学概念,但不是经验的事实。然而古典物理学与科学唯物论都预设了处于时间的"刹那"与空间的"点尘"之中的物质概念,这高度抽象的"物质——刹那——点尘"三位一体的观念,无法为人所觉知,有时甚而造成科学解释的困难。科学唯物论的这项基本预设:孤立存在于点尘之中的物质粒子——怀特海称之为"简单定位"无可避免的造成了"自然的两橛"以及"具体性错置"的谬误;对于这些谬误提出批判是自然哲学的基本工作。

第一节 科学唯物论与"简单定位"

科学基本时空物质观

怀特海对近代科学的基本时空物质观(即《科学与现代世界》一书中所谓的"简单定位")的批评,正是他哲学思想的一贯特色。早在1905年《论物质世界的数学概念》一文里,怀特海区分五种几何学与物理学关系的理论:一、牛顿物理学或古典物理学的概念;二、将粒子排除于终极存在之外,以时空延展的关系为基本,从事件衍生出点尘与刹那的概念;三、认为空间之点可以运动;最后四与五根据莱布尼茨空间的关系论(relational theory of space),不把空间之点看做是基本的实体。其中第一种传统牛顿物理学或古典物理学的概念,便认为物质世界的终极存在(the class of ultimate existents)是由三类彼此互斥的单元(entities):物质的粒子、空间的点、以及时间的刹那所构成。① 这古典物理学的物质概念,早在公元前4世纪的希腊便已由原子论者卢西帕斯(Leucippus)与德模克利图(Democritus)所提出。唯物原子论者认为宇宙自然是由不可再分割的微小粒子——原子所构成,原子是同构型的(homogeneous)、不可穿透的(impenetrable)、永恒不变、不增不减的存有(being),区隔原子与原子之间的虚空(void)则是非存有(non-being)。原子根据固定的机械法则运动,物体的生成与毁灭正出于原子的结合与分离。古代原子论到了17世纪科学兴起的时候,被"微粒说"(the corpuscular theory)所取代。根据"微粒说",所有物体都是由极其微小的粒子构成,而所以自然现象都可以解释为是物体运动的现象。② "微粒说"的核心概念便是三度进向的绝对空间、一度进向的绝对时间、以及物质粒子,而这粒子的存在在牛顿的《光学》(Optics)一书中说得最为清楚:

> 对我来说这些事物(自然物)是上帝在一开始就以固体的、有质量的、坚硬的、不可穿透的、可移动的、某种大小形状、且具其他性质的粒子构成的物质,在空间里具有一定比例,根据它的目的构成事物。而这些基本粒子(primitive particles)既然是固体的,就远比那些有缝隙的物体来得坚硬。③

"基本物质粒子"具有质量与不可穿透性,在绝对空间之中占据一定点,在绝对时间之中占据一刹那,正如怀特海在《科学与现代世界》里所

---

① A. N. Whitehead, "On Mathematical Concepts of the Material World," in *Alfred North Whitehead: An Anthology*, pp. 13—15.

② 根据微粒说,所有物体是由某种非常小的粒子或微粒构成,至于这微粒是否可以再分割,学者看法不一。在古典物理学里,包括克卜勒(J. Kepler)、伽利略(G. Galileo)、波以耳(R. Boyle)、嘉山第(Gassendi)、惠更斯(Huygens)、牛顿都是原子论者,主张微粒不可再分割,笛卡儿与莱布尼茨则持反对立场。参见 Sir William Cecil Dampier, *A History of Science* (London: Cambridge University Press, 1979)。

③ Isaac Newton, *Optics*,摘自 Sir William Cecil Dampier, *A History of Science*, p. 170.

形容的,这个概念所预设的是:

> 不可化约的、赤裸裸的物质或质料作为终极的事实(the ultimate fact of an irreducible brute matter),这质料在一结构之流中(a flux of configurations)弥布空间。究其自身而言,这质料是没有感觉的、没有价值的、没有目的的。它只是盲目地跟随外在关系加诸其上的固定规则行事,而那并非出自于自身的性质。①

怀特海称这项预设便是所谓的"科学唯物论"。

不相连接延展性

在《自然知识原理探究》一书里,根据怀特海的分析,支配着古典科学的物质、时间与空间的原理,便是时间或空间的"不相连接延展性"(the disconnection of extension in space or in time)。② 所谓"不相连接延展性"是指物质粒子有与任何其他因素无关的孤立存在。"科学唯物论"中构成自然的基本物质是延展的(extensively),且具有一定的质量。而物质个体之间则是离散的,彼此有距离,且不相连属的。如此自然的"终极事实"(the ultimate fact)是物质于一刹那间散布于广袤的空间之中,并且这同一物质可于另一刹那间散布于相同的空间里。③ 这"不相连接延展性"的原理虽是"唯物论"的预设,却与古典物理学许多其他的物理概念无法兼容。因为这原理预设了物质点尘存在于一无时间的绝对空间系统,或是一绝对分离的时空系统中,其中任何分离的两个质点之间,没有产生因果作用的可能性。而古典物理学里的重要概念,如速度、加速度、与角动量等等,都需要假设物质具备时空连续的延展性(connective extension)。如此一来,物质必需占据一定体积的空间与一定时距的时间,而不只是占据无延展性的点尘与无时距的刹那。速率与加速度等概念不只是关系到物质位置的改变,且关系到物质相对情境之改变。诚如怀特海所言:

> 如果没有过去与未来的参照,便无法界定速度的概念。因之变化便是把过去与未来加诸于具体现前无时距的立即刹那之上。④

---

① A. N. Whitehead, *Science and the Modern World*, p. 17.
② A. N. Whitehead, *An Enquiry concerning the Principles of Natural Knowledge*, p. 1.
③ Ibid., p. 2.
④ Ibid.

为了克服古典物理学的这项困难,同时根据四种新的物理学理论,当代科学家必须预设"以太"(ether)的存在,藉以说明不相连属的、远距离两物间的因果关系,进而打破"不相连接延展性"的原理。① 其一,光的波动理论必须预设一波传的媒介。其二,马克斯威尔的静电力、磁力以及重力的吸引力,也必须预设这样的介质。其三,根据电磁场的理论远距离的两物是基于经由邻近表面物质传递压力(stress)而形成因果作用的,此压力即电磁力。传递电磁力的介质是一连续的"场域",且在整个电磁场中都会有电磁现象发生,一般的物质则可视为是产生在延绵磁场里的原子与电磁场效应。同时电磁场理论也谈及电磁作用与向量、时间、空间的关系,因而必须假设时空具有"连续延展性"。因为只要"力"成为具有方向的"向量",便无法摆脱相关时空的参照。怀特海明白的指出这一点:"向量包含方向,而方向不只是与某定点有关。我们无法界定方向除非有空间的其他部分做参考,直言之,方向是与整个空间关联着的……。"② 第四,马克斯威尔视光波为电磁波,显示光学现象与电磁现象都需要相同的"以太"作为一介质。然而"以太"的物理性质却无法经由实验而测知,怀特海认为这是因为科学家误认"以太"是物质性的结果。"以太"的本质是连续性,它是时空关系的连续延展——即"事件"。在古典物理学里,"事件"存在于特定的时空与恒常的物质之中,怀特海则认为时空与物质衍生自"事件",是"事件"的附属物。③ 所有的事物必须存在于一定延展的时空关系之中,而这样的关系便是"事件"。这里显然怀特海拟以时空关联者的"事件"的概念,取代有不相连接延展性的"物质"概念。于是他对"微粒说"或者现代分子理论(theory of the molecule)也提出批评。以一个铁分子为例,它的中心是带正电的质子,周围绕着带负电的电子。然而这样的分子无法存在于刹那之间;铁分子作为一个事实,必定发生在一段时间之中,怀特海说:

> 没有任何铁的特质可以显现在一刹那间。……铁是一个事实,这个事实是发生在一段时间之中。铁和任何生物有机体一样,需要时间来发挥它的功能。没有存在于刹那的铁这回事,作为铁是一个

---

① A.N. Whitehead, *An Enquiry concerning the Principles of Natural Knowledge*, p.20.

② Ibid., p.23.

③ Ibid., pp.25—26.

事件的特质。有关铁显示在科学周期表上的每种物理性质,都标示了这样的特质。①

这里怀特海将"铁"与"生物有机体"(organism)等量齐观,说明了他与"生机论者"基本的不同。"生机论者"以"生命现象"与"意识"区别有生物与无生物的不同,怀特海却以"事件"的概念,打破这项藩篱。在他看来只要是占据时空延展的具体存在,能以规律的模式(rhythmic pattern)表现自身特质者,均可称之为"机体",包括分子、原子、电子在内。这点在后文另有详述。回到先前的讨论,如此将"以太"视为一"事件场"而非"物质场",将可化解古典物理学的困境,又能满足新科学的需要。怀特海说:

> "以太"只是形上理性渴求的结果,自然的连续性是事件的连续性,介质传递的理论应被解读为事件在时间与空间之中共同延展、以及其间的交互作用的理论。就这点而言,可以承认"以太"的存在,但是必须清楚分辨存在一词的意涵。传统的"以太"可说是"物质的以太"(an "ether of material"/a "material ether"),我们则用"事件的以太"(ether of events)来表达这个研究的预设,较松散地可说是"总是遍及每个地方的存有"(as being "that something is going on everywhere and always")。……原则上我们切不可将事件看成是在一定时间、一定空间之中,由一定恒存物质的变化所构成。时间、空间和物质都是事件的相关物(adjuncts)。根据旧的相对论,时间和空间事物质之间的关系,我们的理论则认为时间和空间是事件之间的关系。②

事件与时空关系

"事件"所预设的时空概念是相对的,不相连接延展的"物质"所预设的时空概念则是绝对的。在《自然的概念》一书里,怀特海特别指出古典物理学的时空绝对理论,将时间与空间看做是两个独立的系统。这里时

---

① A. N. Whitehead, *An Enquiry concerning the Principles of Natural Knowledge*, p. 23.

② Ibid., p. 25—26.

间可说是离开空间的一次元系统,乃由无时距的刹那连续而成。① 绝对时间的理论包含两种基本关系:一是刹那之间的时间序列(time-ordering)关系,另一则是在时间刹那和发生在这些刹那之间自然状态的占据关系(time-occupation)。② 也就是说绝对时间能提供确定的时间系列架构,而自然事件的发生,则占据系列中确定的刹那。同理,在绝对空间的理论里③,空间是一由点(无度量)、线(无宽度)、面(无厚度)构成的独立系统。这个绝对的空间系统不含任何时间因素,可以为人所察觉的就是点与点之间的空间序列关系(space-ordering relation),以及空间之点与物质事物之间的空间占据关系(space-occupation relation)。质言之,绝对分开的时间与空间系统假设:(一)时间与空间是由物质客体的相对位置抽象而来的;(二)空间是一无延展性的点尘系统,依点尘间的空间规律关系而构成;(三)时间是一无时距的刹那连续系统,依刹那的时间规律关系而构成。④ 也就是说18、19世纪的科学唯物论认为自然是物质的累积,而这物质存在于每一个无时距的刹那构成的时间系列里。在无垠的空间之中,每个刹那中的物质实体之间的相互关系,形成了空间的结构(spatial configuration)。怀特海于是称不具延展性的刹那构成的时间系列(the temporal series of extensionless instants),物质实体的集合(the aggregate of material entities),以及物质间关系的空间,正是"唯物论的三位一体"(the trinity of natural materialism)⑤。这些科学唯物论的基本观念是心智高度抽象作用后的产物,虽然反映了部分自然的特质,但是却与人对自然的立即感官觉察相违。立即感官觉察的对象是时段⑥,不是刹那。时段从过去延展到现在,再由现在延展到未来。而刹那则是过去已过、未来未到的现在。科学唯物论这项抽象概念不仅与实际经验不符,稍一不慎更将导

---

① A. N. Whitehead, *An Enquiry concerning the Principles of Natural Knowledge*, p. 35. 怀特海在这里虽然承认绝对时间的理论有两个优点:一是在思想必在时间之中,使时间有超过自然的真实性,毕竟我们可以想象没有任何自然知觉的时间;另一则是保障时间的不可回溯性(irrevocableness),使时间随一度进向流逝,不可再回头,不过他仍认为由没有时距的刹那构成的时间系列是高度的抽象。

② Ibid. , p. 34.

③ Ibid. , pp. 36—37. 怀特海认为由于思想不能说占据多少空间,空间本身也没有不可回溯的问题,因此绝对空间的理论并没有绝对时间的理论的优势。

④ Ibid. , pp. 33—36.

⑤ Ibid. , p. 71.

⑥ Ibid. , p. 72.

第三章
近代科学唯物论批判

致"自然的两橛"的谬误,这将在下节讨论。

在《相对性原理》一书里,怀特海则指出将时间看做是在刹那之间同时散布于宇宙之中"事件"(an instantaneous and simultaneous spread of the events of the universe),会丧失时间之为"流程"的特质,而"刹那间的事件"则是自相矛盾的概念。事实上,"流程"是时间的本质;因为具体经验到的自然总是处于时间流程之中。① 另一方面,科学唯物论认为物质能处于孤立的时空刹尘之中,甚而会威胁到因果机械论(causal mechanism)。② 根据机械决定论,一个物理对象,不管是个物质粒子还是一个电子,只要是由当前的发生(the happenings of the present)所决定的,就成为未来的特质。因先果后,先前的状态必然决定随后的状态,是"动力因"(efficient cause)的基本原理。这机械决定论的预设有三:一是时空的连续性(spatiotemporal continuity);二是不论多么遥远的事件都有绝对同时性(absolute simultaneity);三是粒子的位置与速度都可以明确的界定。这样的观点便是所谓的"真际的粒子动力观"(the corpuscular-kinetic view of reality)。③ 根据这样的观点,过去的事件决定现在的事件的发生,现在的事件决定未来的事件的发生,如此一来,过去、现在与未来又岂能各自为政?根据时空连续性原理,怀特海于是主张自然的事实建立在相关性(relatedness)之上,包括知觉本身,被知觉的自然事件,以及知觉意识觉察到的自然事件之间的时空关系,这些因素构成了一个总体(totality),其中的任何一个因素都与其他因素有关。④

简单定位的概念

前述具有时空"不相连接延展性"的物质粒子,或者占据刹尘的微粒,便是在《科学与现代世界》一书里,具备"定点定时"的、"简单定位"性质的物质,而这正是"科学唯物论"和"唯物机械论"(materialistic mechanism)的基本预设。怀德海解释道:

> 我所谓的物质或质料,就是有"简单定位"性质的事物。所谓"简单定位"是指时间、空间共同具备的一个主要特征,以及一些二

---

① A. N. Whitehead, *The Principle of Relativity*, p. 7.
② Ibid., p. 9.
③ 参见 Milic Capek, *The Philosophical Impact of Contemporary Physics*, pp. 121—122。
④ A. N. Whitehead, *The Principle of Relativity*, pp. 15—17.

者之间稍有不同的次要特征。时空共同具备的特征就是说物质可以以一完全确定的意义,毋须参照任何其他时空区域的说明,被指称现在就在这个空间、就在这个时间,或说现在就在这时空之中。有意思的是这"简单定位"的特征,无论是就绝对的或是关系(absolute or relational)的时空区域而言,都一样成立的。因为如果一个区域只是指称某套与其他个体之间的关系,那么这项我所谓"简单定位"的特征,就可说物质是有与其他个体间位置的关系,而不需要参照任何其他近似于相同个体之间的关系。事实上只要你一旦决定,不管你怎么决定的,你所谓时空中的一确定地点,你就能恰当的说明某个物体与时空的关系,说它在此时此地,就"简单定位"而言,便没有别的什么好说了。这里还需对我前面提到所谓次要的特征作些说明。首先就时间而言,如果物质已在某段时间存在,它在这时段中的每一部分都同样存在。换句话说,分割时间并不至于分割物质。其次,就空间而言,分割空间容积就是分割物质。①

简而言之,科学唯物论认为自然是由物质、材料构成,而这物质只是单纯的处于某时某地,与其他物质之间并没有延展的关系,因此在时空上也没有任何参照的关系。这里所谓"简单定位"对时空而言的共同特征,就是物质的"独特性"(uniqueness);而其次不同的地方,就是空间与物质共存(物质必具延展性),是为物质的本质;时间则不影响物质的存在,好似物质的偶然性。如此"简单定位"包含了两个唯物论的基本假设以及一个衍生的命题:(一)事物的成分是物质,这物质是"物在其自身",而且处于一定的时空之中。(二)物质所处的时空只是事物的指标,而事物之间是分断的(discontinuously extensive),因此与事物相连的时空也是分断的。(三)由于物质具有惯性(inertia),"简单定位"了的物质必根据机械法则运动(in motion),但由于本身不具备主动活动的力量,因此不能活动(in activity)。基于"简单定位"假设的物质宇宙是一孤绝的、静态的、死寂的宇宙,只有许多个不相连续的物质个体散布其间,盲目地进行机械性的运动。

勒弗乔(Arthur O. Lovejoy)曾对怀特海有关"简单定位"的界定,加以分析。他认为如果"简单定位"是指在一定点时间(此时)空间(此地)的物质,且与任何其他时空区域无关,即使是17世纪的科学唯物论者也

---

① A. N. Whitehead, *Science and the Modern World*, p.49.

不曾有这样的主张。严格地说,怀特海所谓的"简单定位"仅符合时空的"关系理论"(relational theory),即以两事件之间的关系为一简单、直接、不可分析、结合两事件之间的关系;至于时空关系的"绝对理论"(absolute theory),主张事件之间的关系是一复杂的、包含两事件之外的关系,似乎更接近怀特海机体自然观中的空间关系。① 但另一方面,虽然时空关系论主张特别的时空关系有逻辑的孤绝性,但也认为任何两个事物之间的关系是本质性的,绝对论则认为除了物质与空间的关系之外,事物之间的时空关系是偶然的。就这点而言,"简单定位"又似乎仅和时空绝对论有关。事实上怀特海所批评"简单定位"的概念,是指有关构成自然的物质粒子之间,彼此孤立,没有关系(mutual exclusion)的主张,如此"简单定位"便成了"单一定位"(single location)了。② 亚司顿(William P. Alston)同意勒弗乔的分析,认为怀特海所谓的"简单定位"事实上便是"单一定位"。不过在他看来,所谓"单一定位"的特质不只是指物质孤立地存在于(不论是绝对的还是关系的)时空系统之中,无须参照任何其他物质的存在,更重要的在于这物质只存在于一特定的时空,不可能同时在其他时空系统与物质之中。一个物质粒子只能存在于一时一地,不可能同时遍在不同地点。③ 这"单一定位"的意义,将在后文详述。

"简单定位"的概念排除物质之间的时空参照关系,使得事物之间的前后关联失去依据,就连自然科学最常运用的归纳法都受到威胁。怀特海认为归纳程序的关键便在正确的理解具体的现前,从已知的、过去的个例特质里,预测未来的个例特质,这时过去、现前与未来的个例必须存在于共同的时空系统(a common space-time)之中。换言之,归纳推论从个例(particular occasion)推演到某类的个例(the particular community of occasions),从某类的个例推演到同类个例之间的关系,必须预设事物之间的时空参照关系。④

这样具有"简单定位"性质的物质概念,在普通相对论与量子物理学里也受到严重的挑战。在相对论提出来以前,"质量"一向被视为物质最

---

① Arthur O. Lovejoy, *The Revolt Against Dualism* (La Salle, Illinois: Open Court, 1960), pp. 198—199.

② Ibid., p. 205.

③ 参见 W. P. Alston, "Whitehead's Denial of Simple Location," *The Journal of Philosophy*. November, 1951, Vol.XLVIII, No. 23, pp. 713—721。

④ A.N. Whitehead, *Science and the Modern World*, p. 42—45.

终守恒的数量。然而根据相对论,物质与能量具有互换关系,爱因斯坦说:"一物体系统中的质量可被视为其能量的指标。"怀特海因而认为"能量"当取代"物质",成为最基本的自然的终极事实(the ultimate fact of nature)。① 这个事实在量子理论中更为明显,量子的活动基本上不是凭借物质的;量子理论主张原子的结构是一带电的粒子系统,这些带电的粒子——主要是电子——的活动是吸电或放电,造成两种奇特的现象。首先具能量的量子是能量的单元,且如自然物一般地具有"整个"的特性(自然物都是一整个,如一个苹果,一头牛。量子也是"一个"),它们只吸取或放射一定单位数量的能量。② 其次,光波时时表现出粒子的行为,带电的粒子也表现出波状的行为。能量单元的放射是根据波震频率,而不是根据粒子的带电强度。根据这两种现象,量子理论乃提出"能阶不连续性"与"电子粒子与波动二元性"的理论。前者指称电子的能量与电波的频率成正比,且电子的角动量与波长的乘积为一常数,由于原子里只有一定的波长与频率,所以其电子的角动量只能有一定的值,能量不能连续的增加,只能"跳跃"地增加。因之,电子在空间里是不连续的存在。后者称带电粒子的二元性格使得电子化为一波动系统。这波动系统持续于一定时段,由此可见自然的基本成分存在于一定时段,而不是无时距的刹那之间。同时物理实验无法确定电子波的活动,它们的活动虽符合某些方程式——这些方程式也只能求出或然的机率——但不是机械性的运动。根据量子理论所披露的自然终极事实,怀特海认为有必要重新认识自然的最终实体。物质实体的连续存在是不争的事实,然而电子的性质却显示空间存在物有不连续性。更且,根据粒子的波状特性,自然的根本元素(primordial elements)当可看做是具有能量的波动或活动。③ 在《自然知识原理探究》与《自然的概念》里,怀特海称这根本元素为"事件",在《科学与现代世界》一书中称之为"机体"。"事件"或"机体"同时活动散布于整个空间之中,由于根本元素的波动特性显示能量波动的机体系统必占有一定时段,而不只是一刹那,可知"机体",这根本元素是具有时空延展性(spatio-temporal extension)的单元。准此,怀特海认为传统科学基于"不相连接延展性"的原理,把"物质"看做是分散在无延展性的点尘与无

---

① A. N. Whitehead, *Science and the Modern World*, p. 99.

② David S. Saxon, *Elementary Quantum Mechanics* (San Fransico: Holden-Day, 1968), p. 2.

③ A. N. Whitehead, *Science and the Modern World*, p. 35.

时距的刹那之中的粒子,但根据现代科学知识,这项原理必须修正。真正存在于自然之中的、最终的实体,事实上具体展现于"机体的作用"之中(the functioning of organism),而这作用必须经过一段时间才能发挥。①

总结本节的讨论要点如下:

一、古典科学中"三位一体"的时空物质观:物质质点存在于刹那、点尘之中,与任何时空区域无关,也就是物质具有"简单定位"的特质,是科学唯物论的基本预设。

二、支配"简单定位"的物质的时空原理是"不相连接延展性"。

三、"不相连接延展性"原理无法解释古典科学中有关运动、速度和因果的概念,进而威胁到"归纳法",因此必须加以修正。

四、新科学理论也需要"时空连续延展性"的原理,因此需以"事件"(或者"机体")的概念取代"物质"的概念。

五、任何占据一定时段、有时空延展性特质的存在,都是"机体",无机物与有机物皆然。

第二节　自然两橛论

"简单定位"是心智高度抽象作用后的产物,该概念仅在说明物质的特质,本身并不是一项"谬误"。② 然而这个科学唯物论的基本预设却会导致严重的后果,那就是"自然的两橛"。所谓"自然的两橛"就是把整个自然硬生生的分成"两橛":在本体论上区分引发感官知觉的"原因的自然"(causal nature,即物在其自身 things in themselves)与感官知觉所得的"表象的自然"(apparent nature,即表象 appearances);在认识论上区分初性(primary qualities)与次性(secondary qualities),前者是物体自身的性质,但无法为感官知觉所认识,后者是人可知觉到的事物的性质,却是心理主观的添加物,而不是物体自身的性质。区分"原因的自然"与"表象的自然"可说是"自然的两橛"的因果论(the causal theory);初性与次性的二分则可说是"自然的两橛"的心理添加论(the theory of psychic addi-

---

① A. N. Whitehead, *Science and the Modern World*, p. 102.

② 参见 L. S. Stebbing, "Symposium: Is the "Fallacy of Simple Location" a Fallacy?" *Aristotelian Society Supplementary*, Vol. VII, p. 207。

tions)。如此一来"自然的两橛"导致被认识的自然变成不是真实的,而真实的自然则无法被认知的。

两橛论与微粒说

"自然两橛论"早在17世纪科学兴起之初,就是科学唯物论的基本命题。喀卜勒(Kepler, 1571—1630)最先根据"微粒说"提出物体有初性(即与物体自身不可分的性质)与次性(较不真实的性质)的区别。随后伽利略(Galileo, 1564—1642)更进一步的认为物体的次性:颜色、声音、味道等,只是主观的感觉,如果丧失了感觉者,次性便无法存在。而物体的数量、形状、容积、运动、静止、和位置等等,乃与物体不可分的性质,也是较为基本的真实性质。伽利略说:

> 只要我看到一块质料或者物质的实体,我就必然感到这物质是有界线的,而且有一定的形状,与其他事物比较起来有或大或小,它在这儿或那儿的时间与空间之中,它在运动或静止,它和另一个物体接触或没有接触,它单单是一个,或者少许,或者是很多;简言之,我们无法想象物体能与上述条件分开。至于它是白的还是红的,它是苦还是甜,它有声音还是没有声音,有令人喜悦的味道或者有令人难闻的味道,我不认为这些是与物体不可或分的条件。如果没有感官作用,只凭理性与想象力,一定无法得到这些性质。因此我认为这些味道、气味、颜色等等,对于好似它们所寄托的物体而言,只不过是一种名称而已,它们真正只存在于有感知的事物之中,所以如果所有感知动物一旦消失了,那么这些性质也会完全给消灭。①

唯物论或微粒说认为自然是由物质或微粒构成,这物质或微粒是客观真实的,独立于人心之外而存在,因之它的性质也当与人的主观知觉无关。另一方面,微粒构成的物体表面只有粒子的排列组合,而味道、声音、颜色是感官受到外物作用之后的产物,是主观的,其自身不具有实在性,必须依附感觉者而存在。

怀特海认为牛顿的光学正是属于这类的理论;传导事物可见性质的是细微的光粒子,可是我们所见到的却是颜色。至于洛克主张初性与次性的二分,更是"自然的两橛论"有系统的发展。根据洛克的理论,初性

---

① 引用自 E. A. Burtt, in *Metaphysical Foundations of Modern Physical Science* (London: Routledge & Kegan Paul Ltd., 1949), p.75。

第三章
近代科学唯物论批判

是与物体不可或分的性质,包括固态性(solidity)、延展性、形状、数量,以及动态性(mobility)。当初性大到可以为感官所知觉的时候,透过光粒子作用于眼睛之上,便可使人产生各种初性的观念。初性内存于物体自身,无论是否有人知觉到它,都不影响到它的实在性,洛克因而称之为"真实的性质"(real qualities)。另一方面次性是由不可感知的初性(insensible primary qualities)作用于眼、耳、鼻、舌、身五官之上,使人产生色、声、香、味、触等观念。次性依附人的感知而有,并不是物体自身的性质,如果没有知觉者就无法存在,洛克因而称之为"可感觉性质"(sensible qualities)。① 如此一来,初性虽然是物体自身真实的性质,但是在大多数情况之下无法为人所知觉,是不可感知的;而次性虽可以为人觉知,却不是事物自身的性质。自然因此被割裂为无声、无色、无臭的粒子世界,和花香鸟语的感觉世界;前者真实而不可觉知,后者可觉知却不真实。怀特海说:

> 基本上我所反对将自然分成两个真际系统,即使两者皆真,其真实的意义也不相同。一个是思辨物理学所研究的对象,如电子。这是相应于知识的真际,虽然理论上该真际永不可知的。另一个则是可知的、心灵副产的真际。这样便会有两个自然,一是(科学)假设的自然,一是(心灵)梦想的自然。②

原因的自然与表象的自然

初性是物体自身性质,次性衍生自初性,可说前者为因,后者是果。初性与次性的二分不仅在认识论上造成可知觉的不真实,真实的不可被知觉的困难,在本体论上更造成"原因的自然"与"表象的自然"二分的后果。怀特海说:

> 换句话说自然两橛的理论,将自然割裂为在觉察(awareness)中

---

① John Locke, *An Essay Concerning Human Understanding* (Oxford: The Clarendon Press, 1973), pp.134—140. 洛克区分真实的性质(物自身)与可感的性质正是一"表象实在论"(representative realism)的立场。承续笛卡儿的心物二元论,洛克认为心灵无法直接认识事物其自身或实体,必须透过观念(ideas)或表象(representation)的中介,得到有关事物的间接知识:事物的属性与性质。准此,事物其自身成为认识的原因,观念或表象则是结果。

② A.N. Whitehead, *Concept of Nature*, p.30.

为人所觉知的自然,和造成觉察原因的自然。觉察所把握的自然事实是树绿、鸟鸣、阳光温暖、椅子坚硬,以及天鹅绒柔软。造成觉察原因的自然则是影响人心、引起表象、由分子、电子构成的假定系统(conjectured system)。两个自然的交会点在心灵,原因的自然好像流入心灵(influent),而外表的自然好像自心灵流出(effluent)。①

也就是说透过物体内部粒子(分子、电子)的运动,作用于感官之上(流入),便会引发人对外在自然的觉察(流出)。不过这样单纯的以前者为因,后者为果的看法,并不符合事实。根据这样的两橛理论,因为火的燃烧以及热分子透过空间的传导,造成身体、神经与大脑系统以某种方式运作,这样的过程是因果作用。怀特海却认为,感知的产生并不是说有个外在的自然(not an action within nature)作用在人的心灵之上;自然是原因,而心灵(或身体感官)只是被动的接受刺激而产生反应。事实上心灵也存在于自然之中,心灵与自然之间产生的是交互作用(an interaction within nature),不是单方面的因果作用。心灵是在交互作用之中,产生了火是红与热的感觉。② 这里怀特海并没有进一步地说明自然与心灵之间的因果作用与交互作用究竟有何不同,不过他认为心灵是在自然之中,而不是与自然相对立的敌体,这正是机体哲学构想的起步。

除了造成本体与认识上的二元论,"自然两橛论"还建立在许多不当的预设之上。首先就自然科学的立场而言,自然科学在追求"是什么"的知识(the "what" of knowledge),而不在追究"为什么"的知识(the "why" of knowledge);也就是说自然知识旨在说明自然的内容与事物的关系,而不在解释产生自然知识不可见的原因。前者是自然科学研究的范畴,而后者则属于形上学的领域。如果把自然看成是引起心灵知觉的外在原因,进而成为产生自然知识不可见的原因,这就是将自然知识建立在超越感官的因果概念之上。有关因果概念的探讨属于形上学的领域,将自然知识建立在因果概念上,就是把超越自然范围的形上诠释,误用到自然科学的范畴。③ 怀特海对这科学与形上学研究之区分,曾见于《思想的组织》一文,他说:

> 科学的基础不依赖任何形上学的预设,但是科学与形上学两者

---

① A. N. Whitehead, *Concept of Nature*, pp.30—31.
② Ibid., p.31.
③ Ibid., p.32.

第三章
近代科学唯物论批判

都是从立即经验的基础开始的,而各自往相反的方向发展出不同的工作。例如形上学探讨我们对椅子的知觉如何使我们与真实的存在产生关联;科学则搜集这些知觉,构成特定的集合,以可在特定状况下取得的类似的理想知觉加诸其上。而这理想知觉的概念正是科学研究需要采取的。①

在《自然的概念》与《相对性原理》二书中,怀特海甚而将任何价值的考虑也一并排除在自然科学哲学研究之外。他说:

> 我认为自然的同构型思想(homogeneous thoughts),②排除了任何道德或美感的价值考虑,而对于这些价值的体会,与自我意识活动的明晰度成正比。自然的价值也许是"存在"的形上综合的关键之所在(the key to the metaphysical synthesis of existence),可是这样的综合工作正是我不打算从事的。我所关心的完全是感官觉察直接提供给我们的、为我们所知的一切。③ 它(科学哲学)和伦理学、神学或美学理论无关。它只在决定适用于我们感官观察到的事物的最普遍概念。因此它并不是形上学,应该称作是泛物理学(pan-physics)。④

自然科学研究的对象是事实,不是价值,也不是任何形上学的原理。怀特海认为形上学在探讨知觉与真际之间"如何"(how)关连起来的问题,而科学则归纳了知觉经验,探讨真际"是什么"(what)。在这自然科学哲学阶段,怀特海虽然发展出"事件本体论",但是同时排除不可见的"原因"的形上讨论,而这正是这个阶段的研究与后来宇宙论阶段的形而上发展的区别所在。

---

① A. N. Whitehead, *The Organisation of Thought Educational and Scientific*, pp. 113—114.

② 所谓"同构型思想"是指思想只以自然为对象,不考虑思想本身。换言之,以排除任何主观认知的考虑,保障自然知识的客观性。参见"觉察论"。

③ A. N. Whitehead, *Concept of Nature*, p. 5.

④ A. N. Whitehead, *The Principle of Relativity*, p. 4。怀特海一再表明不希望科学哲学牵涉形上学的考虑,甚而不愿对自然做任何美感与道德价值的考虑。他的这项立场在尔后机体哲学的发展里有很大的转变,在《科学与现代世界》一书中,他明白的指出:"自然不能与它的美感价值分离","自然哲学必须关怀六个理念,变化、价值、永象、持久(endurance)、机体、融入(interfusion)"。(*Science and the Modern World*, p. 88),"'价值'是我用来指称一个事件的本质实在性(intrinsic reality)"。(*Science and the Modern World*, p. 93)。

怀特海认为自然知识在追求"是什么"，而不在追求"为什么"，这看法正与其后量子物理学的基本论点不谋而合。量子物理学认为测量基本粒子（elementary particles 如电子、量子）的运动，不同于测量较大尺度事物一般具有确定性；因为量子同时具有粒子与波动的双重性格，它运动是机率性的（probabilistic），且测量本身必对量子产生干扰。主张量子运动是机率性、统计性的（statistical）即所谓"哥本哈根诠释"（the Copenhagen interpretation）。① 如此一来，古典物理学的机械论（classical mechanics）无法说明"量子现象"，而有赖机率性的机械法则（probabilistic mechanics）说明之。又因为量子些微细小，致使任何观察实验都会影响到它的运动。而任何基本粒子如量子之所以能成为被测量的"现象"，是出于实验或测量仪器的安排。换言之，任何有关量子的描述，必须同时考虑整个测量的安排。量子不同于一个石块；在没有被观察或测量的情况下，我们仍可说石块有一定的运动路径，但是对于未被观察的量子，我们甚而无从说出它的任何运动的路径。量子物理学家波尔（Niels Bohr）因而说："任何基本量子的现象（quantum phenomena）必须是一个已经被记录了的（registered）或者已经被观察了的，才算是一个现象。"② "量子现象"显示科学实验或观察了的对象，并不是可以被机械地预测的客观存在；古典物理学预设有自然现象客观外在，独立于人的观察之外，不适用于量子物理学。波尔就这点而言量子物理学为旧有的认识论问题提供了一线曙光，他说：

> 量子行动的发现不仅显示古典物理学的自然限制，并且对独立于我们观察之外的客观存在的现象的这个古老哲学问题提供了新曙光，我们遭遇到自然科学上前所未有的情况。就目前所知，任何观察

---

① "根本哈根诠释"以波尔（Niels Bohr）的"互补性原理"（the principle of complementarity）和海森堡（Werner Heisenberg）的"测不准定理"（the principle of indeterminacy）最为著名。"互补性原理"主张"量子现象"与测量的实验安排相依互补，不可须臾离；量子的行为与界定"量子现象"出现的条件的测量仪器和量子之间的互动，不可能分开。因为量子如苹果、牛等自然物一般，是一不可分割的单元，具有个体性（individuality），任何对量子细分的企图都会造成实验安排的改变，进而使得测量对象与测量仪器之间产生无法控制的交互作用。海森堡的"测不准定理"则指出于由测量对量子造成的干扰，我们无法同时测量出量子的位置与速度。参见 John A. Wheeler and Wojciech H. Zurek eds., *Quantum Theory and Measurement*（New Jersey: Princeton University Press, 1983）, pp.5—8。

② Ibid., p.xvi.

都必然导致对现象的干扰,这种情况使我们无法以描述的因果模式(the causal mode of description)作为基础。量子物理学正是依据自然其自己所加诸于我们的限制,提供说明客观的存在可能性的限制。①

不同于古典物理学试图提供解释物体在时间空间之中运动的原理,以一整体图像说明(a whole picture)回答"如何"(how)的问题;量子物理学仅以机率的数学运算描写"量子现象"是什么一回事,回答"是什么"(what)的问题。波尔于是提醒大家量子物理学提供了一个不同的物理学观,他说:

> 并没有一个量子世界,只有一个抽象的量子描述。如果我们以为物理学的工作只在研究自然"是如何"(how),这是不对的。事实上物理学只关心我们能"说"这自然"是什么"。②

在基本粒子的世界里,古典物理学的因果机械论应被搁置,物理学也不再解释因果的研究,不再回答"如何"的问题,只是提供透过科学实验所能描述的物理事实,回答"是什么"的问题。怀特海虽然不像量子物理学家根本否定"为什么"(why)的形上议题,不过在这自然科学哲学阶段,他同样将自然科学限定在"是什么"的事实研究上。而双方除了确定科学研究的范围,不及于"因果"的解释,而且都认为人们对于客观外在自然的认识,不能排除的"主观的"观察经验,这也是极具意义在理论上的巧合。

其次,"自然两橛论"既然以"微粒说"为基础,便不免于预设伴随"微粒说"的三度进向空间绝对论(the absolute theory of space)以及一度进向的时间绝对论(the absolute theory of time)。时间绝对论主张时间是没有时段的(durationless)刹那系列;空间绝对论主张空间是不具展延(extensionless)的点所构成,物质占据(occupies)定点,形成空间关系。然而时空绝对论在相对论与量子物理学的挑战下,已受到严重的打击,这理论只是真实事物关系的高度抽象的理论。

---

① John A. Wheeler and Wojciech H. Zurek eds., *Quantum Theory and Measurement* (New Jersey: Princeton University Press, 1983), p.3.
② Niels Bohr, quoted in Aage Peterson, "The Philosophy of Niels Bohr," in *Niels Bohr: A Centenary Volume*, eds., A. French and P. Kenndy (Cambridge: Harvard University Press, 1985), p.305.

又"自然两橛论"难以解释正常的知觉与错觉(delusions)的不同,如果一定的"原因事件"便会在我们的心灵之中造成一定的"表象事件",那么错觉也是在一定时空产生的"表象事件",有如何区分错觉与正常知觉的不同?以"绝对时空"为预设的"两橛论"固然问题重重,以"相对时空"为预设的"两橛论"更是立论薄弱。对于"表象的自然"而言,相对论的空间并不是绝对实体(entities),而是事物外表之间的某种关系;换言之空间可说是表面关系之间的一套表面关系。这"表象的自然"并不真实("原因的自然"才是真实的),那么相对空间的外表关系也就是不真实的关系,这空间就是不真实的空间。同理,在"原因的自然"里,相对的空间是因果事物之间的某种关系,这时的空间就是因果的空间。不真实的空间与因果的空间(或不真实的时间与因果的时间),显然属于不同层次的真际(different order of reality),二者之间并没有契合之点。因此说绿草的粒子之间的空间关系,决定我们看见的绿草所占据的空间,是毫无意义的。就相对的时间而言也是一样的。①

心理添加论

此外,如前文已提及,"自然两橛论"也是一种"心理添加论"(theory of psychological addition)。从唯物论的立场看来,真实的自然只是在时间、空间之中具有惯性(inertia)的物质,感官所认识事物的各种感觉性质,不过是物质透过媒介引起感官神经大脑的生化反应,所产生的心理添加物罢了。例如眼睛见色,颜色并不是物质所传递的性质,而是眼睛受到光波刺激的结果。同理耳朵听声,声音并不同于声波的传递,而是耳朵接受声波传递的结果。怀特海则认为"心理添加论"必须预设"因果论",这是现代生理学的研究成果。不过如果以物质为因,以知觉为果,那么无论是"初性"还是"次性",都应当属于相同层级的真际。也就是说"初性"之为原因应当如"次性"之为结果一般可被知觉。如果"次性"不真实,那么"初性"也一样不真实。怀特海说:"如果将颜色排除于自然真际之外,那也应将惯性排除于自然真际之外。"②

为了打破"自然两橛论",怀特海强调自然只有一个,就是在知觉知识之中的自然。怀特海说:

---

① A. N. Whitehead, *Concept of Nature*, p.42.
② Ibid., p.44.

第三章
近代科学唯物论批判

现在我要提出一个公理(an axiom):科学不是神话故事,不在挖掘随人编造的、幻想性质的不可知的事物(unknowable entities)。如果科学真的重要,究竟它的工作是什么?我的答案是在决定已知事物的特质,也就是"表象的自然"的特质。不过我们可以删去"表象"二字,因为这儿只有一个自然,也就是在我们面前的知觉知识(perceptual knowledge)中的自然。①

科学的工作就在发现自然的特质、特质中的特质、关系、以及关系间的关系。看见绿树,"绿色"是树的特质,是知觉者和知觉物之间的关系,而不是心理主观的添加物。这关系十分复杂,不能单纯地以"因果"二字一言以蔽之。怀特海举例道,例如看见碳火炙热,根据因果论是因为碳放射能量作用于眼睛,才产生"碳火红"的视觉。但是碳火之"因"与红色视觉之"果"相去甚远,究竟前者如何引发后者?殊难定论。真正应该探讨的问题是:红色何时可见?有哪些相关伴随的条件?光波、视力、碳火等等,都只是产生红色视觉部分的条件而已,而不是所有的条件。科学所能探讨的不是知识的原因(the causes of knowledge),科学不在回答"为什么"的问题,而是在寻求知识的关联一致性(the coherence of knowledge)。② 这里怀特海似乎试图以一"知觉的关系论"(a relational theory of perception)取代"知觉的因果论"(the causal theory of perception),也就是着眼于与知觉产生有关的各种关系,而不是引发知觉的单一原因。根据"知觉的关系论",知觉的自然就是真实的自然,强将心灵与自然、主客、觉知者与知觉物分开,无视于其间的实质关系,就是以错误的抽象理论取代具体实象。据此,怀特海对于"自然两橛论"的立场,在《相对性原理》一书中表达的最为清楚,他说:

> 根据这个理论(自然两橛论)我们必须将心理的时间、空间、外在知觉以及身体的感受,和粒子交互作用的科学世界完全分开。这与感觉世界分开的、奇怪的科学世界,好像伊比鸠鲁的神(the gods of Epicurus)所居住的世界一样遥远,只是科学世界有种特别的性质,能引诱我们的心灵产生令人熟习的感官知觉。如果我们要避免这项不幸的两橛,就必须把我们对于表相世界的知识当作是对于外在事物的个人经验(individual experience),且这经验并不只是私人的经验

---

① A. N. Whitehead, *Concept of Nature*, p.41.
② Ibid.

(more than personal)。因之自然是包含个人经验的总体(a totality including individual experiences),我们必须拒绝"真实如此的自然"(it really is)和"纯粹心理经验的自然"的区分。我们经验到的表相世界就是自然其自身。①

总结本节所说,其要点如下:

一、"简单定位"的预设造成"自然两橛论":将自然区分为"表相的自然"与"原因的自然"、可感觉的自然(次性)与真实的自然(初性)、主观的自然与客观的自然。

二、"自然两橛论"导致本体论与认识论上的两难:使得真实的存在不可知,可知的不真实。

三、"自然两橛论"建立在不当的预设——因果论的基础之上,而有关原因的探讨属于形上学的领域,不是自然科学研究的范围。

四、根据"自然两橛论",无法区分正确的知觉与错觉的不同。

五、站在实在论的立场,以"知觉的关系论"取代"知觉的因果论",肯定表相的自然便是自然其自身,没有"表相的自然"与"原因的自然"的区分。

第三节 "简单定位"与"具体性错置"
(Misplaced Concreteness)

简单定位的性质

前面提到"简单定位"只是科学唯物论主张物质拥有的一种特质,这概念本身是高度的抽象产物,但不是一项"谬误"。但是如果我们把高度抽象的事物,看成是具体真实的事物,那么就不免于陷于谬误之中了。怀特海称这样的谬误便是"具体性错置",而"自然的两橛"也是"具体性错置"的一种形式。前文提到"简单定位"包含了科学唯物论的三个基本观念;一是物质,二是物质的时空孤绝性(the isolability of space-time),三是机械性的运动。学者往往因此误以为"简单定位"只适用于绝对时空系统,而怀特海对"简单定位"的批判只是企图以时空相对论或者关系论取

---

① A. N. Whitehead, *The Principle of Relativity*, p. 62.

代时空绝对论。① 但是事实上怀特海认为"简单定位"的观念不仅适用于绝对时空系统,也适用于相对时空系统,下面的引言清楚说明了这项立场:

> 说一小块物质有"简单定位"的性质,意指在表达它的时空关系时,只消说它就在它所在的地方,在某个确定的空间区域之中,历经某个确定有限的时段,而不需参照它与其他空间区域或时间段落之间的关系。又这"简单定位"的概念与时空绝对论和时空相对论之间的争议无关,只要任何时空理论有任何意义,不管是绝对的还是相对的考虑确定空间区域的观念,以及确定时间段落的观念,"简单定位"的观念都有其完全确定的意义。②

正如亚司顿的分析,"简单定位"不管是指哪样确定的时空位置,指一块绝对时空也好,或指一套时空关系也好:"只要诉诸于'它就在那儿,在那个地方;只要是指简单定位,除此而外,也就没有别的好说了',你都可以恰当的说明某个特殊的物体与时空的关系。"如前文提及,亚司顿认为怀特海的这项说法显示"简单定位"观念的重点不在于物质的孤绝性,也就是不在于强调我们可以确定某个时空位置,无须提及与其他时空系统的关系;而在强调物质的"单一性"(singularity),也就是不论在哪个特定的时空区域里,某一点物质便在此时此地,与其他个体无关。无论针对时空的绝对论或是时空相对论,"简单定位"的概念都可以成立。在绝对论里,可以说某个自然物 m 独立占据某个特定的时空区域,与其他不同的时空区域无关。在相对论里,可以说 m 占据了某套时空区域,且与其他自然物占据的其他套的时空关系无关。因此"简单定位"的概念不是在肯定时空绝对观,或者反对时空相对观,而是在强调物质的"单一性"。亚司顿说:

> 它("简单定位")不在肯定一物占据某个时空区域,独立于任何其他区域或事物的时空关系,而是它占据了这个时空区域以致排除其他任何事物的占据。"简单定位的谬误"可以更明确的说是"单一

---

① 麦克吉弗瑞(Evander Bradley McCilvary)认为时空相对论主张任何空间的区域或时间的段落,如果就其距离的空间关系与方向脱离其他区域,就会丧失意义。因此他无法将时空相对论与对"简单定位"的否定分别看待。E. B. McGilvary, "Space-time, Simple Location, and Prehension," in *The Philosophy of A. N. Whitehead*, p.229.

② A. N. Whitehead, *Science and the Modern World*, p.58.

定位的谬误"(the fallacy of single location),与它相反的应是"多元定位的理论"(the theory of multiple location)。①

这里亚司顿所说的"单一性"也就是前文指出的"独特性",只是"单一性"在与"多元性"相对,着重于物质的时空关系;而"独特性"则在强调物质是在其自身的个体。

无论是具有"孤绝性"、"单一性"还是"独特性"的物质,都是以空间为本质,以时间为偶然性的(accident)。也就是说对"简单定位"了的物质而言,时间只是分断的、不占时距(durationless)的刹那,可说是"空间化"(spatilisation)了的测量的对象。具有惯性的物质在数量上守恒,在性质上不变,时间对这样的物质并不能产生任何影响或作用。怀特海说:

> 质料(material)与时间区分(the division of time)无关的这个事实,导致时间的流逝是质料的偶然性而不是本质的结论(that the lapse of time is an accident, rather than the essence of the material)。质料无论在多么小的"部分时期"(sub-period),完全就是其自身。因此时间的转换和质料的特质无关,在任何刹那质料都是一样的。这里时间的刹那就其自身而言等于是没有转换,因为时间的转换正是刹那的前继后续(since the temporal transition is the succession of instants)。②

由此可见,怀特海认为"简单定位"了的物质,有数量上的恒常性(quantitative constancy)与性质上的不可变性(qualitative unchangeability),且与无限可分割的时间相关,这样的时间是同构型的、作为数学单元的时间。因此时间的消逝只是物质的偶然性;无论是经历千百时劫,还是在刹那之间,物质与物质法则都是一样的。③

时间空间化与机械宇宙

稍早于怀特海,柏格森也曾提出古典物理学的物质观将时间"空间化"了的理论。柏格森认为时间最重要的特征就是"流动性"(mobility),

---

① W. P. Alston, "Whitehead's Denial of Simple Location," *The Journal of Philosophy*. November, 1951, Vol. XLVIII, No. 23, p.716. 亚司顿因而认为怀特海试图以"摄持"的理论取代"简单定位";也就是主张以某种意义而言,每件事物遍在每处每时。

② A. N. Whitehead, *Science and the Modern World*, p.73.

③ Milic Capek, *The Philosophical Impact of Contemporary Physics*, p.124.

时间一旦流逝，它的每一部分也就跟着流逝，不同的部分不可能同时并存。物理测量却把不同时间放在同一个尺度上，好像时间和空间一样地可以加以测量。事实上只有具延展性、数量性的（quantitative）空间可以测量，时间不具延展性，只是不断地发生，根本无法测量。但是古典物理学将时间作为测量的对象，经常运用描写空间的语词谈论时间，可说在谈到时间的时候，事实上是把它当作了空间。① 柏格森因而认为将时间"空间化"，是出于理智思维对自然的扭曲，并不符合自然的事实。②

怀特海同意柏格森的看法，"简单定位"的理论是将时间"空间化"了，但是他并不认为这是出于理智对自然的扭曲。"简单定位"了的物质确实是一种高度抽象的逻辑建构，错误并不是出在"简单定位"的理论本身，而是在误将抽象的概念当作是具体的事实，这样的错误就是"具体性错置"。17 世纪的学者区分实体与性质、初性与次性就是最好的例子。在传统哲学里"实体"是自存者，是变迁事物之中不变的"基质"（substratum），性质则是附着于"实体"而存在的事物特质。到了笛卡儿和洛克的时代，配合科学唯物论的发展以及"简单定位"的概念，"实体"成为承载性质的物质本体（Support Substantia）。而一切有关"实体"（不论是"心灵实体"还是"物质实体"）的说辞，也就是以"实体"为主词的各类述词（predicates），正是"实体"的性质。不论我们以延展、运动、形状、颜色描写"物质实体"，还是以思维、反省、推论、知觉描写"心灵实体"，"实体"就是外于这些性质的某种不变的事物。我们所认识的总是各种与"实体"有关的、可观察到的性质，至于"实体"自身却无法为我们所认知。③ 这也是我们先前提到"自然两橛论"所造成认识论上的两难。怀特海说：

> 初性是实体的基本性质，而自然是由实体的时空关系所构成。这些关系的秩序就构成了自然的秩序。自然的现象在某些方面可以为心灵所体会（apprehended），而心灵必存在于肉体之中。原则上，心灵的体会是由相关肉体的活动所引发的，比如说脑部的活动。在体会时，心灵也可仅经验到作为心灵性质的感觉。这些感觉是心灵

---

① Henri Bergson, *The Creative Mind An Introduction to Metaphysics* (New York: The Wisdom Library, 1946), pp. 12—14.

② 柏格森认为真正要把握住时间，必须靠与理智相反的直觉（intuition）。前揭书，页三十以后。

③ John Locke, *An Essay concerning Human Understanding*, p. 297.

的投射,但也适切地装扮出外在的自然。如此说来物体被知觉到的性质实际上根本不属于这些物体,纯粹只是心灵的产物。如此自然所得到的性质:无论是玫瑰的芬芳,夜莺的轻唱,还是太阳的热力,真正应该归属我们的心灵。诗人完全错了。他们应当为自己的心灵而歌颂,把对自然的礼赞改成对人心卓越表现的恭贺。实际上自然是个了无生趣的东西,无声、无味、无色,只是一群匆忙去来的物质,没有目的,没有意义。①

"简单定位"作为机械唯物论的基本预设,只能提供一个死寂的物质宇宙而已。将这样的物质概念应用到人身上,更造成无法避免的悖谬,怀特海说:

> 建立在机械论上的科学实在论(scientific realism)结合了一项不可动摇的信念:那便人和高等动物的世界是由"自我决定的机体"(self-determining organism)所构成的。这现代思想的极端不一致性,解释了我们的文明是多么三心二意,摇摆不定。②

"自我决定的机体"如何可能是由"简单定位"了的物质所构成?物质粒子盲目地奔驰,人的躯体是物质粒子的集合,致使人的躯体也盲目地奔驰,对于躯体的所行所为,当然没有个人责任可言。怀特海说:

> 如果你接受粒子完全已被决定如其所是,不受整个躯体机体(the total organism of the body)任何决定的影响,如果你进而承认粒子盲目地奔驰是受到更普遍的机械法则所支配,那么便无法逃避这样的结论。③

当然怀特海也意识到"简单定位"的概念、实体与性质的二分、初性与次性的二分是科学研究的必备预设,也是人心自然的想法。科学研究本在把复杂的现象化约为单纯、明确的研究对象,将之作为逻辑推论的前提,演绎出一套抽象系统来,"简单定位"的构想正符合这样的目的。然而误把这高度抽象作用的结果看做是具体的事实,使得我们以为一方面有一在时间与空间之中具有"简单定位"性质的物质;另一方面,有一知觉的、承受的、推理的,但是不干涉的心灵。如此一来近世哲学只有摆荡

---

① A. N. Whitehead, *Science and the Modern World*, p.54.
② Ibid., p.76.
③ Ibid., p.78.

在三种极端的理论之间：一是接受心物为两种实体的二元论；二是把心灵放进物质之中的唯物论；三是把物质放入心灵之中的观念论，而这些都是误将高度抽象的事物当作具体事实的结果。① 为了避免"简单定位"与机械唯物论造成的种种恶果，怀特海于是疾呼切勿把高度的抽象概念误作具体的事实，他说：

> 我所主张的学说是整个唯物论的概念仅适用于非常抽象的实物（very abstract entities），是逻辑分析辨识的结果。具体长存的实物（the concrete enduring entities）是机体，所以整个机体的计划会影响进入机体之中的附属机体的特质。以动物为例，其心灵状态进入整个机体的计划之中，影响了其后进入附属机体的计划，乃至影响到最细微的机体，如电子。因之，在一有生命的躯体中的电子不同于在躯体之外的电子，因为前者受到躯体计划的影响。②

机体机械论

怀特海称他的这项构想为"机体机械论"（the theory of organic mechanism），他说：

> 根据这理论，物质粒子也许会根据普遍的法则盲目地奔驰，不过根据它们发现自身所在处境的整个有机的计划（the general organic plans of the situations），物质粒子的本有特质（intrinsic characters）会有所不同。③

这就是说怀特海认为"机体"，不论有生命还是无生命，都会因为参与其他更大型的机体而改变自身的"计划"与特质。事实上并没有独立自存、与任何事物毫不相关的物质粒子存在。怀特海这项打破心物、有生命与无生命界线的做法，正是他与生机论者最大的不同。他曾批评生机论任意将自然划分为有生命与机械物质两种领域，不免陷于不当的心物二元论。他说：

> 这种学说（生机论）事实上是一种妥协。它允许机械论横行霸道于整个无生命的自然之中，只有在有生命的个体里它的势力才稍

---

① A. N. Whitehead, *Science and the Modern World*, p.55.
② Ibid., p.79.
③ Ibid., p.80.

微减退。我认为生机论是个无法令人满意的妥协。有生命与死寂物质之间的界线含混不清，无法支撑这种任意区分，而且也无法避免那于理不当的二元论。①

具体性错置的谬误

总结以上所说，"简单定位"的概念有两大特征：一是时空局限在事物自身，而事物则处于此时此地，并且和其他物质点尘及其所处的时空无关，这就是"简单定位"的孤绝性、独特性和单一性。二是凡是具有"简单定位"性质的事物，就可以化约为科学的或逻辑的实体。这样的实体一方面是空间化了的、不含任何时间成分；另一方面是抽象化了的、不含任何情境成分。然而把事物限定在一定的时空之中，并且赋予这事物孤绝性、独特性和单一性，只是科学的抽象作用。同样的事物原来是极为具体的事实，但是经由过抽象的逻辑建构，就成为"简单定位"了的物质。这时如果我们把抽象作用后的结果看做是具体事实，那就犯了"具体性错置"的谬误。至于实体与性质、初性与次性的区分更是如此。把事物区分成自存的实体和依附实体而存在的性质（偶然性），进而区分事物本身具有的真实性质，和因心灵而有的可感觉性质，正是将心物高度抽象化的结果。这时物质成为一堆交错排列的粒子，而心灵成为感觉观念或印象的集合体。事实上科学的抽象作用虽然有它的效用，能帮助我们精确的分析复杂的现象，精确的进行测量与预测，但是只是一种思考的工具。"具体性错置"的产生，不在科学思考本身，而在于把抽象的建构认作是具体的存在，把方法上的方便法门强加于复杂的真际之上，并且把它看成是对真际的正确描绘。如此一来唯物论的"简单定位"产生了两个极端的观念：一是把物质看做是不连续的个体，彼此之间没有时空参照的关联，同时也没有时间性；另一是把心灵看做是被动的容器，而且只能间接的接近真际。怀特海认为这两种极端的观念都与事实不符，自然并不是由不连续的物质质点组成，而是由彼此关联的"事件"所构成；心灵也不是被动的容器，而是能理会"事件"、组织经验的主动认知作用。如果我们要对自然事实的具体性格作更真确的描述，首先要认识"简单定位"的概念是高度抽象作用的结果，缺乏这项认知就会犯下"具体性错置"的谬误。

怀特海对科学唯物论的基本概念：物质、时间、空间的批判，正是他发

---

① A. N. Whitehead, *Science and the Modern World*, p. 69.

展机体哲学的起点。归结怀特海在这个议题的立场可简述如下：

一、反对将"物质"当作是宇宙自然最终的事实,而以"事件"或"机体"取代之。

二、反对科学机械论(无论是绝对论还是相对论)将时空看做物理测量的对象,主张时空是"事件"的具体构成,物理测量的时空只是抽象作用的产物。

三、反对"原因的自然"与"表象的自然"、实体与性质、初性与次性的二分,同时反对认识论上的"表像实在论",拟以"准实在论"(provisional realism)取代之。①

除此而外,在这自然科学哲学研究的阶段,怀特海采取反对形上学的态度,认为科学哲学的研究不当涉入形上学的议题。

---

① 笛卡儿与洛克等人的立场是"表象实在论",他们虽然肯定外在自然真实存在,却认为无法为我们所直接认识。怀特海则主张我们所知觉到的外在自然就是真实的自然,这样的立场他称之为"准实在论"。参见 A. N. Whitehead, *Science and the Modern World*, p.91。

第四章

意义论

怀特海认为自然知识必须从"立即经验"出发，这是一项符合经验论的主张。不过素朴经验论所谓的"立即经验"，是指内外感官当下直接提供给心灵的各种感觉与材（sense-data），超越这个范围便不是"立即经验"所能及的了。根据这个原则，休谟否定我们可以直接知觉到事物与事物之间的关系，因而否定有必然因果关系的存在。对于经验论这样狭隘的看法，怀特海抱持了不同的见解。在早期自然哲学的著作中，他特别提出"意义"（significance）的概念，用以说明自然事物的相关性与经验的整体性。"意义"一词原是"指称的"（signifying）、"具有重要性的"（important）意思，怀特海则以"意义"指称立即知觉对于事物之间关系的掌握，尤其是时空关系。而由于时空关系的普遍性以及自然事物的规律呈现，对于单一事物知觉的"意义"，可发展成为以一推十的"齐一意义"（uniform significance）。这样的意义经验，正是归纳法的基础。素朴经验论可说是一种"化约主义"（reductionism），将知觉与自然化约成零碎的观念与印象的集合，怀特海以"意义"为核心的经验论则是一种"整体论"，它提醒我们知觉不但是知觉者与被知觉物之间的关系，还是在整体自然流程的一部分。

怀特海提出"意义论"受到学者高度的评价。罗威认为怀特海的"意义论"是他整个自然哲学的核心概念，是"抽象延展法"的基础，也提供几

第四章
意义论

何学与物理学的分界。不同于经验论者不把"关系"看做是知识的直接与材,并以"关系"只是对某种假设性知觉的一种说明,或者是推论的结果;"意义论"则肯定"立即经验"有直接把握事物关系的能力,进而赋予"立即经验"一种"齐一的组织"(uniform texture)。"意义论"虽以我们的单一知觉(即"立即经验")为起点,着眼于描写知觉对象之间的空间关系,但后来发展成为描写对象之间的因果关系,也就成为"摄持论"的前身。① 施密特同意罗威的看法,他认为"意义论"是怀特海知觉论的基础,借着这个理论的提出,使得怀特海能免于陷于休谟的怀疑论,进而建立宇宙论的系统。他甚至于说要了解怀特海的整个哲学发展,就必须了解"意义论"的发展。他也认为"意义论"是"摄持论"的前身。② 沙亨对于这种说法抱持了不同的看法,他认为怀特海"意义"的概念,在早先与稍晚的发展上颇有不同。根据他的分析,怀特海的"意义"概念至少有三种用法:一是用以指称经验的理解与解释的活动(这个"意义"随后发展成"呈现立即性"presentational immediacy 的理论);其次是指对自然的相关性(the relatedness of nature)、事件之间的时空关系的体会与认识。而由于时空关系有其普遍性,我们无须具备所有自然知识,也可以借着时空关系的"齐一意义"(uniform significance)认识自然。第三种用法较为罕见,怀特海以知觉与身体状况之间的关系也是一种"意义"(这个"意义"随后发展成"因果效应性"causal efficacy 的理论)。无论如何,这些建立在"时空关系"上的"意义",和其后建立在"摄持关系"(prehensive relations)上的"意义"完全不同。"摄持"必然含蕴了"生命"的概念,"时空"则不然。③ 然而不论是与"时空"有关的"意义",还是与"摄持"有关的"意义","意义"的概念总在强调事物之间的相关性,至于"生命"的概念对怀特海而言,就如前文已经提到,与"无生命"的界线并不是那么分明,同时早期的"意义论"里,也有与"生命"相关的概念(如"觉知事件"percipient events),因此可以肯定的是"意义论"与"摄持论"二者之间没有明显的矛盾与冲突。

---

① Victor Lowe, "The Development of Whitehead's Philosophy," in *The Philosophy of A. N. Whitehead*, ed. Paul A. Schilpp, pp. 76—77.

② Paul F. Schmidt, *Perception and Cosmology in Whitehead's Philosophy*, p. 64.

③ 参见 Ewing P. Shahan, *Whitehead's Theory of Experience* (New York: Columbia University King's Crown Press, 1950), pp. 22—23。

第一节　巴克莱的两难

怀特海提出"意义"一概念，最早见于《自然知识原理探究》一书，其后散见于《自然的概念》、《相对性原理》与《齐一性与偶然性》一文。站在知识论的立场，以知觉经验作为知识的来源，最大的困难就在于知觉是主观的，私密的，偶然的，甚至有时是错误的，无法提供知识客观、普遍、必然、正确的基础。然而怀特海却观察到有些知觉固然混乱零碎，没有规律，不过有关自然的知觉或者正确的知觉，却极为规律有秩序。这样的知觉是有重要"意义"的；而"意义"便是我们透过经验的累积，所掌握到不同知觉之间间接的、推论的关系。意义的经验不是原子性的观念连结（the association of ideas），而是根据过去知觉经验的累积，产生对现前知觉的把握，也就是对事物之间关系的觉察。这样的关系是基本的（essential），不是偶然的（contingent），是内在的，不是外在的。换言之，这关系内在于事物自身，决定事物的特质。因此对于事物特质意义的把握，也就是对它的基本关系的把握。① 怀特海认为这样的"意义"概念，曾见于巴克莱的知觉论中。

心灵与知觉

在18世纪英国经验论的传统里，怀特海认为巴克莱是唯一对科学唯物论不假以辞色的哲学家。站在有神论的宗教立场，巴克莱对物质实体可以独立存在于人心之外，以及初性不可知的说法提出质疑。巴克莱认为任何事物的存在都靠心灵的知觉，不可能有外于心灵的存在，不论这心灵是我们的心灵、他人的心灵、神的心灵，还是任何形式的精神。② 巴克莱说：

> 我说我写字的这张桌子存在，就是说我看到它、感觉到它。如果我离开了书房我仍说它存在，就是说如果我在书房里，便会看到它，

---

① A. N. Whitehead, *Principle of Relativity*, pp. 22—23.
② G. Berkeley, *The Principles of Human Knowledge*, in *Berkeley's Philosophical Writings*, ed. David. M. Armstrong (New York: Collier Macmillan Company, 1965), p. 62.

或者有别的心灵确实看到它。如果有味道必然被闻到;如果有声音,必然被听到;颜色与形状必然被视觉与触觉所知觉。假如说有思想所不及且绝对存在的事物,无须任何心灵的知觉,我就完全无法理解了。事物的存在就是被知觉(Esse is percipi),不可能在知觉心灵或思维之外,而有所谓的存在。①

真实的存在就是被知觉,如果假设有物体自身的性质(即初性)无须心灵的知觉,便可自行存在,不免陷入自相矛盾的困境。只要我们"知道"初性是物体的形式与结构,这就是说它们已经存在于我们的心中。巴克莱说:

> 如果有人说物质是一具有惯性而为我们所感觉不到的实体,且确实具有形状、延展性、运动等等性质。显然从前述可知,形状、延展性、运动等性质也不过就是存在于心灵之中的观念。而观念就是观念,无论指的是这些性质或者是性质的原型(物质),都无法存在于不可知觉的实体之中。②

巴克莱进而指出事实上初性与次性根本不可分,没有一个物体具有延展性却没有颜色、没有形状。如果颜色、味道等次性存在于心灵之中,那么形状、运动等初性也一样存在于心灵之中。以视觉为例,我们所看到的是具有延展性、有颜色、正在移动的物体。根据抽象观念的理论,物体这混合的观念经过分解,便成为简单部分观念的组合。这时如果只考虑各部分观念自身,便可形成抽象的延展、颜色、运动等等观念。但是巴克莱说这样的抽象观念根本不可理解(inconceivable),至少他无法想象有任何展延可以没有颜色与形状,也无法想象有任何物体可以没有展延而存在。这里巴克莱比怀特海更为严格地从根否定抽象观念的可能,站在经验论的立场,只有被知觉的才算是真实存在的。

巴克莱对科学唯物论(也就是物质实体论)的批判,怀特海称之为"巴克莱的两难"(Berkeleyan Dilemma):知觉在心灵之中,而自然在心灵

---

① G. Berkeley, *The Principles of Human Knowledge*, in *Berkeley's Philosophical Writings*, ed. David. M. Armstrong (New York: Collier Macmillan Company, 1965), p. 62.

② Ibid., p. 64.

之外，这使得自然的概念与知觉的活动各自为政。① 科学唯物论造成主客二元、心物二元的对立，也造成心灵与自然的分离。这不仅与我们的实际经验不相符，还带来主客、心物如何交感、如何相互作用种种疑难。对于这些问题，巴克莱采取了主观观念论（subjective idealism）的立场：否定物质实体、肯定只有心灵实体的存在。不过他的理论表面上看起来也和我们的常识经验违背，常识经验告诉我们确实有一个外在的物质世界存在，而物体与我们之间有距离这件事最可以说明这项事实。

视觉理论与意义

巴克莱却认为即使是"距离"也无法脱离心灵而存在，他并因而发展出一套独特的"视觉理论"。首先他反对当时以光学和几何学为基础的距离理论；这些理论主张我们对物体距离的辨识，端赖眼睛的生理结构和它与几何学空间的关系。光学与数学的距离理论认为眼睛的两个视轴对准同一个物体的时候，就会形成一个角度，根据这个角度的大小，可以看得见物体的远近。这种理论是根据几何学线条与光学视觉角度的假设而来，在巴克莱看来这些假设没有办法由视觉得之，所以在自然里并没有真实的存在。事实上，"距离"并不是心灵可以直接识别的，必须假借其他观念间接获得，巴克莱认为这"其他观念"就是经验。经验是感觉、知觉和观念的累积，能帮助我们判断推论，从而间接的认识物体。例如从不同的角度，我们能够或清晰的、或朦胧的、或大或小地看见同一个物体具有种种不同的形状与颜色。根据这些知觉与料，我们才能判断物体的距离。同时我们之所以知道这些不同的知觉影像，都属于同一个物体，是因为我们事前已经知道该物体和它所处的情境之间的关联。②

怀特海认为巴克莱指出经验的累积，使得我们能掌握事物与其处境之间的关系，对于知觉论有极为重大的贡献，这就是"意义论"的雏形。在《自然知识原理探究》与《科学与现代世界》两本书中，他一再征引巴克莱"艾尔西芬第四个对话"（*Alciphron*, *The Fourth Dialogue*, Section 10）：③

---

① A. N. Whitehead, *An Enquiry concerning the Principles of Natural Knowledge*, pp. 8—9.

② G. Berkeley, *An Essay Towards a New Theory of Vision*, in *Berkeley's Philosophical Writings*, pp. 285—304.

③ A. N. Whitehead, *An Enquiry concerning the Principles of Natural Knowledge*, pp. 9—10; A. N. Whitehead, *Science and Modern World*, p. 68.

第四章
意义论

攸弗仑勒(Euphranon)：告诉我，艾尔西芬，你能看得出来(从很远的距离)这个城堡的门和战备设施吗？

艾尔西芬：没办法，从这么远的距离，那城堡看来就像个小圆塔。

攸：但我曾经到过那座城塔的所在地，知道它不是小圆塔，而是个大的方形建筑，配有战备设施，现在从这里你都看不见。

艾：那么从这你又想做什么推论呢？

攸：我要推论的是你以视觉直接所看见的物体，并不是那在几哩之遥外的建筑物。

艾：为什么？

攸：因为一个小的圆形物体是一回事，一个大的方形物体是另一回事。难道不是这样地么？

艾：这我不能否认。

攸：告诉我，难道视觉的适当对象不正是可见的表相吗？

艾：正是。

攸(指向天空)：那么你认为遥远星球可见的表相是怎么样呢？难道那星球不是个圆的发光的扁平碟子，不比一个六便士的钱币大？

艾：那又怎样呢？

攸：告诉我你认为那星球真正是怎么样？你不认为它是一个很大的不透明的球体，表面上有崎岖不平的山谷吗？

艾：我确实这样想。

攸：那你怎能对视觉远处的对象做一评判呢？

艾：我确实不能。

攸：为了确定你的想法，再想想那深红色的云彩。如果你就在那云彩所在的地方，你还会看见现在你所看见的东西吗？

艾：绝对没办法，我一定看到一团黑雾。

攸：这不是很明显吗？你从这里看到的物体，不论是城堡、星球、还是云彩，都不是你以为存在于远方真实的事物？

仅凭单纯的立即知觉，我们没有办法辨识远方的物体和自己曾在近距离看见过的物体相同。巴克莱因而说："距离自身是不可见的"，"我们对遥远距离的知觉是靠'经验'，而不是靠感官。"[①]这"经验"就是"意

---

① G., Berkeley, *An Essay Towards a New Theory of Vision*, p.278.

义",也就是对事物之间关系的掌握。① 怀特海认为巴克莱大多数的著作都在强调"经验"就是"意义",而康德的立场与他正巧相反,也就是主张"意义是经验"。先验论固然不可取,可是巴克莱在分析经验的时候,最后却诉诸于神。真实的事物会有秩序的、有规律地出现在我们的心灵之前,是出于神的安排,因而造成"意义"可以脱离"经验"的后果。② 虽然怀特海不同意巴克莱以心灵实体(包括神)涵盖物质实体的说法,但是他认为"经验是意义"这一理念,确实刻画出知觉最重要的特质:知觉不是被动地接受外在的刺激所产生的反应,而是心灵主动对自身所处情境与事物之间关系的"体会"。怀特海说:

"意义"是事物之间的相关性("Significance" is the relatedness of things)。说"意义"是经验就是肯定知觉知识不外乎对事物相关性的体会,也是就事物所处的关系,以及与处境相关的情形。当然如果我们以追求事物的关系作为取得事物知识的开始,我们可能无法发现这些关系。……但是我们不可因此误以为事物之间可能没有关联。如果不先了解事物间的关系,我们根本不可能取得有关事物的知识。至于所谓事物的性质总可以借着它们和不特定的事物之间的关系来表达,自然知识所重视的就是关系。③

这里所说事物之间"有相关"或有事物"被相关"的"相关"是以时间、空间的关联为主,有些关联本身并不是非常精确的,而是含糊的、概略的、间接的。举例来说,我们对自己所在的房间和外在广大的空间世界有毗邻的关联,虽然受限于视觉,但是凭着知觉经验,仍然可以判断房间与外在的空间世界是关联在一起的。这房间处于整个空间关系之中,墙壁内外之间的差别对整个空间而言,并不是那么的明确,因为整个空间关系是连续的。而"意义"概念的基础就建筑在这"相关性"之上。④ 又如对于不透明的球体,不管是实心的撞球还是空心的网球,虽然我们看不见内部的情形,但是我们都知道球体必然有个球心。这有关球心的知识并不是得自于球体的物质构成,而是得自对几何学关系的掌握。怀特海认为这

---

① A. N. Whitehead, *An Enquiry concerning the Principles of Natural Knowledge*, p. 12.
② Ibid.
③ Ibid.
④ A. N. Whitehead, *Concept of Nature*, pp. 50—51.

种知识就是"意义"的产物:是"外在可辨识的事件"(球体)的普遍特征(必有球心)告诉我们"球体内在的事件"(球心),以及二者的几何结构(球心至球面每一点等距离)。①

将自然知识的对象由"物质实体"转移为"被知觉的事件",可说是机体哲学的重要起步。知觉的知识事实上出于对事物之间"关系"的体会,对关系的知觉。这不仅在客观上打破了唯物论认为物质点可分割至彼此无关(isolated)的粒子的构想,也打破了主客对立的思维,避免"巴克莱的两难"。巴克莱虽然提出知觉对象不在心灵之外,但是"存在即被知觉",这一点必需有赖神的心灵给予保障。再且只承认心灵的实在性,否定外在物体存在,难免沾染上怀疑论的色彩。如果能够把知觉解释成为对"关系"(不只是因果关系)的体会,把知觉者与被知觉的看做是平等同时出现的"事件",彼此交会于知觉中,那么巴克莱学说的困难自可化解。怀特海说:

> 自然知识的主题就是相关性(relatedness),它的意义有赖于我们对知觉普遍特质的认识。我们对自然界的事件与对象的知觉存在于自然之内,不是事不关己地在自然之外所做的冥想。②

第二节 知觉、意义相关性与齐一意义

知觉与意义相关性

"知觉"本身处于自然之内,与各种自然情境交相连锁,怀特海认为知觉的普遍特质包括四个要素:觉知对象(a percipient object)、觉知事件(a percipient event)、与觉知事件同时的完整事件(the complete event),也就是自然,以及构成完整事件的部分殊别事件(the particular events)。③简单的来说,知觉本身发生在自然之内,因此有"觉知对象"(即可认知的知觉特质)、"觉知事件"(即知觉者所处的时空关系以及知觉活动的发生),与之相对的自然就是作为"整体事件"的自然(作为背景和处境),以及作为"殊别事件"部分的自然(被知觉的特殊对象)。这里体认知觉活

---

① A. N. Whitehead, *Concept of Nature*, p.187.

② A. N. Whitehead, *An Enquiry concerning the Principles of Natural Knowledge*, p.12.

③ Ibid., p.13.

动本身是具体的"觉知事件"极为重要;觉知者作为"事件"与被知觉的事件处于相同的时段的自然之中,他之为知觉的"躯体生命"与被知觉的事件之间也有"意义相关性",怀特海说:

> 我们的"觉知事件"涵盖在我们现前的观察——也就是我们产生知觉的独特观点之中。大致说来,"事件"是我们在现前时段之内的躯体生命。以医学心理学发展的知觉理论正建立在"意义"的基础上。一个被知觉对象的遥远状况能为我们所知,有赖于身体状况——也就是我们的觉知事件——给予指示(as signified by our bodily state, i. e. by our percipient event)。事实上知觉有赖于两种"感官觉察"(sense-awareness);对我们自身"觉知事件"意指作用的"感官觉察",以及对某些对象和事件之间被意指关系的"感官觉察"。我们的"觉知事件"正由于这个意指作用而为整个自然所保存,这就是为什么我们称"觉知事件"是知觉的观点。①

承认知觉在自然之内,既可避免唯物论的心物二元的划分,也可避免唯心论对心外世界的否认。以巴克莱的艾尔西芬为例,如果把知觉的对象看成是物质实体,艾尔西芬从不同距离看相同的物体而产生不同的知觉,就无法确定不同的知觉是否真的来自相同的物体。反之,如果把知觉以及知觉的对象看做是"事件"或者看做是事物间的关联,情况就不同了。艾尔西芬看见的星球就是他与自然中"某些事物"产生了关联,因而称之为"星球"。这里艾尔西芬是"觉知对象",他在此时此刻的"觉知事件"里看到一个星球,就是在此刻彼地的一个事件(事实上艾尔西芬看见的星球可能存在于是数十万光年前,二者之间有特殊的时空处境),乃是整体自然之中的特殊部分。从知觉者与被知觉物之间的整体处境关系来理解,便知相同的事物可以有不同的知觉。②

不同的知觉观导致不同的自然概念。如果根据素朴经验论的看法,把知觉看做是受到外在刺激而产生的被动的反应,那么自然便是由处于不连续时空结构中的物质质点所构成,这样的自然便是一个死寂的机械

---

① A. N. Whitehead, *Concept of Nature*, p. 188. 沙亨认为怀特海这项"意义"的用法,也就是以"意义"作为觉知事件或躯体生命与被知觉对象之间的关系,是怀特海"因果效应"概念的先声。参见 Ewing P. Shahan, *Whitehead's Theory of Experience*, p. 22。

② A. N. Whitehead, *An Enquiry concerning the Principles of Natural Knowledge*, p. 14。

第四章
意义论

宇宙。如果能和怀特海一样把知觉看做是知觉者与被知觉物之间的关系,也就是说知觉者与被知觉物,乃至整个自然在觉知事件中彼此交锁关联,那么自然就不再是静态死寂的,知觉也不再是被动的。怀特海说:

> 自然从自身的发展中不断地涌现,而行动的经验(sense of action)是"觉知事件"的直接认知,这事件存在于与自然形成的关系之中。知识就是由于这事件和自然之间互相坚持而产生的,也就是说两者的关系持续在形成之中,也就是因为在形成之中(in the making and because of the making)而被知觉。因为这个缘故,知觉居于创造的颠峰(at the utmost point of creation)。……自然的知识是行动的另一面。不断前进的时间显示这个经验的特征,经验本身就是行动。这自然的流程(the passage of nature),或者说自然的创生进程(its creative advance)就是它的基本特质;传统的概念是想要把握住自然,而不考虑自然的流程。①

这里把自然看做是不断创进的过程,知觉者与被知觉物交锁关联在"觉知事件"之中,这正是学者们认为怀特海的"意义论"是他的"摄持论"前身的原因。②

意义与自然齐一性

"意义论"在说明知觉经验中的自然是创新不已的流程,知觉与自然交锁关联,不可分,我们对"意义"的掌握就是对事物相关性的掌握。这样的意义概念提供了自然科学知识一项重要的基础:"自然齐一性"(The Uniformity of Nature)。取得自然知识最重要的科学方法,便是前文提到的归纳法:一种从某些个别事例可观察到的性质中,推论出其他个别事例性质的方法。而归纳法最重要的预设便是"自然齐一性",也就是"未来与过去一致"(The future is conformable to the past.)。根据"自然齐

---

① A. N. Whitehead, *An Enquiry concerning the Principles of Natural Knowledge*, p. 14. 这就是说传统物质实体的概念排除了时间因素;将外在自然视为物质实体。
② 前面提到罗威和施密特认为"意义论"是"摄持论"的前身,沙亨却认为怀特海的意义论有早期与晚期发展的不同。早期的意义论是建立在时空关系上,晚期的意义论是建立在摄持的关系上,二者完全不同。"摄持"的概念必然牵涉生命,而早期的理论与"立即呈现"关系较为密切。然而怀特海早期提出"觉知事件"的概念,事实上正是"现行单元"或"现行机缘"的前身,不可说早期的意义论与生命的概念无关。详见下文。Ewing P. Shahan, *Whitehead's Theory of Experience*, p. 22.

一性",我们才能从过去发生的事例推知未来发生的事例,或从已知的事例推知未知的事例。这样的"齐一意义"包括对象或者成分对事件的"指示"(signifying)和事件与事件之间的"相互指示"(mutually signifying)。①在《相对性原理》中,怀特海称知觉意识体会到事例特质的系统结构为"成分的意义"(the significance of factors)。除了事例各自具备的特质,所有的事例必然发生在时间与空间之中,因此时空关系可说是所有事例之间最"基本的关系"(essential relation),怀特海则称之为"自然成分的基本意义"(an essential significance of a factor of nature),也就是说自然是由彼此互为意义(mutually significant)的事件不断地变化生成,所构成的一个有系统的结构。把握事件之间普遍的时空关系,便把握了事物的"齐一意义"(the uniform significance)。举例来说,当我们知觉到绿色的时候,这绿色无法孤立存在,必须要存在于特定的时空之中。这绿色或许和某个物体有关系,例如一块草地,但却不必然和草地有关系(也可能和一条头巾有关系),这样的关系是"偶然的"(contingent)。"基本关系和偶然关系"的对比与"内在关系和外在关系"的对比非常接近。② 但是我们看到这绿色时必定是在某个与眼睛有关的空间之中,并且和我们躯体生命的某个时刻相关联,这便是"基本的关系"。如果不预设时间和空间,我们就不可能有绿色的知觉。换言之,绿色预设了自然的流程,这流程以事件的结构的形式呈现。③ 怀特海说:

---

① 施密特根据《相对性原理》,将"意义"分为四个层面:一是对象指示事件的意义(Objects are significant of events.)。即感觉对象以事件为"处境",这时某些事物的属性如颜色、形状等和某时某刻的觉知事件之间有着多种关系,便成为自然的特质。二是事件彼此指示意义(Events are mutually significant of each other.)。即相关联的事件彼此延展涵盖,形成规律,事件之间互相指示意义。三是对象指示事件的意义(Events are significant of objects.)。事件作为感觉对象(sensible object)存在的场域,对于没有被认知的对象有指示的意义。四是某对象以间接的方式指示其他对象的意义(Objects are significant of other objects in an indirect fashion.)。如感觉对象指示着知觉对象的意义,颜色、形状等等指示了"纸"的存在,而"纸"之为知觉对象(perceptual object)则指示了纸浆材料的物质对象(physical object)的存在,纸浆之为物质对象又指示了电子、质子的科学对象(scientific object)存在。参见 Paul F. Schmidt, *Perception and Cosmology in Whitehead's Philosophy* (New Jersey: New Brunswich, 1967), pp.67—68。详见下文。

② A. N. Whitehead, *Principle of Relativity*, p.23.

③ Ibid., pp.24—25.

第四章
意义论

绿色预设了此时此地,彼时彼地。换言之,绿色以事件结构的形式预设了自然的流程。也许有可能只有我的头是绿色的,也许我浑身都是绿色,但绿色的事件意义不能脱离结构的融贯性,而那是表达绿色作为事实定性的成分(but green is not green from apart from its signification of events with structural coherence, which are factors expressing the patience of fact for green)。①

"绿色"与它所在的事件之间是"基本关系",与"我的头"或者"我浑身"之间是"偶然关系"。怀特海认为对一个成分的觉察必须包含对它的基本关系的觉察,但可以不知道它的"偶然关系",其理由将在"契入论"说明。这里"定性"(patience)原来是耐心的意思,在因果论中则是与"主动者"(agent)相对的"被动者"(patient)的性质。根据邦吉(Mario Bunge)的说法,亚里士多德的"动力因"(efficient cause)解释了"主动者"与"被动者"之间的关系;"主动者"由外部发挥力量造成"被动者"的改变,便是"动力因"。② 怀特海这里借用"被动者"的概念表达事物因"事件结构"、"时空关系"而改变其性质,无以名之,故译为"定性"。怀特海的意思是说必须先有"事件",才会有"事件的性质",而且两者之间是内在关系。就如"绿色"与"事件"的关系是内在的,二者之间或者有"指示"的关系,但没有外力作用或"动力因"牵涉其中。然而"绿色"必然处于特定的时空关系之中,它才能"指示"事件的"成分的意义"。

不仅是"对象"与"事件"间有"指示关系","事件"与"事件"之间也有这样的"指示关系",怀特海说:

> 事件的意义是较为复杂的;首先事件彼此之间有意义(they are mutually significant of each other),事件的齐一意义因此成为事件时空结构的齐一(The uniform significance of events thus becomes the uniform spatio-temporal structure of events.)。……谈到事件的意义,我们发现没有孤立的事件,每个事件基本上意指着整个事件结构(Each event essentially signifies the whole structure.)。③

其次,"事件"还指示"对象"的意义,反之,"对象"也指示"事件"的

---

① A. N. Whitehead, *Principle of Relativity*, pp. 24—25.

② Mario Bunge, *Causality and Modern Science* (New York: Dover Publications, Inc., 1978), p. 33.

③ Ibid., pp. 25—26.

意义,怀特海说:

> 更且,没有空洞的事件,每个事件除了指示与它有基本关系的事件,也指示了对象。换句话说流逝的事件里展示了不流逝的对象。我称那不属于事件的自然成分是包藏在事件里的"对象",对于"对象"的觉察是为"认知"。如此绿色是对象,而一块草地也是对象对于两者的觉察都是认知。事件在相互关系之间指示着对象。特别的对象和它们之间的特别关系属于偶然性的层次,但事件基本上是一个"场域"(a field),如果没有相关联的对象,便不可能有事件。另一方面相关联的对象指示着事件,没有这样的事件也就没有这样的对象。①

无论是事件与事件之间,还是事件与对象之间、对象与对象之间都有着相互关联的指示关系,所有的指示关系都有"齐一的意义",这"齐一意义"建立在自然最普遍的特质之上:也就是一切事件的时空关联。只要能把握这项关系,我们便可以从现前立即的被知觉的事件推知遥远的事件。因为这些关系有"系统的齐一性"(systematic uniformity),使我们能举一反三。这也正是归纳法的预设。

在《齐一性与偶然性》一文里,怀特海进而明白的指出这项归纳法的预设,是由休谟所提出的。休谟在解释因果必然关系时,特别提出"自然齐一性"的概念,认为事件之间的时空邻近性使得我们产生因果必然关联(the necessary connexion of causality)的信念。如此自然事件之间有普遍的时空关系,成为自然齐一性的前提。怀特海大量引用休谟的论点作为说明:②

> 纪年史学家或者历史学家如果着手撰写任何一个世纪的欧洲历史,便会受到时空邻近性的关联(the connexion of contiguity in time and place)所影响。所有的事件在他的构想中都发生在一定的空间和一段时间之中,虽然在其他方面这些事件很不相同,甚而看来没有关联。在分歧不同(diversity)之中,它们仍有相同的地方(a species of unity)。(《人类悟性论》第三章,《观念的连结》)

这里似乎事件之间有必然关联的观念是来自于一些相似的事

---

① Mario Bunge, *Causality and Modern Science* (New York: Dover Publications, Inc., 1978), p.26. 详见"事件论"与"对象论"。

② A.N. Whitehead, "Uniformity and Contingency," pp.132—134.

第四章
意义论

例,当这些事件经常结伴出现时便会产生这样的观念。然而从任何可能的光线和角度下,我们都无法从这些事例里得到必然关联的观念。在这些应当是相似的不同的事例里,我们完全无法看见任何关联,除了相似的事例不断的重复出现,使得心灵产生习惯,在一个事件出现之后就期待另一个经常伴随它的事件也跟着出现,并且相信那事件会存在。

这我们在心灵之中感受到的关联,或者从一个物体习惯性地转移想象到它的经常伴随者,这种感受(sentiment)或印象(impression)正是我们形成力量的观念,或者产生必然关联的观念的来源。(《人类悟性论》第七章,《必然关联的观念》)

怀特海认为休谟这里所谓的事件"经常结伴"(constant conjunction),就是指"时空邻近性"(spatio-temporal contiguity)。这自然的时空特质,正是休谟哲学的预设,对于这点他是完全赞成的。不过休谟将这自然的时空关系建立在"经常结伴"上,怀特海却不以为然。"经常结伴"是出于"印象优位"(the supremacy of impressions)的原则,由于我们得到相似的事例不断重复出现的鲜活印象(vivid impressions),因而使得我们产生事件与事件之间"经常结伴"的观念。然而只凭"鲜活的印象",并不足以使我们区分"想象的世界"与"自然的世界"。怀特海解释说例如在梦境之中,我们体会到一些事件的过程,虽然我们可以确定这睡梦发生在自然中的某个时间,某个地点,但是梦中出现的事件在自然之中既不占有时间,也不占有空间。因此梦中世界的时空无法和自然世界的时空结合,成为自然世界时空中的一部分。如果以"鲜活的印象"作为自然世界和梦中世界的区分,有时候噩梦所造成的"印象"要比漫不经心时得到的"印象"更为鲜活。如果说在梦中我们无法注意细节,借此来区别梦境与真实,然而有时即使在清醒的时候,我们也常常会丢三落四,因此"注意细节"也不能成为区别两者的标准。

我们当然知道有一主流的时空连续体(a dominant space-time continuum),而真际是由处于这连续体之中的感觉对象所构成,不过并不是所有被体会的过程(the apprehended process)都是属于这时空连续体的,梦境就不是。当然借着间接的推论,我们可以把被体会的过程和主流的连续性关联起来。以睡梦为例,我们可以记下睡觉的时间和起床的时间,然后把体会到梦境的过程和其间的夜晚联系起来。不过这仍是一个间接的联系,不是直接的联系。所谓直接的联系是指先前被体会的过程持续延展而成随后被体会的过程,例如同一天我在早上的生命和我在下午的生命,有着直接的联系。这里上午"被体会的过程"必须展示在关联者之间的关系里,那是能延展超乎自己(超乎上午的生命)的关系,如此我下午生命的经验,不过就是对包括这先前范围的过程的体会。小而言之,只要我生命的被体会过程持续下去,它就能概括其中所有的时段。包括每小时之中的每分钟,每分钟之中的每秒钟。因此"被体会"在这里扮演了重要的角色;我们对自然的知觉是由各种感觉对象(无论是在身体之内还是在身体之外),如颜色、形状、声音、味道、触觉和身体的感觉,共同投入时空的连续体所构成。这自然"被体会的过程"不仅和"时空连续体"有关,同时也涉及了感觉对象和我们身体的感觉器官。除此之外,还需要我们对连续体的觉察,以明辨这体会是发生在具有一定时段的现前之中。如果自然是这样被体会的过程,那么时空必然是齐一的,在其中的事物关系也必然展现"系统的齐一性"。① 怀特海于是作了以下的结论:

> 那么将真际与梦境区隔开来就有赖于一个被体会的、主流的时空连续体,并且由它的整体来决定二者的区别,这决定要求时空必须是齐一的。在这里我们找到了自然齐一性的根本基础。②

"自然齐一性"或者"齐一意义",就和经验意义、相关性的意义、事件与事件之间的意义、事件特质与事件之间的意义一样,必然和知觉者的觉察与体会紧密相关。自然是"被体会的过程",而"意义"正是知觉所体会出来的。一般经验论者把知觉看成是静态的感觉原子或观念的连结(the association of ideas),怀特海则以"关系"或"关联者"作为动态知觉的对象。知觉的对象是"事实",但是这个事实不是"物质",而是彼此交相关联的"事件"。事件与事件之间,事件与物体之间彼此相互给与"意义",因而构成了有规律的、有系统的自然。由此可见,怀特海的"意义论"是一兼顾主体、客体、主客关系以及整体知觉背景的"整体经验论",也可说是一"机体实在论"。不过这里所涉及的"事件"、"对象"、"体会"、"觉察"、"齐一意义"等概念,究竟何意? 后文将分别在"事件论"、"对象论"、"觉察论"与"契入论"中分别说明之。

总结本章所说,怀特海"意义论"的主要论点如下:

---

① A. N. Whitehead, "Uniformity and Contingency," pp. 135—139.
② Ibid., p. 139.

一、立即经验中的知觉是"有意义的"(significant)。

二、"意义"即事物之间的相关性,有意义的知觉经验便是对事物之间相关性的体会与觉察。

三、相关性以时空相关为主。

四、知觉活动涉及知觉者自身(觉知对象)与所在的事件(觉知事件)、被知觉物和整体知觉环境(即自然)。觉知事件与自然同在创生进程之中。

五、知觉是知觉者与被知觉物之间的关系;知觉中事件与对象、事件与事件、对象与对象彼此交锁关联,互相"指示"彼此的"意义"。

六、有意义的知觉能觉察到事物的相关性,是归纳法的预设"自然齐一性"的基础。

第五章

事件论

第一节 事件的特征

事件的连续性与现行性

怀特海机体哲学早期发展最重要的工作,在以"事件"的概念取代科学唯物论的"物质"概念,以"事件"作为自然最终的事实(the ultimate fact of nature)。"事件"一词在日常用语中与"发生"(happening)同义,意指在某时某地独特的某事的出现。无疑地,这个词有强烈的"时间"意涵,事情的"发生"总是在时间之流中,正如赫拉克利图斯(Heraclitus)"万物流转说"所形容的一般。不过怀特海借着"事件"的这项基本含义,扩而大之,用以指称现行存在的事物不只在时间之中延展,也在空间之中延展。事实上感官知觉立即直接经验到的自然,是存在于知觉者之外的、在时空之中、一个连绵不绝的整体。这整体正是由彼此延展涵盖(extending over)的"事件"所构成。① 针对处于刹那点尘、不连续的"物质"概念,"事件"连续地处于展延时段(extensive durations)之中;前者是科学思想高度抽象作用后的结果,后者则是立即经验的具体对象。而有关"事件"与"物质"的分辨,是自

---

① A. N. Whitehead, *An Enquiry concerning the Principles of Natural Knowledge*, p. 61.

第五章
事件论

然哲学的首要工作。这点怀特海在《自然的概念》里说得很明白：

> 我们习于将这些事件分析为三个成分：时间、空间和物质。我们知觉到自然中的一个普遍的成分，那就是某时某地有事情正在进行（Something is going on then-there）。我们受到语言和正式教育的训练，为图方便，惯以唯物分析的方式表达我们的思想，理智地故意忽略这自然展现我们的感官觉察之前的真正特性。这普遍的成分保留在自然流程的自身，是我们辨识自然时可得到最基本具体的要素。这基本的成分就是我所谓的"事件"。①

有关"事件"概念较有系统的说明，最早见于《自然知识原理探究》。怀特海认为"事件"作为感官知觉直接"体会"所得，展现了自然的连续性、延展性、现行性（actuality）、关联性以及外在性（externality）。首先知觉经验接触到的，尤其是视觉所及的，是绵延不绝的"整体自然"。这自然的整体连续性含摄了它的延展性，不仅构成自然的"事件"是延展地占据了某个时段、某块空间的事物，每一事件与前后左右的其他事件之间，还有相互交错重叠的部分，这就是所谓的"延展涵盖"，也是事件的基本性质。所有我们知觉到的事物，一定处于某个时空"关联者"（relata）之中，怀特海称这"关联者"就是"事件"。"事件"作为事物的时空定位，也可以说它本身就是时间和空间，或者时间和空间是由"事件"抽象出来的。总之，时空不能外于"事件"而存在，"事件"也必须实现在时空关联之中。② 由此可见怀特海的时空观是建立在"事件"的相对关系上，不同于与爱因斯坦等相对论的物理学家将时空观建立在"物质对象"（物体）（physical object）的相对关系上。③

---

① A. N. Whitehead, *Concept of Nature*, p. 75.
② Ibid., pp. 61—63.
③ 怀特海的时空观受到闵可斯基、劳伦斯（H. A. Lorentz, 1853—1928）与爱因斯坦等人的影响，但是不同于这些物理学家，物理学在追求精确的物理测量，怀特海的自然哲学则在寻求知觉者与被知觉的自然之间的关系，借以肯定自然是在时间之流中的创生进程。为此，怀特海曾批评爱因斯坦的相对论将光速作为测量的绝对标准（不论在任何情况下，光速绝对不变），并且用以定义"同时性"（simultaneity）的概念。怀特海认为光速固然是巨观宇宙中重要的测量单位，但是不能作为测量的唯一标准，因为在其他许多观察情境中，光速并无助于人取得"同时性"的概念，例如对于盲人而言，光速是没有意义的。此外，物理学的相对论把时空看做事物质间相对的关系，怀特海则把时空看做"事件"间的相对关系，这是也两者间重要的不同。其他相关讨论参见 Filmer S. C. Northrop, "Whitehead's Philosophy of Science," Evander Bradley McGilvary, "Space-time, Simple Location, and Prehension," in *The Philosophy of Alfred North Whitehead*。

流程与延展涵盖

"事件"的暂时性(temporality)显示"事件"是现行的,在我们立即知觉前的自然是不断的发生(unceasing happenings)的总和。这"发生"出于"事件"的现行性质。现行事件随时随刻在自然中生成涌现,一旦发生过了就不会再发生,所以现行事件可说是此时此地的时空"关联者"。事件一旦发生,就有"过渡"(transition)到另一事件(即生成 becoming)的可能,怀特海称这"过渡"为"流程"(passage),而不是"变化"(change)。物理学将时空当作是物理测量的对象,只把握到时空的数量关系。怀特海把时空看做是事件之间的性质关系(qualitative relation),认为时间正所以表达"自然流程"(the passage of nature)的某些性质。他称这样的"流程"是自然的"创生进程"(creative advance)。事件由过去而推陈出新,在自然的创生进程之中,由"当下即是"(here and now),成为"原先不是"(then and not now)的新事件。所以说事件只会流逝,不会改变,而"发生"也永无止息。在自然创生的进程中,"事件甲"变为"事件甲'"的一部分,"甲'"则包括了"甲"而且延展涵盖及于"甲"的未来。如说一事件"改变"了,只是在说一事件延展涵盖成另一事件罢了。事件连续交错关联,彼此之间有内在关系(internal relations);一事件延展涵盖另一事件,于是较小的事件成为较大整体事件的部分,二者之间有部分与整体的关系,怀特海说:

> 一个在流程中的事件是较大事件中的一部分;因此事件的流程是在生成中的延展(the passage of events is extension in the making)。"过去"、"现在"与"未来"这些语词都在指称事件。过去的一去不返(irrevocableness)乃是事件的不可改变性(unchangeabilities)。一个事件就是现存(what it is)、现时(when it is)、现地(where it is)的事物。外在性与延展性是事件的标记,一个事件在那儿就不在这儿,在那时就不在此时,它是整体的部分,也是延展涵盖中部分的整体。①

事件与事件之间的内在关系和延展涵盖的关系,使得所有事物紧密的交错关联在一起。在怀特海的"事件论"里,没有自存于刹那时间、点尘空间的孤绝粒子。根据几何学以及数学的"单纯性收敛原理"(我们在

---

① A. N. Whitehead, *An Enquiry concerning the Principles of Natural Knowledge*, p.62.

第二章讨论到过),怀特海曾提出"事件粒子"(event-particles)的概念,作为原子性的事件(atomic events)。他指出以单纯性收敛的原理不断减缩事件的范围,可以显示事件之间最终简单的关系:最简单的抽象元素聚敛成一原子事件。如果我们称涵盖所有元素基始(prime)的抽象集合(abstractive class)为"绝对基始"(an absolute prime),"事件粒子"就是由之导出的抽象元素,也是对一个原子事件无限逼近的路径。虽然在数学与几何学上有必要预设一不占时空、刹那点尘的"事件粒子",但是这个理念不能满足任何实存的事件,它只是原子事件的一种表达罢了。"事件粒子"据它所涵盖的点,在它所处任何"一刻"的刹那点尘之中得到绝对的位置,因而使以它为"边界"(bounds)的事件得以区隔开来,这就是"事件粒子"最重要的作用。同时"事件粒子"既然是"事件",也就是四度进向的元素,不同于三度进向的物质点尘。①

第二节 事件的外在性与延展抽象法

事件的外在性

上述有关事件的特征:连续性、延展性、关联性与现行性等,都涵盖在事件的"外在性"之内。虽然自然必须透过知觉才能被认识,但是这并不表示自然不是客观外在的实有。我们的知觉经验有限,而自然则广袤无垠,除了拥有知觉到的自然知识,基于事件的外在性,我们还能有不被知觉到的自然知识。从常识经验的立场,我们可以"体会"到一系列的、彼此重叠的、没有清楚区隔与界限的事件连续发生。有关这些事件是"哪个"(which)?"何种"(what)事物?以"何种方式"(how)?存在于"何时"(when)?"何地"(where)?"何去何从"(whither)?这些有特定范围的问题,成为科学研究的对象。因此那无限绵延又无法为知觉穷尽的自然,成为特定有限科学研究的预设,这便事件的"外在性"。

怀特海分析事件"外在性"的特征(the constants of externality)有二。第一,就是相信被体会的自然连续体(continuum)是由现行的且特定的实物所构成,这些实物是知识潜在的对象。虽然取得所有确定的自然知识

---

① 参见 *An Enquiry concerning the Principles of Natural Knowledge*, p. 121ff; *Concept of Nature*, pp. 83—87。

不是人类力所能及,不过整体自然存在的预设,却使得完美又确定的知识,有了理想的可能性。根据这个预设,自然是"被给予"(given)的事件,虽然事件本身不受任何理论的影响,可是自然知识乃得自我们对事件特征、性质与要素的辨识。① 第二,延展的关系,是从自然的连续性衍生出来的。延展是指时间与空间的延展,怀特海认为知觉中的自然是一个时空连续的自然,时空并不是出于康德所谓感性的先天形式,而是知觉经验对外在自然秩序的直接认识。② 自然中的事件既然总是连续的,事件与事件之间必然有交相重叠的部分。"事件甲"可以延展涵盖另一个"事件乙";换言之,"乙"可以成为"甲"的部分。时间与空间的概念是出于我们对延展关系的经验,从我们对时空概念的普遍一致的运用,足见时空概念是事物最简单的特质,任何从自然秩序的事件中被认知的知识与材,都需要这些特质。比如一辆汽车的流程是整个街道流程的一部分,一个轮子的流程又是整个汽车流程的一部分。时间与空间的概念正是从这些事件之间的延展关系逻辑地推导出来的。③

延展抽象法

为此怀特海提出"延展抽象法"(the method of extensive abstraction),作为"事件"的理论基础。所谓"延展抽象法"事实上是一种从经验中的实际事件有系统地衍生出几何对象的方法,其原理略同于前文提到的"单纯性收敛原理"(the principle of convergence to simplicity by diminution of extent)。传统几何学以不占空间的点、有长度、没有宽度的线,以及有长宽、没有厚度的面作为基本概念,其中又以"点"最为基本简单。这些几何概念都是抽象的图形,并不存在于经验事实之中。如果根据经验事实,我们必须给予点、线、面新的界定。以"点"为例,如果根据具体的感官经验,我们的视阈有一定的范围,便可借着这一定范围不断的"收敛"(converging)到最小的一点。当然这最小的一点可以从无数的、各种形状的范围"收敛"而成。由此可见几何学概念的界定,必须包含"有限的空间范围"(a finite region of space)和"整体与部分关系"两个条件。然而这样的条件过于抽象,为了反映具体的事实,怀特海于是提出"事件"取代"有限

---

① A. N. Whitehead, *An Enquiry concerning the Principles of Natural Knowledge*, p. 74.

② Ibid., p. 72.

③ Ibid., p. 75.

的空间范围",以事件间"延展涵盖的关系"取代空间范围之间"整体与部分的关系"①,进而发展出"延展抽象法"。在《自然知识原理探究》一书里,怀特海对这个方法的原理作了详细的说明,他说:

> "事件甲"延展涵盖"事件乙"的事实(event a extends over event b),可用"甲盖乙"(aKb)的方式表达。这里"盖"是延展涵盖意思,用以表征基本的延展关系。对"抽象延展法"来说,延展涵盖的性质如下:1."甲盖乙"意指"甲"不同于"乙";2. 每个事件延展涵盖其他事件,其自身是其他事件的一部分,某事件涵盖延展到另一事件的集合,该事件集合即某事件部分的集合,这里"部分"是指"特定的部分"(proper part);3. 如果"乙"的部分也是"甲"的部分,且"甲"和"乙"不同,那么就是"甲盖乙";4."盖"是递移关系(The relation K is transitive.),例如,若"甲盖乙",且"乙盖丙",则"甲盖丙";5. 若"甲盖丙",则有事件如"乙",使"甲盖乙"且"乙盖丙";6. 若"甲"和"乙"是任何两个事件,则有某"事件戊",使"戊盖甲"且"戊盖乙"。

这里第一点说明延展涵盖的关系是"区别性的"(distinctive),第二点说明延展涵盖的关系正所以取代部分与整体的关系,第三点说明这关系是不对称的(asymmetrical),第四点说明这关系是递移的(transitive),第五、六点说明两事件间必有一中间事件,没有最大也没有最小的事件,②所有事件都属于同一个场域(a single manifold)。③ 在《自然的概念》里,怀特海以更为浅白的方式说明之:

> 事件是二元关系(a two-termed relation)的场地,也就是延展的关系。事件是延展关系所关联的事物,如果一个"事件甲"延展涵盖到一个"事件乙",那么事件"乙"就是"甲"的"一部分",而"甲"就是以"乙"作为部分的整体。

---

① Robert M. Palter, *Whitehead's Philosophy of Science*, pp.42—44.
② 值得一提的是帕特(Robert M. Palter)认为怀特海要到晚期在《科学与现代世界》一书里才开始引进"原子的"(atomic)或"时劫的"(epochal)时间理论,主张自然之中有特定的、极小的延展事件。由于这个创新的时间理论,怀特海不再把事件看做是构成延展关系的关联者,使得这些关联者成为《过程与实在》一书里"延展连续体"(extensive continuum)之中的"区域"(region)。Robert M. Palter, *Whitehead's Philosophy of Science*, p.45。
③ Ibid.

自然的连续性便是事件的连续性。这连续性仅是延展关系累聚的名称(the aggregate of the relation of extension)。

第一,这关系是递移的;第二,每个事件包含其他事件作为其部分;第三,每个事件是其他事件的一部分;第四,任何两个有限的事件必有包含它们的、且以它们为部分的另一事件;第五,在事件之间的特殊关系,我称之为"结合"(junction)。①

基本上,怀特海认为延展涵盖的关系有三类:交错(intersection)、分离(separation),以及切割(dissection)。"交错"是指两个事件之间有共同的部分,"分离"是指两事件间没有交错到的部分,"切割"是指分离的部分的集合,而原事件与其他事件交错的部分,也是其他事件部分的集合。② 而所谓的"结合"则是比"交错"更为广泛的延展关系,因为"交错"的事件必须要部分重叠,有"结合"关系的事件可以是分离的(如图,其中 x 和 y 是交错而结合的,x、y 和 z 是分离但结合的)。③

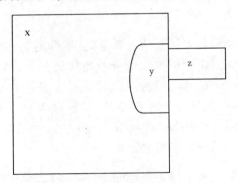

怀特海称借着重复使用"抽象延展法",可以得到不同的时空要素。这种方法之于"事件"正好像微积分之于数字运算一样——也就是把"无穷逼近的过程"(a process of approximation),转化为精准思考的工具。④ "抽象延展法"把事件看做是在时空中彼此延展涵盖的抽象集合(an ab-

---

① A. N. Whitehead, *Concept of Nature*, pp. 75—76.
② 参见 A. N. Whitehead, *An Enquiry concerning Principles of Natural Knowledge*, p. 111。
③ Ibid., pp. 111—112.
④ Ibid., p. 76.

stractive class），①根据无穷逼近的原则，使之成为最小的经验单元。这种思维方法事实上并不艰深，在日常生活之中，我们时常会本能地把很复杂的事加以简化分析，怀特海解释道：

> 在日常生活之中，我们会运用穷尽程序将事件限在很狭的时空延展范围之内，以求得事件之间的单纯关系。"抽象延展法"的程序则在形成运用这无穷逼近的原理，且持续使用之。②

借着不断重复使用"抽象延展法"，每一事件的刹尘（"刹"是刹那，不是刹土）不断接近其他刹尘，于是形成了一个连续的"事件场"（a field of events）。这连续而完整的序列有各种不同的"逼近的路径"（routes of approximation），根据它们不同的形式，有些是刹那空间之中的点（是占据三度空间的点，可称为"事件粒子"，见前注），有些是两点间的线（是占据三度空间的线段，可称为"路径"），有些是时间中的片刻，有些是片刻中具有容积的事例（the volumes incident in moments）。总之，对怀特海而言，几何学里不占空间的点、没有宽度的线，以及没有厚度的面都是以事件粒子、路径等最小的事件为预设，进而衍生出来的抽象的逻辑结构，而事件自身是最基本、最具体的存在，不能从任何抽象作用中导引出来。怀特海说：

> 一个事件有它自身存在的实质单一性（substantial unity of being），不是从任何逻辑构筑所导出的抽象衍生物。事件具体而单一的物理事实是自然连续性的基础，而时空连续性的数学精确法则，正是从自然连续性中衍生出来的。③

---

① 事件的"抽象集合"是"延展抽象法"的核心概念，在《自然知识原理探究》里，怀特海以两个条件界定之：(1) 这些集合的任何两个成员，彼此延展涵盖，且 (2) 没有任何事件被集合中的所有事件延展涵盖。根据这些条件，"抽象集合"一定有无限数量的成员。它的成员形成一系列，前继后续、相互交叠，而这一系列的成员逐渐消减，没有极限（without limit）。如此在这系列之中没有终点，而最后在延展范围不断缩小的情况下，不见任何事件。在《自然的概念》里，怀特海称"抽象集合"显示自然关系的极限特质是该集合的"内在特质"（intrinsic character），至于集合与成员之间整体与部分的关系，则为该集合的"外在特质"（extrinsic character）。一个抽象集合的外在特质决定了特定内在特质是精准时空概念重要的理由，从抽象集合中产生特定的内在特质，正是收敛法则的意义。A. N. Whitehead, *An Enquiry concerning Principles of Natural Knowledge*, p. 104; *Concept of Nature*, p. 82。

② Ibid.

③ Ibid., p. 77.

事件的延展性

事件必须存在于时空延展之中,时空是事件之间的关系,这"延展性"就是"外在性"的第二个特征。"外在性"的第三个特征是被知觉的事件一方面是整体自然中的一部分,整体自然涵盖延展到它;另一方面也是知觉到它的"觉知事件"所处的时段。这个特征在说明被知觉(被体会)的事件以整体自然为背景,与知觉者交相关联。第四个外在性的特征是被知觉(被体会)的事件与"觉知事件"相关联,后者自身的时段占有特定的定位(definite station)。① 第五个外在性的特征是,根据前述,"觉知事件"在自身时段之中有特定的定位。这也就是说,觉知事件所在的现前,或者说"觉知事件"与其所在时段的关系,就是"现在在这时段之内"。前述三个特征,都在说明事件处于特定的整体自然之中,有特定的、绝对的时空位置,因之自然整体受到知觉发生的实际状况所界定与限制。② 换言之现时现地发生的事件,除了在整体自然之中取得相关的地位,更具有绝对的位置与其独特性。在这里怀特海特别强调知觉者与被知觉自然之间的交互关系,认为知觉是多重因素条件配合的结果,绝对不是简单的、机械的"刺激与反应的连接"所能解释的。

"外在性"的第六个特征是"自然的小区"(community of nature)。所有的事件,不论是"觉知事件"还是被知觉的事件,都和"自然的小区"不可分,"自然的小区"也正是这些事件的组合。个人的知觉经验经常是片断不全的,相对于不同的知觉者就有不同的知觉之流。不过不同的知觉者在不同的时候,仍然感觉自己所体会的是相同的自然与事件。因此在个人知觉经验里,可以区分事件的两种性质,一是个人主观拥有的感觉与材(the sense-data of individuals),二是不同的个人共同所知觉到的自然之中,现行事件有其客观性。个人知觉外在自然的时候,事实上已经预设了一个对所有知觉者而言都是一样的自然。个别知觉者的立即知识,完全出自于从他躯体所在事件中衍生出来的觉察;他的躯体事件要不是和先前发生的自然事件有关联,就是和同时发生的自然事件有关联。可是知觉知识是间接的、相对的,因为这种知识必须以身体感官作为媒介,而且以躯体事件与这些事件的关系为条件。此时此刻的事件包括身体事件

---

① A. N. Whitehead, *An Enquiry concerning Principles of Natural Knowledge*, p. 104; *Concept of Nature*, p. 77.

② Ibid., p. 78.

在内,是制约觉察的立即事件。所谓对自然的觉察,也就是知觉者对现前"感觉对象"的觉察,而"感觉对象"便是相对的"被知觉事件"的性质。没有立即的觉察也就没有特殊现前事件,所以说立即的觉察是特殊现前事件的条件,后者必须在立即觉察的体会之中。①

第三节 觉知事件与创生进程

"外在性"的六个特征:时空连续性、延展性、知觉者与被知觉物的关联性、知觉事件的绝对位置、事件的现行性以及自然的小区,都在说明科学知识的对象也许是抽象的、片段的、恒常的,但是为了认识这些对象必须预设的知觉者、被知觉物,乃至整体自然,却是具体的、关联的、现行的。知觉者与被知觉物是同时存在于整体自然之中,彼此交相关联的事件。被立即知觉体会的外在自然,也是处于时空秩序之中的事件。这些事件之中最为基本重要的,还是知觉者所在的事件——"觉知事件",也就是知觉者处于此时此刻的事件。这事件是有机体的生命,也是使得知觉者的觉察与外在自然连接的生命(This event is the life of that organism which links the percipient's awareness to external nature)。②

数量与性质的时空结构

这里怀特海引介了"机体生命"(the life of that organism)这样的概念,显然"觉知事件"不仅是一"事件",一个在此时此地发生的事件,还是"有生命"的事件。究竟怀特海所谓的"生命"有什么含义?将在后文谈及"觉知对象"时一并讨论。

怀特海于是对上述有关"事件"的分析做一总结:

> "事件"有一结构,这结构提供了"对象"坐落在"自然外在性"的架构。任何知觉如果不能在这结构之中找到自己的位置,就不是对一个外在自然的知觉——虽然或许我们可以从外在事件找到该知觉

---

① A. N. Whitehead, *An Enquiry concerning Principles of Natural Knowledge*, p. 104; *Concept of Nature*, p. 79.

② Ibid., p. 80.

产生的原因。① 事件结构的特征可见于时空的数量和性质的关系（quantitative and qualitative relations）。时空是这结构某种性质的抽象表达。时空的抽象系统（space-time abstraction）不只一种，而有多种的可能，每一种有其自身与自然之间的特殊关系。符合个别观察者心灵的个别时空抽象取决于"觉知事件"的特质，而"觉知事件"正是将观察者心灵与整体自然连接的媒介。在时空的抽象系统里，时间显示了自然流程的性质，那便是所谓的"自然的创生进程"。不过任何单一的时间系统，都不足以表达这项流程。要那衍生自整套的时空抽象系统中的整套时间系统，才足以表示"创生进程"的总体性质，这是能为人所理解的。②

正如前面已经提到，在自然科学（物理学）里，无论是绝对论或相对论，都把时间和空间看做是物理测量的对象或架构，这是时空的数量关系（a quantitative relation）。例如把空间看成是由"点"构成，或者把时间看成是由"刹那"构成，这是一种时空抽象作用。另一方面，如果牵涉到感觉经验，时空成为"感觉对象"之间的关系，或者成为"觉知事件"的性质，那就是一种时空的性质关系（a qualitative relation），也是一种时空抽象作用。时空的数量与性质关系反映了事件的结构，但事件本身却是具体的。

柏格森的创生演化

怀特海在这里提出时空有"数量"与"性质"关系的不同，和柏格森将时空区分为"可测量"与"不可测量"的不同，极为接近。柏格森认为机械论的物理测量是将数字应用在外在自然的作法，这种做法预设了被测量的事物必需是同构型的（homogeneous）、不可穿透的（impenetrable）、可分割为单元的，且是延展的，也就是占有空间的。因此数量上的多样性（quantitative multiplicity）必须排除性质的差异，仅着眼于事物在空间上的

---

① 怀特海这里意在区分正常的知觉与错觉、幻觉，正常的知觉有相应的被知觉物处于外在事件之中，错觉与幻觉则否，虽然错觉与幻觉可能是外在事件造成的（例如我们偶然看到镜中的影像，以为就是实际的事物，事实上只是实际事物的反影）。

② A. N. Whitehead, *An Enquiry concerning Principles of Natural Knowledge*, pp. 80—81.

第五章
事件论

同时出现(simultaneity)。① 这种做法如果加诸时间,必然产生"时间空间化"(Time is spatialized)的后果。② 空间在我们的直观之中是以"延展"(extension)的形式出现,时间,也就是在意识中的时间,则是以"前继后续"(succession)的形式出现。如果把前继后续、一去不返的事物当作同时排比在一起的事物加以测量,这便是把时间"空间化"了。但是时间显然与空间不同,时间一去不返,不可逆转(irreversible),前继后续、连续不绝,能彼此穿透(having a mutual interpenetration)。并且时间的流逝伴随着事物性质的变化(heterogeneous),使得每时每刻都有新的事物发生,时间的这个性质柏格森称之为"创生演化"(creative evolution),怀特海则称之为"创生进程"(creative advance)。

柏格森提出"创生演化"的学说在驳斥机械决定论(mechanistic determinism)的自然观。机械决定论将自然看做是机械因果锁链构成的大机器,其中发生的任何事件都是由先前状态所决定的。柏格森根据生物演化的事实,将自然看做是不断变化生成的"创生演化"。"创生演化"不是机械的天择,而是由生命的创造冲动"èlan vital"(vital force)所推动的,在时间的过程之中不断追求新目的的实现。因为"创生演化",人才有自由。③ 而怀特海认为自然的流程(the passage of nature)是"创生进程",与柏格森相同的是:他们都认为时间的本质是连续不绝、一去不返、创新不已的过程,而"创生"或"创化"(creation or creativity)的概念则暗含了目的的因果(不是机械的因果)。不过柏格森是以生物学为典范,将自然描写成生命有机体的演化,怀特海则超越生物学的界线,打破生命与无生命的划分,把创生看成是个体因所处时空关系不断的转换而有的"生成"。因之柏格森以物质模拟空间,认为空间是可测量的,进而排除了空间的性质与内容的考虑;同时意识模拟时间,主张时间是不可测量的,如果测量时间就是把时间"空间化"了。由此可见,柏格森将时间和空间分开来处理,而怀特海则视时空为一体,"时间的流程"与"空间的流程"是不可或

---

① Henri Bergson, *Time and Free Will An Essay on the Immediate Data of Consciousness*, trans. F. L. Pogson (London: Swan Sonnenschein & Co., Lim., 1901), pp. 75—85.

② A. N. Whitehead, *An Enquiry concerning the Principles of Natural Knowledge*, p. 91.

③ 参见 Henri Bergson, *Creative Evolution*, trans. Arthur Mitchell (New York: Random House, Inc., 1944)。

分的。如果对于时间而言有所谓性质关系与数量关系的不同,那也当同样适用于空间。而柏格森认为"变化"(change)与"生成"(becoming)没有不同,怀特海则作了区分,并且认为"事件"只有"生成",没有"变化"。① 还有柏格森认为只有空间是延展的,怀特海则认为时空都具有延展性。

从怀特海的"事件论"可见,在本体论上他采取了实在多元论的立场。自然是由不断发生的"事件"所构成,"事件"是最为真实具体的存在,时间与空间都是从"事件"抽象出来的结果。"事件"的概念以后在机体哲学中发展成"现行机缘"或者"现行单元"的概念,成为怀特海的原子论。这虽然不是一项令人完全满意的发展,但恐怕也是不得不然的发展。此外"创生进程"的概念随后则为"更新"与"创化"所取代,使得机体哲学发展成一目的宇宙论(teleological cosmology)。

总结本章的讨论,怀特海的"事件论"可撮其要如下:

一、"事件"是自然最终的事实,最具体的存在,是时空延展关系。

二、"事件"不断发生,一去不返,有生成,没有变化。

三、"事件"为知觉"体会"所得,显示自然的连续性、延展性、现行性、关联性以及外在性。

四、"事件"的外在性有六个特征,分别为:时空连续性、延展性、知觉者与被知觉物的关联性、知觉事件的绝对位置、现行性以及自然的小区。

五、"事件"之中最为基本重要的是知觉者所在的觉知事件,该事件和自然之中的被知觉物处于相同的时空关系。

六、事件结构的特质见于时空数量和性质的关系,这提供"对象"坐落的时空处境。

---

① A. N. Whitehead, *An Enquiry concerning the Principles of Natural Knowledge*, p. 62.

第六章

对象论

　　经验知觉是立即而直接的感受,"事件"作为知觉的终结点,是一去不返的。面对这样变动不居的世界,自然知识如何可能呢?为了回答这个问题,怀特海于是提出"对象"(object)这概念。"事件"是自然之中一去不返、连续不断的具体事实,"对象"则是变迁自然之中恒常不变的因素。"对象",一方面接近柏拉图所说的"理型"(Ideas/Forms),或者亚里士多德、桑塔耶那所说的"本质"(essence),是指事物客观存在的、超越时空的必然特质,而这特质事属于外在的、实质性的具体事物。另一方面"对象"也接近洛克所说的"观念",是感官知觉所能辨识的具体"事件"的特质。这里需注意的是,在常识经验之中,"对象"是具体的,时空关系要依附"对象"而存在;怀特海却认为时空关系——"事件"是具体的,"对象"反而要依附"事件"而存在。① 如此一来,"对象"似乎以超越时空的

---

① "事件"与"对象"何者为主?何者是客?二者是否可以各自独立存在?怀特海对这个问题的立场并不一致。在《自然知识原理探究》里,他有时说"事件"是时空关系,可以有空洞的、没有"对象"的"事件",但"对象"必得存在于"事件"之中。有时又说我们对于外在"事件"的体会不能与"感觉对象"的认知分开,并且不断强调"事件"与"对象"有不可或分的关系。在《自然的概念》里,他说"事件"不必然作为"对象"的处境,也有些作为"事件"成分的"对象"无法为我们所认知,而这些"事件"存在虚空(empty space)之中。在《相对性原理》一书中,他明白地指出"事件"(转下页)

恒常性质,取得了传统哲学中"共相"(universals)的地位,而具体实存的"事件"则取代了"殊相"(particulars)的地位。①

"对象"的概念最早出现在《思想的组织》一书中,随后在《自然知识原理探究》里,怀特海才作了较为细节的阐述;有关"对象"与"事件"之间的区分、"对象"的种类、不同种类"对象"之间的关系、"对象"与"事件"之间的关系,以及与之相关的知觉因果的分析(a causal explanation of perception),都是该书研究的主题。这些议题也反复出现在随后的著作中,构成"对象论"的主干,宜先处理之。值得一提的是,有关对象与事件之间的关系,在《自然知识原理探究》里,怀特海使用"处境"一词,指称"事件是对象的处境";在稍后的著作里,他特别提出"契入"一词,说"对象契入事件"。后者的含义要较前者更为广泛,故另立一节讨论之。

第一节 "对象"和"事件"的区别

前面提到有关"对象"和"事件"的区分,最早见于《空间、时间和相对性》一文。文中怀特海以"对象"之于"空间"模拟"事件"之于"时间"。换言之,他认为"对象"是占据空间、具有空间延展性的存在,有如"事件"是占据时间、具有时间延展性的存在。这时怀特海的立场与柏格森十分接近,如同柏格森以时空区分"时段"(即生命)与"物质",主张"时段"占据时间,"物质"占据空间。然而在《自然知识原理探究》以及其后的著作里,"事件"成为"时空关联者","对象"成为"事件"的特质,前者是同时具有时空延展性的具体存在,后者则成为抽象认知的产物。如此一来,"事件"和"对象"的差别,就不是时间与空间的差别,而是具体与抽象的差别。

(接上页)是自然生成变化的一部分,不是空白的"时空"(a bare portion of space-time)。空白的时空是从"事件"抽象出来的概念,"事件"本身则充满了内容。同时,没有相关的"对象"就没有"事件",反之,没有相关的"事件"就没有"对象"。参见 A. N. Whitehead, *An Enquiry concerning Principles of Natural Knowledge*, p. 61, p. 63; A. N. Whitehead, *Concept of Nature*, p. 78, p. 145. A. N. Whitehead, *Principle of Relativity*, p. 21, p. 26。

① 事实上怀特海并不赞成将"事件"与"对象"分别模拟"殊相"与"共相",详见"契入论"。

第六章
对象论

恒常性与暂时性

在《自然知识原理探究》里,怀特海站在"立即经验"的立场,指出经验知觉到的自然是整体的,不过知觉知识(perceptual knowledge)则在把这整体分割成可认识的实物(entities)或要素(elements)。这些实物或要素原则上可分为两类:即"事件"与"对象"。自然的连续性是由延展的"事件"所构成,而"对象"则是处于"事件"之中固定的特质,换言之,就是"事件"的性质。在实物之间,同类的彼此间有"同构型关系"(homogeneous relations),不同类的之间有"异质性关系"(heterogeneous relations),而"事件"便是延展的"同构型关系"的关联者(Events are the relata of the fundamental homogeneous relation of "extension.")。也可以说"事件"是"对象"之间的关系(relations between objects),而"对象"是"事件"所具有的性质(qualities of events)。① 这里"性质"一词极其广义,指任何可辨识的特质,不论这特质是具体的事物自身,或是事物具备的某些特质。在怀特海看来,"事件"不断地发生流逝,"对象"却恒常不变(permanent)。相同的"对象"可以存在于不同的流逝"事件"之中。换言之,所谓一个"对象"的变化(change),是指相同的"对象"和不同的"事件"之间产生的不同关系。"对象"事实上不在时间与空间之中,因而恒常不变,变化只是"对象"与不同事件之间的关系而已。②

桑塔耶那的本质与存在

怀特海以"对象"的"恒常性"(permanence)对比"事件"的"暂时性"(temporality),表面上看来和柏拉图以永恒的"理型世界"(the realm of Forms)对比变迁的"感觉世界",桑塔耶那以不变的"本质"(essence)对比变迁的"存在"(existence),十分相似。根据柏拉图的理论,"理型"作为理解的对象(intelligible objects),超越时间与空间,独立自存、永恒不变,是感觉对象(sensible objects)的原型(archetypes)。感觉对象因"理型"而取得其特质与存在的依据;是以"理型"的实在性(reality)要高过感觉对

---

① A. N. Whitehead, *An Enquiry concerning the Principles of Natural Knowledge*, pp.59—60. 在《自然的概念》里,怀特海将"对象"定义为:"在自然中不具流程的成分"(Factors in nature which are without passage will be called objects)。(*Concept of Nature*, p.125.)

② Ibid., pp.60—63.

象,不论感觉对象是否存在,"理型"必然存在,这便是"柏拉图实在论"(Platonic Realism)。"柏拉图实在论"受到"亚里士多德实在论"(Aristotelian Realism)的批判与修正,超越现行世界的"理型"于是转而成为内在于个别事物之中的"形式",也就是"本质"。亚里士多德认为我们无须在现行世界之外,假设超越独立的理型世界。个别实体由"形式"与"质料"共同构成,"形式"不能脱离"质料"而存在。然而"形式"作为实体的"本质",实体的必然性质,说明实体的意义(the Whatness),仍然是决定个别存在最重要的因素。桑塔耶那则同时继承了柏拉图与亚里士多德的理论,主张"本质"不但有超越时空的实在性,同时也是最真实的存在。相对于自然世界的"非理性存在"(irrational realm of natural entities),"本质"是永恒不变、纯属理智的。每个"本质"既是个别的(individual)也是普遍的(universal);"本质"是所有"存在"的特质,同时保有绝对同一性(absolute identity),令我们可以不断唤起对它的认识。桑塔耶那承认"本质"的实在性不是一种"存在的实在性"(existential reality),而是一种"限制的实在性"(a reality of limitation),因为"本质"是所有可能性的"模式"(patterns)。然而"本质"要比"存在"更为真实,没有"本质"就不可能有"存在",因为"本质"便是任何"存在"取得的性质,只要该"存在"想要保持自身的同一性且这么作,就有赖于"本质"。所有"存在"因为有"本质",才能取得自身的同一性,进而有别于其他的"存在"。因此"本质的世界"(the realm of essence)可说是事物的规准(the scale of measurement),事物之所有变化更新,都是因为和它原先的"本质"作比较,它又取得新的"本质"之故。①

桑塔耶那认为"本质"超越时空、恒常不变,因而具有同一性,可以不断重复出现在我们的心灵之中,是可能性的"模式"。怀特海在区分"事件"与"对象"时,也有类似的描述。他指出"事件"与"对象"作为自然的要素,都是感官觉察的内容,不过在经历一个"事件"的时候,要区别其中"事件"与"对象"的不同,并不容易。怀特海说:

> 对象和事件在共同思想之中,仅有含糊的区分。纯粹的事实是事件,而适用可能性概念的自然元素则是对象。质言之,对象有反复

---

① 参见 George Santayana, "The Being Proper to Essences," ed. D. A. Drennen, *A Modern Introduction to Metaphysics* (New York: Free Press of Glencoe, 1962), pp. 471—476。

出现在经验之中的可能性，在想象的状况之下，我们可以理解到可能有真实的对象出现。这对象的本质不在于它的关系，因为对象存在于那些关系之外。……但事件就是事件，因与其他事物之间的关系而存在，除此而外，事件什么也不是（But an event is just what it is, and is just how it is related; and it is nothing else）。①

换言之，在感官觉察里，"事件"是实际发生在自然中的事，"对象"则是经验中可以反复出现的、事物的性质。怀特海举金字塔为例：

> 对象不同于事件。例如，昨天与今天大金字塔内的自然生命可分而为二，也就是"昨天的大金字塔"与"今天的大金字塔"。但是被称作"大金字塔"的可认知的对象，今天与昨天相同。……当事件成为特定对象"处境"（situation）的时候，整件事蒙上一种微妙的气氛，没有办法可以把事件和对象区分开来。就大金字塔而言，这对象是被知觉的个别事物，历经千年仍维持相同。然而大金字塔之中跳动的粒子和电磁场的变动，乃是构成事件真正的成分。就某种意义而言，对象并不在时间之中。因为只是借着对象和事件之间的关系——我称之为"处境"，使得对象间接衍生在时间之中。②

由此可见，怀特海将"事件"看做是具体的"时空关联者"，虽然"事件"自身不会改变，但它总是一去不返的。而"对象"却独立于时空之外，恒常不变。如果"对象"要和时间发生关系，也必须间接地透过"事件"。如此，怀特海的"对象"和柏拉图的"理型"、桑塔耶那的"本质"一样，超越时空，永恒不变。然而柏拉图的"理型"可以独立自存，桑塔耶那的"本质"是实体性的、绝对无限的"非存在"（non-existent），"存在"则是不真实的（irreal）、非理性的等等构想，却和怀特海整体经验论和机体实在论的主张大相径庭。就这点而言，詹姆士多元论与经验论的立场，反而与怀特海较为契合。

詹姆士的对象说

就本体论的层次而言，"事件"与"对象"的区别在于前者是时空的存在，后者是非时空的存在。然而二者真正的区别还是在认识论上：在立即

---

① A. N. Whitehead, *An Enquiry concerning the Principles of Natural Knowledge*, p. 64.

② A. N. Whitehead, *Concept of Nature*, pp. 77—78.

经验里，我们只能"体会"到（apprehension）"事件"的发生与流逝，那对于"对象"的认识则有赖理智的"认知"（recognition）。从经验之流中抽出"不同事件"中相同的恒常性，便是"对象"。怀特海说：

> 理智的认知（the intellectuality of recognition）使对象进入我们的经验。这并不意味着每个对象已然被认识了，如果那样就不会有最初的知识。我们必须摆脱把现前当作是刹那的错误想象，现前乃是一个时段或者一段时间（a stretch of time）。有关对象最基本的认知，就是关于它在现前时段事件之中恒常性的认知。借着回忆（recollection）与记忆（memory），使得对象的认知超越现前所呈现的。①

> "对象"表达我们在事件中认知到事物的恒常性，相同事物可在不同情境下被认知，这就是说相同的对象因与不同的事件相关而被认知。因此相同的对象在事件之流中保持其自身的存在，或在彼时彼地，或在此时此地，不论在何时何地，对象都是不同判断中的相同主题。②

换言之，相同的对象可以同时或不断地出现在不同的事件之中。正因为如此，虽然有无数的事件不断流逝，只要我们能认知事件不变的特质，也就是对象，就可以从不断变迁的自然之中取得知识。

怀特海认为"对象"是我们在知觉经验中可以重复认知的事物特质，与詹姆士在谈到"意识流"的时候，提到"对象"的说法，十分接近。詹姆士认为我们所能认识最基本的事实，便是自身的内在经验，也就是我们的心中总有某种意识不断地在进行（going on），有如瀑流。心灵的状态（states of mind）前继后续，既连续不绝，又不断变化。心灵状态一旦发生，便不会再次出现，没有两个全然相同的心灵状态。我们时而观看，时而倾听，时而推理，时而意愿，时而回忆，时而期待，时而爱，时而恨……心灵的活动百态，其中变化，岂止万端？不过这些复杂的心灵状态可说都是由更为单纯的心灵状态所构成，虽然较单纯的心灵状态并不是复杂心灵状态的"原子"，而是它的"部分"。较单纯的心灵状态，如感官知觉，总是重复认识相同的对象。以相同的劲道弹奏相同的钢琴键，总会听到相同的声音；相同的草地总给我们相同绿色的感觉，相同的古龙水总给我们相

---

① A. N. Whitehead, *An Enquiry concerning the Principles of Natural Knowledge*, p. 64.

② Ibid., pp. 62—63.

同的嗅觉。然而真正"相同"的是我们感觉到的"对象",而不是"感觉",相同的感觉本身不会再次的发生。① 詹姆士说:

> 我们所得到的是相同的"对象"。我们不断重复听到相同的"音调";我们看到相同的"绿色"性质,或者闻到相同的香水,或者经验到"同类的疼痛"(the same species of pain)。我们所相信恒常存在(permanent existence)的真际,不论是具体的还是抽象的,是物质的还是观念的,似乎总是不断地出现在我们的面前,只要我们稍不注意,就会引导我们以为有关它们的观念是相同的观念。②

不过詹姆士毕竟认为我们会以为感觉到相同的"对象",是出于"稍不注意"。事物的相同性是我们想要确定的事,只要有任何感觉能大致地帮助我们做这样的确定,我们就会很乐意地接受。然而只要"稍微小心",便会发现表面上看来绝对相同的性质,事实上是与其他感觉印象对比后,以适当的比例(ratio)使我们产生类似的感觉的结果,因此并没有所谓的"恒常存在的观念"(permanently existing ideas)。③ 怀特海却认为有这样的"观念",而且是从经验中所取得的。

体会与认知

自然只有一个,不过我们经验到的自然可以有"两种"。通过立即知觉,我们"体会"到自然是连续性的"事件";通过理智,我们"认知"到自然是原子性的"对象"。④ "事件"与"对象"进入经验的方式完全不同:"事件"是我们的生命,我们的生命经历,或者说是我们实质经验的发展。"对象"是则通过认知中回忆与记忆的功能,从"事件"中取得其恒常的特质。怀特海说:

> 在事件里我们发现自然的连续性,在对象之中则发现自然的原子性。……我们知觉到事件和对象的方式,可用专门术语作个区分。由于缺乏更好的语汇,让我们说我们"体会"一个事件,"认知"一个对象。体会一个事件就是觉察到该事件的流程是在自然之中所发生

---

① William James, "The Stream of Consciousness," in *Philosophers of Process*, eds. D. Browning and W. T. Myers, pp. 79—80.
② Ibid., pp. 81—82.
③ Ibid., p. 84.
④ Ibid., p. 67.

的事,这事好像人人皆知,是所有觉知者的共识。……认知一个对象就是知道它在自然之中与某个特定事件之间的特别关系。我们说这些事件是那对象的"处境"(situations),其他事件有些是觉知者的所在,另一些则是知觉产生的条件。也就是在这种情境之下,从觉知者所在的据点(a locus of percipience),会产生这样的知觉的背景条件。①

对于对象的知觉,其本质是认知。基本的认知(primary recognition)是对"特殊现前"(specious present)中恒常性的觉察;而不确定的认知(indefinite recognition),我们称之为回忆(recollection),是对与"特殊现前"不同的、不确定的事件有关的知觉对象的觉察;至于确定的认知(definite recognition),我们称之为记忆(memory),是对与现前事件不同的、但确定的事件有关的知觉对象的觉察。②

不同于詹姆士否定有"相同的观念"或者"恒常的对象",怀特海以回忆和记忆作为理智认知相同事物的保障。"特殊现前"是此时此地发生的事件,然而只要一旦发生,"现前"立刻成为过去,同时吞噬了未来。过去、现在与未来连绵不绝,不可或分,而且总是结合在"现前"之中。因此我们对于"特殊现前"的知觉与认知,无法排除记忆与回忆的功能。而怀特海所谓的"认知"并不纯然是"理智的",在《自然的概念》里,他说:

> 对象是不流逝的自然元素(Objects are elements in nature which do not pass)。对于不受到自然流程影响的某种成分——对象——的觉察,我称之为"认知"。我们不可能认知一个事件,因为在自然流程之中不会有两个相同的事件,而"认知"却是对于相同性的觉察(Recognition is an awareness of sameness)。说认知是对相同性的觉察,其实暗示了一项伴随判断的、一项理智上的比较行动。我用"认知"一词指的是非理智的感官觉察关系,那关系将心灵与不具流程的自然成分关联在一起。就心灵经验的理智层面而言,确实曾就被认知事物作过比较,以及随后对其相同或不同加以判断。或许"感觉认知"(sense-recognition)要比"认知"一词更符合我的用意。……我相信我所谓的认知只是一个理想的极限(an ideal limit),事实上没有任

---

① William James, "The Stream of Consciousness," in *Philosophers of Process*, eds. D. Browning and W. T. Myers, p. 67.

② Ibid., p. 82.

何认知不伴随着理智上的比较与判断。但是"认知"是心灵与自然之间的关系,这关系提供材料给理智活动。①

"认知"既是一项感官知觉的直觉活动,同时也不能完全摆脱理智的比较与判断。怀特海说:

> 我们在知觉之中认知。这项认知不仅仅在比较由记忆所提供的,和立即感官觉察所提供的自然成分;表面上认知发生在现前,不受任何记忆的干涉。然而"现前"是有先与前随后的时段,作为其部分的整体时段。……任何流逝的东西都是事件。但是我们发现在自然中有不流逝的成分;换言之,我们"认知"到自然之中的相同性(sameness)。② "认知"基本上不是一种理智的比较;本质上它只是在感官觉察范围之内,提供我们自然中不流逝的成分。例如"绿色"在现前时段中的某个有限的事件里被知觉到,这绿色一直保存它的自身同一性(self-identity),而事件则不断流逝,断裂成为许多部分。③

> 认知反映在理智上,则是一项比较的心理活动。一事件中被认知的对象可以和另一事件之中被认知的对象作比较。这比较也许是现前的两个事件的比较,也许是由记忆觉察所提供的和由感官觉察所提供的两个事件所作的比较。不过真正被比较的不是事件;因为每个事件都是独特,无法比较。真正被比较的是对象,以及对象处在事件之中的关系。事件一旦成为对象之间的关系就失去了自身的流程,而成了对象。这对象不是事件,而是理智的抽象概念(intellectual abstraction)。④

由此可见,怀特海一方面认为认知活动基本上属于感官觉察的范围,另一方面也承认其中不免有理智作用的因素。对象无论出于辨识还是出

---

① A. N. Whitehead, *Concept of Nature*, p. 143.

② 对"相同性"的认知,也就是对事物"全等"(congruence)的认知。怀特海以几何学与物理测量中的"全等"概念,解释"认知"的作用。几何学与物理测量中对事物(时间、空间、性质、数量……)常性的判断(judgment of constancy)正是出于认知的作用;对于不同时空状况的事物进行立即的比较,而整个科学理论也不过就是把我们认知到的各种状况的知识一种系统化地尝试。A. N. Whitehead, *An Enquiry concerning the Principles of Natural Knowledge*, pp. 56—57.

③ A. N. Whitehead, *Concept of Nature*, p. 124.

④ Ibid., p. 125.

于比较,都应该在理智认知的范围。而一个事件一但成为认知的对象,就丧失了它的流程,不再是个事件了。除此而外,事物与事物之间"不可见"的关系,也可以成为"对象"。怀特海说:

> 那不是由感官觉察提供的对象也可以为理智所认识。例如对象之间的关系,以及关系之间的关系。这些或许是感官觉察无法揭露的自然成分,不过在逻辑推论中被认为有必要存在。因之,就我们的知识而言,"对象"或许只是逻辑的抽象概念(logical abstractions)。例如一个完整的事件从来没有在感官觉察之中被揭露,因此假设所有对象交相关联共处于一个事件,其实只是个抽象概念。又如一个直角三角形是可以处在许多事件之中的被知觉对象,虽然感官觉察可以提供"直角三角性",却不曾提供大多数的几何关系。事实上"直角三角性"常常在被证明存在的时候,不被知觉。因之,一个对象虽然一直存在于自然之中,却常常只是被当做抽象关系为人所认知,而不是感官觉察所直接提示的。①

由此可见,怀特海的理论相容了桑塔耶那与詹姆士的看法,一方面肯定有感官知觉所不及的认识对象存在,一方面也肯定知觉经验可以直接认识到事物与事物之间的关系。自然最具体的事实是"事件",而"事件"的特质是"对象"。对象或者是事件不变的特质,或者是不变的性质,或者是这些性质之间的关系,或者是事件与事件之间的关系,或者是一个事件。无论它原来是什么,一旦成为认知的对象,就丧失了现时性,有些进而丧失具体性,成为理智的或逻辑的抽象概念。"事件"与"对象"作为不同的自然要素,便循不同的管道进入我们的知觉经验之中。事件是现前具体的,因此可以被"体会",通过"体会"我们才能认识自然的连续性、现行性与延展性。另一方面,对象是原子性的、恒常的、超越时空的可能存在,只有借着与事件之间的关系,才有可能为人所"认知"。为了把握对象的恒常性,回忆与记忆是不可或缺的认知官能。事件总是处于时空关联之中,对象则未必。对象既然是恒常不变的个体,不在时间、空间之中,对思想而言也就不具备时间性。原则上对象只是可能成为自然的要素,也就是说对象在经验之中有重复出现的可能性,它们并不是具体现实的存在,因之它们与时间、空间的关系也就不是那么样重要。

---

① A. N. Whitehead, *Concept of Nature*, pp. 125—126.

第六章
对象论

对象无部分

怀特海把"事件"(时空关联者)看成是现行的存在,把"对象"看成是超时空的存在,显然与一般人的看法相反。比如说一般人看到一块石头,一定会把石头看成是具体的现行存在,把石头所处的时空处境看成是依附石头而有的时空架构。石头既然有延展性,也就有其构成的"部分"。怀特海却认为一般人混淆了"事件"和"对象",所以才会有这种想法。"对象"既然有恒常性,不必存在于时空之中,当然没有其构成的"部分"。一般人看到石头是知觉对象(具体的对象),很自然地会给予石头以延展性,殊不知石头之所以延展是出于与事件之间的关系。如果把石头看做是认知的对象,当知没有人在想到石头的时候,只想到石头的某一部分。石头作为认知的对象本身并没有延展性,只有同一性(self-identity),根据这个原则,在不同事件里才可能有相同的石头。所以说对象是没有"部分"的"单体"(a unity),而事件才有其"部分"。科学研究就在从变迁的事件中辨认出恒常的对象,因此对象的同一性可能是重要的物理事实。另一方面,事件总是一去不返,不可能重复出现,因此事件的同一性(也就是它的独特性)可能是微不足道的、只具逻辑的必然性。①

由此可知,"事件"与"对象"虽然同样是自然的要素,在本体论上却是不同性质的存有,在认识论上也各属不同的觉察领域。"事件"是现行的、具体的、延展的、在时空之中的真实存在,只能被"体会",不能被"认知"。"对象"则是恒常的、抽象的、不具延展性的、不在时空之中的可能存在,只能被"认知",不能被"体会"。"事件"与"对象"的区别不是绝对的,有时是由认识作用决定的,一旦"事件"成为认知的对象,也就不再是事件了。

总结本节所说,"事件"与"对象"之间的区分如下:

一、事件是具体的,对象是抽象的。事件有部分,对象则没有

---

① A. N. Whitehead, *Concept of Nature*, p. 66. 怀特海认为他对于"事件"与"对象"的界定,不同于一般的哲学用语。在一般用语里,事件是根据处于它们之中的对象而"得名"的,因此无论在用语还是思想上,事件都隐身于对象之后,成为对象之间的关系(Events are named after the prominent objects situated in them, and thus both in language and in thought the event sinks behind the object, and becomes the mere play of its relations)。这样的主流用法与怀特海的观点正好相反。(*Concept of Nature*, pp. 134—135.)

部分。

二、事件是对象与对象之间的关系,对象是事件的性质。

三、事件一去不返,不断发生,有赖知觉的体会;对象可不断重复,恒常不变,有赖知觉的认知,包括记忆与回忆。

四、认知既是感觉与直觉的活动,也是理智的活动。

五、不论是事件、事件的性质、事件与事件之间的关系,还是性质与性质之间的关系,都可以成为认知的对象。不过一旦成为对象,便丧失了现时性与具体性。

由此可见,怀特海所谓的"对象"既是具体经验到的事物特质,又是抽象的思想概念。正如他所一再强调的在感觉认知的活动中,经验与理性、知觉与思想不可或分,他的"对象"也就成为知觉与思想的综合体。

第二节 对象的种类

有关对象的种类,在《思想的组织》里怀特海曾区分各种"感觉对象"与"思想对象",包括知觉的思想对象与科学的思想对象。在随后的著作中,怀特海认为对象有无数多种,因为自然有无限多种的恒常性质。其中与自然知识和知觉活动最为密切的有五种:即觉知对象(percipient objects)、感觉对象(sense-objects)、知觉对象(perceptual objects)、物质对象(physical objects)和科学对象(scientific objects),又根据这些对象的呈现是否受到时间因素的影响,可将之区分为"规律的对象"(uniform objects)和"不规律的对象"(non-uniform objects)两类。① 显然知觉对象是由知觉思想对象蜕变而来,科学对象的前身则是科学思想对象。

---

① 在《自然知识原理探究》里,怀特海根据对象是否受到时间因素影响到它的表象(representation),将对象区分为"规律的对象"和"不规律的对象"两类,前者如椅子、形状;后者如曲调、韵律。我们对规律对象的认知,较不受时间因素的影响,或者说时间因素的排除不会损及该对象的呈现,对于不规律对象则不然。另外根据对象的性质、特征,怀特海区分八种对象、觉知对象、韵律(rhythms)、感觉对象、知觉对象、物质对象、科学对象、质料对象和形状(figures)。其中韵律与觉知对象关系密切,形状与感觉对象密不可分。质料对象则是指某一类特定材料的对象,比如一块木头是个质料对象,因为它属于木头类的对象,而木头是一种特定的材质。同样地,电荷也是质料对象。

第六章
对象论

觉知对象

在"意义论"里曾经提到"觉知对象"是知觉活动中四个要素之一,怀特海给它的定义是:"在觉知事件中可被认知的恒常性(the recognizable permanence)","整体觉察的对象;有关这对象的认知,使得一连串的'觉知事件'成为与单一意识结合的自然生命"(The object of the unity of the awareness whose recognition leads to the classification of a train percipient events as the natural life associated with a consciousness),①换言之,"觉知对象"就是可被认知的、有意识的知觉者。有意识的知觉者是有生命的个体,因此"觉知对象"便是"承载生命的对象"(life-bearing objects)。怀特海说:

> 以某种意义而言,觉知对象是超越乎自然的(A percipient object is in some sense beyond nature.)。不过自然也包括生命在内。……个别的生命是超越单纯的对象。在有生命的个体被当作对象之后,那被认为"活生生的",就不再是有生命的个体,而是个体之为对象和它所处事件之间关系的特质是"活生生的"。②

这可被认知的生命在怀特海看来充满了"韵律"(rhythms),一种结合"相同与更新"(sameness and novelty)的模式(pattern),怀特海说:

> 生命的表现极为复杂,不仅是知觉,还包括欲望、情绪、意志和感受(feeling)。生命展现不同的等级,有高有低,而高等的生命预设了低等的生命,作为它存在的基础。韵律与生命相随,只要有韵律的地方就有生命,不过必须是可知觉的生命,两者的类似性才会很接近。这时韵律就是生命,因而我们可以说自然包括生命在内。……韵律是一种模式,也可以说韵律总是"自同的"(self-identical)。不过韵律又不只是模式,因为韵律的性质同时包含差异(difference)与相同的模式。韵律的本质是相同与更新的结合;因此整体上永远不会失去它基本单一的模式(essential unity of pattern),而它的部分则不断出现与过去不同的对比(contrast),在细节上则不断地更新。③

---

① A. N. Whitehead, *Concept of Nature*, p. 83 & p. 85.
② Ibid., pp. 195—196.
③ Ibid., p. 198.

韵律与生命现象必然牵涉时间因素,因此"觉知对象"是"不规律的对象"。这里怀特海对于"觉知对象"的描述,或许是出于理论的考虑。对象是事件的特征,事实上如果有"觉知事件"的发生,理论上就会有"觉知对象"被认知。然而觉知对象既是被认知的对象,又是有意识的生命;"对象"超越乎自然,而"生命"则必存在于自然之中。如此一来"觉知对象"既超越自然又在自然之内,似乎很难自圆其说。或许因此怀特海只在《自然知识原理探究》一书中提出这个概念,以后的著作就不再论及,反倒是与之相关的"生命"一概念,成为怀特海机体哲学的核心思想。而"觉知对象"以"韵律"不以"意识"作为它的本质,打破传统"有生命"与"无生命"概念的界线,也是机体哲学的一大特色。

感觉对象

"感觉对象"是指我们在外在事件之中可能取得的、最简单的恒常性,这便是特定的感觉与材(sense-datum),例如具有一定深浅的红色。不管在何时何地,在不同的事件里,我们都可以认知到那相同深浅的红色,尝到相同的口味、闻到相同的香气、听到相同的声音、触摸到相同的柔软度。这些在不同事件中所产生的相同感觉,可以不断重复出现,这就是"感觉对象"。"感觉对象"不可能在事件之外被认知,外在事件也不可能没有"感觉对象"而被体会。"感觉对象"是最基本的被知觉对象,在基本认知(primary recognition)里,它与所在的事件是须臾不可离的;而回忆与记忆能提供我们对感觉对象最清晰的意识,知觉更是感觉对象的直接来源。① 大多数感觉对象的呈现,可以不考虑时间因素,如颜色、形状等,属于"规律的对象",唯有声音有时必须包含时间因素,如曲调,是属于"不规律的对象"。

知觉对象

"知觉对象"是指常识经验中的一般对象,例如椅子、桌子、石头、树等等,可称之为"感觉上恒常的可能性"(permanent possibilities of sensation),也就是包括所有的自然物与人造物。知觉对象是我们看得到、碰得到、尝得到、听得到的事物(things),当我们谈到自然法则的时候,正在说

---

① A. N. Whitehead, *Concept of Nature*, p. 83.

明有关知觉对象存在的事实。① "知觉对象"与"感觉对象"共有相同的处境(the same situation);我们必须借助感觉对象才能取得知觉对象。例如我们看见一匹马同时也看见马的颜色,这时作为感觉对象的颜色不只"传达"(convey)了其自身的存在,也"传达"了知觉对象"马"的存在。另一方面,有时候我们虽然不能认知知觉对象,却可以取得感觉对象。例如从远处听到声音,虽然我们不能确知发声的对象是什么,但不妨碍我们取得声音的感觉对象。不过一旦产生了知觉,产生了对知觉对象的认知,我们就必须立即做出对知觉对象究竟有什么特质的"知觉判断"(perceptual judgment)。"知觉判断"是对知觉对象形成"完整认知"(complete recognition)中的三个成分之一,其他的两个成分:其一是对相同处境中一个或多个感觉对象的基本认知,其二是这些基本认知所传达的其他感觉对象。② 换言之,完整的知觉包含了知觉判断、知觉对象,以及相关的背景知觉。

物质对象

其四,"物质对象"是指正确的知觉对象。如果知觉判断是正确的,知觉对象的处境就是相关感觉对象的主动条件中的"引发事件";反之,知觉判断如果是错误的,那就意味着知觉对象是个错觉(a delusion)。怀特海称不是错觉的知觉对象是"物质对象"(physical object),它的处境可以独立于任何个别的觉知事件之外。③ 换言之,物质对象有独立于觉知者的外在客观性,错觉则不然。

科学对象

其五,"科学对象"是指科学理论或假说所探究的对象,这些对象来自真实的知觉对象,也就是物质对象的特质。例如物理学中的物质,化学中的原子、分子,生物学中的细胞等等科学对象,是不同科学理论所研究的对象。科学对象无法直接被知觉,仅能因为它们展现的特质间接地被推知。可以直接被知觉的对象是正确的知觉对象,也就是物质对象,科学对象则是物质对象所在处境的因果特质。无论是科学对象、物质对象,还是知觉对象,均表现自然恒常、规律的特质,因此都是"规律的对象"。

---

① A. N. Whitehead, *Concept of Nature*, p.88.
② Ibid., pp.88—89.
③ Ibid.

上述说明怀特海认为对象有无数种,其中与知觉活动关系最密切的有五种:即觉知对象、感觉对象、知觉对象、物质对象和科学对象。又因对象的呈现是否受到时间因素的影响,可分"规律的对象"与"不规律的对象"两类。

第三节 对象与对象、对象与事件之间的关系

知觉的因果论与关系论

前面说到所有的对象必须以事件作为处境,这是对象与事件之间最基本的关系,因此不同种类的对象可以有相同的事件作为处境。例如对于某时某地存在的金字塔而言,金字塔之为一件事物是知觉对象,它的颜色是感觉对象,金字塔如果有物质、原子、分子等科学对象作为基础,便是真实的知觉对象,也就是物质对象。表面看来怀特海似乎赞同"感觉论"的说法,认为科学对象是物质对象的原因,物质对象是知觉对象的原因,知觉对象则是感觉对象的原因,因此科学对象可说是引发知觉最基本的"原因",也最能表现事件的"因果"特质(the causal character of events)。然而怀特海的知觉论并不是单纯的"因果论"(causal theory),而是复杂的"关系论"(relational theory)。在《自然知识原理探究》里,怀特海分析知觉的产生不仅涉及对象之间的因果关系,还需涉及觉知事件以及其他相关的事件所提供的必要条件。在知觉活动里,不论感觉对象、知觉对象,或者物质对象都是被知觉的对象,都与觉知事件有密切的关系,事实上觉知事件正是把觉知者与被知觉物关联起来的事件。这事件的本质就是"此时此刻"(here-present)的一个"时段",一个处于整体自然流程之中的"时段"。怀特海称任何事件如果和一个时段结合成为"觉知事件",就是说该事件和该时段"共存"(cogredient with the duration)。一个事件只能和一个时段"共存",以取得"此时此刻"的确定性,不过一个时段却可以和多个事件"共存",因为一个时段里可以同时有多个事件发生。① 在最简单的知觉活动——感官知觉——产生的时候,一定有觉知事件的发生,以及被知觉的感觉对象。除此而外,还有两套相关的事件:一是作为感觉对象"处境"的事件,二是其他作为条件的事件(conditioning events)。一

---

① A. N. Whitehead, *Concept of Nature*, pp. 70—71. 有关"共存"的概念,详见后文。

个感觉对象的"处境"就是与相应的觉知事件所关联的时段,这个时段结合了感觉对象所在的事件以及觉知事件自身。举例来说,一个天文学家透过望远镜观察到一个新的红色星球的诞生,他所看到的是处在某个此时此刻发生的"事件"之中的"红色",事实上这已经是两百光年之前的影像。这里"红色"虽然是单纯的感觉对象,但是它的"处境"就相当复杂了。显然透过觉知事件对感觉对象的认知,就能把存在于不同时间的事件结合起来。再举例来说,如果一个人透过镜子看见天上有红色的云彩,这时被知觉的"红色"的处境虽然在镜子之中,但是也和镜子之外的云彩密切相关。因此有时候感觉对象的"处境"十分重要,有待意识经验将觉知事件与对象所在的处境关联起来。①

条件事件

除了感觉对象、觉知事件,以及感觉对象的处境以外,知觉活动的完成还有赖于"条件事件"(conditioning events)。"条件事件"造成感觉对象在特定的处境中发生,而且是"觉知对象"所以能认知的条件。这种条件有主动与被动两类:主动的条件(active conditions)是指造成知觉发生的原因(cause),而被动条件(passive conditions)是指事件发生的基本预设:那便是时间和空间,或可称之为自然的背景。造成知觉产生的原因与条件必先于觉知事件而存在,这些主动条件如果是正常的,而且能不断重复地出现,便可作为发现自然法则的依据。例如正常的自然光透过介质折射是产生视觉的"条件事件",自然光便可作为引发"颜色"这感觉对象的正常原因。至于因酒醉或吃迷幻药等不正常的原因所造成的感觉对象,那只是错觉,便无法像正常的知觉那么规律。作为原因的主动条件事件还可以区分为两种:一是"引发事件"(the generating events),另一是"传导事件"(transmitting events)。②"引发事件"直接引起知觉对象的产生,怀特海曾说道:"如果知觉判断是正确的,那么知觉对象的处境就是我们所谓的'引发事件',作为相关的感觉对象的主动条件。"③至于"传导事件"间接的引起知觉对象的产生,也是一种主动条件,这两者的不同可以借我们对物质对象的知觉加以说明。比如一面镜子本身是个物质对象,而它所在的处境便是相关感觉对象的"引发条件";不过如果镜子反射感

---

① A. N. Whitehead, *Concept of Nature*, p. 85.
② Ibid., pp. 87—88.
③ Ibid., p. 89.

觉对象的影像或者错误的知觉对象,那它就成为"传导条件"。一面三棱镜是一个物质对象,而它的处境则是感觉对象"光谱"的传导条件。①

原因事件的体会

感觉对象与知觉对象都是外在事件立即呈现给我们的恒常性质,可以说是事物的表象。如果这些表象为真,那就是说它们是物质对象,处在相应的"被占据的事件"(the occupied events)里。② 而物质对象的基本特质就是"它的处境是它被知觉的主动条件"(its situation is an active condition for its perception)。换言之,物质对象所在的事件是造成感官知觉的原因,原则上原因一定是个事件,且是个主动条件。③ 这显示怀特海采取了与休谟相反的论点;休谟认为因果关联不是知直接感觉的对象,我们对于因果关系的信念乃出于习惯与心理的期待,感觉表象不能提供自然中的原因特质。④ 怀特海则认为自然中的原因特质是可以透过知觉加以认知的,因为作为原因的事件是可以"体会的"。他说:

> 对于作为物质对象处境事件的体会,是我们对那个事件特质最完整的知觉。这显示我们对于基本自然法则的知觉。唯有借着物质对象,我们才能取得有关事件作为主动条件的知识,不管它是引发条件,还是传导条件。⑤

对于作为原因事件的体会,不能离开对于物质对象的认知,这就是说原因的特质必须借着表象的特质才能被认识,怀特海说:

> 我们要怎样才能从认识表相过渡到认识其原因?毕竟我们的自

---

① A. N. Whitehead, *Concept of Nature*, p. 90.
② 怀特海认为根据最新的科学发现,自然最基本的存在是电子,电子遍及所有的时间与空间之中,而与事件关联。如此事件的场域可分为两部分,一是"被占据的事件"(occupied events),也就是被电子占据的时空关联,相应于物质对象的处境;另一是"没被占据的事件"(unoccupied events),也就是没有被电子占据的时空关联。两者都具备"创生进程"的特质,只要是事件,就具备这样的特质。见前揭书,pp. 96—97。
③ Ibid., p. 90.
④ David Hume, *Enquiries concerning Human Understanding and concerning the Principles of Morals* (Oxford: Clarendon Press, 1975), pp. 32—39, p. 60ff.
⑤ A. N. Whitehead, *An Enquiry concerning the Principles of Natural Knowledge*, p. 90.

第六章
对象论

然知识是围于对表相的觉察。例如所有对于物质对象的测量都是对于表象的测量。显然原因的特质仅能作为表象特质的函数,而为我们所直接认识。原因的特质是特质中的特质。例如我们给予物质对象一个数量,那个数量就是对它的表相特质加以测量的结果。①

科学对象的认知

然而另一方面科学研究的对象,如分子、质子、电子,往往没有表象的特质,而我们却仍然认为它们具有原因的特质。事实上这些科学对象是"观念化了"的物质对象,有赖于我们借着对表象的知觉间接推论而来。这时必须先有引发真实知觉对象的主动条件事件(the active conditioning events),才会产生真实的物质对象。物质对象是正确的知觉对象,也是引发正确知觉的原因,因此各种不同的科学对象,可说是由主动条件事件的特质所决定,而那些事件也是感觉对象的基本要素。其次,我们对物质对象有了完整认知之后,同时会产生不同知觉之间的关系判断。一方面我们可以确认物质对象真实不虚,另一方面我们也可以假设相同的知觉具有无数次重复出现的可能性,这便是"假设知觉"的理念(the notion of hypothetical perceptions)。根据这个理念,觉知对象可以处在无数的、假设的觉知事件之中。换言之,科学对象是假设性的,不是现实的感觉对象,但是却引发我们认识感觉对象的原因。物质对象虽然同样也是引发感觉对象产生的原因,可是在科学研究上,物质对象只是间接原因,主动条件事件才是主因。举例来说,以天文望远镜观测星体,此时星体(物质对象)只是次要因素,星体之所以能被观察到,全赖望远镜在正确的时间、正确的位置提供有利观测的主动条件。而这些主动条件事实上是感觉对象的"处境"。其他科学对象也一样,无论是原子、分子、电子、电磁场等等,都不是我们可以直接观察得到的,必须间接地从能表达对象特质的条件事件中推导出来。而科学对象的本质便在表达事件之间恒常普遍的原因特质,而这样的特质也正所以展现出自然的法则。② 怀特海说:

> 原因的特质比起表相的特质要单纯得多,且更具有恒常性。原因特质全然依附在事件的自身;至于与其他事件之间的牵连,只是在

---

① A. N. Whitehead, *An Enquiry concerning the Principles of Natural Knowledge*, pp. 184—185.

② Ibid., pp. 93—94.

145

以自然连续整体为必要背景的情况之下,才把其他事件当作是被动条件。从感觉对象提升到知觉对象,从知觉对象提升到科学对象,从较为复杂的科学对象(如分子)提升到终极的科学对象(如电子),这是我们为了界定表相的特质,追求这特质单纯性(simplicity)、恒常性(permanence)以及自足性(self-sufficiency)所做的努力。①

从科学史看来,科学对象的认知不是一蹴可几的,要经过科学家长久的努力,从琐碎的感觉对象之中过滤出自然的法则,从正常与不正常的知觉之中过滤出正确的知觉,科学的目的在发现其所认识事件的恒常性,也就是事件的原因特质。有关科学对象的认知,不只有赖于经验,也有赖于理智活动。事实上科学对象得自我们对感觉经验的理智分析,而这样的分析是一项抽象活动的过程。这抽象分析的过程在不断地追求事物的"恒常性";开始也许是一种不自觉的文明思想,接着发展出更能表达事物特性的概念,如阿基米得(Archimedes)发现的"比重"(special gravity)、牛顿发现的"质量"(mass),道尔敦(Dalton)的"原子",以及马克斯威尔的"电磁场"(electromagnetic field),科学对象越是抽象不可见,越能表现它是具体的原因特质。② 抽象与具体是相对的,不是绝对的,怀特海说:

> 科学对象是具体的原因特质,这虽然是我们借着体会的方式所取得的,但那是一项抽象的过程。同样的,感觉对象对我们的觉察而言,是具体的,但就其作为科学对象之间复杂关系的特质而言,则是抽象的。因此就原因而言是具体的,就其由表相衍生而出则是抽象的;就表象而言是具体的,但是就其由原因衍生而出是抽象的。③

这就是说科学对象作为物质对象的原因是具体的,但是就其由物质对象衍生而出,换言之,科学对象是我们进一步分析物质对象的结果,就这点而言科学对象则是抽象的。反之,感觉对象作为科学对象的表象是具体的,但是就其以科学对象为原因,则又是抽象的。显然怀特海所谓的"抽象"不同于一般的哲学概念(与"具体"对立的普遍共相),这一点他在《自然的概念》里说得更为明白。他认为只有作为时空关联者的"事件"才是具体的,而所有以"事件"为处境的对象都是"抽象的"。怀特海说:

---

① A. N. Whitehead, *An Enquiry concerning the Principles of Natural Knowledge*, p. 186.
② Ibid., p. 188.
③ Ibid., p. 189.

第六章
对象论

无疑地,分子和电子都是抽象的事物。同样的"克利欧佩脱的针"(Cleopatra's Needle"埃及艳后之针"是著名的建筑)也是抽象的事物。具体的事实就是事件自身。我已经解释过了,抽象事物不是指什么都不是的实物,而是指自然之中更为具体元素的一个成分。①

质言之,"抽象的事物"就是指从具体事件之中被确认出来的特定对象。当我们把电子当作"事件"的特质时,电子就是抽象的事物了。因为我们不可能在将整个事件结构排除之后,仍然保留电子的存在。同理,不论是"爱莉斯梦游仙境"里猫的微笑,还是著名建筑物里的分子、粒子,一旦成为特定的"对象",都是抽象的事物。②

透过"科学对象"来把握"事件"的特质,也是以部分解释整体的做法。因为"对象"只是处于"整体事件"中的一部分,却决定了"整体事件"的特质,因此可以说对于作为"对象"处境各部分的完整知识,使我们能够解释"整体事件"。同时"对象"既然是整体的部分,我们对部分的解释也有赖于对整体的完整知识。于是我们可以说"事件"提供了各个"对象"部分之间的关系,而"对象"处在"事件"之中,是可以不断重复的"模式"。③

总结本节所说,怀特海对于事件与对象和不同种类的对象之间的关系的看法,要点如下:

一、"事件"是"对象"的处境;知觉活动的发生涉及觉知事件、被知觉的感觉对象、感觉对象的处境事件,以及其他的条件事件。

二、不同种类的对象之间有因果关系:科学对象是物质对象的原因,物质对象是知觉对象的原因,知觉对象是感觉对象的原因。

三、知觉的产生不仅出于于不同种类对象之间的因果关系,还有受到对象的处境事件以及各种其他条件事件的影响。因此怀特海的知觉论不是单纯的因果论,而是复杂的关系论。

四、在知觉面前,感觉对象是具体的,科学对象是抽象的;在自然之中,科学对象才是真正具体的存在,感觉对象却是抽象的。

五、所有的对象都是抽象的;这里"抽象"不是与"具体"对立的普遍共相,而是指知觉认知到的事物成分与性质。

---

① A. N. Whitehead, *Concept of Nature*, p. 171.
② Ibid.
③ A. N. Whitehead, *An Enquiry concerning the Principles of Natural Knowledge*, p. 195.

第四节　以"对象"和"事件"为基础的知觉观

根据上述,怀特海认为"感觉对象"是感官觉察直接立即认识的对象,"知觉对象"是引发"感觉对象"的原因,"物质对象"与"科学对象"又是引发"知觉对象"的原因。表面看来,这对象之间的"因果论"与传统经验论区分"表象的自然"与"原因的自然"并无差别。然而传统经验论认为"表象"为虚,"原因"为实,导致"自然两橛"的谬误,也正是怀特海力加反对的。在他看来,不论何种对象都是抽象的,必须存在于具体的事件之中才能被认知。对象之间只有抽象程度的不同,并没有"实在性"(reality)的差异。正如史德宾所说,怀特海认为与"表象"(apparent)相对的不是"实在"(real)而是"原因"(causal)。以一枚铜板为例,从不同的角度我们会看到各种椭圆形的、表象的尺寸(apparent size)。而平常我们所谓铜板"真正的尺寸"(real size),事实上也是一"感觉对象",不过是铜板表象的各种尺寸中的一种。不论这铜板看来是"真正的正圆形"或者是"倾斜的椭圆形",都是视觉的感觉对象,也就是"表象"。当然同一个铜板不可能既是圆形又是椭圆形的,因而会有"表象"与"原因"的区分,但这并不是说前者的实在性不如后者。① "表象的自然"一如"原因的自然"有其实在性,因为"表象"是感觉经验的立即对象,而感觉经验正是自然事实的一部分。因此怀特海一面对"自然两橛论"提出批评,另一面肯定我们经验到的表象世界就是自然的自身。②

总而言之,"事件"是具体的殊别事物,发生在此时此地同时具有时空的延展性,由部分组成,因而与其他事件重叠而交互相关。"事件"一但发生便立即流逝,成为自然流程的一部分。如此"事件"是感官知觉立即"体会"的"对象",它的独特性(uniqueness)使它既不具有恒常性,也无法改变。另一方面,"对象"则是抽象普遍的,原不在时间流程之中,不具备时空部分。如此"对象"是感官知觉"认知"的对象,它的恒常性使得相同的"对象"可以处于不同的"事件"之中。在这个阶段,怀特海以为不论是"事件"或"对象",都是自然的事实;"事件"与"对象"正反映了自然的

---

① Susan Stebbing, "Professor Whitehead's "Perceptual object"," *The Journal of Philosophy*, April 15, 1926, pp. 203—205.
② A. N. Whitehead, *Principles of Relativity*, p. 62.

第六章
对象论

两个对立的层面,一是创生进程的发展(development in creative advance),由变化而生成;另一是自然的恒常性、可被认知的特质。"自然是感官知觉所观察到的",相应于自然的两层面,知觉也有两层面:一是对于事件"流程"转变、对比、更新、立即发生的"体会";另一是对终极科学对象、对恒常不变的自然秩序的"认知"。虽然怀特海的"对象论"部分吸纳了传统经验论的"知觉因果论"(不过原则上仍是"知觉关系论"),却不同于传统经验论;传统经验论者把知觉看成是被动的、消极的、因外物刺激作用而产生的感觉反应,怀特海则认为知觉是主动的认知与体会;日常知觉经验之所以能转化成科学思想,在于思想法则和逻辑关系与经验的形成结合,把握到事物的恒常性质。怀特海的"对象论"在他的机体哲学发展上,无疑地占据了关键性的地位。"对象"即其后所谓的"永象",具有恒常性,既是超越时空可能模式,又是内在于事件的客观特质,是薛本(Donald Sherburne)所谓"第一形成元素"(the first formative element),宇宙中的纯粹潜存性(pure potentiality of the universe)。① 而知觉之为感官觉察,不仅能以"认知"把握事物的性质(对象),更能以"体会"认识事物之间的关系(事件)。这以"事件论"和"对象论"为基础的知觉论,随后发展成"摄持论",是怀特海机体哲学最主要的学说。

本节的重点则在于说明:根据以"事件"和"对象"为基础的知觉观,"表象的世界"就是"原因的世界"。自然两橛论区分"原因的自然"与"表象的自然",认为前者是客观真实的,后者是主观附加的,是因为没有清楚区分"事件"与"对象"的不同。所有的对象都是抽象的,只有事件才是具体的。"对象"之间只有抽象程度的差异,没有"实在性"的不同。"实在性"取决于"对象"是否以"事件"为其处境。

---

① Donald W. Sherburne, *A Key to Whitehead's Process and Reality* (Chicago and London: The University of Chicago Press, 1966), pp. 20—25.

第七章

觉察论

　　科学唯物论认为科学研究的对象是"物质",这样狭隘的研究范围连生物学都涵盖不了。怀特海则认为科学哲学研究的对象是"关系",能掌握这个自然特质的知觉,他在《自然知识原理探究》称之为"体会",在《自然的概念》称之为"感官觉察"(sense-awareness),在《相对性原理》则有所谓的"相关性认识"(cognizance by relatedness)。"觉察"一词原是知晓之意,怀特海在前面加上"感官"一词,特别用来指称感官知觉立即直接的认识。而怀特海说"自然是经由感官知觉所观察到的",也认为"感官觉察"的终结点是自然(The terminus of sense-awareness is nature),这和巴克莱"心外无物"的主张有什么不同呢? 根据怀特海早期的知觉论,知觉之中还有思想的成分,"感官觉察"、"知觉"与"思想"之间又有什么关系呢? 在取得自然知识与自然概念上,各有什么功能与作用呢? 不同的知觉观导致不同的自然概念,以"感官觉察"为核心的知觉观又会导致什么样的自然概念呢? 对于这一连串的问题,怀特海在他的《自然的概念》与《相对性原理》里,有各自独立而又前后一贯的说明。它们的共同论点是:自然哲学研究的对象是事实,不是价值;"感官觉察"的对象是"自然事实"

中的"成分"(factors),思想的对象是具有个别性的"实物"(entities)①;感官知觉除去思想的部分之外,剩下的就是"感官觉察";自然虽对感官知觉揭露其自身,但是对心灵封闭;把握自然具体的、连续性关系的思想,和从中抽绎出个别实物的思想,是不相同的。以下分别加以说明。

第一节　觉察与思想

"自然是经由感官知觉所观察到的",这是怀特海自然哲学的基本前提,但是究竟什么是"感官知觉所观察到的"呢?前面已经提到,怀特海认为感官知觉立即直接的对象不是"物质","物质"是高度抽象的科学概念,自然展示在我们立即直接知觉之前的是连续不绝的"事件",而"事件"最普遍的特征就是"关联者"或关系。这项"事实"的掌握究竟出于心理的主观?或者出于思想的组织?或者这"事实"有客观实在性呢?为了保障自然独立自存的实在性,怀特海使用"感官觉察"一词以说明自然不依赖心灵而存在——这里心灵至少包括"感官觉察"与"思想",不过有关自然的知识必须借着感官知觉才能取得。所谓"感官觉察"怀特海给它的第一个定义是:感官知觉里有一种不是思想的成分,便是"感官觉察"。怀特海说:

> 有关自然的思想不同于有关自然的感官知觉,在感官知觉的事实里有一种"成分"或要素不是思想,我称这个"成分"为感官觉察。不论感官知觉是否包含思想,在我而言都是一样的。如果感官知觉真的不包含思想,那么感官觉察与感官知觉就是相同的。②

感官知觉排除思想的成分,剩下的就是"感官觉察";如果感官知觉本身不包含思想,那么感官知觉就等于是"感官觉察"。这就是说自然独立于思想之外,我们可以想象自然是一个封闭的系统,其间关系不必靠思想以成立。这样直接以自然为思想的对象、不考虑思想活动自身,怀特海称之为是对外在自然的"同构型思想"(homogeneous thoughts);如果在

---

① 原则上怀特海以"成分"指称自然中可变事的事物与事物的特质,也就是关联者,"实物"则是指具有个别性的思想对象。不过有时怀特海也把"实物"看做是一种"成分"。见后文。

② A. N. Whitehead, *Concept of Nature*, p. 4.

思想自然之时,以思想活动自身为对象,则是"异质性思想"(heterogeneous thoughts)而自然科学是与自然有关的同构型思想。①

怀特海一贯认为感官知觉与思想不可或分,知觉之中无法排除思想的因素。感官知觉中直接展示的自然是许多真实事物的组合,透过"感官觉察"对这些"实物"作个别的认识,有赖于同构型的思想。在《自然的概念》里,怀特海说"感官觉察"直接提供给我们的是连绵不绝的自然,也就是"事件",觉察从中得到的是"成分"(factors)。思想的对象是个别的事物,怀特海称之为"实物"(entities)。面对连绵不断的自然,如果不经过思想的分析,我们就无法排除那些无穷的而不相干的事物,而取得有限的真理。"成分"的主要内容是"关联者"(relata),"实物"的主要内容是"个别性"(individuality)。简单的说,感官知觉是一个人立即主观的经验,思想则涉及对外在客观事物的辨识。感觉的对象是具体的经验内容,思想的对象则是没有内容的"抽象实物"。然而立即知觉的经验内容如果不经过思想的辨识,便无法构成科学知识。于是怀特海说:

> 对于思想而言"红色"只是特定的"实物",虽然对于觉察而言"红色"有它个别性的内容(the content of its individuality)。从"红色的觉察"转换为(transition)"红色的思想",也就是从"红色的成分"转换成"红色的实物",便随之丧失那个别性的特定内容。这项转换的损失,则由思想是可以沟通的(communicable)、而感官觉察是不可以沟通(incommunicable)的事实加以补偿。②

觉察提供自然的实质成分,思想使我们掌握自然的特质。对思想而言,"红色"只是一个特定的实物,对觉察而言,"红色"是这个体的成分。由"红色的觉察"转换成"红色的思想",也就是从"红色的成分"转换成"红色的实物",必须丧失其特定的内容,也就是那觉察立即直接的对象。换言之,感官觉察的立即经验是私密的、不可沟通的,而思想的概念却是

---

① A. N. Whitehead, *Concept of Nature*, p. 3. 怀特海认为"自然"不只是自存独立于"感官觉察"之外,也自存独立于"思想"之外。也就是说我们可以不考虑思想本身,直接以自然为思想对象,也就是"同质思想"。如果在思考自然时,将思想与觉察本身也纳入考虑,就是"异质思想"。前者排除任何抽象的价值考虑,以自然事实作为唯一的思考对象,后者则以思考自然的抽象思想本身、思想的观念性(the ideality of thought),或者"感官觉察"本身作为思想的对象。两者之中,怀特海认为只有"同质思想"才能提供真正的自然概念。

② Ibid., p. 13.

公开的、可以沟通的。① 根据上述的分析,怀特海说:

> 思想的终结对象是实物(the termini for thought are entities),在思想的过程中先考虑实物的个体性,其次才考虑它的性质与关系;感官觉察的终结对象是构成自然事实中的成分(the termini for sense-awareness are factors in the fact of nature),先要把握的是它之为关联者,其次才考虑它之为一个体。
>
> 因之我们的自然知识之中有三个要素,事实、成分和实物。"事实"是感官觉察无分别的终结点(Fact is the undifferentiated terminus of sense-awareness);"成分"是感官觉察的终结点,经过区别成为构成"事实"的元素(Factors are termini of sense-awareness, differentiated as elements of fact);"实物"是作为思想终结点的"成分"(Entities are factors in their function as the termini of thought)。这里所说的"实物"是自然实物,思想要比自然更为广泛,因此有些思想不是自然实物。②

思想的对象是抽象的事物,它的范围当然大过自然的事实。这些事物可以是逻辑的、伦理的、美感的概念,原则上这些概念都是意识"观念化"(idealized)的结果。自然的事实不是抽象的概念,也不牵涉价值、审美的判断,只是感官觉察直接认识的内容。由于自然本身远超过我们所能觉察的范围,因之在思想上有关自然复杂的结构永远不会完整,正好像感官觉察永远无法穷尽自然的每一个成分。"不得穷尽"(unexhaustiveness)正是自然知识的基本特征。③

在《相对性原理》里,怀特海将知觉与认识做了更紧密的联系。他提出较"感官觉察"含义更为广泛的"觉察"一概念,并且以"思考"(cogitation)一词取代"思想"(thought)。他再次强调自然的事实是"成分"之间的"关系"(Fact is a relationship of factors):每个事实的成分基本上就是指那存在于事实之中的关系(Every factor of fact essentially refers to its relationships within fact),如果不考虑"成分"所在的相关事实,"成分"就不成其为"成分"了。因此每个事实的成分都有事实作为它的背景,并且以独特的方式与事实相关联。而"觉察"就是指我们对事实之中"成分"的意

---

① A. N. Whitehead, *Concept of Nature*, pp. 5—13.
② Ibid., p. 13.
③ Ibid., p. 14.

识(consciousness of factors within fact),也可以说"觉察"是指我们对牵涉了"成分"的事实的意识,甚至于"觉察"本身也是事实之中的一个成分。如果说"觉察"是我们对处于事实背景"成分"的意识,那么"思考"则是指离开事实背景而专注于"成分"的意识(consciousness of factors prescinded from their background of fact)。这是对成分个别性的意识,而每个被思考的个别成分就是"实物"。思考的特征便是能意识到歧异不同的事物,然而要从歧异的意识内容之中辨识思想的"实物",就必须离开事实的背景,将意识限制在各种"成分"间对比的觉察之中。① 怀特海说:

> 思考预设了觉察,并且因为觉察的限制而受到限制(limited by the limitation of awareness)。它是觉察精致化的结果,而意识的统合(the unity of consciousness)就在于思考对觉察的依赖。因此觉察是粗糙的意识,思考是精致的意识。对觉察而言,所有成分之中的关系都是内在的,对思考而言,所有实物之间的关系都是外在的。②

就"觉察"而言,所有的"成分"都是构成整体自然的一部分,所以"成分"与"成分"之间的关系,是整体之中部分与部分间的"内在关系";对"思考"而言,具有个别性的"实物"或事物(things)是意识排除事实的背景以取得的,而"实物"各自独立,彼此之间只有"外在关系"。如此一来,怀特海打破了一般哲学"内在关系"与"外在关系"的区分;原来"内在关系"是指会影响改变事物本质的基本关系,"外在关系"则是不会影响事物性质的偶然关系。怀特海却认为二者的区分只是出于我们不同的认识作用,就自然本身而言,只是一个整体。因此怀特海说:

> 就其总体性(totality)而言,"事实"不是思考的"实物",因为它不能从有别于自身的事物之间的关系得到个别性。它不是在对比关系之中的关联者。"事实"以一种独特的方式进入我们意识。它不是"成分"的总和,而是"成分"的具体性(the concreteness of factors),且是不可穷尽的关联者间不可穷尽相连的具体性(the concreteness of an inexhaustible relatedness among inexhaustible relata)。③

---

① A. N. Whitehead, *Principle of Relativity*, p.14.
② Ibid., p.15.
③ Ibid.

第二节　总体事实与柏格森的"疏导"概念

自然的事实是知觉与思考所无法穷尽的"总体",这个"总体"的特征怀特海以"事实性"(factuality)一词表达之。他认为这个词在某些方面比"事实"或"总体"更适当,因为"事实"常指在许多事实中的某一个事实,而"总体"有累聚集合(a definite aggregate)的含义。然而无论是"事实"还是"累聚",都不足以表达展现在觉察之前的自然是不可穷尽的。这"不可穷尽性"是显现在觉察之前"事实性"的基本特征,这"事实性"不能被任何特定的"成分"所穷尽。另一方面,科学的知识则建立在"有限性"(limitation)上;意识的有限性,事实的成分化,思考中实物的个体化,以及抽象和具体的对立,在在显示"事实"之中有"限制"。"抽象"是在"具体"之中的"限制","实物"是在"整体性"之中的"限制","成分"是在"事实"之中的"限制",而意识就其自身的观点和与事实的关系,将事实"限制"在意识可体会的范围之内。①

怀特海并指出这里他使用"限制"一词,不只是消极的说明感知与思想所及的范围是有限的,更积极的肯定意识的有限性在根据自身的记忆经验,从杂多无尽的自然事实之中选取重要的自然性质。如此,"限制"不在区隔整体与部分、内在与外在的经验,而在选择与结合前继后续的经验。怀特海认为这"限制"的概念,正与柏格森的"疏导"(canalisation)的概念相同。② 1911 年,柏格森曾在牛津大学发表《变化的知觉》("Perception of Change")一讲演,认为知觉不是感觉原子的连接,变化是不可分割的连绵整体③,有关变化的知觉必本于记忆。知觉虽是对于"现前"(the present)的知觉,不过"现前"不是一刹那,而是一时段。这时段从个体历史的过去延伸至现前,其范围取决于个体对生命的注意(the attention to life)。对生命的注意就是将整个个人有意识的过去历史,概括在不可分

---

① A. N. Whitehead, *Principle of Relativity*, pp. 15—16.
② Ibid., p. 16.
③ 柏格森称这不可分割连续的变化就是"真实的时段"(real duration):"……这是某种不可表达神秘的事物,也是在这世上最为明白的事物,真实的时段就是我们平常所说的时间,且是不可分割的时间。"见 Henri Bergson, *The Creative Mind An Introduction to Metaphysics* (New York: Philosophical Library, 1946), p. 149.

割的现前之中,这样的现前不是由同时发生、不可分割的刹那所构成,而是一连续不绝的时段。在其中,过去的记忆与现前的知觉结合,构成连绵不绝的整体经验。从另一面看来,过去之中有被记忆的部分,也有被遗忘的部分。被记忆的部分融入现前的知觉之中,被遗忘的部分则排除于在现前之外。柏格森称这记忆与遗忘的机制就是"疏导",他说:

> 为了以"记忆"的形式,尽量使得注意力发挥简化的作用(simplification),或是将先前的经验与当下整体经验结合,自然已经发明了一种机制,用以"疏导"我们的注意力朝向未来,以转移我们对过去的注意力——也就是说略去与我们现前行动、个人历史无关的部分;而这正是我们的大脑的功能所在。①

质而言之,大脑就像是个筛子,透过记忆与遗忘的功能,从过去经验里选择合乎我们需要的成分,使之与现前知觉结合成为一整体经验。

怀特海认为柏格森采用的"疏导"一词,可以避免将经验区分为整体与部分或者内在与外在的不同,并且给予"限制"这样消极的概念一些积极的内涵。经验的不同事实上是取决于认识的功能,也就是说取决于意识的注意力被疏导朝向的对象。说一个"成分"是对"事实"的"限制",就是说与"事实"相关的"成分"被疏导成为与该"事实"相关的关联者系统(a system of relata to itself)。限制性的意识将"事实"导向特定的"成分",其中思考更是一种有意识的疏导作用,能减少粗糙的觉察内容,使得"事实"的"成分"更为明确强烈,进而成为特定的"实物"。怀特海举例说,我们觉察到"事实"的"红色成分",是意识疏导相关的"红色成分"而得,至于"红色的实物"则是思考活动以"红色的成分"对比绿色、声音、月亮或者乘法表等等不同的"成分"而得。因此"红色的实物"可说是"红色的成分"受到进一步限制的结果,也是对具体事物进行抽象作用的结果,至于具体事物自身以其最完备的意义而言则是"全体"。②

---

① Henri Bergson, *The Creative Mind An Introduction to Metaphysics* (New York: Philosophical Library, 1946), p.153.

② A. N. Whitehead, *Principle of Relativity*, pp.16—17.

第三节 属性认识与相关性认识

不同的感觉与心智作用,会有不同的认识对象与之相应。相应于前述思想与感官觉察或思考与觉察的作用,怀特海将被认识的普遍的自然事实区分为两种层次。在《自然的概念》里,他称"事实的成分"与"思考的实物"是"被辨识的"(the discerned),而展示在感官觉察之前的整体自然是"可辨识的"(the discernible)。"被辨识的"是具有个别独特性(individual peculiarities)的"实物","可辨识的"则是由这些"被辨识的实物"构成的整体自然,而这可辨识的、但无法加以穷尽认识的自然正是"事件",作为自然事件特征的"实物"就是"关联者"。① 对于"被辨识的"的觉察着眼于分辨"事实"之中的"成分",对于"可辨识的"的觉察则着眼于各"成分"之间的关联。自然的事实是"关联者",不是"物质",这也可由之前的"意义论"得到左证。

在《相对性原理》里,怀特海根据经验的意义关联,将对"成分"的觉察区分为"指示的"(signifying)与"被指示"(signified)的两种。作为对"成分""指示的觉察"可说是对"成分"的主动认识(active cognizance),这里"成分"之所以被认识是因为"成分"就是构成宇宙的分子。怀特海称对这种"成分"的觉察为"属性认识"(cognizance by adjective),②因为是"成分"自身的特质主导意识活动。至于作为对"成分""被指示的觉察"可说是对"成分"的被动认识(passive cognizance),这时"成分"之所以被认识是因为其他"成分"的缘故,怀特海称对这种"成分"的觉察为"相关性认识"(cognizance by relatedness)。③ 举例而言,我们说:"这是块红色"(There is a red patch),意味着我们意识到某个事物有"红色"的属性,这"红色"就是我们"属性认识"的事物的"成分"。然而我们对红色事物的认识并不止于单纯的红色属性。我们进而发现这红色的事物处于某地,且当我们在观察它的时候,它占据了一定的时段。换言之,我们认识到这

---

① A. N. Whitehead, *Concept of Nature*, pp. 49—50.
② "属性"(adjective)一词,原意为"形容词",与"主词"(subject)相对,指形容主词或实体性质的语词。这里怀特海用以指称被辨识的、事物的客观性质,其后他扩大"属性"的用法,以之含摄一般的事物(things)。
③ A. N. Whitehead, *Concept of Nature*, p. 18.

事物有特定的时空位置,借此它与自然的其他部分产生一定的关系,也和我们的殊别经验联系在一起。怀特海称这样的自然知识,出于事物以其时空关系和其他事物之间的交锁关联,可说是"相关性认识"。①

虽然事物以属性被认识时,它仍与其他事物相关,只是它的特质能为人所辨识,不过这认识同时必须脱离"相关性"。因为事物的特质之所以被认识,是因为"成分"自身的特性。至于普遍的"相关性"虽然提供事物成分的完整内容,但只是作为该"成分"与其他"成分"之间的关联与秩序。除非失去这事实,事物的特质就无法被认识,在"属性认识"之中,无须考虑事物的"相关性"。② 怀特海说:

> 所谓"实物"是被动地被认识,意即我们对它的觉察是为了某些其他的"成分"。譬如说我们被动地意识到"成分A",意即我们主动意识到的"成分B"如果失去与"成分A"之间的关联,就不会是"成分B"。因此"成分A"的个别特质成为背景,变得模糊,它只是整个系统的相关性之中的一个元素(an element in a complex of systematic relatedness)。而或许这"相关性"可以加诸"成分A"某种特质。不过这特质得自于"相关性",不是"相关性"得自于该特质。因之"成分A"在意识之中因为对比的关系(the relationship of contrast)有了最起码的立足点,它是最隐晦的实物。对这种对"成分"的觉察,我称之为"相关性认识"。例如对于另一个房间之内发生的事件,我们之所以有知识,是因为那些事件与我们"属性认识"的事件之间有空间的、以及其他种种关系。因此对于一个成分的"相关性认识",预设了其他成分的"属性认识";反之,对于一个成分的"属性认识",预设了其他成分的"相关性认识"。③

觉察借着对事物属性的认识,把握了事物"成分"的特质;借着对事物与其他事物之间的"相关性",把握了事物被认识时的背景。有时一个"成分"既是事物的特质,也是事物的背景,怀特海认为同时对一个"成分"的"属性认识"与"相关性认识",就是"充分的觉察"(full awareness)。"充分的觉察"是清晰理会,这时事物的内在特质(intrinsic characters)及其与其他"成分"间的关系立即昭然若揭。这样的觉察正是"知觉"(per-

---

① A. N. Whitehead, *Concept of Nature*, pp. 62—63.
② Ibid., p. 18.
③ Ibid., p. 19.

ception),而自然正是这样的觉察与知觉所揭露的。① 怀特海说:

> 自然是从较其自身更为具体的事物之中抽象出来的,这更具体的事物必须包括想象、思想和情绪。这抽象作用的特征便是在"相关性认识"之中、所展现的自然交锁关联的系统一致性,而自然的实体则有被认识的属性作为它们的性质,这些性质也因被认识的"相关性",在自然之中关联在一起。自然可视为这些相关事物的封闭系统。自然终极的事实就是"事件",这"相关性认识"的本质就是以时间和地点确定"事件"的能力。②

简而言之,完整的觉察也就是知觉,包括两个层面,一是对自然事物性质的认识,一是对自然事物之间关系的认识。前者所把握的是事物偶然的表象(contingent appearances),后者则可以把握到事件齐一的意义(the uniform significance of events)。③ 这里怀特海显然以为事物的属性是偶然的,而其时空结构则是必然的。"属性认识"把握到的是事物的偶然性,而"相关性认识"则能把握事物的本质性。

第四节 观念性觉察

怀特海承认上述有关自然觉察的分析,是建立在以自然为事实的基础之上。然而有关自然事实的觉察只是"感官觉察",除了"感官觉察"之外,还有"观念性觉察"(awareness of ideality)。怀特海说:

> 除去意识的观念性,例如那些逻辑的、情绪的、美感的和道德的体会,剩下的便是感官觉察。因之,所谓"感官觉察"就是意识去除对观念性的体会。这不是说真的有剥去观念性的意识,而是说"观念性觉察"以及"感官觉察"是我们在意识之中可以分辨的两个基本成分。④

无可否认的,自然也不免有观念性的意义(Nature is significant of ideality),不过怀特海再次强调在自然科学研究的范围,不必因此认为所有

---

① A. N. Whitehead, *Concept of Nature*, p.19.
② Ibid., p.63.
③ Ibid., p.64.
④ Ibid., p.20.

对自然的觉察都带着对于自然观念性的意识,观念性与自然同处于意识之中时,观念性觉察的意识是极其微弱的(dim consciousness)。① 怀特海这里的说法,再次显示在研究自然科学哲学时,他无意于处理价值问题,自然是事实,即使有价值的层面,也不是自然科学哲学探讨的范围。

第五节 "自然对心灵封闭"的争议

"觉察"本身不离意识,也就不能脱离心灵活动,说自然是"觉察"的对象难免有倾向唯心论之嫌。不过怀特海强调"感官觉察"是感官对自然立即直接的知觉,能立即反应自然的"成分"(factors of nature),但是这并不等于自然。虽然有关自然的知识必须依附于人的心灵,自然的存在却独立于人心之外。事实上不论是"感官觉察"还是思想,都不是构成自然的元素。怀特海说:

> 因之在感官知觉中展现的自然,不论对感官觉察还是对思想而言,都是独立自存的(self-contained)。我愿以"自然对心灵封闭"(Nature is closed to mind)这样的说法来表达自然的独立自存。"自然的封闭"并不在主张自然与心灵二分的形上学说,而是指在感官知觉中自然所展示各种实物之间的交互关系,可以用思想表达而不必涉及心灵,更进一步说,自然本身既不需要牵涉到"感官觉察",也不需要牵涉到思想。②

怀特海一方面说"自然是经由感官知觉所观察到的",另一方面却说"自然对心灵封闭",而感官知觉显然是种心灵官能,他的说法是否自相矛盾呢?对于这个问题,《怀特海的哲学发展》一书的作者劳伦斯曾有深入的分析。首先他认为怀特海这里使用"心灵"一词的含义,是指不包含思想的意识活动。"心灵"只是用来指称一种刺激与反应的机制,即使这反应受到意图的制约。这类的反应可以是认知性的(cognitive),但不是思想性的(thoughtful);也就是说这反应可以导致有意图的行动,但不是抽象的思想。就被动的层面看来,心灵对自然只作描述;就主动层面看来,心灵可以产生没有思想只有意图的行动。思想本身是抽象的活动,能

---

① A. N. Whitehead, *Concept of Nature*, p. 20.
② Ibid., pp. 4—5.

从感觉与材中抽绎出自然的特质。又针对心灵与意图引发行动这点而言,心灵与思想不仅可以有所区隔,有时心灵的活动可以没有思想的成分。① 劳伦斯引用怀特海的一段话来说明这个论点:

> 如果感官知觉牵涉对个体性的认知(a cognition of individuality),该个体是由一个从作为事实成分的"实物"抽取出来的,那么这感官知觉必牵涉思想。但如果是感官觉察认识的事实成分,能激发情绪的和有意图的行动,而无须更进一步的认知,那么就不牵涉思想。在这种情况下,感官觉察的终结内容是提供给心灵的,而不是提供给思想的。②

根据这样的心灵概念,怀特海说"自然对心灵封闭",可有四种诠释:③(一)认为自然是心灵所无法理解的(inscrutable),不过自然哲学既然是有可能的,也就是说自然可以为人所认识、成为哲学研究的对象,那么这个诠释便不能成立。(二)认为自然不是形成心灵活动的因素,自然对心灵只能揭露自身,不能改变心灵。这等于否定了心灵可以经由对自然经验的累积与发展而改变,可是我们对于自然的知识本来就是长期经验累积、试验、修正,不断形成的过程。(三)认为心灵无法改变被知觉的自然。但是心灵蓄意的深入自然,确实影响到自然事件的发生,造成自然的改变。反之,自然激发了人们探讨研究的行动,也提供了心灵理解自然所必需的材料。另一方面,自然浩瀚无边,心灵透过经验所能认识的自然只是沧海之一粟,这便是自然对心灵认知的限制。所以说自然塑造了心灵,心灵改变了世界。再者,由于怀特海反对"自然两橛论",认为自然只有一个,"就是在知觉知识中的自然"。而另一方面他也承认科学是有组织的思想,有些自然的特质不是感官可以直接认识的,有赖思想进行抽象整理与逻辑推论,可见思想在心灵认识自然上,仍扮演不可或缺的角色。所以劳伦斯说:"心灵对自然的贡献就在主动地形成推论,以引导我们认识不是感觉直接呈现的自然实物。"④总之从心灵能认知自然的角度看来,自然并没有对心灵封闭。(四)认为呈显自然的心灵,不会对自然事

---

① Nathaniel Lawrence, *Whitehead's Philosophical Development* (New York: Greenewood Press, Publishers, 1968), p.11.
② A. N. Whitehead, *Concept of Nature*, p.14.
③ Nathaniel Lawrence, *Whitehead's Philosophical Development*, pp.9—20.
④ Ibid., p.18.

件的特质有任何影响,只是认知它们罢了(merely in cognizing them)。严格的说,认知的行动在经验之中没有什么地位,只是面对已经存在的事物,或者借着推论间接显示那些不是立即可见的事物。换言之,即使心灵活动是有意图的行动,也不能影响自然法则;即使思想能把握到自然的特质,也不能影响或改变这个特质。劳伦斯认为这是一种素朴的实在论(naive realism),经不起考验。怀特海既然认为"自然只有一个,便是在知觉知识中的自然,而这个自然和表象的自然是相同的",那就必须考虑个人感官的殊别性(the idiosyncrasies of sensory organs)会影响表象自然部分的特质。例如对于色盲的人而言,他看见的灰色可能是视力正常的人看见的绿色,训练有素的狗可以听到常人听不到的声音。不同个体感官觉察的特征,使得呈现在他们心灵之中的自然不尽相同。不仅此也,在不同理智架构下的自然概念也会不同。① 欧几里得、牛顿与爱因斯坦的自然概念,因为他们采用的理智思考原则不同,而有差异。又如果有关自然的知识是来自于感官知觉,而知觉经验是经年累积的;除了我们极为年幼无知的时候以外,所有的感官觉察必然伴随过去经验所给予的诠释。经由反省、推论、象征作用,我们可以根据过去与现前经验,整合未来的经验,因此心灵在构成我们的现前与未来经验里,扮演了重要的角色。所以如果说心灵在自然之中没有地位,便等于说学习与知觉知识都是不可能的。

上举四种诠释都困难重重,劳伦斯认为如果严格地坚持"自然对心灵封闭",对于"在被知觉的自然里,心灵究竟扮演什么角色"这个问题,怀特海显然无法给予明确的交代。② 不仅如此,怀特海对感官觉察特性的

---

① 针对这点怀特海可能回答:"感官觉察有两种:一是个别心灵的觉察,一是所有心灵在自然条件下的觉察。两种觉察都是独特的(unique),而且一定会不同,不过却都会觉察到与他们知觉事件有关的复杂自然实物,而将这些自然实物连接在一起的时段是相同的。在不同心灵进行感官觉察的时候,正是这时段的可能同一性(possible identity),把不同知觉者的私人经验结合成一个自然。"怀特海并不在主张知觉的"互为主体性"(intersubjectivity),而是在以"时段"(即自然)的实在性做为觉察客观性的基础。参见 A. N. Whitehead, *Concept of Nature*, pp. 54—56。

② Ibid., p. 21. 过去的经验会影响现前的知觉,可用劳伦斯举的一例说明之:一个从来没有看过飞机的土著在看到飞机时,或者会把它当作是一只杂音很大的巨鸟,或者根本不知道这是个什么东西。因为在他的过去经验里,根本没有"飞机"的概念,因此他无法从立即的觉察取得"知觉知识"(perceptual knowledge)。劳伦斯认为事实上"飞机"的概念并没有固定的意义,对一个熟练的飞行员和一个机械维修员来说,根据个人对"飞机"不同程度的认识,"飞机"这概念会有不同的意义。由此可知有关自然的研究,不能排除与概念形成有关的"心灵"。参见 Nathaniel Lawrence, *Whitehead's Philosophical Development*, pp. 28—29。

第七章
觉察论

分析,正说明了心灵与自然之间密不可分的关系:

> 虽然可测量的时间是从自然之中抽绎出来的,但自然仍对心灵封闭。不要只想感官觉察的终结点是自然,也要想想感官觉察自身也是一心灵的过程(a procedure of mind),而感官觉察确是心灵与自然之间的一种关系(Sense-awareness is a relation of mind to nature)。因此我们可以把心灵看做是在感官觉察之中的关联者(mind as a relatum in sense-awareness)。在心灵而言,有立即的感官觉察和记忆。记忆与感官觉察之间的区别有双重意义:一方面显示心灵不是没有捡择地知觉到所有因觉察而有关联的自然时段。心灵的觉察享有自然的流程(its awareness shares in the passage of nature)。……另一方面,仅仅"记忆"就可避免变迁不息。在记忆里,过去就是现在,这现在不是在时间之流中前继后续的重迭,而是在心灵之中作为立即事实的现在。因此"记忆"使心灵从自然流程中解脱;对自然而言已经流逝的,对心灵而言并非如此。①

感官觉察是心灵与自然之间现前的关系,由于"现在"总是不断地流逝,立刻成为过去,而觉察的对象是一流程,不是片刻、刹那,必然涵盖了与现前相连的立即过去。因此"记忆"是现前觉识中不可少的心灵功能,它为心灵留下逝去的自然。所有的觉察不免受到过去经验的影响,根据经验的累积才赋予现前觉察到的自然以"意义",所以"心灵不是没有选择地知觉"。② 虽然心灵的活动不能影响自然;对心灵而言,过去的事件可靠记忆予以保留,可是对自然而言,过去的事件就一去不返了(An event is a happening)。然而心灵因感官觉察与自然关联,自然怎能单方面地对心灵封闭呢?

劳伦斯认为怀特海在稍早提出来"觉知事件"的概念,证明他对于心灵与自然之间关系说辞上的矛盾。前面已经提到,觉知事件(和感官觉察一样)是心灵与自然之间的关联,所有的知觉必然发生在自然之

---

① A. N. Whitehead, *Concept of Nature*, pp. 67—68.

② 怀特海认为现前觉察必然伴随着"记忆",这与柏格森"知觉充满记忆"的理论一致,也呼应劳伦斯的第四个诠释。柏格森认为不论我们把知觉看得有多么短暂,知觉总是占据一定的时段,因此必包含记忆。他的理论对怀特海影响颇深,将在后文讨论。参见 Henri Bergson, *Matter and Memory*, (Garden City, New York: Doubleday Anchor Books, 1959), pp. 18—19。

中,并且处在特定的时空关系之中,可说觉知事件是构成自然的一个"成分":

> 这个成分是在自然中的事件,是觉察行动在自然中的核心焦点。而其他被知觉的事件都与它有关。这个事件是相连时段的一部分(This event is part of the associated duration),我称之为"觉知事件"。这个事件不是心灵,不是觉知者,而是心灵在自然中借以知觉的途径。在自然之中,心灵的是由一对事件所代表:也就是标记觉察在"何时"(when)发生的现前时段,以及标记觉察在"何处"(where)以"何种方式"(how)发生的觉知事件。粗略的说,这觉知事件就是实质心灵的具体生命(the bodily life of the incarnate mind)。①

"知觉"或"觉察"虽然是意识的活动,不过这活动的"具体化"必须是个"事件",也就是说它必须处在一定的时空关联之中。这具体化的"觉知事件"一方面是自然的一部分,另一方面也是自然与心灵联系的管道。② 怀特海认为一般的语言经常忽视知觉是"事件"的事实,他举例说:"我看见绿叶"这样的句子,完全忽略"我"之为知觉的心灵、"绿叶"以及二者感官觉察关系之外的其他所有因素。"我"一定在"这里","叶子"一定在"那里",而我"这里"的事件和叶子"那里"的事件都"现在"位于同一个自然整体之中,而其中还有许多其次不关紧要的"成分"。③ 劳伦斯并举例说明,当有人看见飞机着陆,这里"觉知事件"就是"意识到有人在这里,知觉到飞机此时在那里着陆"(conscious-man-here-perceiving-an-airplane-landing-there-now)。而飞机着陆的环境,蓝天、跑道、旅客等等,也在被知觉的范围之内,不过只是相关的部分,不是主要的对象。无论如何,在"觉知事件"里,不管是知觉的意识(觉知者、心灵)、还是被知觉的对象(飞机的降落)、乃至于次要的环境背景事件,这些自然的事件都关联在"现时现地"的整体自然之中。在觉知事件的贯穿联系之下,心灵与自然不可或分,怀特海所谓的"自然对心灵封闭",也就站不住脚了。劳伦斯因而认为怀特海的立场摇摆不定,因为他才经由数学哲学与自然科

---

① Henri Bergson, *Matter and Memory*, (Garden City, New York: Doubleday Anchor Books, 1959), p. 107.
② Nathaniel Lawrence, *Whitehead's Philosophical Development*, p. 24.
③ A. N. Whitehead, *Concept of Nature*, p. 108.

学的研究进入哲学之域,在这些不一致的观点里,他究竟坚持哪一个,仅根据这个阶段的学说还难有定论。不过心灵与自然之间关系密切的论点,却一直是怀特海后期哲学发展的主题之一。① 劳伦斯的观察似乎与事实有距离,虽然怀特海的"自然科学哲学三部曲"是他早期的哲学著作,相较于稍晚的著作如《过程与实在》,那只可说是机体哲学的起步。不过在短短四年不到的时间,"三部曲"一再重复相同的主题,不能说不是经过他的深思熟虑。其次理论上怀特海也不致会犯下明显的自我矛盾,因此他一面主张心灵与自然关系密切,一面说"自然对心灵封闭",这一定另有深意。

第六节 "自然对心灵封闭"的真谛与柏格森的知觉论

回到问题开始的地方,怀特海在解释"自然对心灵封闭"时提到,在感官知觉接触自然时,有一种"成分"不是思想,那就是"感官觉察";至于"感官觉察"本身也不是构成自然的"成分",自然本身不牵涉感官觉察,也不牵涉思想。简单的说,怀特海虽然认为自然的知识必须透过心灵来认识,但是自然本身并不依附于心灵,这是为了避免陷入两种困境:一是造成"自然两橛"的表象实在论,一是巴克莱的主观观念论。首先如果自然必须透过心灵被知觉,将使得心灵的性质附加于自然之上;同时也导致"心灵认识的自然"("表象自然")与"真实的自然"("原因自然")的区分。这不但造成"自然的两橛",也必须预设一个不可知的物质实体。其次,如果说只有认识自然的心灵,而"心外无物",这固然可以避免"自然的两橛",但是又会坠入主观观念论的陷阱。观念论无法解释:何以同一个心灵或不同的心灵对相同的自然,会产生无数不同的知觉?对自然的知觉何以有规律性与恒常性?又如何区别错觉、幻觉和正常的知觉?对于这些问题,如果不预设一个人心之外的自然世界,就必须诉诸于"神",换言之,由一个不可知的普遍心灵来保障一切存在。质而言之,承认自然是感官所知觉的事,就得面对如柏格森所说

---

① A. N. Whitehead, *Concept of Nature*, pp. 28—30.

观念论与唯物论之间的争议：①何以相同的事物可以同时分属两个不同的系统？一个是不具延展性的观念，另一个却是具有延展性的外在世界；换言之，一个是不断在变化之中的知觉，另一个是自然齐一律（principle of natural uniformity）所支配的宇宙。

柏格森认为在这争议里，观念论把"知觉"看成存在的依据，但是瞎子的心灵永远不会有视觉的影像，任何感官一闭塞，就不可能有相关的知觉。唯物论把心灵的活动看成是大脑的附随现象（epi-phenomenon），知觉的产生是由于物质作用于感官之上，引发感觉神经系统运动传导至脑神经中枢系统，最后形成了影像。知觉就是对这些神经系统运动的"转译"（translation）。但是唯物论的科学分析，完全忽略了知觉者是宇宙自然中的一个机体，柏格森说：

  难道虚构一个孤绝的物质事物（an isolated material object）不是荒谬的吗？因为这个物质事物要取得它的物理性质，有赖于与它维持关系的所有其他事物，它的特性与存在都有赖于它所处的整个宇宙。所以我们不要再说我们的知觉只依赖大脑的分子运动，而要注意因为这些分子运动的不同，我们的知觉会有变化。但无论如何这些分子的运动仍与整个物质世界密不可分。②

"知觉"不是孤绝的活动，也不是受到外在刺激、感官就立即予以全盘接受的那种所谓"纯粹知觉"（pure perception）。柏格森认为只有那些无意识的物质才会全盘接受外在的影响，只有低等的生物一受刺激就立即以行动作反应，它们的知觉就是行动，那是机械的、物理的、化学的反应。高等的有机体对环境的刺激会产生生理的反应、意识的反应，越高等

---

① 柏格森看出来物质与心灵对立的结果，不是心灵吞没了物质，于是观念论变成了主观观念论，就是物质吞没了心灵，于是实在论变成了唯物实在论（materialistic realism）。无论是心灵吞没物质，或是物质吞没心灵，都有无法克服的困难。实在论从宇宙自然出发，认为物质世界的系统根据自然法则而运动变化，可是不能否认有以知觉者为核心的知觉活动存在。观念论正是从这知觉活动出发，认为凡存在必被知觉。可是自然的恒常性，使我们能从过去推知现在，从现在推知未来，使得观念论也必须把知觉者的主观放在一边，承认有一个自然的宇宙。柏格森因此采取"二元论"的立场，认为知觉与自然都是真实存在的。参见 Henri Bergson, *Matter and Memory*, pp. 10—11。

② Ibid., p. 9.

的生物反应越复杂。① 就人而言,知觉,尤其是有意识的知觉,并不是脑神经中枢系统对感觉神经系统与周边神经系统受到刺激后发出的讯号的直接反应,而是对这些刺激选择后的反应。举例来说,P是一个发光点,发射出光线打击到视网膜的 a,b,c 三个部分。对唯物论而言,可以从 P 这光点测得光波震动的幅度与长度,说明我们何以产生光点的知觉;就观念论而言,意识就是在这 P 点知觉到光线;两者都把视觉看成是一种"摄影"。但事实上,P 所发射出来的光波打击到视网膜上不同的部分,再传导到脑神经中枢和视觉神经中枢,或其他神经中枢,而这些神经中枢有时把震动又传导给运动的机制(motor mechanisms),下达行动的指令,有时候会暂时予以保留。因此就神经系统而言,物质世界的波动不是机械地被传导,而是脑部根据过去的经验与现前的需要所做的筛选。如果知觉只是脑部机械接收所有外来的刺激,那么为什么我们没有得到整个自然的影像,而只是根据自己的兴趣或利害,取得有限的影像?觉知者从生活中的自然宇宙接受了无数外来的刺激,但是他的知觉却是有限的。他把过去无数的经验(记忆)和现前的知觉与材混合在一起,选出符合他需要、值得他注意的知觉对象,因此知觉不是对外在刺激机械的反应。知觉既然不是机械的反应,也不是对外物摄影,那究竟是什么呢?柏格森说常识告诉我们知觉就是知觉到真实的外在事物。与其说光波震动经神经系统传导至神经中枢,转变成有意识的影像,再投射出去,使得 P 点外在化,不如说 P 这个发光点和受到影响的视网膜和神经系统构成一个整体,发光点 P 是这个整体的一部分;而有关 P 的影像就是在 P 这一光点上形成,就在 P 这一点被知觉。以怀特海的口吻可说觉知事件、觉知对象与被知觉的特殊事件构成一个整体。② 柏格森似乎对知觉论采取机体的观点(an organic view),并且根据常识与立即经验,一再强调"知觉必有外在对象"③,"没有知觉不是充满了记忆","再短的知觉都占据一定时段",从前文可知,这些论点怀特海都加以接受了。

有关怀特海与柏格森知觉论的比较,不是这里探讨的主题。重点是透过柏格森的知觉观提供的线索,以了解怀特海说"自然对心灵封闭"的真意。怀特海虽然没有像柏格森一样明确地指出观念论与唯物论知觉观

---

① Henri Bergson, *Matter and Memory*, p.13.
② Ibid., p.23—28.
③ Ibid., p.29. "知觉必有外在对象"(There is no image without an object)意指知觉不是心灵主观的虚构,而是对外在对象的直接认识。

的谬误(他对"自然两橛论"、"简单定位"、"具体性错置"的批评,已与柏格森的观点十分接近),但是他的说法显然是针对这些谬误而发。和柏格森一样,怀特海认为正确的知觉观必须根据具体常识经验,无论是观念论的内省分析,还是唯物论的科学分析,都不足以说明真实的知觉。其次知觉所知觉到的就是真实的事物,我们无须假设一个知觉(观念)的世界和一个不可知的物质世界,自然只有一个。其三,知觉活动的发生涵盖了所有的相关因素,觉知事件、觉知者、被知觉的特殊事件,乃至整个自然事件,都是有机的整体。心灵与自然是同样真实的,缺少任何一个环节,都不会产生知觉。在这样的脉络里,所谓"自然对心灵封闭"就是说自然的真实性并不依赖心灵,自然和心灵一样,各自都是真实的。就这点而言,怀特海的实在论并不是"素朴的"实在论①,而是"机体的"实在论。

由上述的分析可知,怀特海认为自然虽是"由感官知觉所观察到的",但这观察本身并不是孤立的事件,而是与整体自然以及各种主客的知觉条件相关的心灵活动。至于"被观察到的"也不是单纯的物质,而是处于时空关联之中的认识对象。感官觉察是对自然之为关联者——也就是对事件的体会,思想是对自然事实的成分的认知。后者预设了前者,前者也离不开后者。由此可见怀德海的知觉论与传统经验论可谓同途殊归;虽然二者都强调知觉在取得自然知识上所扮演的角色,然而传统经验论以现象论(phenomenalism)为主、以因果论为辅的知觉观,虽为怀德海以机体实在论为主、关系论为辅的知觉观所吸纳,后者的意义与功能却远超过前者。首先怀德海肯定知觉中不免思想与逻辑的因素,循此他在《象征论其意义与作用》(Symbolism lts Meaning and Effect)发展出"象征指涉"(symbolic reference)的观念。其次他肯定现前直接知觉的终极性,循此乃有"立即呈现"(presentational immediacy)的观念。再则他也承认知觉的产生有其主观生理基础、客观环境条件,循此乃有"因果效应"(caus-

---

① 即如罗素(Bertrand Russell)所说,素朴的实在论(naïve realism)从常识经验的立场,简单地将知觉与物质事物视作相同。然而这种做法无法解释电子、质子、中子之间不可见的空间关系,也无法解释何以对相同事物,我们会有许多不同的知觉,或是我们所知觉的影像已不是事物的现状(如我们对太阳的知觉,是8分钟以前的太阳),更无法解释知觉者本身的各种错觉、误觉或者特殊条件造成的知觉,如何可能会是物质事物自身。素朴实在论的这些缺陷,怀特海早已看出来,这也就是为什么他区分感觉对象与科学对象的不同。参见 Bertrand Russell, *Human Knowledge Its Scope and Limits* (New York: Simon and Schuster, 1948), p.202。

al efficacy)的观念。稍后在《科学与现代世界》和《过程与实在》,这早期的知觉论进而发展成复杂的摄持论(Theory of Prehension),成为他机体哲学的核心理论。

总括前述所说,怀特海"觉察论"主要论点如下:

一、感官觉察的对像是"自然事实"中的成分,即自然的特质;思想的对象是具个别性的实物,即概念。

二、感官觉察是知觉中不是思想的成分。思想是可以沟通、是公开的,感官觉察是不可以沟通、是私密的。

三、自然知识有三要素:即事实、成分和实物。其中事实是"给予"(the given)的,成分是感官觉察的终结点,实物是思想的终结点。

四、自然的事实不是抽象的概念,也不牵涉价值与审美的判断,只是感官觉察到的事物。自然的事实是其成分之间的关系。

五、对思考而言所有实物之间的关系都是外在关系,但对觉察而言,所有成分之间的关系都是内在关系。内在关系与外在关系的区分不是绝对的。

六、事件是可辨识的关联者,思考的实物是被辨识的事实成分。

七、对自然成分的"觉察"有二:一是指示的觉察,即"属性认识",这是对成分的主动认识;二是被指示的觉察,即"相关性认识",这是对成分的被动认识。

八、"属性认识"把握到事物的偶然性质,"相关性认识"把握到事物的本质性、必然的时空结构。

九、肯定自然对心灵封闭,自然有其不受知觉影响的外在客观实在性。

第八章

时间与自然的流程

前面谈及"事件"作为终极的自然事实,既具有时空延展性的"关联者",又是一去不返的生成变化(becoming)与发生(happening)。在时间之流中,"事件"与"时段"是共存的(cogredience)。前继后续的或者同时发生的各种"事件"构成这"自然的流程"(the passage of nature),使得自然随时处于"创生进程"(creative advance)之中,因而怀特海曾说:"自然是个过程。"(Nature is a process)①

第一节 共存与觉知事件

为了描摹自然不断生成的现象,怀特海使用了许多与"时间"同义或相关的概念:时段、发生、共存、流程、过程、生成等等。究竟这些概念和"时间"有什么关系?"事件"与"时段"、"流程"等概念之间又有什么关系?各自有何不同含义?而怀特海虽然认为"自然对心灵封闭",他却将自然知识建立在"感官觉察"的基础之上。在他看来,知觉是能知,自然是所知,在取得自然知识的过程之中,两者不可或分。如前文提及,知觉

---

① A. N. Whitehead, *Concept of Nature*, p. 53.

牵涉了四种事项:觉知对象、觉知事件、整个自然事件以及被知觉的特殊事件。知觉发生在"觉知事件"里,"觉知事件"又是整个自然事件中的一部分。换言之,知觉活动必得在自然之内进行,没有外于自然的知觉。基于这项理由,怀特海认为必有一个因素使知觉与自然结合,这个因素便是"自然的流程"。"自然的流程"使得能知的心灵与所知的自然"共存"于相同的"时段"之中,使得时空对心灵而言,超乎自然(to extend beyond nature to mind)。然而"自然的流程"既然是"自然的",又怎能"对心灵而言,超乎自然"呢?

要回答这个问题,必须对"事件"、"时段"、"流程"、"时间"等概念作进一步的审察。在《自然知识原理探究》里,怀特海除了详细分析事件的各种特质,还不断强调"事件"是知觉立即觉察到的具体事物,它最主要的特征就是具体的"此时此地"(here and now)。站在常识经验的立场来说,外在的自然固然是"事件",而那被知觉到的"事件"同时也是整个自然(simultaneous whole of nature)的一部分;整个自然便是这"事件"的背景,而知觉者本身也处于某个"事件"之中,便是所谓的"觉知事件"。如此,整个自然是一个"事件",被知觉到的部分自然是一个"事件",知觉者的觉察行动本身也是一个"事件"。上述这些"事件"必然发生在相同的"时段"之中。只有在相同的一段时间之中,心灵才有可能知觉到自然,或者自然才有可能被心灵知觉到。这里怀特海使用"时段"一词,避免使用"时间"一词,意将"时段"(duration)与"刹那"(instant)这两个概念作一个对比。真实具体的自然必然存在于一段时间之中,而刹那的存在只是抽象思考的结果。"时段"和"事件"一样,可长可短。各种事件的发生占据了一定的时段,整个自然事件也是一个"时段",而这样的"时段"涵盖了所有的现前事物,包括"觉知事件"在内。怀特海说:

> 整个自然的同时发生(the simultaneity of the whole nature)涵盖了所有被辨识的事件,这说明了自然背景与觉知事件之间的特殊关系。这背景就是与觉知事件同时存在的整个自然,觉知事件是其中的部分,而自然是完整的事件。这样的整个自然也可称之为"时段"。"时段"不是一段抽象的时间,……整个自然的连续性便是指此时此刻的自然是一整个事件(一时段),受到特定"此时此刻"的限制,同时延展及于所有"此时此刻"的事件。这也就是说各种在当下觉察之前的有限事件,都是整个连结时段的部分,而这时段也是特殊类别的事件。就某种意义而言,一个时段是不受拘束的,因为在某种

限制之下，可说到处都是相同的时段。时段有完整性，受到此时此刻的条件限制，时段是自然的一个"时块"（a temporal slab of nature 即有厚度、不只是线状系列的时间段落）。……事件的本质就是"此时此刻"，正因如此，所以说知觉是自然之内的活动，不是外于自然的审视。发生在自然之内的知觉便是"觉知事件"。"觉知事件"界定了与它相关的时段，也就是与它同时存在的"全体自然"（"all nature"）。①

由此可见，怀特海使用"事件"一词，是在强调觉察之前的自然的"同时性"（simultaneity）与"现时现地"（presence）。就这点而言，"事件"与"时段"意义相同，只是"事件"着重事物立即的"发生"，而"时段"与"刹那"相对，具有"延展"的意味。在知觉之前的整体自然既是"事件"也是"时段"。与这时段"共存"的知觉和自然一体，彼此交相关联，二者之间是整体与部分的关系，不是主观与客观的关系，这正是怀特海机体哲学的基本立场。这里需注意的是"共存"不同于"延展"，"延展"是指一个"事件"在时间、空间上涵盖另一个"事件"或"时段"，不过这时间与空间并不是特定的。"共存"则预设了"延展"，进而确定了特别的时间与空间，怀特海说：

"共存"是在一时段之内占有绝对位置的关系（Cogredience is the relation of the absolute position within a duration），我们必须留意一时段是自然的"一块"（a slab of nature），而不只是抽象的一撇时间（a mere abstract stretch of time）。②

在《自然的概念》里，怀特海进而明白地指出觉察行动本身和它所在的"觉知事件"，正占据一个绝对位置（在不考虑时间因素的空间之中）。在觉察面前的自然，是由两种成分所组成：一是时段，即概念思想呈现的所有现前的一切；另一则是包含在感官觉察之中、心灵独特的观点（locus standi），这观点的所在就是"觉知事件"，而"共存"便是时段与心灵观点之间的关系。他分析自然这特别的结构时，说道：

我们所辨识的是经历某个时期、某地点的特质，这便是我所谓的

---

① A. N. Whitehead, *An Enquiry concerning the Principles of Natural Knowledge*, pp. 68—71.

② Ibid., p. 71.

第八章
时间与自然的流程

"事件"。在辨识这事件的时候,我们觉察到它作为自然事件结构中的一项关联者的意义。事件的结构是事件的复合体,借着"延展"与"共存"这些事件才得以关联起来。①

在这里我所要讨论的是"在这里"(here)的觉知事件和"现在"(now)这时段之间的特殊关系。这关系是自然中的事实:心灵对自然的觉察必然包含的两种成分。在现前短暂的时段之内,觉知事件的"在这里"有一特定的意义。这"在这里"的意义是指觉知事件和与它相关时段之间有特殊关系。我称这关系为"共存"。因之我要说明这"共存"关系的特质。一旦现前快速地行进,成为过去,这"共存"便失去了确定的意义。这时自然的流程从位于过去时段之中"在这里"(here)的知觉,转换成位于现前时段之中另一个不同的"在这里"的知觉。也许我们无法区别这两个"在这里"的感官觉察所在比邻的时段有何不同,这时会有一从过去到现在的流程,借着知觉暂留的力量,使流逝的自然得以保存,而形成完整的现在。②

根据上述分析,觉知者与被知觉物必须共存于相同的时段,知觉才有发生的可能。怀特海举例说,对于"我知觉到绿叶"这件事,通常人们只注意到知觉的心灵、绿叶,以及二者之间感官觉察的关系,却没有考虑到知觉者的我"在这里",被知觉的绿叶"在那里",并且这两者"共存"于相同时段的整个自然之中。③ 其次,知觉发生在自然的流程之中,虽然念念生灭,但是现前的知觉必保留了稍早而又立即的过去知觉,进而构成完整的现前知觉。如此"共存"确定了觉知事件所处的时段,同时也确保了现前知觉的延长以及知觉者的观点。怀特海说:

在自然中自我改变(self-change in nature)与外在自然中的改变(change in external nature)是不同的。在自然中的自我改变是觉知事件观点性质的改变,是使得"在这里"产生与其他事件分开的作用,并且以与现前时段分开作为必要条件。而外在自然之中的改变,和持续原有观点的现前观照是可以兼容的。保存知觉与某个时段之间的独特关系,是那时段作为与感官觉察相应的现前时段的必要条件。这独特的关系,就是觉知事件和时段之间的共存关系。共存就

---

① A. N. Whitehead, *Concept of Nature*, p. 52.
② Ibid., pp. 108—109.
③ Ibid., p. 108.

在保存时段之中观点不中断的性质(Cogredience is the preservation of unbroken quality of standpoint within the duration)。觉察在整个自然之中持续保持相同的立场(the continuance of identity of station within the whole of nature),自然是感官觉察的最终对象。这时段可以涵盖觉察者自身之内的改变,但是不能涵盖它与被包含的觉知事件间独特关系性质的改变。换言之,知觉总是"在这里",而一个时段只能说因为它提供现前感官觉察与觉知事件之间的关联,以确保"在这里"的知觉能持续下去。只有过去"在那里"你才能有不同于现前"在这里"的观点。①

质而言之,知觉活动不仅预设了时空的延展,还须与被知觉者共处于相同时段。这"相同的时段"提供了知觉者特定的观点,也落实了知觉者、被知觉物以及整体自然之间的特定关系。

第二节 怀特海的"流程"与柏格森的"时间"

"事件"除了有延展性和现前立即性,还有单一性(unity)和连续性。在《自然的概念》里,怀特海认为一个"事件"既然被辨识为"一个",就有它一定的范围。如此"事件"可以根据时间与空间的连续性分成两类:就时间的连续性而言,有过去、现在与未来的"事件";就空间而言,有在同时彼此相关的"事件"。自然的事实就是在"觉察"面前同时发生的"事件",也便是"时段"。"时段"这个词虽然能表达自然事件的时空延展性,却予人以静态的印象。事实上自然是无时无刻不在变迁之流中的,其中的"时段"也不断地发生、消逝。为了说明自然的这项特征,怀特海于是提出"流程"与"过程"的概念。在《自然知识原理探究》一书里,怀特海说时空是从"事件"抽象出来的,在一时空的抽象系统(a space-time abstraction)中,时间表达了自然流程的某种性质,这"流程"被称作是自然的"创生进程"。② 在《自然的概念》里,他更明确的指出"流程"与"过程"是时间与空间的"转换"(transition),自然之所以"不断进行"(moving on),正

---

① A. N. Whitehead, *Concept of Nature*, pp. 109—110.

② A. N. Whitehead, *An Enquiry concerning the Principles of Natural Knowledge*, pp. 81—82.

是出于时空不断的"转换"。①

这里的"流程"与一般人以为的"时间"有所不同；科学家与文明社会人士使用的"时间"是可测量的时间（measurable time），而怀特海使用的"流程"一词则接近柏格森的"时间"，也就是不可量化、而且会造成质变的"时段"（如随着"时间"的前继后续，可以增加感觉的强度、造成生物的生长变化）。② 怀特海于是区分"自然的流程"或"创生进程"与"时间系统"（time-system）或"时间系列"（time-series）的不同：③

> ……我所谓的创生进程根本不是一个系列，和任何时间系列不同。我们常常将创生进程和单一的系列混淆；其前者是我们经验到且认识到自然持续转换的更新（the perpetual transition of nature into novelty），后者是我们方便用来测量的架构。不同的时间系列各自能测量出创生进程的某些层面，它们全部合起来正可以表达创生进程所有可测量的性质。④

与柏格森不同的是，怀特海的"流程"同时包含了时间和空间的转换，柏格森的"时间"则不含空间的考虑。就自然作为感官觉察的终极对象而言，"流程"不仅是自然的特质，也是觉察思想本身的特质。在变迁之流中发生的自然事件是独特的（unique），觉察到这自然事件的心灵活动也是独特的。这独特性有两种含义：在自然条件下，一是对个人的心灵而言，另一是对所有的心灵而言，感官觉察都是独特的。就个人的心灵而言，特定的感官觉察不仅不同于其他感官觉察，是心灵中能被辨识的成分，而且各个不同的心灵活动各自有与之相应的"时段"。可以说知觉的活动处于时间之流中，一个活动接连转换成另一个活动，不断地"进行"。不过这"时间之流"不是那可测量的、一度进向的、物理的自然时间，而是

---

① A. N. Whitehead, *Concept of Nature*, p. 54.

② 早于怀特海，柏格森认为科学家将时间看做是测量的对象、并将时间空间化，是抽象的理智作用。事实上时间是不可测量的，而有赖于意识不断的进行"质的综合"（qualitative synthesis），并以非理性的直觉（intuition）掌握之。怀特海接受柏格森"时间之为性质"的观念，但是不同于柏格森将时间附属于自我意识，怀特海认为时间的性质可由感官觉察把握。参见 Henri Bergson, trans. F. L. Pogson, *Time and Free Will An Essay on the Immediate Data of Consciousness*（New York：The Macmillan, 1901）, p. 94ff。

③ A. N. Whitehead, *Concept of Nature*, p. 17.

④ Ibid., p. 178.

超越自然时间的一种"性质"。怀特海说:

> 这(独特性)就是自然的时间流程(the temporal passage of nature);换言之,是一个时段转变成另一个时段的表现。因此自然的流程就它作为感官觉察最终的对象而言,不仅是自然的基本特质,也是感官觉察本身的基本特质。就是这项真理使得时间看来似乎超越自然(It is this truth which makes time appear to extend beyond nature)。不过对心灵而言,超乎自然的时间不是系列的、可测量的时间(the serial and measurable time)。那只展现自然中流程的特质,而除了在自然之中能取得可测量的时间之外,流程的性质自身是不可测量的。也就是说,"流程"是不可测量的,除了它在自然之中与延展相结合。在流程里,我们使得自然与终极的形上真际(时空)相结合。在时段之中,这流程的性质显示了自然中超越自然的一项特别性质(The quality of passage in durations is a particular exhibition in nature of a quality which extends beyond nature)。有时流程之中不仅是有自然的性质,那便是所知;同时也有感官觉察的性质,也便是能知的程序(the procedure of knowing)。"时段"具备所有自然的真实性。而时间的可测量性衍生自"时段"的各种特性(the properties of durations),时间的序列性也是"时段"的特性。在自然中我们可发现从不同类别的时段(families of durations)衍生出不同的时间系列系统(serial time-systems)。这是自然流程的特质,这特质具有自然的真实性,但是我们不必因此将自然的时间转换为外于自然的事物(extra-natural entities)。①

对个人的感官觉察而言,只需预设"时间的转换",对两个心灵的觉察而言,除了"时间的转换"之外,还得预设"空间的转换",因为两个心灵必与两个身体相关,不同的身体必须同时坐落在不同的空间之中,才能以相同的自然作为知觉对象。怀特海说:

> 对于任何两个不同的心灵而言,在感官觉察之前的一般事实中能被辨识的组成成分(the discerned components of the general fact),一定各不相同。对于个别的心灵而言,它对自然的觉察,是对和它所在躯体有关的、所有的自然实物的觉察。而有时所有相关的时段是

---

① A. N. Whitehead, *Concept of Nature*, pp. 54—55.

相同的。这时我们所接触的是由同时存在物体之间的空间关系所产生的流程特质（Here we are touching on that character of the passage nature which issues in the spatial relations of simultaneous bodies）。不同感官觉察的心灵所处的时段可能相同，因此使能感知的存有将私人的经验结合在同一个自然里。这里我们考虑的是自然流程的空间层面。就这个层面而言，流程对心灵而言，似乎超乎自然。①

换言之，不论是对个人心灵而言，还是对群体心灵而言，在自然流程中的"心灵的觉察"具有超越自然的特质。与心灵有关的时间与空间不同于物理自然的时间与空间，前者牵涉了复杂的性质，后者只是单纯的数量。

第三节 时空的同构性与异质性

因为"时间的转换"而有个人知觉活动的前继后续，因为"空间的转换"而有心灵知觉的同时发生。自然流程的"时间的转换"原是时间之流的本质，至于"空间的转换"则建立在"同时性"（simultaneity）这基础之上。换言之，同时异地的知觉所面对的是相同的自然。如此，时间与空间都是延展的，因而时空有同构性（homogeneity）；然而时空转换的性质不同，造成时空的异质性（heterogeneity）。这在《相对性原理》里，怀特海说得较为明确：

> 时间与空间的同构性是由于它们都有那更为根本的、事件所独具的延展性质（the quality of extension）。所谓"延展"，我是指某种性质使得一个事件可以是另一个的事件一部分，或者两个事件共有相同的部分。自然是事件的连续体，任何两个事件都会是一个更大的事件的一部分。时间与空间的异质性则出于时间的流程和空间的流程在特质（the character of passage in time and that of the passage in space）上各不相同的缘故。流程（passage）和意义（significance）是相同的，而我所谓的"意义"正是指事件的性质，而那性质正来自事件与其他事件之间的时空关系（By significance I mean that quality of event which arises from its spatio-temporal relationships to other events）。②

---

① A. N. Whitehead, *Concept of Nature*, pp. 55—56.

② Ibid., pp. 67—68.

时间流程的特质是"前继后续",空间流程的特质是"同时性的",二者的特质虽然不同,但都处在"意义"的关联之中。这里"同时性"的概念扮演了关键的角色;这个概念尽量排除"流程"的时间因素,突显"流程"的空间层面。然而突显"流程"的空间层面,不等于把时间"空间化",更不是把"同时性"当作"刹那性"(instantaneousness)。怀特海说:

> 将同时性与刹那性分开是极为重要的。……以某种意义而言,同时性是构成一个时段中一组元素的性质。一个时段可说是感官觉察所呈现的、立即现前的自然事实。一个时段含括了自然的流程。其中包含了先在的(antecedents)与后效的(consequents),这些可能是特定呈现在急速意识之前的部分流程,它们本身也是时段。换句话说,一个时段保存了时间的厚度(temporal thickness)。把全体自然看成是立即被认识的对象,这样的概念一定是某个时段的概念。虽然我们可以在时段的厚度上扩而大之,使这概念超乎在自然之中我们所认识特定存有的可能出现。因之,同时性是自然的终极成分,是感官觉察的立即性。而刹那性是思想程序下的一个复杂的逻辑概念,是为了在思想上简单的表达自然的性质所建构的逻辑实物。刹那性是指全体自然在一刹那间的概念,而这一刹那失去所有时间的延展性。例如我们看待在空间中分布的物质有如处于刹那之间。这在科学,尤其是应用数学上是很有用的概念,但是就一刹那和感官觉察到的立即事实之间的关系而言,它是很复杂的观念。感官觉察所提供的知识是经过一段时间的自然(nature through a period)。因之,在一刹那间的自然自身不是一自然实物,必须假借真实的自然实物来加以界定。除非我们这么做,否则运用这刹那自然概念的科学,必须宣称它的研究不是建立在观察的基础之上。①

第四节 时段与"一刻"

知觉观察到的自然是在时空中延展的,这延展是"时段",不是刹那的点尘。"大时段"之内可以含"小时段",好像一分钟里可以含三十秒,三十秒里可以含一秒,这大小之间是"整体"与"部分"连续的关系,不是

---

① A. N. Whitehead, *Concept of Nature*, pp. 56—57.

第八章
时间与自然的流程

分段累聚(aggregate)的关系。因此理论上我们可以想象有"一刹那的自然"(all nature at an instant)，怀特海特别称之为"一刻"(a moment)。在《自然知识原理探究》里，怀特海将"一刻"界定为："从绝对无始的条件下推导出来的抽象元素"(an abstractive element deduced from the condition of covering an absolute antiprime)①。所谓"绝对无始"就是说无论一群重迭的时段收敛到多么细微，仍是占据时间的"时段"。说"一刻"不具时间的延展，只是一种运用数学上无穷逼近的做法得到延展观念的极限，但是真实的自然却没有这样的极限。在《自然的概念》里，怀特海说：

> 自然的连续性起于延展。每个事件延展涵盖着其他的事件，每个事件也被其他事件所涵盖。因此在我们考虑事件之中"时段"的时候，可说每个时段是其他时段的一部分。因此没有最大的时段，也没有最小的时段(there are no maximum durations and no minimum durations)。因之时段没有原子结构，一个时段的完整定义如果是为了突出它的个别性，将它从同类的、它所涵盖的、或者涵盖它的时段区分开来，那都是思想所作的任意设定。②

因此理论上我们可以把"一刻"看做是一群重迭时段的"抽象集合"，事实上如果我们要确定一时段，也必须假借"一刻"作为界线。怀特海说：

> 相应于每个时段就有两个"一刻"与之相连，作为时段边界的"一刻"。一时段"边界的一刻"(a boundary moment)可以这样界定，……在重迭时段的抽象集合中，"一刻"就是指其内再没有时段的。如此"一刻"可说是时段"边界的一刻"。我们对时段的感官觉察告诉我们确有这样边界的一刻，就是这时段的前后。我们可称之为初始的和最终的边界(the initial and the final boundaries)。③

如此与那"之前"边界的一刻相邻的就是"过去"，与"之后"边界的一刻相邻的就是"未来"。怀特海因而说以前继后续的时段连结成的"自然的流程"，各有相应朝向未来的流程，以及朝向过去的倒退(retrogres-

---

① A. N. Whitehead, *An Enquiry concerning the Principles of Natural Knowledge*, p. 110.
② A. N. Whitehead, *Concept of Nature*, p. 59.
③ Ibid., p. 63.

sion)。如果把这过、现、未的时间之流当做是"系列的时间"(a serial of time),也就是由不具延展性的"一刻"所构成可测量的系列,那是理智抽象作用的结果。觉察经验中的时间与理智抽象作用下的时间应有所区隔,怀特海说:

> 在评估(可测量)时间系列的定义是否适切时,需先区别感官觉察直接感受到的时间,和理智分析下的时间的不同。时间的流逝具有可测量的系列性的数值(The lapse of time is a measurable serial quantity)。整个科学的理论建立在这个前提之上,任何时间的理论如果不能提供这样一个可测量的系列,就无法说明经验中最明显的事实。我们的困难在于到底这被测量的是什么?时间在我们的经验之中是如此重要,我们离不开它,因而很难看得清楚它。①

第五节 自然的流程与心灵的流程

怀特海这里说的"在我们经验之中"、"离不开它"的时间,显然就是那不可测量的时间。可测量的时间是从物理自然中抽象出来的,至于真实存在于自然之中、我们经验到的时间是不可测量的。真实自然的时间稍纵即逝、一去不返。时间不能离开自然,我们必须在自然之中发现时间,而不是在时间之中发现自然。在时间之中发现自然会使得时间独立于自然或者先于自然而存在,使得时间成为不可理解的形而上的谜团。怀特海因而说"因为有'发生'所以有时间,离开'发生'便什么都没有了。"②就这点而言,时间是在自然之中,没有"超乎自然"。但是如果把"在我们经验之中的时间"列入考虑,这"在自然之中的时间"就会进入人的"心灵",成为感官觉察与思想的一部分,怀特海说:

> 感官觉察与思想自身既是过程,也是在自然中可得的结果。换句话说,有感官觉察的流程,也有思想的流程。因此主宰心灵流程的性质是超越乎自然的。③

---

① A. N. Whitehead, *Concept of Nature*, p. 65.
② Ibid., p. 66.
③ Ibid.

第八章
时间与自然的流程

由此可知，怀特海所谓流程"对心灵而言，超乎自然"，就是指流程不仅是自然之中可测量的物理性质，还具有超越物理的性质、成为主宰心灵活动的重要因素。这因素就是时间的一去不返，透过时间的这项特性，心灵之中的感官觉察、思想、念念迁流，没有止息。不仅此也，心灵更有记忆的能力，记忆使得心灵不至于完全受制于时间的暴君。怀特海说：

> 在记忆之中过去就是现在。这现在不是自然时间系列之中的反复重现，而是呈现在心灵之前的立即事实。因之，记忆使得心灵脱离了单纯的自然流程，因为对自然而言已经是流逝的东西，但对心灵而言则不然。①

事实上，先前的记忆和现前的知觉是不可分的，因为时间是连续延展的，不是分段的刹那。怀特海说一般人之所以以为时间可以被刀刃般地加以切割，是因为受了科学观察上我们可以有理想的精确性概念（the concept of an ideal exactitude of observation）的影响。天文学的观察可以精密到几十分之一、几百分之一，乃至几千分之一秒，不过最后仍需以平均数甚至于临界误差值呈现观察的结果。这时误差只是一约定俗成的词汇（a conventional term）而已，用以表达经验的特质与思想的理想二者并不相符的事实。② 觉察最终的对象仍然是在有时间厚度的时段之中，怀特海说：

> 立即的时段在我们的体会之前，无法明确的刻画出来。"时段"稍早的边界因为立即褪色成为记忆而模糊，稍晚的边界受到期待的出现而模糊。记忆和现前的立即性、或者现前的立即性与期待之间，不能一刀两段。现前是在两极端之间摇摆不定的、有宽度的边界。因此我们现前的感官觉察，和某种想象的存有拥有的感官觉察具备同样性质：这类存有的心灵已经从流程之中解放出来，可以将冥想整个自然作为立即的事实。我们的现前存在有种种的先前与随后（its antecedents and its consequents），对想象的存有而言，整个自然也有种种的先前与随后。③

换言之，就心灵的层面而言，"流程"是现前的知觉、过去的记忆与未

---

① A. N. Whitehead, *Concept of Nature*, p. 68.
② Ibid.
③ Ibid., p. 69.

来的期待所构成,三者并没有判然分明的差别。对立即的现前时段而言,"流程"是由现前的一刻与先前、随后的时段所构成,三者也没有判然分明的差别。心灵的流程与自然的流程紧密相连,却各自不同。怀特海说:

> 如果我们愿意的话,我们可以猜想,心灵的流程之所以和自然的流程结合,是因为两者都享有那支配所有存在的某种流程的终极特质。不过平常我们并不在意这个猜想。对我们而言自然流程立即的展示就够了,因为心灵在时间之中或在空间之中的意义,不同于在时间之中的自然事件;因为心灵的流程与自然的流程有了独特的结合,所以说心灵间接地(derivatively)存在于时间和空间之中。然而就其自身而言,心灵在时间之中和在空间之中各有独特的意义。①

　　心灵在空间之中可能相应于脑部的某些生化反应,心灵在时间之中便涉及了记忆与期待的作用,二者都是独特的,但意义显然不同。

　　由上述分析可见,虽然有"心灵的流程",也有"自然的流程",但并不是说二者各有各的存在,渺不相干;心灵与自然是共存的。在《相对性原理》里,怀特海进一步澄清这"时间"的观念。因果论将自然区分为个人经验的自然和外在原因的自然,因而造成自然的两橛,这是怀特海所坚决反对的。同理,在时间上他也反对区分个人的心理时间和非个人的自然时间。于是他提出一个保守的说法,以及一个吊诡的说法。保守的说法是:在觉察之前的自然,也就是以"相关性认识"的表象自然,是由彼此重重相迭的"时段"所构成的(就像中国的多宝盒,一盒之中,藏有一盒,重重迭迭;一小时中藏有一分钟,一分钟中藏有一秒),换言之,可说是"阶层化"(stratified)了的自然。这一连串的"时段"阶层从属于知觉者立即的经验,每个短暂的时段,都是自然的一整块时间(a total slab of nature)。因此在"相关性认识"中的时间,是个整体。至于在"属性认识"之中的自然时段,则成为个人经验片面(partial)觉察的对象。根据这个学说,保守的说,唯有"相关性认识"中的时间,才能把握时间的特性:"时间是一自然的阶层化"(Time is a stratification of nature)。另一个吊诡的说法是:在人的思想之中,已有自然时间阶层化这独特的假定。这时每个人的个别经验里,都可以有这样的独特性(uniqueness);换言之,这独特性是知觉者共有的经验。但是另一方面,坦白的说,每个人的个别经验都是片面的,我们无法从个人主观的片面经验,推导出自然客观的各种条件。因此对

---

① A. N. Whitehead, *Concept of Nature*, pp. 69—70.

个人而言,某个时间系列前继后续的独特性,未必对所有人而言一体适用(consistency)。这时我们必须承认在自然之中有许多不同的时间系统,这些不同的系统涵盖了许多不同的阶层化系统。因此时间阶层化的独特性既是人人共有的思想,也是个人独具的片面经验。总之,根据上述两个原则,怀特海肯定在个人经验之中的表象就是自然的事实;个人经验中的时间就是自然的时间。虽然根据个人不同的经验,以及在自然不同的阶层化系统里,时间会有不同的意义,空间也会有不同的意义。①

对心灵而言,时间是过去记忆、现前经验与未来期待共同构成的连续时段;对自然而言,时间是前继后续、不断发生的创生进程。在怀特海看来,真实自然之中时间的种种特质:现时现地、不断发生、一去不返、延展性、连续性……这些都不是那在理智抽象概念中、把时间看做可测量的刹那序列可以说明的。尤有甚者,知觉自然的心灵与被知觉的自然必须同时处于相同的时间之流中,"共存"正所以显示二者密不可分的关系。有心灵的流程,有自然的流程,也有心灵与自然同处于流程之中,所以说时间与空间"对心灵而言,超乎自然"。在时空之中,心灵与自然既有相同之处——都在"自然的流程"之中,又有相异之处——心灵借着记忆的功能,使得过去得以留滞到现在,而自然的时间则不能稍留。怀特海虽然一再分辨各种与时间相关概念的差别:如以"事件"强调时间的"现前立即性",以"时段"强调时间的"延展性",以"共存"强调知觉者与被知觉物之间的"同时性"、"独特关系",以"发生"强调时间的"不可回溯性",以"流程"或"过程"强调时空的"转换"……却一再避免直接使用"时间"一词。这因为他已把"时间"一词保留给一般物理测量的对象——一度进向刹那的系列,而这样的时间概念,正是他一再批评的科学唯物论的基本预设。

总结本章所说,怀特海认为自然是一流程,是一过程,正是他机体思想的核心理念,其要点如下:

一、自然随时处于创生进程之中,自然是一流程。
二、知觉者所在之觉知事件是整体自然流程的一部分。
三、知觉者与被知觉物、其各自所在事件以及作为背景之整体自然有"共存"的关系。"共存"是指不同的事件同时发生在相同的时段。

---

① A. N. Whitehead, *The Principle of Relativity*, pp. 66—67.

四、自然的流程不仅包括时间的转换,也包括空间的转换。

五、科学研究中的"时间"是可测量的时间系列;创生进程中的"时间"是指不可测量的时空转换,其性质超越自然时间。

六、所谓流程"对心灵而言,超乎自然",是指心灵的流程涉及的"时间"超乎自然之中可测量的时间。心灵的记忆能力,使心灵活动得以不受自然时间流逝的限制。

第九章

契入论

　　从前面的讨论,我们可以确定一些怀特海"知觉论"的基本论点:知觉是"有意义的"(significant)经验;知觉的"体会"把握到自然的连续性、相关性与具体性,便是所谓的"事件",是时空关联者;知觉的"认知"把握到自然的原子性、个别性与恒常性,便是所谓的"对象",是不在时空之中的、可辨识的事物性质。"事件"是"对象"与"对象"之间的关系,没有"对象",我们便无法辨识"事件"的特质;"对象"作为"事件"的恒常性质,离开"事件"便无法被辨识,因此"对象"必须以"事件"作为处境。知觉活动本身是"事件",这便是"觉知事件",该事件与被知觉的对象必需"共存"于相同的自然时段之中。被知觉的对象有许多种类,科学对象是物质对象的原因,物质对象是知觉对象的原因,而知觉对象则是感觉对象的原因。"原因的自然"便是"表象的自然"。知觉的发生,不同对象之间的关系,不仅是单纯的"原因与表象"的关系,还牵涉复杂的"处境",以及主动与被动的条件事件种种关系等等。这里"事件"与"对象"显然是怀特海知觉分析的核心概念。然而"恒常"的对象如何能和"变迁"的事件结合呢?怀特海似乎重蹈了柏拉图的覆辙①,"永恒的理型"一但和"变迁

---

① 参见 Plato, *Parmenides*, *Timaeus*; Aristotle, *Metaphysics*, Book I & Book XIII; 拙作:《〈巴门尼德斯前篇〉与参与问题》,载《东海学报》1988 年 7 月第 40 卷,台中:东海大学文学院,第 203—241 页。

的世界"分离，再想结合就困难重重了。不过柏拉图在这个议题上采取的是"理型论"（"柏拉图实在论"）的立场，怀特海却一直抱持着"机体实在论"的信念：知觉者与被知觉物、知觉活动本身（二者之间的关系）以及二者共存的自然都是真实的。毕竟"事件"与"对象"的区分，主要根据知觉的模式，不是存有本体的等级：我们"体会"到的自然是"事件"，"认知"到的自然是"对象"，而自然只有一个。

于是怀特海在处理对象与事件关系的问题上，有了较大的弹性与空间。科学唯物论与感觉论往往以"二元因果论"解释知觉的活动，认为"简单定位"了的外在物质是引发感官认识表象世界的原因，忽略了知觉活动发生在具体的时空情境之中。这项知觉因果论不但导致自然的两橛，且将复杂的知觉活动简化为单纯的"知觉者"与"被知觉物"或者心与物之间的二元关系。而怀特海以"关系论"为基础的知觉论，则主张知觉活动涵盖了"事件"与"对象"之间多种复杂的关系，虽然这些关系中也有因果关系。在《自然知识原理探究》里，他说"对象"以"事件"为"处境"；在《自然的概念》以及随后的著作里，他则说"对象契入事件"（sensible objects ingress into nature）。"处境"是对象与事件之间的特别关系（particular relation），"契入"（ingression）则是普遍关系（general relation）以及多项关系（many-termed relation）。这里"契入"一词看来十分生疏，本是"进入"（entering）的意思。怀特海为什么要以"契入"取代"处境"呢？表面上看来至少有两个理由：一是"处境"有强烈的局部性（locality）含义，无法表达相同对象与多个事件之间的普遍关系；二是"处境"较为静态单纯，无法表达对象与事件之间多项的复杂关系。前者牵涉到"事件"与"对象"有齐一意义的问题，后者牵涉到怀特海在知觉论上的一项发展。这里我们将先了解"契入"的意义，再透过"契入"的概念说明不同种类对象之间的关系，一并探讨"自然齐一性"与知觉理论的问题。

第一节　普遍契入

"契入"一词最早见于《自然的概念》一书中，怀特海用以指称对象与事件之间的关系，他说：

> 对象是某个事件特质的构成分子（An object is an ingredient in the character of some event）。事实上事件的特质就是作为它的构成

第九章
契入论

分子的对象,以及这些对象"契入"事件的方式。因此对象的理论便是比较事件的理论。事件之间之所以能作比较,就是因为他们将恒常性具体化。我们在比较事件之中的对象时,可以说"这又是它了。"(There it is again)对象就是在自然界中可以一再出现的因素。

事件的分割,将自然分裂成不同部分,正是我们认知到作为事件成分的对象所造成的。辨别自然的特质,便是对流逝事件之中的对象加以认知。这结合了对于自然流程的觉察、对于部分自然的觉察(the awareness of the consequent partition of nature),以及根据对象契入的方式,对某些特定部分自然的觉察(the awareness of the definition of certain parts of nature by the modes of the ingression of objects into them)。①

正如"事件论"与"对象论"所主张,对象是抽象的、可以一再出现的,事件是具体的、一去不返的。对象构成事件的特质(含自然的流程、部分流程、特定部分等等的特质),事件则是对象的处境,而"契入"正在说明对象作为事件的构成分子的这项关系。不过相同的事件可能会有不同种类的对象、以不同的模式(mode)契入,这也会影响事件的特质。怀特海说:

> 你也许注意到我用"契入"这个词指称对象与事件之间的"普遍关系"。对象契入事件,是事件根据对象的存在塑造自己特质的一种方式。也就是说事件之所以为事件,正是因为对象之所以为对象(The event is what it is, because the object is what it is)。当我想到对象之于事件的塑造作用,我便称这两者之间具有"对象契入事件"的关系。同样地,我们也可以说对象之所以为对象,正是因为事件之所以为事件。事实上如果没有对象契入事件,也就没有对象,没有事件。……契入是一种有不同模式的关系。显然有许多不同种类的对象,不同种类对象无法和事件有相同的关系。②

牵涉知觉活动最重要的对象有感觉对象、知觉对象、物质对象,以及科学对象。它们彼此之间有复杂的因果关系,各自契入自然的方式也不同,会对事件的特质造成不同的影响。在《自然知识原理探究》中,怀特

---

① A. N. Whitehead, *Concept of Nature*, pp. 143—144.
② Ibid., pp. 144—145.

海以"主动条件事件"、"被动条件事件"、"处境"等概念说明不同种类对象之间的关系,在《自然的概念》里,他再次根据"契入"的概念,分别对感觉对象、知觉对象、物质对象与科学对象作了进一步的分析。

对象是事件的恒常性质,事件根据对象型塑自身,正是因为两者之间有契入的关系。不过说"契入"是对象与事件之间的"普遍关系",就是说相同的对象可以同时存在于不同的事件之中。这也许是违背常识经验的说法,常识告诉我们一个对象或事物只能存在于一时一地,不可能同时存在于多处。但是怀特海所谓的"对象"并不是具体的事物,而是抽象的自然成分,所以相同的对象当然可以同时遍在多个事件之中,而这样的关系就是"契入"。他说:

> 对象是所有与它比邻区域的一个构成分子,而它所在的比邻区域是不确定的(An object is ingredient throughout its neighbourhood, and its neighbourhood is indefinite)。因此容许一个对象契入塑造多个不同事件。最后以某种意义而言,我们必须承认每个对象都是遍布在自然中的成分,虽然在表达我们个人经验的时候,与对象契入于事件的数量无关。①

对象普遍契入所有的自然事件之中,就好像发拉第的电磁场理论所说的,以某种意义而言,"每个电荷遍及一切所在"。每刻每处电磁场因为电子的通过而有所改变,这时电荷之于电磁场可说是一种"普遍契入"(general ingression)。至于对象以某种特别的形式(a peculiar form)契入事件之中,例如有某个特别位置和形状的电子处在某个试管里,在某个经度与纬度的暴风雨处于大西洋飓风之中,厨子进入厨房,则可说是一种"特别契入"(special ingression),怀特海称之为"处境的关系"(relation of situation)。然而任何对象"契入"事件,不仅是以事件为处境,"进入"事件之中,成为事件的特质,同时也会对于其他相关事件造成影响。举例来说,牙疼的时候我们找牙医看治,指着发疼的牙齿,可是医生却说那牙齿并无缺点,反而医治旁边的牙齿,竟然止住了牙疼。又如有人切除手臂之后,对他已丧失的手仍然有感觉,而他那想象中手臂所在的"处境",不过只是空气而已。还有当我们从镜中看见一把火焰时,那火焰真实的处境在镜子的前面,而不是我们看见的镜子里。又如晚上我们遥望银河,所看

---

① A. N. Whitehead, *Concept of Nature*, p. 145.

到的许多星星可能已经不存在了,"消失"才是那些星星的真实处境。①这说明"处境关系"是对象与事件之间的特别情况,而对象除了是它自己处境事件的特质之外,还会"影响"(influencing)其他事件的特质,这时我们便称之为"契入"。然而"处境关系"与"契入关系"无法孑然划分,只能说契入是普遍的处境关系,而处境是特别的契入关系。不论如何,对象契入事件显然包含了"因果论"(theory of causation),不论是事件与事件之间的因果(如狂风暴雨显示台风的来临),还是对象与对象之间的因果(如物质对象是知觉对象的原因)。然而怀特海却表示他刻意忽略"契入"的这个层面,因为因果论和他的自然观相去太远。②

第二节 感觉对象之分析

"普遍契入"的关系,因不同种类对象契入的模式不同,而有不同。感觉对象、知觉对象或物质对象以及科学对象契入自然事件模式各异,不过都是普遍的。首先感觉对象是最基本的知觉对象,是感官觉察所提供的自然成分。既为对象,感觉对象便不享有自然的流程,也不是任其他自然成分之间的关系。当然这不是说感觉对象不能作为与其他成分有关的"关联者",只是它不是"关系"。③ 感觉对象的另一个特点是一定涉及感知者,或者怀特海所谓的觉知事件。感觉对象是觉知者身体的直接感受,不能脱离感知者,因此也就涉及了一项"多重关系",怀特海说:

> 所谓的多重关系是指任何具体的事例的发生,都必然涉及了两个以上的关系。例如当约翰喜欢汤马士时,只有两个关联者,约翰和汤马士。但当约翰拿书给汤马士时,就有三个关联者。④

这就是说感觉活动涉及两个以上的关联者。一般经验论者以为我们对于自然的感觉,只单纯的涉及"实体与属性"的二元关系,也就是说感觉对象是实体依托的属性。但怀特海认为只要"自然是知觉所观察到的",那便涉及了多重关系:

---

① A. N. Whitehead, *Concept of Nature*, pp. 147—148.
② Ibid., p. 146.
③ Ibid., p. 149.
④ Ibid., p. 150.

就真实的真际哲学而言,很可能只有具备属性的个别实体存在,其间或者只有二元的关系。但我相信事实上并非如此,不过这不是我现在想争论的事。我们现在探讨的主题是自然。只要我们考虑感官觉察到自然中的成分,在我看来在这些成分之间只有多重关系的事例,而感觉对象和处境之间的关系,只是这多重关系的一个例子而已。①

换言之,自然成分之间并不是单纯的二元关系。当我们看到一件旧的蓝色外套时,外套之为"知觉对象"以及蓝色之为"感觉对象",两者或许处境相同。这时外套因受到光线照射折射出"蓝色"来,其间的过程是间不容发的。然而当我们遥望夜空中的一颗蓝星时,经过千百光年的传递,星星之为"知觉对象"可能已经不存在,而蓝色之为"感觉对象"却立现眼前。两者的处境显然有别,而这差别正取决于观察者所在的位置。因此知觉的产生绝不只是单纯的二元关系。一个感觉对象至少涉及两个以上的关联者,即前文提到的觉知事件、处境、主动条件事件和被动条件事件。例如从镜子观察到一片蓝色,这里观察者的身体状况是"觉知事件",观察者从镜子看到蓝色是"处境",蓝色的外套、镜子和房间的光线空气,这些与"觉知事件"特别有关的事件是"主动条件事件",而其他自然背景是"被动的条件事件"。② 怀特海说:

> 对"蓝色"的感官觉察坐落在某个我称为处境的事件里,显示对于"蓝色"的感官觉察涉及了"蓝色"的属性、观察者的觉知事件、所在处境,以及中介的事件(intervening events)之间的各种关系。事实上整个自然都牵涉在内,虽然只需要某些中介的事件具备某些特定的特质。因之,"蓝色"契入自然事件显示了有系统的关联。观察者的觉察有赖于觉知事件在这系统关联(systematic correlation)所在的位置,我用"契入自然"(ingression into nature)的说法,来表达"蓝色"与自然之间的这项系统关联。任何蓝色契入特定的事件,就是整个"蓝色"得以契入自然的部分实况。③

"系统关联"便是指所有与感觉对象相关的处境与条件事件。这使得感觉对象虽然只是最基本的、最单纯的知觉对象,却不可避免地涉及复

---

① A. N. Whitehead, *Concept of Nature*, p. 151.
② Ibid., p. 152.
③ Ibid.

杂的多重关系。而感觉对象作为自然的成分,根据自然齐一性,特定的感觉对象只是普遍感觉对象的个例而已。比如一面镜子可以作为某特定感觉对象的处境,同时也可作为许多其他感觉对象的处境。它可以有某个特定的观察者与觉知事件,也可以有其他的观察者与觉知事件。这项对象与事件之间任何可能的普遍处境关系,便是"契入"。①

第三节 知觉对象之分析

　　知觉对象与感觉对象事实上处境相同,不同的感觉对象,如颜色、味道等等,会"契入"相同的自然,从而成为相同知觉对象的特质。② 感觉对象是感官觉察所提供的自然成分,例如某种特定的颜色,一件旧外套的蓝色。这蓝色一旦成为感觉对象,便不再是处于某时某处的"蓝色",而成为排除自然流程因素的"蓝色"。这"蓝色"自身是自然的成分,同时也和其他自然成分有关,如旧外套的形状、气味等等,如此一个处境同时契入许多相关的感觉对象,构成一个知觉对象。在《自然知识原理探究》里,怀特海认为有关知觉对象的认知,伴随着立即的判断。在《自然的概念》里,怀特海则强调知觉对象的产生,基本上不是依赖判断,而是依赖经验。我们必须先行认识知觉对象之后,判断才有运用的余地。他举例说,看到一块法兰绒时,我们随即想到法兰绒的性质,以及它作为运动员外套的用处,但是必待我们先行把握到知觉对象(也就是法兰绒的运动员外套)之后,我们才会有这些想头。另一方面,经过经验累积而有的不同的想头或者预期判断(anticipatory judgment),也会影响我们对知觉对象的认知,但是我们不能因此以为知觉对象便是理智的产物。怀特海说:

---

　① A. N. Whitehead, *Concept of Nature*, p.153.
　② 史德宾认为这个观点代表怀特海早期的知觉论:将知觉对象看做是一群感觉对象的集合(the perceptual object as a group of sense-objects),也就是怀特海后来所谓的"集合论"(class-theory)。稍后怀特海修正了这个观点,认为知觉对象"控制"了感觉对象,也就是所谓的"控制论"(control-theory)。然而事实上怀特海早期也有"控制论"的观点,在《自然知识原理探究》中他已主张物质对象是引发感觉对象的主动条件。史德宾认为怀特海在1922年的"亚里士多德演讲会"发表的《齐一性与偶然性》一文,以及在"詹姆士—史高特讲座"发表的《相关性》一文,标志了他知觉理论的重大改变,可能不符实情。参见 Susan Stebbing, "Professor Whitehead's 'Perceptual Object,'" p.198。详见后文。

知觉对象是经验习惯的产物。任何与这习惯相抵触的,都会妨碍感官觉察到这样的对象。知觉对象不是理智观念的结合,而是处境相同的感觉对象的结合。其结果(知觉对象)不是理智的(产物),而是一种独特类型的对象,以它自身独特的方式"契入自然"。①

这就是说知觉基本上出于经验的累积,不是理智的作用。而"感觉对象"有它们契入自然的方式,知觉对象也有其独特的契入方式。

在《自然知识原理探究》里,怀特海曾经提到两种知觉对象:"错觉对象"和"物质对象"。"错觉对象"的处境可说是"对象契入自然"的一项被动条件事件,且只有某个特殊的"觉知事件"才能觉察到这样的对象。而"物质对象"的处境则是一项主动的条件事件,且可以成为无数觉知事件所觉察到的对象。从"实体与属性"二元论的观点来看,"物质对象",也就是正确的知觉对象,是"实体",而感觉对象是"属性",因此感觉对象的实在性不如"物质对象"。怀特海则认为这种论点,忽略了一项经验事实:从知觉的立场来看"感觉对象"远较"物质对象"更为丰富,我们对"物质对象"的知觉有赖于我们对"感觉对象"的知觉,反之则不然;也就是说我们对许多"感觉对象"的知觉,不必伴随着任何对"物质对象"的知觉。另一方面,"物质对象"既然真实存在,它的处境便具有"独特性"(uniqueness)与"连续性"(continuity)。而"感觉对象"则不然。无论"感觉对象"占据多么小的时段,它都可以同时普遍存在许多处境里(如从许多面镜子里看到相同的蓝色),而不须以连续的事件流程作为条件。不过"感觉对象"契入自然的条件事件,正是"物质对象"所在的事件。说穿了,"物质对象"就是一套在同一处境中出现的"感觉对象"(如苹果之为物质对象,便伴随了苹果红、圆形、香味等等一套的感觉对象),只要认识了"物质对象",便可认识它的相关"感觉对象"。② 根据上述分析,"物质对象"虽然可说是引发"感觉对象"的原因,但二者"契入自然"的条件并不相同。前者以独特的、连续的事件为处境,后者则以前者的处境为主动条件事件。

---

① A. N. Whitehead, *Concept of Nature*, p. 155.
② A. N. Whitehead, *An Enquiry concerning the Principles of Natural Knowledge*, pp. 157—158.

第四节　科学对象之分析

在不同种类的对象里,以科学对象契入自然的方式最为普遍而又最有系统,最能展现自然系统规律的特质。怀特海认为法拉第的电子概念,以及马克斯威尔的电磁场理论正是这样的科学对象。法拉第在1831年发现磁场的改变会产生电流,于是他以"场"(field)形容电与磁同时发生作用的现象,随后马克斯威尔提出"以太"作为电磁波传递的介质,建立了电磁场的理论。根据电磁场理论,任何一个电子的活动都会影响整个电磁场。怀特海因而认为电子的这项特质,最适合说明"科学对象普遍契入自然事件"的事实。他说:

> 一个科学对象,比如一个特定的电子,可说是遍及所有自然事件特质的一项系统的关联(systematic correlation)。它是自然系统特质的一个层面。电子不只是在于它的电荷所在。因为电子契入自然,这电荷提供某些事件以数量的特质,而电子便是它的整个力场(whole field of force)。质言之,电子以系统的方式影响所有的事件,作为它契入自然的表现。……另一方面每个契入自然的电子也在一定范围之内,造成了每个事件特质的改变。因此我们认为这项事件之流的特质,标示了整个宇宙其他电子的存在。……最能表达这自然特质的概念,便是每个事件受到每个电子契入自然的影响而改变,而"以太"便是遍布时空的事件受到这系统影响而改变的现象。①

如此电子之为科学对象,不仅具有可被测量的电荷,且是普遍契入自然的对象。这对象不仅表现普遍自然的特质,也是所有其他对象存在的条件与依据。

第五节　实体与属性之二元关系

由前述可知,"契入"是对象与事件之间的"普遍关系"。这里"普遍"不仅是指一个对象可以同时存在于多个事件之中、所有可能的事件之中,

---

① A. N. Whitehead, *Concept of Nature*, pp.159—160.

且指一个对象会影响到相关联的事件,造成事件特质的改变。相同的处境事件会有不同的对象以不同的方式契入,感觉对象、知觉对象、物质对象、科学对象等等,也因为契入相同的事件之中,彼此之间产生了错综复杂的关系。因此"处境"不只是单纯的提供知觉对象的所在,有时还涉及了不同对象和许多事件之间的复杂关系。所以说怀特海的知觉论不是单纯的"因果论",而是复杂的"关系论"。

单纯的知觉因果论主张感官知觉仅涉及引发感觉的事物(因)和感觉对象(果)之间的关系,实际上是受到亚里士多德哲学与逻辑的影响。亚里士多德一向认为最基本的存在是实体(substance),有属性(attribute)依附其上,在逻辑上"主词"(subject)与"述词"(predicate)连结是肯定句最基本的形式,而"实体"就是不可作为"述词"的"主词"。所有事物之间可见的表面关系,都可以分解成具备属性的实体之间的关系。这"实体与属性"(或"主词与述词")的二元区分,正是造成"自然两橛论"最古老的依据。根据"实体论","绿色"是"一片草地"的属性和述词,"绿色"与"草地"之间仅有单纯的二元关系。从"关系论"的立场,我们可以区分作为"绿色"处境的事件和作为"一片草地"处境的事件之间的不同,"绿色"与"草地"之间还牵涉了处境事件,时空关系。"实体论"或唯物论常将空间当作物质实体之间的关系,而"关系论"却以为空间是属性之间的关系。① 再者,前面已经提到,物理学常以时间为可测量的系列(time-series),没有考虑到自然变化生成的普遍现象。怀特海则认为把时间当作"自然的流程"(passage of nature)与那表现自然流程部分特征的"时间系统"(time-system),二者确实有所不同。② 前者是连续不绝的时间关联,后者是物理测量的参照架构。

至于"实体论"仅考虑实体与属性的二元关系,时间的因素无可避免的被排除了。对此,怀特海在《相对性原理》中特别加以说明。"实体论"也就是"唯物论"的前身,认为"质料"(stuff)是构成自然的终极事实,怀特海则以"事件"取代之。"事件"包含了过程与延展性以及偶然的性质,并且是"契入"关系之中的关联者(events as involving process and extension and contingent qualities and as primarily relata in the relationship of ingress-

---

① A.N. Whitehead, *Concept of Nature*, pp.16—21.
② Ibid., p.17 & p.178.怀特海将时间系统区分为两类,一是"自然的创生进程"(the creative advance of nature),一是时间系列(time-series)。创生进程是自然本身不断的转换更新,时间系列则是这进程被量化测量的结果。

ion)。怀特海认为这样便可对笛卡儿的理论作一修正。笛卡儿就像17世纪大多数的科学家一样,将时间与空间分开。他认为延展性属于空间,过程则属于时间。延展性是从更为具体的"质料"抽象而得,而"质料"可以和"过程"的概念分开。如此一来,"质料"可以完全实现在一刹那间,不占据任何"时段"。因此空间是"质料"的性质(Space is a property of stuff.),可以完全和时间分开。于是笛卡儿导出"空间是无时间性的质料场"(Space is an essential timeless plenum)的结论来。只要没有"质料",就没有空间。怀特海以"事件"取代"质料",便在为自然保留"过程"的性质。真正具体存在的是时空关联的"事件",时空分离的"质料"只是从"具体事件"抽象而出的概念。表面上看来,实体论与唯物论在解释知觉的发生上,占了符合一般常识经验的优势,但却不是我们立即直接觉察到的自然事实。①

第六节 殊相与共相之二元关系

在《相对性原理》中,怀特海曾特别强调"对象"与"事件"之间不仅不是"实体与属性"的二元关系,也不是"共相与殊相"(universal and particulars)的二元关系。表面上看来,传统逻辑中的"共相"近似怀特海所谓的"对象";"殊相"则近乎所谓的"事件"。根据怀特海的说法,"对象"可以遍在许多"事件"之中,似乎可说"共相指示了殊相的意义"(The universals are significant of their particulars);另一方面,"事件"是"对象"的处境,没有"事件"便不可能有"对象",似乎可说"殊相是为了共相展现事实常性的成分"(The particulars are factors exhibiting the patience of fact for those universals.)。然而怀特海进一步的分析道:在感官觉察面前的自然里,我们无法发现共相指示殊相意义这样的二元关系。在知觉活动里,除了同时并存的知觉者与被知觉物之外,还有许多其他的情境条件,是对象与事件的关系不是"共相与殊相"的二元关系所能含括的。怀特海举例说:

> 呈现在一个观察者面前的"绿色"有着不同于观察者的处境,不过二者的处境所在的事件同时发生。这时基本上有三个同时发生的

---

① A. N. Whitehead, *The Principle of Relativity*, pp. 38—39.

事件:一是观察者躯体生命的事件(the bodily life of the observer),我们称之为"觉知事件";二是在观察期间"绿色"所在的处境事件;三是在观察期间的整体自然。由于对逻辑理论中的共相和具体殊相的执着,觉知事件被压抑了,而"绿色"与其处境之间的关系给说成是"共相赋予殊相的性质"(universal qualifying particular)。这时我们才发现这关系只对殊别的观察者有效,需要进一步考虑偶然的情况,比如从先前的处境传递给觉知事件的,有时并不是"绿色"。①

换言之,"共相与殊相的二元关系"只预设了个别知觉的心灵和被知觉的外在世界,忽略了与二者密切相关的时空情境以及其他的条件事件。如此一来,共相与殊相的二元就和实体与属性的二元一样,将导致自然的两橛。怀特海说:

> 这样先预设了二元关系,后来又发现这关系不正确,却已导致两橛的后果:即将"绿色"放置在观察者的心中,同时也将赋予殊相性质的作用放置在观察者的心中;然而整个心灵过程和其他实物系统之间已有某些未决定的关系,不管这些实物系统是和心灵之间有某种因果关系的、孤立的物质宇宙,还是一个概念的模型。②

"殊相"预设个别的知觉者,"共相"预设心灵的概念,这两个预设都无法避免自然的两橛论。两橛论将自然区分为"原因的自然"和"表象的自然",认为前者是外在自存的物质世界,后者是因前者刺激所引发的主观感觉。然而这样的说法无法得到任何证明;毕竟所有我们所认识的,不论是"表象"还是"概念",都脱离不了心灵。如果坚持这样的理论,终将陷入"独我论"(Solipsism)而无以自拔。怀特海于是指出整个问题的症结所在,正在于错误地将"绿色"和事件结构之间的复杂关系,压缩成不适当的共相与殊相的二元关系。③

对于怀特海的这项立场,史德宾(Susan Stebbing)曾经有正确的分析。她指出怀特海提出"事件"与"对象"的区分,就传统哲学实体与属性、主体的(substantive)与从属的(adjective)、殊相与共相、实体(substance)与特质(characteristic)、主词(subject)与述词(predicate)、事物(thing)与性质(quality)等等相对的概念里,最接近于殊相与共相、实体与

---

① A. N. Whitehead, *The Principle of Relativity*, pp. 26—27.
② Ibid.
③ Ibid., pp. 27—28.

特质、事物与性质这三组。而因为"对象"是具体事件的抽象性质,凸显事件的原子性与恒常性,与传统的"共相"概念极为接近。而"事件"则以其现时现地的具体性,与传统的殊相概念十分接近。表面看来怀特海似乎拟以"事件"与"对象"的概念,打破"实体"与"性质"的范畴思维,代之以共相和殊相之间的关系。然而怀特海的"对象"仍有许多不同于"共相"(作为多样事物的相同述词)之处:(1)"共相"只是多种"对象"中的一类,不是每一种对象都可以成为"普遍述词";(2)对象与事件之间可有"影响"(influencing)、"引发"(causing)、不同"处境"(situations)等种种关系,共相之为实体述词,并不涵盖上述各项关系;(3)将所有对象化约为共相,会使得"性质"成为基本范畴,而这正是怀特海所反对的;(4)以对象等同于共相,这和对象与事件之间有多重关系不兼容。而最后一点正是怀特海在这里所强调的。①

第七节 多项复杂关系

由上述分析可知,"对象"与"事件"之间既不是"实体与属性"的二元关系,也不是"殊相与共相"的二元关系,而是多项的"复杂关系"(complex relationship)。怀特海说:

> 当感觉对象契入事件之中时,表象的世界便对我们展示其自身。这里"契入"一词,用来说明世界的抽象元素之间的"复杂关系",例如缺乏生成和延展的感觉对象,与保留生成和延展的、且较为具体的事件之间的关系。一个虚空的事件只是一个抽象概念(a mere abstraction)。事件必然展示在契入的关系之中。②

"契入"是具有恒常性的感觉对象和不断变迁的具体事件之间的复杂关系,不具时空性质的对象和时空关联者的事件借着这个关系得以结合,对怀特海而言,似乎毫无困难。"处境"只表达了对象与它所在的事件之间的关系,不能涵盖其他相关的事件,包括觉知事件、主动条件事件和被动条件事件在内。而动态的"契入"概念似乎比静态的"处境"更能

---

① 参见 Susan Stebbing, "Universals and Professor Whitehead's Theory of Objects," *Proceedings of the Aristotelian Society*, July 1925, pp. 305—330.

② A. N. Whitehead, *The Principle of Relativity*, p. 37.

说明知觉者与被知觉的对象之间复杂的多项关系。

在《齐一性与偶然性》一文里，怀特海对这"契入"的意义作了更详细的说明：

> 如此，我们对自然的觉察是由感觉对象投射到时空连续体（Our awareness of nature consists of the projection of sense-objects into a spatio-temporal continuum）所构成，如颜色、色调、声音、口味、鼻味、触觉、身体的感受等等，不管是在我们身体之内还是身体之外。事实上身体根本便是我所谓身体感受（the bodily feelings）的感觉对象组成的特殊集合，在连续体之中的一个定位。不过"投射"（projection）含有感觉神经系统（a sensorium）的意思，作为投射的起源。这感觉神经系统在我们的身体之内，而每个感觉对象只能说是定位在某个时空区域（事件）里，以其和一个特别的身体感觉神经系统同在相关（by reference to a particular simultaneous location of a bodily sensorium.）。……如此，投射的过程便在我们对感觉对象、身体的感觉神经系统和时空连续体之间、觉察到的一项不可化约的多项关系里。这过程使我们觉察到连续体已阶层化为同时性的层级，这同时性的时间厚度正有赖于特殊的现前。我已建议使用"契入"一词指称这多项关系。以此，我会说，我们觉察到感觉对象契入主流的时空连续体（a dominant spatio-temporal continuum）之中，这觉察构成了我们对自然的体会。①

简单地说，我们对于外在自然的知觉，牵涉到感觉对象、觉知事件（身体的感觉神经系统）以及自然的时空连续体。这些事物必须同时存在于现前时段之中（也就是"共存"），知觉才有发生的可能，而"契入"一词正所以说明这些对象与事件之间的复杂关系。

第八节 齐一意义与表象属性

在知觉发生的时候，可以有不同种类的对象被认知，但是对象本身只是抽象的事物，真正具体的事实是存在于特定时空关联之中的觉知事件、相关的对象处境与条件事件。而这些自然事件之间的关系，显示了事件

---

① A. N. Whitehead, "Uniformity and Contingency," p.138.

第九章
契入论

的结构,对象契入事件则决定了事件的特质。换言之,自然便是事件的结构,每个事件在这结构之中有其一定的位置,有其自身的特质或性质,而这些正是科学研究的对象。这事件的结构特质便是前面提到的"事件的齐一意义"(the uniform significance of events),它和"表象的偶然性"(the contingency of appearance)共同构成了自然的特质,二者分别是"相关性认识"以及"属性认识"的对象。"相关性认识"在把握自然的齐一意义,"属性认识"则在把握自然的"原子性"。而科学研究便在超越偶然表象的有限范围,求得普遍的自然法则,把偶然的表象转化成恒常的性质,这便是"归纳法"的基本原理。

前文我们已经提到自然是有规律的系统,[①]在面对纷陈偶然的表象时,只要我们能掌握这自然成分的"齐一意义"(uniform significance)、基本关系(essential relationship),便可从有限的事例推论出普遍的法则。换言之,只要我们能认识事物属性之间的"相关性"或者觉察到"基本关系",就无须认识每个个别事物的"属性"或者"偶然关系"。这个道理的前提便是任何事物的属性必定是有"齐一意义的",怀特海说:

> 我们必须解释对一个"成分"的觉察,可能排除某些涉及其意义的关系。因为表面上看来,这学说意味着对"成分甲"的知觉涉及它所指示的"成分乙"、"丙"、"丁"等等的知觉。而如果根据这个学说,我们会有一无所知的可能,那么这学说就站不住脚了。不过这样的批评忽视了我们已将觉察分成"属性认识"和"相关性认识"两类。想要知觉到"成分甲"并不必然要以"属性认识"意识到"成分乙"、"丙"、"丁"。我们只需要"相关性认识"便可。换言之,我们必须意识到"成分乙"、"丙"、"丁"是与"成分甲"有相关性的实物即可。其实连这样的要求也并非必要。……这里有个意义论的必备条件被忽略了。这个被忽略的原理是任何"成分甲"必须是有齐一意义的(any factor A has to be uniformly significant)。每个符合这事实的实物,便是这事实的定性(the patient of fact)。对某属性甲而言,它的事实定性和它在事实之中的意义(the significance of A within fact)是一体的两面。这牵涉了事实之中的一种疏导作用(a canalization within fact),意味着许多成分的系统累聚,其中每一个成分都有"对甲而言,是事实的定性"的规律烙印。每个这样的成分都个别地表达了这

---

① A. N. Whitehead, "Uniformity and Contingency," p. 146.

对"甲"而言，作为事实的定性。如此由"甲"的意义所取得的知识便是：如果要认识"甲"就必须要认识其他成分如何表达对"甲"而言事实的定性。我们无须个别的觉察其他成分，但对于"甲"的觉察确实需要对其他成分特定特质的觉察。"甲"不是孤立存在的实物。"甲"需要自身以外的成分，以表达对"甲"而言事实的定性。①

所谓"事实的定性"便是事物在受到作用后所产生的结果，这在"意义论"中已经说明。严格的说，怀特海使用"主动者"与"定性"这样涉及动力因的概念，并不十分恰当。不过他的用意在表达"属性"与"相关性"之间有一定的关系，俾使后者足以决定前者。自然的齐一意义是决定"事实定性"的依据；根据这个原理，一方面事物各有其属性，另一方面这属性作为自然成分，也与其他所有自然成分相关。这时只要掌握这项自然的特性，便可从个别的事例推导出普遍的原理来。怀特海说：

> 自然法则的表达假定了过去的表象属性（the apparent adjectives of the past）指示了某种弥布所有事件的特质，从过去一直延续到未来。它进而假定了这特质假设性的分布（this hypothetical distribution of character），以表象属性附着于未来事件的可能性的方式来表达。这以过去表象属性来预定未来的表象属性，正是借着这中介的特质分布（the intermediate distribution of character），受到过去的指示，同时指示着未来（indicated by the past and indicating the future）。②

表象属性的规律出现显示有一"中介的特质分布"，怀特海称之为"物质场域"（the physical field）。但这"物质场域"并不是与表象属性对立的"原因"，而是构成表象属性之间的相关性。怀特海说：

> 物质的场域不是知觉的原因，也不是被知觉的对象。寻求知觉的原因可能引发了一个没有意义的、也无法解答的问题。物质的场域只是一种自然特质，那表达过去的表象属性和未来的表象属性之间的相关性。因此它有表象的偶然性，且无法影响时空关系。③

换言之，知觉直接认知的对象是"表象属性"，如颜色、形状之类，不是"物质场域"，如电磁场。"物质场域"作为"中介的特质分布"，不在

---

① A. N. Whitehead, *The Principle of Relativity*, pp. 23—24.
② Ibid., p. 71.
③ Ibid., pp. 71—72.

"引发"表象属性的出现,而在提供过去与未来属性之间的相关性。也就是说在相同条件下,相同的属性会不断的重复出现。于是怀特海以各种自然成分彼此内在相关(相关性),代替了机械因果关系。

此外,"物质场域"同时具有"原子性"(atomicity),我们可以辨识其中特定的区域或事件,考虑该区域或事件的特质。怀特海说:

> 我们可以在四度进向的连续体里,辨识出特定的区域或事件。其中每一个都会展示某个物质特质,那完全独立于其他事件的物质特质,或者独立于该事件的其他物质特质。不过如果要了解这物质特质,必须考虑整个区域或事件。因此原子性包括了两种性质:一是打破相对性,原子特质独立于遍布自然的其他物质特质;另一是如果不参照整个相应的区域,我们就没有办法完全展示这个特质。①

前面已经提到,对象或属性原来就在展示自然的原子性与恒常性。事实上如果不能辨识自然连续体中可分割的部分,我们根本无法取得科学知识。我们心灵和知觉的认识范围虽然有限,却能理解广袤的自然世界,正是因为自然物质和表象的特质,实际上是原子性的(the practical atomicity)。怀特海说:

> 没有原子性,我们没有办法确定研究的课题;每一个陈述都要提供所有自然事实细节的描述。对某些强调真际系统相关性的哲学家而言,他们最常遭遇的批评就是他们使得真理成为不可能,因为要取得任何一个知识的时候,必须先以取得所有的知识作为条件。在谈到自然这个课题的时候,我对这样的责难提出两个因应的对策:只要自然是系统相关的,它就是一个齐一相关性的系统;其次,表象的偶然性之所以可以被理解,就在于打破相关性的原子性。②

科学知识最大的价值便在能根据固定的法则解释、预测自然现象。在"偶然的表象"之中发现恒常的特质,确定这特质"契入"事件的规律,便是归纳法的真谛。根据这个原则,怀特海化解了关系论在知识论上造成的难题。从关系论的立场看来,任何成分不能脱离与其他成分之间的关系,事件与事件之间有着内在关系。如此一来,我们对于任何一个实物成分的认识,就必须考虑所有与之相关的实物。然而我们的认识能力是

---

① A. N. Whitehead, *The Principle of Relativity*, p. 72.
② Ibid.

有限的，不可能在一时之间认识所有的事物，同时也就不可能认识其中的任何部分，对事物进行真假判断。而任何命题必须或真或假，没有真假值的命题根本没有意义，因此我们也就无法取得有限的知识了。① 换言之，根据关系论，知识的取得是"全有"或"全无"的问题，因为所有事物息息相关，事物的真假也系于整体的真假，如果不能拥有所有的知识，就会陷入全然无知的困境。前面提到怀特海说某种学说"会有一无所知的可能"，正是指关系论所遭遇的这项指控。然而根据"自然的齐一性"或者"事件的齐一意义"以及表象属性的原子性，即使我们不可能知道所有的事，借着对其中某些事例的认识，也可以间接推论出有关同类事物的知识，而不至于陷入"全有"或"全无"的两难。如此一来，从有限的认识范围内，我们可以推导出普遍的自然法则，使得追求科学知识成为一项可能的事业。

第九节　自然科学三概念

根据前述，怀特海提出研究自然科学必备的三个概念：事件的连续体结构(the structure of the continuum of events)、弥布属性(pervasive adjectives)和属性粒子(adjectival particles)，以及属性粒子的原子场域(the atomic field of an adjectival particle)。首先，事件的连续体是由三度进向的空间与一度进向的时间所构成，因此是四度进向的。不过事件不是时间和空间的单元，时间和空间反而是事件的抽象物(Event is a unit from which space and time are abstracts)。事件的单元即"事件粒子"，如果只有一度进向的延展范围即所谓的"路径"(An event with only one dimension of finite extension is called a "route" or "path")。事件的结构是齐一的，能提供知识所必需的齐一相关性系统，借着这个系统可以表达自然成分之间的偶然关系。②

其次，仅存在于一刻之中的路径即"空间路径"(a spatial route)，存在于每一个事件粒子的过去与未来的路径即"历史路径"(historical route)。所谓"成分"就是弥布一个路径的属性，如果这属性是这路径每个片段的属性(a factor will be said to be an adjective pervading a route when it is an

---

① A. N. Whitehead, *The Principle of Relativity*, p. 22.
② Ibid., p. 29.

adjective of every stretch of the route)。这时成分可称为"弥布的属性"(a pervasive adjective)或者"规律的对象"(a uniform object)。真正的弥布属性便是能独立于知觉者的事物(a thing),如桌子、椅子、石头、树等知觉对象。这样的知觉对象是由物质对象或质料对象所引发的,它们必然占据一段时间,因而成为"历史路径"的条件性质(qualifying historical route)。不过物质对象或质料对象不能弥布"空间路径",因为空间路径只有一刻,相同的事物不可能同时处在不同的空间。反之,感觉对象必须依赖知觉者而存在,如红色,因而不算是真正的"弥布属性",怀特海称之为"弥布的拟似属性"(pervasive pseudo-adjectives),却可作为"空间路径"的条件性质。换言之,相同的感觉对象可能在极短的时间之内遍布在不同的空间之中,成为观察者意识到的对象。再者,占据独特"历史路径"的弥布属性,怀特海称之为"属性粒子"(adjectival particle),他说:

> 属性粒子概念的原理便在于特质的个别具体化总是牵涉过程,这里过程是以历史路径为代表。①
> 所谓"属性粒子"是指理想上极小的被知觉物体,以及基本物理粒子。……一个"属性粒子"是附着于一历史路径(historical route)的独立事件粒子的属性,也就是事实上有某个相同的属性附着于这路径的每个片段(the same adjective attaches to every stretch of the route)。它是转换成所有片段共同性质的个别事件粒子的结果(It is the outcome of the transference to the individual event-particles of a common property of all the stretches)。如此粒子独特的个别性便是属性持续的相同性(the continued sameness of the adjective)和历史路径的具体个别性(the concrete individuality of the historical route)的融合。我们不要认为一个属性粒子好像在它的路径上移动。我们要说它"弥布"(it pervades)于它的路径,它"处在"(it is situated)路径上中每一个事件粒子上,并且它在每一个永恒的空间之中、根据一个轨道"运行"着(It moves)。②

如此属性粒子成为科学研究的对象,其中最典型的便是物质粒子和电子。③

---

① A. N. Whitehead, *The Principle of Relativity*, p. 32.
② Ibid., p. 74.
③ Ibid., p. 34.

最后,属性粒子的原子场域便是科学对象能从现前的存在延展到未来的条件。科学的目的本来就在限制有关属性对象的知觉,使之趋于简单精确;以固定的自然法则限制自然的偶然性。在这样的情况下,科学对象当然要比感觉对象更受欢迎。感觉对象只是拟似的属性,只能作为现前事件的条件性质。它局限于空间范围,仅有现前时段所有最短的历史性(the minimum historicity)。事实上感觉对象的偶然表现,是受到由科学对象引发的事件所控制。而科学对象从现在延展到未来,它以两种方式作为未来事件的条件性质:一是以自身的恒常性(by its permanence),二是以自身的场域(by its field)。属性粒子的恒常性使我们知道会有某个历史路径为那粒子所弥布,是粒子独特历史路径的连续性。不过属性粒子的连续性只在告诉我们未来的事件属性是由现前的延展而来,并不在保证未来一定有这样的事件属性。为了近一步确定属性粒子的未来,便有赖于完全决定或部分决定属性粒子历史路径的条件,其中最简单的条件便是和每个属性粒子所在事件链接的原子场域,以太和电磁场都是最好的例子。① 这就是说我们不只是将事件看做是涉及契入关系的关联者,且辨识出附着在事件上的真正亚里士多德的性质(true Aristotelian qualities),也就是独立于知觉者自存的事物。而以太则是表象世界的事件场域,它的性质是由精确的科学属性(即科学对象)所提供的。②

第十节　齐一意义与休谟论因果关系

　　上述三个自然科学必备的概念正是自然齐一性的基石。我们体会到时空的齐一性,也认识到感觉对象的契入有一定的"齐一意义",无论在过去、未来或任何空间之中,皆展示了感觉对象的契入。因此我们可以说自然是这契入关系被观察的场域(Nature is the observed field of this relationship of ingression)。③ 事实上这正是我们区分真实的感觉对象与梦境幻觉不同的依据;睡梦本身或许可以在主流的时空之中找到相符应的段落,但梦中的时空就不能。怀特海因而认为自然齐一性是建立在属性特质普遍的契入时空系统上,不过他预期这个说法会遭到两种反驳。一是

---

① A. N. Whitehead, *The Principle of Relativity*, pp. 34—35.
② Ibid., pp. 37—38.
③ Ibid., p. 139.

第九章
契入论

休谟所提出的齐一性规准:所谓经常发生是指我们的心灵经常受到不断重复的冲击,因而根据这经常性自动地产生判断。事实上休谟学说本质便在我们对"经常性"的期待。怀特海并引证休谟的话:

> 在一些事例之中没有任何不同于个别事例的地方,那些便是极为相似的事例。这相似的事例不断地重复,心灵于是产生习惯。当我们看到一个事件的出现,就会期待平常伴随着它出现的事件接着出现,并且相信它会存在。①

怀特海认为休谟"经常性"的学说不足以区分梦境和真实的情况。有些梦经常发生,有些真实的情况很少发生。他举例说,经常梦到自己在空中翱翔,这比他第一次碰触到冰河要更常发生,但是他不会因此而以为梦中翱翔是真的,冰河是假的。这是因为梦中的时空和主流的时空不一致,二者不相符应。②

二是素朴经验论的想法:认为感觉对象纯粹是个别的、心灵的(mental),而我们身处常识中的自然,也是科学所描写的自然,和心灵受到刺激后产生的心理反应,属于不同层次的存有。怀特海认为根据相对论,时空是连续体,在我们知觉到空间时,也必须知觉到时间。如果我们接受前述的说法,那么时空也会成为个人心理的产物。而我们又同意所有的知识都建立在经验的基础上,如此将导致所有的知识都是心灵的虚构的结论,所有关于时空的知识也将被一扫而空。这样的后果当然不合乎理想,怀特海于是重申他的立场:

> 我的立场是意识是事实中的一个成分,且意识总涉及对于自身的知识。如此,被体会的自然总涉及我们的意识。但展示这个特质时,意识展示了它指示事实成分的意义,已超过了它自己。③

这便是先前我们已经提到的:"自然对心灵封闭"和"流程对心灵而言,超乎自然"意义之所在。心灵在意识到自然的时候,所意识的是自然的意义与相关性,这已超乎自然本身也超乎意识自身。自然虽然必须涉及意识心灵,否则无法为我们所认知,但我们也不能因此像观念论者一样以为自然是心灵的构作。怀特海说:

---

① A. N. Whitehead, *The Principle of Relativity*, p. 140.
② Ibid., pp. 140—141.
③ Ibid., pp. 141—142.

我不同于观念论者,在于他们以为意识有特别的外在意义(external significance),并认为被指示的事物特别依赖意识。我则赋予所有事实的成分类似的外在意义,比如绿色或者椅子。相应于意识提供的自然意义,也当有自然所提供的意识定性(Correlative to the significance of nature by consciousness, there is the patience of consciousness by nature)。自然展示一个事实:它是意识可以体会的(it is apprehensible by consciousness)。感觉对象契入事件之中,是自然的特质在展示这个定性。还有同时性(simultaneity)的阶层化(stratification),①是这契入的基本特质,同时也是对自然的适应。如此我们对自然的、有限的意识才有可能,这也是意识体会自然的一种适应。换言之,既有自然的事实,也有我们体会得到的自然。分而言之,意识与自然各从它们所在的事实里,彼此向对方展示其定性。②

怀特海这样的立场便是"机体实在论":知觉的心灵和被知觉的自然都是实在的,二者交相关联,但各具自身的实在性。怀特海因而认为休谟的素朴经验论不足以说明"自然齐一性"的原理。休谟只说对了一半,"自然齐一性"是建立在时空连续体上,不过我们还需要比"心理的期待"、"神秘的力量"更合理的解释,来说明自然特质的齐一性。③ 解谜的关键不在搜集不断重复出现的事例,而在把握每个事例的内在本质(the intrinsic character of each instance),这本质则显示与其他属性相关。④ 怀特海说:

这单一事例被忽略的特质就是它指示了自身以外事物的意义。这意义可借着相关性被认识,而相关性则来自于我们以属性得到的、个别事例的知识。我们已经知道每个事例有时空意义是休谟整个自然哲学必然的预设,我们现在要问的是,是否还有别种意义。显然还有。因为个别事例是"感觉对象"契入事件之中的一个事例,但是每个知觉者立即感到的却是由那事例所指示的"知觉对象"。我们怎样从"感觉对象"过渡到"知觉对象"呢?答案是"契入"指示对象的

---

① 怀特海将三度进向的空间可为一度进向的时间所"分割",称之为"时间阶层化"(time-stratification)。而同时性正是最简单的"时间阶层化":单一的时间系统一时遍布在所有的三度空间之中。参见 A. N. Whitehead, *Principle of Relativity*, p.54。
② A. N. Whitehead, "Uniformity and Contingency," p.142.
③ Ibid.
④ Ibid., p.144.

意义(the ingression signifies the objects)。如果说一只狗借着累积"味道和拍抚"的事例,也就是说它借着观念的连结来认识它的主人,似乎不太适合。要应用休谟的理论需注意:如果没有任何一个事例有指示狗主人的意义,只靠味道和拍抚,事例的累积又怎能让狗辨识它的主人?这意义也许可以借着事例的累积,使得知觉变得越来越清晰,但必须是从一开始就能指示出那主人的意义。①

第十一节 知觉的集合论与控制论

　　自然的齐一性展现在事件之间齐一的时空架构上,更展现在事件属性之间的相关性上。这里怀特海认为属性的相关性来自感觉对象的契入,尤其是感觉对象对知觉对象意义的指示。感觉对象,即前文提到的"弥布的拟似属性",例如味道、拍抚,指示了狗主人的存在。"狗主人"则是知觉对象,即前文提到的"弥布属性"。事件的属性虽然来自感觉对象的契入,但不等于感觉对象。感觉对象是感觉者个人所私有的(private),无法独立于感觉者而存在(所以它是"弥布的拟似属性");知觉对象则是所有知觉者可以共有的(public)事物(a thing),是由物质对象或质料对象所引发的,并不依赖知觉者而存在。然而感觉对象与知觉对象往往以相同的事件作为处境,知觉对象被认识必透过感觉对象的契入,两者之间究竟有什么关系?

　　怀特海在1924年《自然知识原理探究》再版加注时,明确指出他使用"契入"一词,"用以说明感觉对象和其他自然成分之间的复杂关系,这些在现实的过程中构成一个社会性的实物(a social entity)。"②表面看来,怀特海似乎和素朴经验论者一样,主张知觉对象是感觉对象的集合,如苹果是由红色、圆形、香味等等感觉对象集合而成的"社会性的实物"。然而前文曾经提到,怀特海认为正确的知觉对象或物质对象,是引发感觉对象的原因,也是感觉对象产生的条件。在这种情况下,知觉对象或物质对象便"控制了"感觉对象。根据知觉的集合论,感觉对象和知觉对象处于相同的事件之中,前者显示后者的性质,后者支持前者的存在,但是两者之间的关系却

---

① A. N. Whitehead, "Uniformity and Contingency," pp. 144—145.
② A. N. Whitehead, *An Enquiry concerning the Principles of Natural Knowledge*, p. 204.

是神秘不可解的。根据知觉的控制论,知觉对象和感觉对象同样处于相同事件之中,不过二者"契入"自然的条件并不相同。正确的知觉对象以独特的、连续的事件为处境,感觉对象则以知觉对象的处境为主动条件事件。换言之,知觉对象"控制了"感觉对象。怀特海坦承自己曾在这两种知觉理论(集合论与控制论)之间摇摆不定,不过最后放弃了前者。他说:

> 同样地,在第 24 节里,①似乎因为摆荡在知觉对象的"集合论"(class-theory)和物质对象的"控制论"(control-theory)之间,造成混淆。也因为知觉对象和物质对象之间界线不清,造成混淆。现在我不主张任何形式的"集合论",并且希望我的著作能摆脱它。②

知觉的"集合论"区分可感性质与载体(substratum),正是受到亚里士多德区分属性与实体的影响,因而造成自然的两橛。为了避免这不良的后果,怀特海因而采用"契入"一词,以区别知觉对象和感觉对象的不同,间接证明知觉对象不是感觉对象的集合。怀特海说:

> 一个知觉的对象是作为它所处的某个事件真正的亚里士多德属性(A perceptual object is a true Aristotelian adjective of some event which is its situation),我在其他地方称之为"弥布属性",意指事件的每个片段的属性(an adjective of any temporal slice of that event)。例如一个知觉对象,一张椅子,在一个房间里一个小时,同样在那一小时中的每分钟也在房间里。一般而言,一个感觉对象也有弥布性质,但是它和处境的关系不同于知觉对象和处境的关系;它的关系是从它契入自然中衍生出来的,那是个不可化约的多项关系。③

所谓"真正的亚里士多德属性",也就是前面提到"真正的亚里士多德性质"、"弥布属性",是以"弥布"时空的方式契入事件。换言之,知觉对象是时空之中的事物自身,独立于知觉者而存在。④ 感觉对象则不然,

---

① 《自然知识原理探究》第 24 节,即讨论知觉对象的专节。
② Ibid., p.204.
③ A. N. Whitehead, "Uniformity and Contingency," p.145.
④ 根据史德宾的分析,"亚里士多德属性"有两大特质:一是可以孤立的被理解,在逻辑上它有可能单独存在;二是可以在一刻之中作为实体的性质,不必然牵涉时间的过程。如果"亚里士多德属性"要成为它的处境的属性,就一定要具备这些特质。这些特质则显示知觉对象是一种抽象,展示自然的原子性。参见 Susan Stebbing, "Professor Whitehead's 'Perceptual Object,'" p.210.

第九章
契入论

它只是弥布的拟似属性,有赖于知觉者的身体感觉,因此感觉对象似乎不如知觉对象具体实在。然而我们具体知觉到的却是感觉对象,不通过感觉对象我们根本无法认识知觉对象。而"契入"正是感觉对象指示知觉对象意义的方式,怀特海说:

> 我的论点是:感觉对象契入自然对知觉对象是有意义的(the ingression of a sensible object into nature is significant of perceptual objects),如此知觉对象才能以相关性被认识。先前我说这契入对时空连续体是有意义的,当然没有分离独立的意义。契入对事件是有意义的,事件的特质便是那弥布的亚里士多德属性。事件不是虚空的时空,那是更进一步的抽象。事件是有性质条件的时空,或者性质和时空两者同时是从更为具体的事件之中抽象出来的。①

知觉对象因感觉对象的契入而有意义,但不是所有的感觉对象都能找到相应的知觉对象。例如我们可能对蜡烛产生重影的错觉,这时感觉对象(颜色、形状重影的错觉)的集合无法产生知觉对象(蜡烛)。有时对于遥远的声音,我们往往无法辨识其来源,也看不到发声的事物。总之,可以肯定的是,感觉对象契入自然便涉及事件,而事件可分析成由弥布亚里士多德属性作为性质的时空。相应于感觉对象,必须有感知者的感觉系统,这同时也是知觉对象的立足点。不过不是感觉对象决定知觉对象的存在,反之,是知觉对象(正确的知觉对象)引发感觉对象的产生。所以怀特海说:

> 无异议的普遍证明是:感觉对象契入自然的模态是知觉对象展示其自身的结果(The modes of ingression of sense-objects in nature are the outcome of the perceptual objects exhibiting themselves)。草地展示其自身为绿色,钟展示其自身为鸣响之声,糖展示其自身为甜味,石头展示其自身为可碰触的。因此知觉对象的终极特质在于它们是控制契入的"亚里士多德的弥布属性"。②

"控制契入"便是控制"感觉对象契入自然"。"亚里士多德的弥布属性"或知觉对象之所以能"控制感觉对象的契入",正因为知觉对象是以"弥布"的方式,遍及了它所在处境的整个历史路径,因而从现前所在"控制"了未来事件的属性,这便是属性的相关性。"控制"就是影响、决定、

---

① A. N. Whitehead, "Uniformity and Contingency," p. 145.
② Ibid., pp. 146—147.

引发、传导(transmitting)的意思。无论如何,"控制"一词点明了知觉对象和感觉对象之间的关系,便是因果关系,怀特海认为这足以补充休谟因果理论的缺失,他说:

> 如果知觉对象最重要的本质是"控制",我们不是可以在它们身上找到休谟丢失的事件特征么?那使得休谟把因果关系从自然中排除,移到心灵之上。控制必然是在有限事件中对过程或者对转换的控制。那意味着就其基本特质而言,对未来的控制是建立在现前的基础之上。以现代科学用语,知觉对象就是指有一现前的焦点和力场流向未来(a present focus and a field of force streaming out into the future)。这个力场提供由知觉对象所控制未来的类型,事实上就是知觉对象和未来的关系,而现前的焦点则是知觉对象和现前的关系。不过这现前一定是个时段。我们所观察到的自然特质,便是知觉对象在特殊现前控制中所产生的作用。①

休谟采集合论,将知觉对象看做是感觉对象的集合(一束印象),并认为两者之间并没有因果必然关联,因果关联出于心理的期待。怀特海认为这样的说法不但无视于对象本是自然的成分,也抹煞了心灵体会因果关联的能力,于是采控制论以破解之:知觉对象的本质在控制感觉对象的契入,二者之间的关系构成了自然的因果成分(causal components),且是心灵可以体会的。正如帕特在《怀特海的科学哲学》(*Whitehead's Philosophy of Science*)里所说,怀特海对于事件中对象的处境和对象之于其他事件的因果影响作用,并没有作明确的区分。他肯定我们能直接体会感觉对象对知觉对象作有意义的指示,当感觉对象发生在身体之内时,我们能直接体会到知觉对象在身体的某部分,当感觉对象投射在身体之外时,我们认识到的知觉对象也许不够明确,但可以认知到它的控制作用。②

根据集合论,知觉对象是感觉对象的集合,后者是表象,前者是原因,二者之间的关系神秘不可解。集合论根源于实体与属性二分的理论,造成自然的两橛,不符合"契入"是多项关系的事实。根据控制论,知觉对象控制感觉对象的契入,事件过去的属性特质控制了未来的属性特质。知觉对象是感觉对象的原因,物质对象是知觉对象的原因,科学对象又是物质对象的原因。不同种类对象之间的因果关系,造成各种对象契入自

---

① A. N. Whitehead, "Uniformity and Contingency," p. 147.
② Robert M. Palter, *Whitehead's Philosophy of Science*, p. 160.

然的模式不同。科学对象最为普遍、不连续(discrete),物质对象或正确的知觉对象则是连续的、弥布事件的历史路径,而感觉对象又是不连续的。从认知的立场来看,感觉对象最为具体,知觉对象、物质对象、科学对象等如果不透过感觉对象便无法为人所认知。从契入的形态而言,科学对象最为具体,因为有科学对象才有物质对象,有物质对象才有知觉对象,有知觉对象才有感觉对象。

帕特观察到上述的说法涉及了两套吊诡的概念:连续(continuous)和断续(discrete),抽象和具体。首先就连续和断续而言,不同种类的对象中既有在时空之中连续存在的物质对象,也有组成物质对象的断续科学对象。不过在怀特海看来,所有的对象都是抽象的,不论是连续的物质对象还是断续的科学对象,都只是具体事件的一个层面。物质对象是知觉对象的特质,科学对象则是物质对象的特质。因此连续的物质对象和断续的科学对象都处于相同的事件之中,并不是不兼容的。其次就抽象与具体而言,有时似乎感觉对象较为具体,有时似乎科学对象较为具体。从感知的立场来看,好像感觉对象是具体的,科学对象是抽象的。但从因果关系来看,好像科学对象是具体的,感觉对象才是抽象的。这时我们需要再次提醒自己,在怀特海而言,不论是感觉对象还是科学对象,所有的对象都是抽象的,只有事件是具体的。失去这个分寸,便不免犯下"具体性错置"的谬误。①

怀特海的"契入论"说明对象与事件之间的关系,是普遍、多项且复杂的。首先对象与事件之间有普遍的关系,因为对象是抽象恒常的事物特质,事件是具体迁逝的时空关联者;两者都是自然的成分。而自然是有规律的系统,不论是事物的特质或属性,还是时空关系,都各有其齐一性。根据自然的齐一规律,对象可以普遍契入事件。另一方面,就科学研究的立场来说,正因为对象普遍契入事件,我们才能认识自然齐一性。其次对象与事件之间的关系是多项复杂的,知觉活动涉及了感觉对象、觉知事件、处境事件、各种主动被动的条件事件,以及整个自然的时空连续体。对象与事件必须共存,才有被认知的可能。我们以"属性认识"认知对象,认识到自然的恒常性与原子性;我们以"相关性认识"体会到事件,直觉到自然的连续性与齐一意义。不同种类的对象契入相同的事件,其间有互为因果的关系。为了避免"自然的两橛"、"实体与属性"、"共相与殊相"等等不当的二元论,在知觉理论上我们应当摆脱"集合论",采取"控

---

① Robert M. Palter, *Whitehead's Philosophy of Science*, pp. 160—162.

制论"。在这自然哲学的阶段,"契入"是"事件"与"对象"之间的关系,其后在机体哲学的体系中,"契入"成为"现行单元"与"永象"之间的关系。"契入"是潜存的"永象"实现在特定的"现行单元"之中的形态(mode),因而决定了"现行单元"的特性。借着"契入"的作用,永恒与现行、潜存与实现、抽象与具体,得以交锁关联在一整体真际之中。

以上,怀特海有关"契入论"的基本观点可摘如下:

一、"契入"是对象与事件之间的"普遍关系",相同的对象可以同时"契入"多个事件之中。

二、"契入"是一项多项复杂关系,感觉对象"契入"事件不仅涉及知觉者与被知觉物,还涉及其他相关的主动与被动的条件事件。

三、知觉对象和感觉对象处境相同,都"契入"相同的事件。可以说知觉对象是相同处境的各种感觉对象的结合。

四、感觉对象"契入"自然的条件事件,是物质对象——正确的知觉对象所在的事件。

五、科学对象"契入"自然的方式最为普遍且最有系统,最能展现自然系统的规律。

六、对象与事件之间的关系,不是单纯的"属性与实体"之间的二元关系,而是复杂的"契入"关系。借此怀特海反对传统哲学的"实体论"。

七、对象与事件之间的关系也不是"共相与殊相"之间的关系。

八、自然事件之间的关系显示了事件的结构,对象"契入"事件则决定了事件的特质。事件的结构特质便是"事件的齐一意义"与"表象的偶然性",前者是"相关性认识"的范围,后者是"属性认识"的范围。"事件的齐一意义"显示自然的相关性,"表象的偶然性"显示自然的原子性。

九、三个自然科学研究必备概念为:事件的连续体结构、弥布属性和属性粒子,以及属性粒子的原子场域。

十、归纳法与自然齐一律建立在对象普遍"契入"事件的齐一的时空结构上。

十一、根据"契入论",知觉不是感觉的集合,反而出于知觉对象或物质对象以"弥布"的方式,对于感觉对象的"控制"。知觉对象的本质在控制感觉对象的"契入"。因之,怀特海肯定"因果关系"是自然的真实特质。

第十章

结论

怀特海的自然哲学有两大核心理念：一是"知觉"，另一是"自然"。原来是数学家的怀特海一向对于应用数学以描摹自然宇宙感兴趣，在他研究自然哲学的初始，受到相对论与电磁场理论的影响，使得"时空连续性"与"时空延展性"的概念成为他的中心思想。另一方面，英国经验论的传统也深植于怀特海的心中，而外在的自然便是经验的自然，这不仅是常识，也是牢不可破的事实。怀特海因而坚信"自然是知觉所观察到的"，这一命题不仅说明了他的经验论立场，更说明了他以知觉为心灵与自然之间的一种关系，这是一项批判实在论。于是怀特海以"立即经验"为起点，认为知觉中不能缺少思想的成分，而且我们可以直接体会到事物之间的关系。这些有关"立即经验"的主张显然与传统经验论不同，而与布德利、詹姆士和柏格森的学说较为接近，不过比起他们，怀特海的理论带有更为强烈的理性论色彩。由此可见，杜威对于怀特海早期哲学思想的观察并不正确。杜威认为怀特海早期的著作完全是从物理自然的层面出发，进而提出一项有关自然的普遍学说（a doctrine of nature in general），却没有顾虑到心理经验的层面。要等到怀特海的晚期著作里，才可发现他已从物理经验中取得的特殊经验，转向建立一更为广泛的自然学说（from specialized human experience through physical experience to a comprehensive doctrine of Nature)。① 事实上怀特海从他着手研究哲学一开始,便已深入人的心理经验层面,自然哲学中有关知觉经验的分析,其细腻与精密较之柏格森、克罗齐(Croce)詹姆士,可说有过之而无不及。②

自然既是知觉所观察到的,不同的知觉观当然会导致不同的自然概念,而不同的自然概念也预设了不同的知觉观。科学唯物论与感觉论采取知觉的因果论,将自然区分为"初性"与"次性"、"表象"与"原因"的不同,造成"自然两橛"的谬误。科学唯物论里的自然是由处于刹那点尘之中的物质所构成,无声无色,没有意义,没有目的,是一盲目标机械宇宙。怀特海的自然哲学则采取知觉的关系论,将自然视为一由连续不绝、彼此交相关联、占据时段的"事件"所构成的"创生进程"。表象的自然便是原因的自然,自然事物的属性与相关性都是我们可以直接觉察到的。科学唯物论中不占时间、不占空间、与其他事物无关的物质微粒,也就是"简单定位"的物质概念,是高度抽象的理智概念。这种物质概念虽然把握到自然的某些特征,但不是自然的事实。将高度抽象的理智概念当作自然的具体事实,便是犯了"具体性错置"的谬误。自然的终极事实是处于连续时段、不断生成的"事件"。"事件"是"对象"与"对象"之间的时空关系,"对象"是"事件"的特质。知觉可以直接"体会"到的是"事件",而可以"认知"到的是"对象"。

在怀特海的自然哲学里,知觉是"有意义"的经验,其中不仅有感官的作用,也有思想的作用;不仅涉及立即现前的经验,也涉及过去的记忆与未来的期待,而想象力与判断也是其中不可少的作用。在有意义的知觉经验中,我们得以发现事件与事件、事件与对象、对象与对象之间都有相互指示的作用,自然事物与事物特质根据规律的时空关系,展示其自身的规律,这便是科学知识与归纳法所预设的"自然齐一律"。"事件"与"对象"都是自然的成分,真实的存在,前者显示自然的连续性、延展性、现行性、关联性与外在性;后者则显示自然的原子性、抽象性、恒常性与可能性。"事件"是构成自然的具体成分,"对象"则是构成自然的抽象成分。"事件"以"对象"为其性质,没有"对象"就没有"事件"。"对象"以

---

① John Dewey, "The Philosophy of Whitehead," in *The Philosophy of A. N. Whitehead*, p. 648.

② Charles Hartshorne, "Whitehead's Metaphysics," in *Whitehead and the Modern World*, eds. Victor Lowe, Charles Hartshorne, A. H. Johnson (Boston: The Beacon Press, 1950), p. 28.

第十章
结论

"事件"为其处境,没有"事件","对象"便不得为人所认知。知觉活动的产生,不仅涉及知觉者与被知觉物,还涉及其他相关主动与被动的条件,以及整个自然背景。知觉者所在的觉知事件,与知觉物所在的事件必须同时存在于相同的时段,知觉活动才有发生的可能。凡此种种有关知觉的分析,旨在强调科学唯物论与感觉论经常忽略的"时间因素";自然是一流程,知觉活动本身也是一流程。

怀特海的自然哲学除了强调"时间因素"之外,也一再强调自然与自然成分的实在性。自然是"被给予"(the given)的事实,客观外在,真实存在,不必依赖人心而存在,所以怀特海说"自然对心灵封闭"。但这不是说自然知识可以无须透过心灵而为人所认知;自然知识本来就是对于杂乱经验的有组织的思想。而我们所认识的自然便是真实的自然。另一方面,"知觉心灵"也有其自身的实在性,心灵的作用往往打破时间的限制,使我们能留住过去,期待未来。科学研究的时间是可测量的时间系列,其中每个时间单元的性质相同。这样的时间系列有如空间一般,可说是时间"空间化"的结果。而自然的流程之为"创生进程",一去不返,不断更新,其独特性不是单一的时间系列所能表达的。至于心灵处于自然流程之中,不断经历时空的转换,借着不同的心灵功能,产生不受时空因素影响的性质,所以怀特海说"流程对心灵而言,超乎自然"。于是在怀特海的自然哲学里,自然是真实的,知觉与心灵也是真实的。真实的事物彼此交相关联,各种关系都是真实的。

纵观怀特海自然哲学有四项基本立场:整体经验论、批判实在论、机体论以及过程论,这些论点成为其后机体哲学的特色。而怀特海晚期的机体哲学是否是他早期自然哲学的延续?或者为了发展一思辨宇宙论,他最后放弃了早期的自然哲学?我们在绪论中讨论过学者间对这个问题的争议,并赞成系统派的看法。经过对自然哲学的深入研究,我们可以肯定的是:不论怀特海是否放弃了早期的自然哲学,自然哲学是机体哲学发展的起点是无可置疑的。

自然哲学一贯地排斥形上学,[①]提供那些主张机体哲学显示怀特海放弃早期思想的学者,有利的证据。在《过程与实在》一书中,怀特海倡

---

① 从本书引证怀特海自己的说法可见,他认为自然哲学之中没有形上学的空间。罗威和其他学者从另一种观点出发,认为怀特海终将他的自然哲学或科学哲学放在形上学的架构下发展,以致他最后怀疑是否有这门学术的存在。参见 Victor Lowe, "Whitehead's Philosophy of Science," in *Whitehead and the Modern World*, p.18。

言机体哲学是在强调哲学的思辨功能,其目的在"建构一个普遍概念的融贯的、逻辑的必然系统,借之足以诠释我们经验之中的每一个元素"(to frame a coherent, logical, necessary system of general ideas in terms of which every element of our experience can be interpreted)。以思辨的原理解释我们的全体经验,机体哲学可说是一经验形上学(experiential metaphysics)。自然哲学提供科学知识与归纳法兼顾经验与理性、知觉与思想的理论基础,作为哲学最重要的工作,而任何形上思辨的议题,则被排除在外。机体哲学提出一目的宇宙论,在宇宙过程之中,所有存在的"现行单元"均有其自身的意图、情绪、衡量,有其目的因,依其"主体形式"而有复杂的"摄持"活动,并且在"主体和谐范畴"(the category of subjective harmony)协调之下,构成彼此交相关联的机体。自然哲学之为一机体机械论虽然已有类似看法,但未能达到宇宙论的层次。而机体机械论见于《科学与现代世界》一书中,严格的说应属怀特海从自然哲学过渡到形上学的一项理论。

在机体哲学的体系中,不仅是以自然的事实为立论基础,同时将价值纳入通盘的考虑之中。机体哲学不仅将"实现性"(actuality,"现行单元")视为构成自然世界过程的元素,还将之视为契入其中各种"潜存性"(potentiality)的展现。"潜存性"也就是"永象",是"现行单元"的确定形式,有如柏拉图的理型,洛克的观念。"永象"包括感觉与材的观念、事物与其间关系的概念、以及我们可能经验到各种的价值。自然哲学则认为自然的事实是感官知觉立即经验所得,"对象"是"现行事件"的特质。而"现实性",并非"潜存性"或者"可能性",才是科学哲学处理的范围。机体哲学认为宗教与哲学应当结合,使宗教能借助哲学的理性普遍原理,摆脱社群心理的偏执,同时也提供哲学以重要的宗教经验。而为了建构完整的宇宙论体系,机体哲学特别提出三大"终极范畴"(创化、一与多),并以"神"作为终极预设。自然哲学则完全没有涉及这些讨论。质而言之,怀特海在机体哲学阶段,对于形上学的态度有很大的转变。先前他认为形上学是处理道德、审美与宗教价值以及"可能性"的学问,并不适于和研究"自然事实"与"实现性"的自然哲学与科学哲学混为一谈。自然科学哲学自有其领域,形上学则有形上学的领域,二者应当互不干犯。而自然哲学以事件本体论与知觉认识论为主要的课题,机体哲学则发展出过程宇宙论和经验形上学的理论体系,这标志了怀特海思想上的重大突破。

自然哲学反对传统哲学中的"实体论"以及科学唯物论中"简单定位"了的物质概念,机体哲学则反对"主述式"的语法表达(the subject-

第十章
结论

predicate form of expression），反对"空洞实现性"的学说（the doctrine of vacuous actuality）。"主述式"（S is P）是亚里士多德逻辑中采用的基本语法形式，以主词为实体，述词为属性。"主述式"的语法造成两千多年以来，欧洲人产生"实体与属性二元"的思维模式，以为自然界中有独立自因、恒常不变的实体，以及依附其上的属性。这样的思维模式导致一元或多元实体论，使人以为宇宙自然是由一个或多个彼此毫不相干、各自独立的实体所构成。至于所谓"空洞实现性"是指"缺乏主体立即性的真实存在"（a res vera devoid of subjective immediacy）的观念。意思是说"真实存在"可以没有主体的感受，可以是空洞的；换言之，可以有排除时间因素的、死寂的物质存在。① 这些都是不同形式的唯物论，自然哲学反对康德的先验论，传统经验主义的感觉论与表象论的知觉观，机体哲学同样反对，同时还反对"官能心理学"（faculty psychology）的哲学思维模式。康德认为客观世界是由主观经验建构出来的，这是一项"主体主义原理"（the subjectivist principle），而感觉论认为知觉是感官受到外物刺激所产生的反应，这是一项"感觉主义原理"（the sensationalist principle）。机体哲学同时反对以上两项原理。对康德而言，经验是由认识主体到被认识客体的过程，机体哲学则认为经验应是由被认识客体到认识主体的过程。对感觉论者而言，经验是印象与观念的连结。而机体哲学则认为感觉论者没有意识到这些印象与观念是共相而不是殊相，是客观外在的对象，不是私人主观的感受。针对这些原理，机体哲学特别提出"改革的主体性原理"（the reformed subjectivist principle），说明经验行动不但是一项主体原理，且经验的内容乃是一项客体原理。②

此外，自然哲学中自然的终极事实是时间原子——"事件"；而机体哲学中的"现行单元"正是这样的一种实有。虽然"事件"较为强调时空延展的关系，"现行单元"却是"经验的点滴"（drops of experience）——自然哲学中也有"觉知事件"的概念，两者同是多元实在论。自然哲学主张所有自然成分之间彼此相关，自然有其"相关性"；机体哲学则主张所有的"现行单元"皆有其"相关性"，而"相关性"超越事物的"性质"。自然哲学以恒常的"对象"为认知单元，"事件"有生成没有变化，机体哲学则以"永象"一词取代"对象"，并提出"对象化作用"（objectification）与"对

---

① 参见 A. N. Whitehead, *Process and Reality*, pp. 51, 29。
② Ibid., pp. 145—166.

象不朽性"(objective immortality)的理论。① 自然哲学将自然视为一过程,一创生进程,是一由连续不绝、彼此延展涵盖的事件所构成的"生成",机体哲学同样认为自然世界是一创生进程,这创生进程正是各种自然事实的生成、消逝与对象不朽性(The creative advance of the world is the becoming, the perishing, and the objective immortalities of those things which jointly constitute stubborn fact)。② 自然哲学企图以"事件"与"对象"的二元,打破传统哲学心物、主客、内外、实体与属性、共相与殊相、表象与真际、知觉与思想种种的二元论,机体哲学更企图以"神"与"世界"的二元,一举打破机械因与目的因、潜存与实现、抽象与具体、不定与决定、消亡与不朽、个人与社群、整体与部分、内在与超越、存有与生成、原子性与连续性、价值与事实等等二元论。

除了前述自然哲学与机体哲学在主要思想上一致,机体哲学还大量接受了自然哲学中的用语,如"契入"、"过程"、"生成"、"时段"、"机体"、"更新"、"韵律"、"传递"(transmission)、"延展抽象作用"等等。在描述物理自然时,也经常使用有生命蕴义的或者心理性的语词。在自然哲学中,怀特海称所有的存在包括分子、原子、电子在内,都是"机体",所有的"机体"都是有活动的生命,而不只是会运动的物体。在机体哲学中,所有的"现行单元",从最崇高的神到最卑微的点尘,都是"摄持的主体"(a prehending subject),在自我创造的、不断生成的过程之中,有主体形式、有主体目的,有"感"(feeling),有喜悦,有满足。这样大量使用有关心灵语词的结果,使得学者纷纷以为怀特海的哲学是一"泛经验论"(pan-experientialism)、③"泛

---

① 根据怀特海的理论,"现行单元"不断处于"主体消逝"(to perish subjectively)的过程,但并不因此就归于虚无,而是不断成为涵盖它的那些"现行单元"的"客体内容",成为"现行单元"共生过程中的成分。因此可说"现行单元"虽然"主体消逝"了,但却保持"对象(客体)不朽性"。参见 Ivor Leclerc, *Whitehead's Metaphysics*, p. 109。

② A. N. Whitehead, *Process and Reality*, xiv.

③ 怀特海以"现行单元"为"经验的机缘"(occasions of experience),他认为"现行单元"为一自然事件、具体经验,涵盖认知经验的各种形式,包括记忆、期待、想象和思想。A. N. Whitehead, *Science and Modern World*, p. 170. 格里芬(David R. Griffin)称此说为"泛经验论":即主张自然是由具创造性的、经验的事件所构成。David Ray Griffin, "Charles Hartshorne," in *Founders of Constructive Postmodern Philosophy Peirce, James, Bergson, Whitehead, and Hartshorne*, et al. D. R. Griffin, J. B. Cobb (Albany: State University of New York, 1993), p. 202。

心灵论"(*panpsychism*),①或者"泛主体论"(pan-subjectivism)。② 怀特海赋予常见用语独特的哲学含义,是造成他的著作不易为人所理解的主要原因。对于这点,杜威的观察倒是十分中肯。杜威认为对于新发展出来的概念而言,语言往往不敷使用。怀特海为了表达前所未有的理念,不得不假借现成的语词。至于说怀特海在描写物理现象时大量使用有关心理的语汇,是因为"这么做是站在还没有适当实现的可能经验的立场上,使得我们对现存事物的认知,能提供较好的发生性的、功能的说明(It is only because that usage seems to me to arise from that aspect of his philosophy in which cognitive report of existing subject-matter gets the better of a genetic-functional account made in behalf of possibilities of experience not yet adequately realized)。"③换言之,怀特海对于自然物的描述,着重其功能性、可能性的层面,而非实体性的层面。

除了直接接受自然哲学中的语词概念,机体哲学中还有很多概念是根据自然哲学中的概念进一步发展出的。如从"生成"发展出"共生"(concrescence)④的概念,从"创生进程"发展出"创化"的概念,由"时空关联者"发展出"延展连续体"(extensive continuum)的概念等等。此外,机体哲学还接受某些从自然哲学过渡而来的概念,其中与知觉有关的各种概念如"摄持"、"立即呈现性"、"因果效应性"。

---

① 怀特海认为每个"现行单元"均有感受(feeling),哈兹洵(Charles Hartshorn)称之为"泛心灵论",亦即所有存在均有其心理层面,拥有灵魂、主体,或为经验的单元,参见 Charles Hartshorne, *Beyond Humanism*: *Essays in the Philosophy of Nature* (1937; Lincoln: University of Nebraska Press, 1968), pp. 165—177; Charles Hartshorne, "Panpsychism," in *A History of Philosophical Systems*, ed. Vergilius Ferm (New York: The Philosophical Library, 1950), pp. 442—452。

② 福特(Lewis S. Ford)认为怀特海的"现行单元"既为现行立即经验,则必有主体,直指经验拥有者自身,因而可称作是"泛主体论"。参见 Lewis S. Ford, *The Emergence of Whitehead's Metaphysics* (Albany: State University of New York Press, 1984)。

③ John Dewey, "The Philosophy of Whitehead," in *The Philosophy of A. N. Whitehead*, p. 660.

④ Ibid., pp. 88—89. "共生"是指"现行单元"生成的过程。根据怀特海的理论,自然世界是"现行单元"不断生成的过程,这过程在不断更新之中。每个"现行单元"都是具体的存在,在更新的过程中,先前的"现行单元"一起共同成长(growing together)成为新的"现行单元",这就是所谓的"共生"。"共生"一词衍自拉丁文,其原义便是"共同成长",同时也有"具体在一起"(concrete togetherness)的含义。

机体哲学中的核心概念"摄持",最早见于《科学与现代世界》一书。然而"摄持"的内涵与意义,更早已见于自然哲学中的"感官觉察"、"相关性认识"、"体会"、"觉知事件"等概念之中。在《科学与现代世界》里,"摄持"是一广义的"知觉活动",怀特海认为这样的"知觉"概念可见于培根(Francis Bacon)在《自然历史》(*Sylva Sylvarum*)中的一段话:

> 可以肯定的是,所有的物体虽然没有感觉(sense),然而却有知觉(perception)。因为当一个物体作用到另一个物体身上时,会产生吸引或排斥的作用。不论物体是否因此而改变,总会先发生知觉的作用。有时这知觉在某类物体中要比感觉更为敏锐(subtle),感觉与之相比是很迟钝的。我们看了温度计才知道气候冷热最小的变化,不看温度计就无法辨识。有时知觉发生在一段距离之外,一触即发,如磁石召铁,或者从远处以火引燃石油脑。因此探讨更多的敏锐知觉是非常高贵的课题,这是除感觉之外打开自然门户的另一道锁钥,有时还比感觉更管用。这也是所谓自然预兆(natural divination)显现的主要方式,因为知觉早就有了,而重大的效应随后才到。①

这段引言在说明培根区分"知觉"与"感觉"的不同。感觉是认知的经验,而知觉,或者"留意到"(taking account of)是比感觉更为基本、更为广泛的、对外界事物的反应。这反应包括物理的反应、心理的反应、情绪的反应和感官觉察。换言之,培根认为感觉是某种特殊的知觉,只限指知觉的认知层面(cognitive aspect)。② 培根对于"感觉"与"知觉"所作的这项区分,显然与一般用语的含义相反。在一般用语里,"感觉"是感官受到刺激时产生的本能反应,"知觉"则是涉及意识认知的、清晰的"感觉"。培根却认为"感觉"是有意识的,"知觉"却不必然涉及意识。有些物体因为没有意识,因而没有"感觉",但是却可能有"知觉"。怀特海在《相对性原理》一书中提到知觉包含"感官觉察"或"觉察"(即"相关性认识")与"认知"(即"属性认识")两个层面,等于培根所说的"感觉"。这时怀特海并没有区分"知觉"和"感觉"的不同。但后来在《科学与现代世界》里,"知觉"取得更为广泛的意义,成为每个存在都具备的作用,即对于任何其他实物的反应。这样的反应不必然是"认知性的"(cognitive),于是怀特海根据"体会"(apprehension)的字根,提出"摄持"(prehension)的概

---

① A. N. Whitehead, *Science and Modern World*, pp. 41—42.
② Ibid., p. 84.

念,意指"非认知的体会"(uncognitive apprehension)。"非认知体会"就像"感官觉察"与"有意义的经验"一样,能把握被知觉物的时空关系,形成整体有意义的知觉。这样的"摄持"概念,到了机体哲学中,便成为宇宙创进过程中"具体相关性的事实"(concrete facts of relatedness),① 成为其核心理论。

其次,与机体哲学中"知觉"概念关系密切的另外两个概念:"呈现立即性"与"因果效应性",最早见于《象征其意义与作用》一书。然而相关的思想,更早见于自然哲学中的"意义论",同时"对象论"中知觉的"集合论"与"呈现立即性"有关,而"因果效应性"则和知觉的"控制论"有关。在《象征其意义与作用》里,怀特海分析"知觉"有三种形态(modes),分别是"象征指涉"(symbolic reference)、"因果效应性"与"呈现立即性"。他认为人类心灵的功能,有其象征作用,当某些知觉经验引起其他经验成分的意识、信念、情绪和习惯(usages)时,便是发生了象征作用(symbolism)。前者(知觉经验)我们称之为"象征"(symbols),后者(其他经验)我们称之为"意义"(meaning)。而知觉从"象征"转移到"意义"的机体作用(organic functioning),怀特海称之为"象征指涉"。② 表面上看来"象征指涉"已是我们最为基本的知觉,怀特海却认为"象征指涉"是由两种更为基本的知觉形态混合而成,即"呈现立即性"与"因果效应性"。我们对于外在世界的知觉,依其内容约为两类:一是熟悉当前世界的立即呈现(immediate presentation),我们借着立即感觉的投射当下决定了物质事物的特质。这类知识是对于环绕着我们的世界而有的立即经验,以现代用语可称之为"感觉与材",以休谟的用语可称之为"印象"。③ 然而"感觉与材"和"印象"的用语使人容易忽略其所在的时空条件。例如我们看到一堵墙,对于"墙"的知觉并只不限于"墙"的普遍特质。知觉中的"墙"是具体的,不能没有颜色和延展性。而"墙"之所以被知觉,正出于和我们之间有一定的时空关系。也就是说两者在时间上是同时的,在空间上有一定的距离,彼此各自独立。于是怀特海称对于同时存在、彼此相关却各自独立的事件的知觉经验为知觉的"呈现立即性"。④ "呈现立即性"显然是"知觉集合论"的衍生发展。在"对象论"中的"知觉集合论"主张感官知觉是立

---

① A. N. Whitehead, *Process and Reality*, p. 22.
② A. N. Whitehead, *Symbolism Its Meaning and Effect*, p. 9.
③ Ibid., pp. 15—16.
④ Ibid., pp. 17—19.

即直接的对象——即"知觉对象",如猫,是不同"感觉对象"的集合,如猫的颜色、气味、叫声等等。在同一时空中,"感觉对象"提供"知觉对象"各种不同的特质,使得知觉经验成为可能,而"知觉对象"则是引发"感觉对象"的原因,虽然两者之间的因果关系不无法知觉到的。

知觉的另一个形态即"因果效应性",是指我们的身体感官受到外物刺激后所产生的反应。所有的生理反应都是"立即现前"(immediate present),但却以"立即过去"(immediate past)作为其原因。这"立即现前"与"立即过去"之间的关系便是"因果效应"(efficient cause),因这关系而引起的知觉形态,便是知觉的"因果效应性"。① 比如有许多原始的情绪:愤怒、仇恨、恐惧、恐怖、引诱、爱、饥饿、渴望等等强烈的情感,会引发我们急速向前或后退的行动;当然这些情绪伴随着我们对于情绪对象的清晰认知。然而这样的认知并不是对于感觉对象的认知,而是对于实际存在的知觉对象的认知。当我们恨一个人的时候,我们恨的不是感觉与材的集合,而是那引起我们恨意的人。感觉与材提供的是"呈现立即性",至于引发情绪的原因的、连结"立即过去"与"立即现前"的是"因果效应性"。② 在《象征其意义与作用》一书中所描写的"因果效应性"的知觉,一方面是以身体感官作为"知觉的环境"(即生理条件),强调知觉者与知觉对象之间的因果关系,另一方面以这知觉是由既成的过去形塑而成的现前经验,并认为过去与现在有一致性(conformity)。前者的构想已见于自然哲学"意义论"中知觉的"身体状况"的理论:知觉有赖于身体状况给予指示,提供意义。后者则是从"对象论"中知觉的"控制论"衍生出来的。"控制论"认为"知觉对象"的本质在控制"感觉对象"的契入,两者之间有自然的因果关系,而且这关系是知觉可以体会得到的。所不同的是在自然哲学里,怀特海最后决定以"知觉的控制论"取代"知觉的集合论",在《象征其意义与作用》里,他却以"象征指涉"结合这两种知觉的形态。

总结以上可知,机体哲学与自然哲学确实有若即若离的关系。就二者在概念、语词以及思想的连续而言,机体哲学是自然哲学的延续发展;就二者探讨的哲学议题与功能而言,机体哲学与自然哲学颇有不同。有了自然哲学作为机体哲学研究的入门,读者可以期待在不久的将来,会有针对怀特海机体哲学更为完整、有系统的研究出现。

---

① A. N. Whitehead, *Symbolism Its Meaning and Effect*, pp. 46—49.
② Ibid., pp. 52—55.

附录一

怀特海自传[*]

我生于1861年2月15日,肯特郡桑耐特岛的峦司格(Ramsgate in the isle of Thanet, Kent)。我的家族,祖父、父亲、叔伯,还有兄弟都从事与教育、宗教和地方行政有关的工作。我的祖父的先人是雪佩岛(Isle of Sheppey)的王室卫士,可能是贵格教派的乔治·怀特海(Quaker George Whitehead),乔治弗克斯(George Fox)在他的《杂志》(*Journal*)里曾经提到这个人在1670年住在雪佩岛。在1815年,我的祖父,托马斯·怀特海(Thomas Whitehead)在21岁的时候,成为峦司格一所私立学校的校长,其后1852年,我的父亲在25岁的时候接替了这个职务。他们两位都是非常杰出的学校老师,不过我的祖父似乎更为杰出些。

约在1860年,我的父亲担任了英国国教会的牧师,约在1866或1867年他放弃了学校的工作,转任神职。先在峦司格,后来在1871年,他被任命为圣彼得教区的教区牧师,相当大的一个乡村地方,教堂离峦司格约有两到三英里远。北前地(the North Foreland)属于这个教区。他在那里一直到1898年逝世为止。

我的父亲成为东肯特教会人士中颇有影响力的人,他先后担任了乡

---

[*] 译自 Alfred North Whitehead, *Essays in Science and Philosophy* (New York: Philosophical Library, 1947), pp. 3—14。

区牧师(Rural Dean)、坎特伯利的荣誉教士(Honorary Canon of Canterbury)、主教教区会议的监督人(Proctor in Convocation for the Diocese)。不过他真正具有影响力的原因是他在岛上广受爱戴与欢迎。他对教育一直深感兴趣,每日造访他辖下的三所学校,幼儿的、女孩的和男孩的学校。小的时候,在1875年我离开家上学以前,常常陪着他去访视学校。他是个关注地方事务且具影响力的人,除了认识某些地方人士之外,他对19世纪英国的社会政治历史并不了解。英国那时是受到有影响力的"人格"(personality)所统治,而"人格"并不意味着"才智"(intellect)。

我的父亲有人格但没有很高的才智。塔特主教(Archbishop Tait)每到夏天就驻跸在我父亲的教区里,他和他的家人都是我父母的好友。他和我的父亲述说了18世纪善良的一面,因之不经意地我从祖父、父亲、塔特主教、摩西蒙提弗洛爵士(Sir Moses Montefiore)、普金家(the Pugin family)和其他人身上,见到英国的历史。当教区的施洗牧师将要蒙神宠召时,我的父亲为他读圣经。那时候的英国,便是由彼此强烈对立且有亲密小区情感的地方人士所管理。这些影像激发了日后我对历史和教育的兴趣。

另一个深刻的影响是在具有建筑之美的教堂中举行的弥撒。坎特培利大教堂(Canterbury Cathedral)崇高雄美,离家约十六英里之遥。直到现在我还依稀可见圣托马斯白奇(St. Thomas Becket, 1118—1170)坠落殉道的地点,并回想起年轻时对这事件的遐想。那儿也有黑王子爱德华(Edward, The Black Prince 死于公元1376年)的陵墓。

不过接近我家,在这岛内或者越过边界,英国历史曾留下各种遗迹。那儿有罗马人建造的瑞奇巴洛堡(Richborough Castle)的伟大城墙,萨克逊人和奥古斯丁(Augustine)登陆的艾伯佛利特的海岸(the shore of Ebbes Fleet)。离岸一英里左右便是行政长官的村子,中有宏伟的修道院教堂(Abbey Church),保存了某些罗马人的石雕,不过整个建筑是诺曼人式的。这小岛确实到处是诺曼人和其他中世纪的教堂,由主政的僧侣所建造,其规模仅稍逊于修道院教堂。我父亲的教堂便是其中的一个,还保有诺曼人的教堂中心祭坛。

过了瑞奇巴洛便是三明治城(the town of Sandwich)。那时还保有16世纪和17世纪佛来明式(Flemish)的街道建筑。该城的建筑显示为了防范港口海水倒灌,那儿的居民曾邀请低地国(即荷兰)善于水利工程的能工巧匠。不幸他们的防水工程失败,以致该城发展停滞不前。在19世纪下半叶,该城因有高尔夫球场而恢复生机,那是英国最好的球场之一。在罗马人、萨克逊人、奥古斯丁、中世纪的僧侣的遗迹中,都铎(Tudors)和司徒人(Stuarts)的船舰中,这高尔夫球场使我有一种亵渎神圣的感觉。高尔夫球场似乎是这小城故事的庸俗结局。

1875 年我 15 岁的时候前往南英国末端德赛郡(Dorsetshire)的雄堡中学(Sherborne School)就读。那里有更多历史的遗迹。今年,1941 年,这学校将庆祝 1200 年的校庆。该校的建立远溯圣阿德汉(St. Aldhelm),传说亚弗烈大帝(Alfred the Great)曾在此受教。学校的校舍有些是修道院的建筑,其地基所在是现存最雄伟的修道院,内有许多萨克逊君王的陵墓。我在学的最后两年便以修道院院长的房间作为个人书房,终日在修道院的钟声陪伴下学习,那些钟传说是亨利八世(Henry VIII)从金衣战场(Field of The Cloth of Gold)上带回来的。

目前为止我所记载的是 19 世纪下半叶英国南部乡绅生活的几个范例,我的经历绝非特例,当然细节可能有所不同,但对地方乡绅而言,这是典型的生活。

上述故事显示这简短自传的另一项目的:它指出历史传统是如何由人们对外在环境的直接经验传递下来。

在知识学习方面,我的教育完全符合当时的标准。10 岁时起学习拉丁文,12 岁起学习希腊文。不论是否遇到假日,记得直到 19 岁半,每天我都要解读某些拉丁和希腊作家的文章,研究其中的文法。在上学之前我已习得了几页的拉丁文法规则以及句例。修习古典课程同时,还有数学课。古典课程还包括历史,主要是西罗多德(Herodotus)、舍诺分(Xenophon)、修西迪斯(Thucydides)、撒拉斯(Sallust)、利瓦伊(Livy)、和塔西特(Tacitus)等人的著作。至今我还感到舍诺分、撒拉斯和利瓦伊等人的著作十分枯燥。当然他们都是伟大的作家,不过我写自传也只是很坦白的说出心里的话来。

其他人的作品就令人感到愉快多了。确实在我的回忆里,古典学的课程教授非常之好,有意无意间老师经常拿古代的文明和现代的生活作比较。我常借口要多花些时间在数学上,规避拉丁韵文的写作与阅读拉丁文诗。我们读希腊文的圣经,也就是旧约圣经的希腊文版(the Septuagint)。每个星期天下午和星期一上午教授的这些经文读本,文法相当简单,也很受欢迎,因为作者懂得的希腊文似乎不比我们多。

在学期间我们也没有过分用功,最后一年身为学生领袖,大多数的时间我都花在课外活动上面,那是由著名教育家阿诺德(Thomas Arnold)所提倡德、智、体、群并重的洛格比公学模式(Rugby model)。同时我也担任球队的队长,主要是手扳球和足球,都是非常有意思的运动。不过我还是有私下阅读的时间,诗,尤其是华滋华斯(Wordsworth)和雪莱(Shelley)的作品,还有历史,成为我主要的兴趣之所在。

我的大学生活是从1880年的秋天在剑桥大学三一学院(Trinity College, Cambridge University)开始的,其中没有间断地直到1910年的夏天离开为止。不过我作为三一学院的一分子,先是"学者"(scholar),后是"院士"(fellow),却不曾终止过。我对剑桥大学,尤其是三一学院,对我在社会和心智上的训练,感激不尽。人的教育是最复杂的事,我们对此仍所知有限。有一点我确定的是没有一成不变且简单的作法。我们必须考虑为不同类型学生成立的不同教育机构的特殊问题,还有学生的未来机会。当然对某个特别的社会体系某些问题会比较普遍泛滥,例如现在美国许多公立大学所面对的共同问题。而在整个19世纪,剑桥大学表现卓越,只是该校的作法只适于非常特别的情况。

在剑桥大学的正式教育只对一流人才管用,不过为每个大学生设计的课程涵盖的范围却相当狭隘。例如在我就学期间,我上的课都是数学,纯粹数学和应用数学。我从来没有上过其他学科的课。不过上课只是教育的一部分。不足的部分是由和朋友、同学、或者教师不断的讨论来弥补。这些讨论通常在晚餐时进行,从6点或7点开始,直到晚上10点为止,有时早些结束,有时晚些。之后,我还会作两到三小时的数学。

我们还有一群不同学科的朋友常聚在一起。我们都来自同类的学校,受过相同的教育。我们什么都讨论:政治、宗教、哲学和文学,尤其对文学特别感兴趣。这经验使我阅读更为博杂。例如在1885年我毕业时,还记得康德《纯粹理性批判》(Kant's *Critique of Pure Reason*)的部分内容,不过现在我已经忘了,因为我早就不再对它感到兴趣。我一直无法读得进黑格尔:开始我读过一些他对数学的看法,却给我一种一派胡言的感觉。读黑格尔是我的不智,但这不是说我自己是很明智的。

经过半个世纪回想当年的聚会讨论,颇有参加柏拉图对话的感觉。参与的人有亨利·海德(Henry Head)、狄阿西·汤普生(D'Arcy Thompson)、吉姆·史提芬(Jim Stephen)、留威尔·戴维斯兄弟(the Llewellen Davies brothers)、罗威·迪金生(Lowes Dickinson)、耐特·伟德(Nat Wedd)、索来(Sorley),还有其他很多人。这些人中有人日后声名大噪,有些人虽然一样有才智,却默默无闻。这就是剑桥教育她的后代的作法,是对柏拉图方法的仿效。每周六晚间10点直到翌日清晨,我们的"使徒会"(Apostles)在任何一个人的房间聚会,感受到柏拉图式对话的经验。

"使徒会"的活跃分子是8个或10个大学生或年轻的毕业生,不过年长的成员也经常参加。我们曾和历史学家梅特蓝(Maitland)、韦瑞尔(Verrall)、亨利杰克生(Henry Jackson)、席维克(Sidgwick)等人讨论过问题,有时一些到剑桥度周末的法官、科学家或者国会议员也来参加。"使徒会"有很大的影响力,是由坦尼生(Tennyson)和他的朋友在1820年发起的,直到现在仍很兴盛。

我的剑桥教育主要是数学以及和朋友之间会得到柏拉图认可的自由讨论。时代改变了,剑桥大学的教育方式也有所改变。这教育在19世纪十分成功,这有赖于已不存在的当年社会情况所使然。柏拉图式的教育在人生的应用上十分有限。

1885年的秋天,我取得了三一学院的院士资格,又意外幸运地获得教职。1910年我从最后一个资深讲师(Senior Lecturer)的职位辞职,才举家迁往伦敦。

1890年12月我和伊芙苓·威娄拜·韦德(Evelyn Willoughby Wade)结婚。我的妻子影响我对世界的看法十分深刻,是我哲学成就的基本成分。直到现在我已说明了为英国式的教授生涯做准备的狭隘英国式教育。这项社会阶级的优势影响到在他们之上的贵族,也领导了在他们之下的社会大众,正是19世纪的英国有成有败的原因之一。但在历史纪录上从未提到这阶级的兴盛,造成英国人自然生活的萎缩。

我妻子的背景与我完全不同,她的家族擅长军事与外交。她鲜丽的生命教导我存在的目的是美,是道德与感性的美;慈爱和艺术的满足是获得美的不同形态。逻辑和科学是相关模式美的展现,也是避免琐碎无关事物一种有效的方法。

这样的观点致使我们日常的哲学思想侧重过去,将过去伟大的艺术与文学,看做是人生根本价值最佳的表达。而人类成就的高峰不会等待系统学说的出现,虽然系统学说在人类文明发展上有其重要的功能,提供了一个稳定的社会系统逐步向上成长的基础。

我们的三个孩子生于1891年到1898年之间。他们都参加了第一次世界大战:我们的大儿子参与了整个战事,从法国、东亚,转战回英国。我们的女儿在英国和巴黎的外交部门工作,我们最小的儿子服役于空军,他的飞机在1918年3月在法国被敌军击落,因而殉国。

有8年的时间(1898年到1906年)我们住在格蓝斯彻(Grantchester)的老磨坊(Old Mill House),离剑桥约三英里之遥。从窗户望出去可以看见一个磨坊的推把,那时磨坊还可使用。现在已完全坍毁了。另外有两座磨坊，比较古老的那一座，离河面约数百英尺高，正是乔叟（Chaucer）提到的那一座。我们家的部分建筑非常老旧，有的是从16世纪留下来的。整个外观非常优美，时发人思古幽情，从乔叟到拜伦（Byron）、华滋华斯，都曾为文提到这地方。后来诗人鲁帕·布鲁克（Rupert Brooke）住在附近的"老教士屋"（The Old Vicarage）。我必须提到夏克伯家（The Shuckburghs），夏克伯是西赛罗（Cicero）信函的译者，还有威廉拜特生家（The William Batesons），拜特生是个基因学家，他们都住在这个村里，是我们最要好的朋友。夏克伯家替我们在这里找到住所，大家一起欢度许多时光。我家有个可爱的花园，美丽的花蔓爬满了整个房子，还有一棵可能是乔叟手植的紫松。春天来时，夜莺终夜啼叫使我们不得成眠，鱼鹰也在河流中猎食。

我的第一本书《普遍代数论》在1898年出版，我从1891年的1月便开始撰写。其中的观念大多可见于赫曼·葛拉斯曼（Hermann Grassmann）1844年和1862年出版的两本《外延论》（Ausdehnungslehre）。这两本书的早期出现十分重要，可惜的是当它出版的时候没有人了解这书，作者领先他的读者约一个世纪。同样的威廉·罗万·汉莫顿（William Rowan Hamilton）在1853年出版的《四分论》（Quaternions）和先前在1844年的一篇论文，以及布尔在1859年出版的《符号逻辑》（Symbolic Logic），都是对我思想最具影响力的著作。以后我在数理逻辑上的整个著作，都是根据这些材料。葛拉斯曼是个具有原创性的天才，但这点却罕为人知。莱布尼茨（Leibniz）、沙恪瑞（Saccherri）和葛拉斯曼在人们还没有了解这些议题或者把握它们的重要性之前，便着手著述。确实可怜的沙恪瑞自己都不知道自己的成就，莱布尼茨也没有出版他自己在这方面的著作。

我对莱布尼茨研究的知识完全根据考图拉（L. Couturat）在1901年出版的书《莱布尼茨的逻辑》（La Logique de Leibniz）。

提到考图拉使我联想到另外两个与法国有关的经验。艾力哈乐维（Elie Halevy），一位专攻19世纪早期英国历史学者，经常到访剑桥，我们和他与他的妻子有非常好的友谊。另一个经验是在1914年3月在巴黎举行的数学逻辑会议，考图拉、厦维尔里昂（Xavier Leon）和哈乐维也都出席与会。大会里挤满了意大利人、德国人和一些英国人，包括伯川罗素（Bertrand Russell）和我自己在内。出席大会的名流很大方的欢迎来客，还由法国总统到场致开幕词。大会进行到最后大会主席热情致贺词，恭贺大会成功，并希望大家带着对于"美丽法兰西"（La Douce France）的快乐记忆回家。五个月不到，第一次世界大战爆发。那次大会是一个时代的结束,只是我们还不知道这个时代已经结束了。

《普遍代数论》的出版使我在1903年获选为皇家学院的院士。几乎30年之后,1931年,我又因为从1918年开始在哲学上的工作,获选为不列颠研究院的院士(The British Academy)。同时在1898和1903年之间,我着手准备出版我的第二本普遍代数的著作,不过该书一直不曾问世。

1903年,伯川·罗素出版了《数学原理》(*The Principles of Mathematics*),这也是他的"第一册"。后来我们发现我们各自计划的第二本书主题相同,于是决定一起合作。我们希望在一年左右的时间之内能完成这工作,后来我们撰写的范围扩大,于是花了8—9年的时间,《数学原理》(*Principia Mathematia*)才问世。这里不是讨论这本书的地方。罗素在19世纪90年代的时候已进入剑桥大学。就像所有世人一样,我们激赏他的才智。他先是我的学生,后来是我的同事,朋友。我们在剑桥生活期间,罗素在我们生活中有重要的分量,不过他和我在哲学与社会方面的观点不同,不同的兴趣使我们的合作自然终止。

1910年暑假,在剑桥大学学期结束之后我们离开了。我们搬到伦敦,住在雀儿西区(Chelsea),大多数时间在卡莱尔广场(Carlyle Square)。不论我们在哪儿,我妻子的美感品味给我们家里带来极大的魅力,有时真是奇妙至极。尤其是我们在伦敦的住所,几乎完美无瑕。我记得有一位警察在凌晨时分,看见一美丽的女子走进我家,她早上先是参加宫廷聚会,稍晚又去参加一个宴会。事后那警察问我家的女仆,他是否真的看见那样美丽的女子,或是圣母玛丽亚显灵?他简直不能相信穿着那样美丽的女子会住在那儿。不过那时我家的一切真的很美。

我在伦敦的第一年(1910年到1911年),我没有任何教职。我的《数学导论》(*Introduction to Mathematics*)就是从那时开始执笔的。从1911年到1914年的暑假,我在伦敦大学学院(University College London)有了不同的工作,而从1914年到1924年的夏天,我在肯辛顿皇家科技学院(The Imperial College of Science and Technology in Kensington)获聘为教授。这段期间的最后几年我是大学科学院的院长,学术审议会的主席,负责伦敦大学教育的内部事务,而且是校务会议教师代表。我也是管理金匠学院(Goldsmiths' College)的校务委员会议主席,以及波洛技术学院(Borough Polytechic)校务委员会议的成员。还有许多其他这类的职位,事实上我还参与伦敦大学和技术学院教育的督导,加上我在皇家学院的教授职,使我的工作异常忙碌。这些工作之所以可能完成,全赖大学幕僚人员惊人的效率。

14年伦敦教育问题的经验,改变了我对工业文明中高等教育问题的观点。那时还流行对大学功能的狭隘观点,现在已经不存在了。许多激情的技术人才寻求知识的启蒙,从各种社会阶级背景来的年轻人渴求适当的知识,产生许多问题,这些都是文明发展的新要素。但学术的世界仍然沉浸在过去。

伦敦大学是由许多为配合现代生活问题而设的各种不同类型的机构所构成。近来该大学已在赫丹爵士(Lord Haldane)的影响下,重新改造,且极为成功。各种专业的男女,生意人、律师、医生、文学学者、行政主管,都为了教育的新问题花了所有的时间或部分时间,也因此成功地作了更符合需要的改变。伦敦大学的改造不是唯一的,在美国不同类似的团体在不同的情况之下,也致力于解决类似的问题。不用多说,这项教育的新改造是保存文明的因素之一。最近一次类似的改造则发生在一千余年前的修道院中。

这些个人回忆的重点在说明我人生中有哪些有利的因素,帮助我发展潜在的能力。我不能肯定自己的成就有任何永恒的价值,不过我知道如果我有任何成就,那都靠爱、仁慈和鼓励。

再说我生活的另一面,在剑桥的最后几年,我参与了许多政治性和学术性的争议。女性解放的问题在沉潜半个世纪之后,突然浮上桌面。我是大学董事会(University Syndicate)的一员,该会主张女性在大学里应有平等的地位。可是在学生炮轰式的讨论与狂暴的行动影响下,我们失败了。如果我记得不错,那是在1898年。但其后到1914年第一次世界大战爆发之前,女性平等一直是伦敦和其他地方最具争议性的议题。各党派在这议题上立场分明,例如保守派的拜福(The Conservative Balfour)支持女性运动,而自由派的阿斯奎(The Liberal Asquith)则反对。女性运动到了第一次世界大战结束时终获成功。

我的政治立场是自由派的,与保守派对立。我是根据英国的党派这么说的,到现在(1941)自由派事实上已经消失,在英国我会投票给工党中的温和派。不过现在在英国可说没有党派可言。我们住在格蓝斯彻的时候,我在格蓝斯彻作了不少次政治演说,也在那区的乡村作演讲。那些演说都是晚间在教区学校教室里进行。那是很令人兴奋的工作,整个村子的人都会来听,热烈的表达意见。英国的乡村对于一般党派的党工没有什么好感,村民只有请当地的居民对他们演说。我总认为党工很讨厌。臭鸡蛋和烂橘子是有效的政党武器,而我经常被这些东西攻击,搞满身都是。不过这也是活力的表现,不是恶意。我们最坏的经验是在剑桥的吉尔厅（Guildhall）听凯尔·哈地（Keir Hardie）演讲，那时他是新劳工党的领袖人物。我的太太和我都在讲台上，坐在他的后面，下面是一群狂暴的大学生。结果那些没有打中哈地的烂橘子要不是打中我，就是打中我的太太。等我们搬到伦敦的时候，所有我参加的活动都是教育性的。

我的哲学著作是在第一次世界大战的晚期从伦敦开始的。伦敦亚里士多德学会是个很好的讨论中心，可以形成亲密的友谊。

1924年在我63岁的时候，我接受哈佛大学哲学系的邀请，前往任教。在1936年到1937年学期结束前，我成为荣誉教授（Professor Emeritus）。我无法表达哈佛大学校方、同事、学生和朋友对我的礼遇，给我的鼓励有多么大。我太太和我受到仁慈的招待。我出版的著作当然有许多缺点，都是我自己造成的。我想说一句适用于所有哲学著作的话，哲学是以有限的语言表达无穷宇宙的一种尝试。

我没有办法在这文章的最后说明我在哈佛的情形，以及哈佛对我的影响。这也不是一个与本书有关课题。今天在美国，有一股对知识的热切追求，使我们想起希腊古文明和文艺复兴。总之，在各行各业都有热心的仁慈人士，不是任何大型社会系统可以抹杀的。

附录二

怀特海与机体哲学*

一、怀特海的生平与著作

1861 年怀特海(Alfred North Whitehead,1861—1947)生于英国肯特郡桑奈岛峦司格(Ramsgate, the Isle of Thanet, Kent),一个典型乡绅家庭里。他的祖父(Thomas Whitehead)与父亲(Alfred Whitehead)曾任当地学校的校长,家中长辈大多从事教育与宗教行政方面的工作。怀特海自幼体弱,一直留在家中由父母教导。10 岁开始学拉丁文,12 岁学希腊文,到了 15 岁才上学,接受正式教育。这段期间,怀特海深受父亲信仰虔敬、重视教育的人格感召,还因为目睹父亲为弥留中的施洗教士读圣经,印烙下深刻的宗教经验。

怀特海的家乡肯特郡是河口滨海之地,自古是维京人、罗马人入侵要道,历史悠久,留有古迹无数。怀特海幼时在家乡随处可见古罗马城堡的断壁残垣,圣奥古斯丁(St. Augustine)首度宣道的讲坛,诺曼人(Norman)留下的许多教堂,这些古迹带给怀特海深刻的历史与文化经验。1875 年到 1880 年间,他在德赛郡(Dorsetshire)的雄堡中学(Sherborne School)接

---

* 本文原载于 2000 年 6 月《东海哲学研究集刊》,第 7 辑,第 149—178 页。

受传统的古典教育。雄堡中学有 1200 年历史,英王爱德华六世(King Edward the Six)曾予以重修,该校的学生因而有"国王的学者"(King's Scholars)的美誉。古文学校的住宿生活严格规律,怀特海对学校的钟声印象深刻,由英王亨利八世赠送的教堂大钟,不但使得学校生活十分规律,更给予怀特海追思往古的美感。在雄堡期间,怀特海学习古典文学、历史、地理、数学、科学等等科目。严格的古典博雅教育,为怀特海日后学术研究奠定了深厚的基础。① 直到这时,怀特海所受的教育,正是 19 世纪英国维多利亚女王时期,一位乡绅子弟所受的典型教育。②

1880 年到 1910 年间,怀特海在英国剑桥大学三一学院(Trinity College, Cambridge University)过了长达 30 年的学院生活。五年的学生生活多彩多姿,他在课堂上虽然只正式修习数学,但是课外余暇,更浸润在无涯学海之中。剑桥传统的晚餐时间,正是不同领域的教授学生共聚一堂,交换心得的好时机。怀特海曾提及索来(R. Sorley)与狄更生(Lowes Dickinson)令他印象深刻,此二人正是生物数学与生物哲学研究的先驱。除了生物学,政治、宗教、哲学,都是剑桥师生经常讨论的课题。怀特海自道这时他已熟读康德(Immanuel Kant, 1724—1804)的《纯粹理性批判》(*Critique of Pure Reason*),只是读不进黑格尔(G. W. F. Hegel, 1770—1831)的著作。除了晚餐聚会,怀特海还与志同道合的师友于周六晚间组织"使徒会"(Apostles),以"柏拉图式的对话"(Platonic Dialogues)切磋讨论。原来这只是个大学生的聚会,后来竟吸引了研究生、史学家、法学家、科学家,乃至身为国会议员的校友,一起来共襄盛举。③

1885 年,怀特海成为院士(Fellow),并且受聘为应用数学与机械学的讲师(Lecturer)。这段期间英国科学界除了深受达尔文(Charles Darwin, 1809—1882)"演化论"的冲击之外,非欧几何(Non-Euclidean Geometry)、李曼几何(Riemannian Geometry)的出现,大大改变传统几何观。物理学方面,马克斯威尔(Clerk Maxwell, 1831—1897)提出电磁场理论(theory of electromagnetic field),对于"以太"(ether)给予新诠释("以太"是连绵不绝的光电作用)。1886 年米契尔森(Michelson)与莫里(Morley)所做的实

---

① 参见 A. N. Whitehead, "Autobiographical Notes," "Memories," "The Education of an Englishman," in *Essays in Science and Philosophy* (New York: Philosophical Library, 1948).

② Ibid.

③ Ibid.

验，否证"以太"的存在，同时也替爱因斯坦（Albert Einstein, 1879—1955）的相对论铺路。至于哲学界则趋向反科学的另一个极端，由史特灵（J. H. Stirling, 1820—1909）倡导的新黑格尔主义（Neo-Hegelism）与观念论（Idealism），早在19世纪后半叶即已盛行于英国各大学。① 英国传统哲学向以经验论、功利论、实证论为特色，哲学史家洵认为史特灵1865年出版的《黑格尔的秘密》（The Secret of Hegel）一书，可作为英国观念论受到黑格尔影响的标志。史特灵之后，格林（T. H. Green, 1836—1882）、卡德（E. Caird, 1835—1908）均推崇黑格尔是康德哲学的继承者。1883年，赫丹爵士（Lord Haldane）、约翰·赫丹（J. S. Haldane）、平哥-派提生（A. S. Pringle-Pattison）、李奇（D. G. Ritchie）、钟斯（Sir H. Jones）、索来（W. R. Sorley）、鲍桑葵（B. Bosanquet, 1848—1923）等人合著《哲学评论集》（Essays in Philosophical Criticism），被视为新黑格主义者的共同宣言。此外布德利（Francis Herbert Bradley, 1846—1924）、麦克塔嘉（J. McTaggart, 1866—1925）等人也是此派健将。怀特海虽曾自道未能读进黑格尔的著作，但是透过新黑格尔主义者，也间接受到黑格尔的影响。② 黑格尔的机体思想强调宇宙自然万事万物整体关连，并无孤立、个别的事实存在。"真际"（reality）为一含摄主客、心物、内外、能知与所知、意识与自然以及超越一切对立、统一的"绝对者"（the Absolute）。其后怀特海以"机体"（organism）③为具有内在关系（internal relation）的整体，似乎留有

---

① 根据卡普来斯顿（F. Copleston）的分析，19世纪后半叶英国哲学界发起了观念论的运动。或者是受到康德的影响，或者是受到黑格尔的影响，因之，观念论有"新康德主义"与"新黑格尔主义"之别。史特灵于1865年出版《黑格尔的秘密》一书，引发英国哲学界研究黑格尔哲学的兴趣。其中布德利、鲍桑葵，以及与罗素同学的麦克塔嘉，均是间接介绍黑格尔思想给怀特海的人。参见F. Copleston, A History of Philosophy (London: Burns and Oates Limited, 1966), Vol. VIII, pp. 146—150; A. N. Whitehead, "Process and Reality," in Essays in Science and Philosophy (New York: Philosophical Library, 1948), pp. 114—119。

② Ibid.，怀特海曾经受教于赫丹爵士，读过一页黑格尔的著作。他与新黑格尔主义者麦克塔嘉在剑桥期间极为友善。布德利《表相与真际》（Appearance and Reality）一书，也与怀特海《过程与实在》（Process and Reality）一书关系密切。可以说怀特海起书名时，灵感来自布德利。

③ "机体"一词在怀特海哲学中是指真际中最基本的单元——"现行单元"（actual entities），不限于指称生物有机体。原子、分子、细胞与其他现行单元结合相关、共同构成特定类型（patterns）的现行单元的社群（society），也可称作是"机体"（机体有小型Micro与大型Macro的区别）。详见后文。

此一痕迹。①

1890年,也是罗素(Bertrand Russell)正式进入三一学院的那一年,怀特海与伟德女士(Evelyn Willoughby Wade)结为连理。伟德女士正直慈爱,雅好文艺,怀特海自称深受伟德女士道德审美观点的影响。婚后共育子女四人,长子诺斯(North),次子出生即夭折,三女洁西(Jessie),幼子艾瑞克(Eric)。后来艾瑞克在第一次世界大战担任飞行官而阵亡,使怀特海极为伤痛。根据怀特海夫人的追忆,结婚前几年怀特海对宗教产生浓厚的兴趣。从1891年到1898年之间,他广泛地阅读了许多天主教的文献,而这些文献也是罗马文化的重要成就。无论是早期的宗教经验,或是这个时期对宗教经典的涉猎,均使怀特海深具宗教意识,而"神"的概念在他的机体哲学里,也一直占有重要的地位。②

1898年,怀特海出版他的第一本著作《普遍代数论》(*A Treatise on Universal Algebra*),并因此于1903年被提名为"皇家学会"的会员(Fellow of Royal Society)。在德国数学家葛拉曼(H. Grassmann)、英国数学家汉米尔敦(Sir William Rowan Hamilton)与逻辑学家布尔(George Boole)等人的影响下,怀特海继承了莱布尼茨"普遍数学"(Universal Mathematics)或"普遍运算"(Universal Calculus)的构想,提出"普遍代数"(Universal Algebra)的理论。③ 怀特海认为代数的演证推论(deductive reasoning)可运

---

① 虽然怀特海的机体思想看似与黑格尔相近,维拉斯托(Gregory Vlastos)却认为二者有本质上的差异,后者以同质辩证(homogeneous dialectic)的理论解释事物之间的有机或内在关系(organic or internal relations):如正、反、合都是同质的观念;前者则诉诸于异质辩证(heterogeneous dialectic):物极与心极之间、现行单元之间的内在辩证关系,并不是出于二者的敌对,而是本于历程的创新。G. Vlasto, "Organic Categories in Whitehead," in *The Journal of Philosophy*, Vol. XXXIV, NO. 10, May 1937, pp. 253—263. 有关怀特海与黑格尔的关系,可参见 George Lucas, *Hegel and Whitehead Contemporary Perspectives on Systematic Philosophy* (Albany: State University of New York Press, 1986)。

② Nathaniel Lawrence, *Alfred North Whitehead A Primer of His Philosophy* (New York: Twayne Publishers, Inc., 1974), p.29.

③ 有关怀特海的《普遍代数论》与当代数理逻辑的关系,可参见 Victor Lowe, "The Development of Whitehead's Philosophy," and W. V. Quine, "Whitehead and the Rise of Modern Logic," in ed. P. A. Schilpp, *The Philosophy of Alfred North Whitehead* (La Salle, Illinois: Open Court, 1951); A. N. Whitehead, *A Treatise on Universal Algebra* (Cambridge: Cambridge University Press, 1898)。上举怀特海有关代数学的著作主要受到汉米尔敦的"四分数论"(theory of quaternions)、布尔的"代数逻辑"(algebra of logic)以及葛拉斯曼"外延论"(theory of extension)所影响。

用于所有的人类思维,乃至外在经验;唯有哲学、归纳推论、想象与文学,实非演算所能及。

1905 年,爱因斯坦提出相对论的同一年,怀特海发表《论物质世界的数学概念》("On Mathematical Concepts of the Material World")一文,批评"古典物质世界观"(即科学唯物论)把物质世界看成是由三类互不相干的事物:空间的点尘(points of space)、时间的刹那(instants of time)与物质的粒子(particles of matter)所构成——这便是怀特海日后经常批评的"简单定位"的概念。怀氏认为物质世界事实上是由直线性(前后关联)的实体所组成。直线性的实体有如向量的"力",虽然可以借空间中的"点"描述之,但是这"点"只是它所衍生的性质。这时起,怀特海反对科学唯物论的思想便开始萌芽。1911 年怀特海离开剑桥大学,转往伦敦大学大学学院(University College, London)任教,随后他与罗素合作,共同发展"符号逻辑"(Symbolic Logic),并于 1910 年到 1913 年之间,二人合著的《数学原理》(*Principia Mathematica*)三大册的出版。这一时期怀特海的研究兴趣,主要还是代数哲学与数理逻辑。① 1914 年到 1924 年间,怀特海也在"肯辛顿皇家科学技术学院"(Imperial College of Science and Technology in Kensington)教授应用数学,同时担任多项教育行政工作。② 这时他的研究兴趣渐次由数理逻辑,转移到数学教育与自然科学哲学。

1912 年怀特海先后发表演说:"数学课程"("Mathematical Curriculum,")、"基本教学中的数学原理"("The Principles of Mathematics in Relation to Elementary Teaching"),批评传统数学教育太艰难,只重视演算技术的训练,忽略数学知识的运用。随后数年间怀特海陆续发表《时间、空间与相对论》("Space, Time and Relativity", 1915)、《教育的目的》("The Aims of Education", 1916)、《思想的组织》("The Organisation of

---

① Victor Lowe, "The Development of Whitehead's Philosophy," *The Philosophy of A. N. Whitehead*, pp. 34—38.

② 怀特海在伦敦大学时,即曾任科学院院长(Dean of the Faculty of Science)、学术会议主席(Chairman of the Academic Council),并曾担任金匠学院(Goldsmiths' College)校务会议主席,以及波洛多科技学院(The Borough Polytechnic)校务会议委员等职,经常参与视导伦敦地区高等学校教育。1921 年到 1924 年间,他还曾代表皇家学院参加"雪利教育委员会"(Surry Education Committee),提出教育改革报告。

Thought",1916)、①《技术教育与科学文学的关系》("Technical Education and Its Relation to Science and Literature",1917)、《战时的多科技教育》("A Polytechnic in War-Time",1917)、《某些科学观念的剖析》("The Anatomy of Some Scientific Ideas",1917)等文,其后编入《教育的目的与其他论文》(The Aims of Education and Other Essays,1929)一书之中。这些论文多强调智育——尤其是数学与科学教育——的重要;借此怀特海一方面提出整体教育(holistic education)观念②,一方面着手研究认识论与科学哲学的问题。怀特海认为一般科学研究者往往从常识经验的立场出发,认为科学处理的对象就是感官知觉在特定时空中产生的立即经验,殊不知所有的知识均由观念组成,科学知识亦然。因此"说明这个世界和确实经验感受之间的精密关联,正是科学哲学的基本问题"③。这里显然可见怀特海采取了英国传统的经验论,以立即直接的经验感受作为研究的起点。不过即使在这样早的阶段,怀特海的"知觉观"(theory of perception)也不同于素朴的经验论,他肯定思想能组织经验。这时他反对休谟(D. Hume,1711—1776)经验论的思想,也已萌芽了。

1919年怀特海出版《自然知识原理探究》(An Enquiry concerning the Principles of Natural Knowledge,1919),④以资纪念他的三子艾瑞克(Eric Alfred Whitehead),在第一次世界大战时为国捐躯。1920年出版《自然的概念》(Concept of Nature),⑤1922年出版《相对性原理》(Principles of Relativity)。⑥ 这三本书继续对"科学唯物论"的基本预设:空间的"点尘"、时间的"刹那"以及物质的"粒子"等概念提出批判,而拟以时空连续关联的

---

① A.N. Whitehead, *The Organisation of Thought Educational and Scientific* (London: Williams and Norgate, 1917).

② 参见俞懿娴:《怀特海的教育思想》,载《东海大学哲学研究集刊》第四辑,台中市:东海大学哲学研究所,1997年7月,第115—141页。

③ A.N. Whitehead, *The Aims of Education and Other Essays* (New York: Macmillan Company, 1929), pp.157—158.

④ A.N. Whitehead, *An Enquiry concerning the Principles of Natural Knowledge* (New York: Dover Publications, Inc., 1982).

⑤ A.N. Whitehead, *Concept of Nature* (London: Cambridge University Press, 1920).

⑥ A.N. Whitehead, *Principle of Relativity* (London: Cambridge University Press, 1922).

"事件"(event)①概念取代之。其中,《自然知识原理探究》一书首先提出"事件"和"对象"(object)②的概念,以及"延展抽象法"(the method of extensive abstraction)的理论。《自然的概念》一书,对传统微粒说(corpuscular theory)衍生出初性与次性二分的理论,导致"自然的两橛"(bifurcation of nature)提出批判,并首次提出"契入"(ingression)③的概念。《相对性原理》一书除了继续阐述"事件"的概念之外,特别根据相对性原理强调"自然的相关性"(the relatedness of nature)。这时怀特海除了受到马克斯威尔(James Clerk Maxwell, 1831—1879)的电磁场理论(theory of electromagnetic field)、劳伦兹(H. A. Lorentz)相对运动论与爱因斯坦相对论等科学理论的影响,同时也接受柏格森对物理学将时间"空间化"(spatial-

---

① 在怀特海早期思想中,以"事件"一词指称"机体"。"事件"原指在时空关系之中自然事物的发生(happening),而这项发生具有时空关系(a spatio-temporal relation)、时空延展性(a space-time extension)、生命的韵律,且不断处于变化生成之中,怀特海认为这正是自然最终极的事实。然而"事件"一词既指时空关系,又指此关系之中的自然发生,不够精确,于是怀特海后期以"现行单元"(构成世界最终极的真实事物)的概念取代之。详见后文。

② "Object"一词衍自拉丁文,原意指丢在路上(to throw in the way)的"东西",在英文中,既指感官知觉所见客观独立之物(即具体存在于时空之中的外在事物),相当于德文 Objekt 一词;又指心灵或肉体所朝向的、思维的、感受的、行动的对象,相当于德文 Gegenstand 一词。怀特海根据英文一词二义,站在实在论的立场,认为"object"一词,既指客观存在的事物特质(不是实体),又是感官知觉的对象。一般将"object"一词译作"物体"或"客体",虽可表达客观实物之意,然而无法表达"对象"之意。在此权且以"对象"一词,作为客观对象的简称,有时也依文意作"物体"或"客体"。详见后文。

③ "Ingression"一词原意为自由进入,怀特海用之指称"对象"与"事件"之间普通的关系。对象"契入"事件是事件根据对象的存有形塑其自身特征的方式(the way the character of the event shapes itself in virtue of the being of the object)。由于对象有多种(如感觉对象、知觉对象、物质对象等等),对象契入事件的方式也有多种。怀特海的这个专门术语有袭柏拉图理型论中世界"参与"(participation)理型之意。其后,怀特海也称潜存的"永象"得以实现于殊别的"现行单元"为"契入"。参见 David W. Sherburne, *A Key to Whitehead's Process and Reality* (Chicago: University of Chicago Press, 1966), p.21ff, A. N. Whitehead, edited by D. R. Griffin and D. W. Sherburne, corrected edition, *Process and Reality* (New York: The Free Press, 1978), p.23。

ized)所做的批评,以及他所提出来"时段"(duration)①的观念。相对论推翻了古典物理学(牛顿物理学)三度进向的绝对空间观与一度进向的绝对时间观,代之以时空的连续套具论(theory of space-time continuum)。上述物理学的革命,以及其后量子物理学的出现,给怀特海的机体哲学(Philosophy of Organism)提供了重要的依据。

1924 年,怀特海已经 63 岁了,届临退休。他有科学哲学家的名誉,却还没有开始发展他最重要的哲学思想——形上学与宇宙论。早在 1920 年美国哈佛大学哲学系主任伍德(J. K. Woods)就向校长罗威尔(Lowell)表达了邀请怀特海前来讲学的意愿。1922 年怀特海还利用假期在美国做短期讲学,对美国的学术环境极为满意。1924 年秋天,在泰勒(Henry Osborn Taylor)的协助之下,怀特海终于接受哈佛大学 5 年的聘约——以后延长为 13 年,全家移居美洲大陆,也展开了他最重要的哲学生涯。赴美之前,怀特海曾经写信给友人巴尔(Mark Barr),道出对这次"心智历险"(intellectual adventure)的憧憬:"如果我得到这个教职,未来在哈佛的 5 年,或许给我一个好机会系统地整理我的观念,使我能在逻辑、科学哲学、形上学,以及其他半理论、半实践的如教育等基本议题有所建树。"②在美 20 余年间,怀特海果真充分的实现自己的抱负。事实上当时美国学界正流行着由帕思(C. Peirce, 1839—1914)所提出的、詹姆士(W. James, 1842—1910)与杜威(J. Dewey, 1859—1952)所鼓吹的实用

---

① 柏格森以"时段"一概念对比物理学的"时间"概念,后者将时间视做同构型、可测量的空间一般,前者则将时间视做不可测量的生命属性,真实的时间。柏格森站在生机论的观点认为,生物在时间之中演化创生,生长变化,充满生机(élan vital)。这不断持续的进步,总是由过去吞噬未来,扩大前进,而"时段"就是这创生演化(creative evolution)的历程。这历程不是由不相连属的刹那构成,而是由有记忆的过去和一定"时段"的现前连续而成。见 Henri Bergson, *Creative Evolution*, trans. Arthur Mitchell (New York: Random House, Inc., 1944)。怀特海以"事件"的概念对比"物质",颇受柏格森思想的影响。有关柏格森对怀特海思想影响的讨论,可参见 Filmer S. C. Northrop, "Whitehead's Philosophy of Science," *The Philosophy of Alfred North Whitehead*, pp. 167—207; Victor Lowe, "The Influence of Bergson, James, and Alexander on Whitehead," *Journal of the History of Ideas*, April 1949, Vol. X, no. 2, pp. 267—296。

② W. E. Hocking, "Whitehead as I Knew Him," ed. G. L. Kline ed., *Alfred North Whitehead: Essays on His Philosophy* (New Jersey: Prentice-Hall, Inc., 1963), p. 10.

论(pragmatism),而哈佛大学哲学系早在罗易士(J. Royce,1855—1916)的影响之下,浸润于绝对观念论或绝对实用论(absolute pragmatism)的思想之中。① 这些学说或强调人是与其环境交互作用的机体、经验具有连续性,或阐扬思想与真际间整体有机的关联,可说正为怀特海的莅临预作准备。

怀特海在哈佛期间的学术成就极为辉煌,《科学与现代世界》(*Science and the Modern World*,1925)、②《形成中的宗教》(*Religion in the Making*,1926)、③《象征系统其意义与作用》(*Symbolism Its Meaning and Effect*,1927)、④《过程与实在》(*Process and Reality*,1929)、⑤《理性的功能》(*Function of Reason*,1929)、⑥《观念的历险》(*Adventures of Ideas*,1933)、⑦《思想的形态》(*The Modes of Thought*,1938)⑧等著作,呈现了怀特海哲学最精致、最成熟的面貌——他的机体哲学与历程宇宙论(process cosmology)。

《科学与现代世界》是怀特海系统地提出机体哲学的起点,他对科学唯物论的基本预设——"简单定位说",正式加以批判,进而以"机体"的概念取代"物质"的概念,作为自然哲学的新基础。该书除了陆续提出

---

① W. E. Hocking, "Whitehead as I Knew Him," ed. G. L. Kline ed., *Alfred North Whitehead*: *Essays on His Philosophy* (New Jersey: Prentice-Hall, Inc., 1963), p. 11.

② A. N. Whitehead, *Science and the Modern World* (New York: The Macmillan Company, 1925).

③ A. N. Whitehead, *Religion in the Making* (New York: The Macmillan Company, 1926).

④ A. N. Whitehead, *Symbolism Its Meaning and Effect* (New York: The Macmillan Company, 1927).

⑤ 西方学者多认为怀特海最重要的哲学成就即《过程与实在》(*Process and Reality*)一书,怀氏则称该书——事实上是他在爱丁堡大学(University of Edinburgh)一系列的吉福讲稿(Gifford Lectures)合编成册——旨在阐扬"机体哲学"的传统。

⑥ A. N. Whitehead, *The Function of Reason* (Princeton: Princeton University Press, 1929).

⑦ A. N. Whitehead, *Adventures of Ideas* (New York: The Free Press, 1961).

⑧ A. N. Whitehead, *Modes of Thought* (New York: The Macmillan Company, 1927).

"摄持"(prehension)①、"现行机缘"(actual occasion)②、"永象"(eternal object)③、"历程"(process)等重要概念,还提出"神"作为形上学的最终原理。同时怀特海也认为在科学日益进步、宗教日趋式微的情况下,宗教的理论实有进一步发展的空间与必要。科学与宗教应放弃冲突对立,携手共同创造人类的新文明。本着这项信念和他一贯具备的宗教素养,怀特海在《形成中的宗教》一书中根据人性的恒常因素,分析宗教形成的必然性与普遍性。同时这两本著作均肯定"神"(God)为神学中的最高概念,同时也是形上学的最终原理、宇宙论的理性秩序以及价值论的价值本源。

---

① "摄持"是指认知与非认知的体会(apprehension),为避免译作"摄知"认知意涵过于强烈,译作"摄受"又缺乏主动体会之意,且取"持"字有把捉的意涵,这里译为"摄持"。"摄持"首见于《科学与现代世界》,在《过程与实在》里是怀特海八个存在范畴(categories of existence)中的一个。根据怀特海的说法,"摄持"构成"现行单元",使得一个"现行单元"能成为另一个"现行单元"的对象,或者使得"永象"能契入"现行单元"。原则上"摄持"类似向量,有一定的"方向",是各种事物之间"相关的具体事实"(concrete facts of relatedness)。"摄持"是有相关性的,其要素有三:一是摄持的主体(如知觉者),二是被摄持的与材(the datum which is prehended)如被知觉物),三是主体如何摄持与材的"主观形式"(如知觉)。详见后文。

② "现行机缘"一词首见于《科学与现代世界》一书,系指构成我们的立即经验的具体实在。在《过程与实在》一书中,他以"现行单元"一词与之交互使用,指构成世界的最终真实事物,是八个存在范畴之中第一个也是最基本的存在范畴。"现行单元"有三重特征:一是由其过去所"给予"(given)的;二是主体特质(the subjective character),即它在创生历程之中有目的的特质;三是超体特质(the superjective character),以它特殊满足为条件的超越创化造成的实用价值(the pragmatic value of its specific satisfaction qualifying the transcendent creativity)的特征。换言之,"现行单元"有其过去,决定其现在,然而在创生进程之中不断有朝向未来的目的,结合现在与未来,即成"超越现在"的"超体"。

③ "永象"系"永恒对象"的简称,是怀特海八个存在范畴之一。怀特海称"永象"是"特定事实的纯粹潜存"(pure potentials for the specific determination of fact),或者"确定的形式"(forms of definiteness)。在"现行单元"生成的历程之中,一切事物都在更新,只有"永象"不变。在怀特海而言,"永象"与其说接近柏拉图的"理型",不如说接近洛克的"观念"。"永象"对于"现行单元"而言是纯粹的潜存,就其自身而言是受感的概念。"永象"可以契入主客两种"现行单元";就主体的而言,"永象"决定其"主观形式"(subjective forms);就客体的而言,"永象"决定其"与材"(datum),与材就是"现行单元"摄持的内容)。援此,怀特海将"永象"区分为主观的与客观的两类(subjective and objective species):"主观的永象"是指感受的主观形式的特定元素(an element in the definiteness of the subjective form of a feeling),也就是情绪、感受强度、厌恶、不厌恶、苦乐等等情感。"客观的永象"则有如柏拉图的数学理型,是感受的与材。详见后文。

在《象征论其意义与作用》一书中，怀特海再次展现了他对知识论与语言哲学的兴趣。延续先前对传统经验论的"知觉"概念的批评，怀特海分别提出"立即呈现"(presentational immediacy)、"因果效应"(causal efficacy)，以及"象征指谓"(symbolic reference)的理论，为机体哲学的认识论奠立基础。①

《过程与实在》最具体系，最为完整，可说是怀特海机体哲学的代表作。站在思辨哲学(speculative philosophy)的立场，怀特海肯定哲学作为批判宇宙论(critic of cosmology)的功能：哲学的工作在提供一普遍观念系统，借以融贯的(coherent)、逻辑的(logical)、必然的(necessary)、适切的(adequate)诠释所有的经验。根据这项原则，怀特海一面修正传统欧洲哲学，一面提出四种基本范畴：终极范畴(The Category of the Ultimate)——创生(Creativity)、多与一②；存在范畴(Categories of Existence)——现行单元(actual entity)、摄持、聚结(nexus)③、主观形式(subjective form)④、永象、命题(proposition)⑤、

---

① 在该书中怀特海认为知觉经验可分为上述三种模态。首先感官知觉立即呈现给我们有关外在世界的经验，便是"立即呈现"(将英文反置可得immediate presentation)，也就是一般所谓的感官知觉。其次，我们对于外在物体造成身体感官反应的知觉，则是"因果效应"(也可将英文倒置为efficient cause)。我们因为有感官知觉，也就是"立即呈现"，才有"因果效应"的知觉，因为眼见色才知道眼睛发挥了"看"的功能。最后，"象征指涉"则是将前两种知觉合而为一的综合活动，这样的知觉不仅引起思想的象征活动，也引发行动、情感的象征反应(如看到国旗，想到国家，引发爱国的情操)。

② 怀特海称"创生"、"多"、"一"分别与"事物"(thing)、"存有"(being)、"单元"(entity)是同义词。其中创生是共相的共相(the universal of universals)，创新的原理(the principle of novelty)，也是最终事实的特征。

③ "聚结"或"社群"(society)，八个存在范畴之一，是"公共的事实"(Public Matters of Fact)，也是"现行单元"的集合。"现行单元"是微观的实物(microcosmic entity)，个别的能知者，"聚结"则是巨观的实物，如人群，树林，住宅区等等。

④ "主观形式"，八个存在范畴之一，是"隐私的事实"(Private Matters of Fact)，也是"现行单元"摄持"与材"的主观感受，如情绪、评价、意图、不厌恶、厌恶、意识等等。

⑤ "命题"，八个存在范畴之一，是"在潜存决定中的事实"(Matters of Fact in Potential Determination)、"特殊决定事实的不纯粹潜存"(Impure Potentials for the Specific Determination of Matters of Fact)，或者是"理论"(Theories)。"命题"最简单的形式为"主述式"，原是具有真假值的逻辑语句，怀特海则用以指称以"现行单元"为逻辑主词、"永象"为逻辑述词所构成的混合聚结。在这样的聚结里，因为与特殊决定的"现行单元"链接，"永象"丧失了纯粹的潜存性，成为"不纯粹的潜存"。

杂多(multiplicity)①、对比(contrast)②;27 种解释范畴(Categories of explanation),③以及 9 种范畴义务(Categoreal Obligations),④织成一绵密而复杂的形上学网络。从基本范畴之中,衍生出几个重要的概念:神——神的

---

① "杂多",八个存在范畴之一,是"不同实物的纯粹散布"(Pure Disjunctions of Diverse Entities),也就是各种不同种类实物的集合。"杂多"不同于"社群",后者是由同类的"现行单元"集合而成,前者则是不同种类实物的集合。

② "对比",八个存在范畴之一,是"在一个摄持之中综合实物的样态"(Modes of Synthesis of Entities in one Prehension),或者是"有模式的实物"(Patterned Entities)。当一个摄持之中有许多复杂的与材时,这些与材构成的整体就是"对比"。任何不同的与材都可综合成为"对比",因此可以产生无数的对比事物。例如"命题"就是"对比",而其中最重要的"对比"就是"肯定与否定的对比"(the affirmation-negation contrast)。在"对比"中,"现行单元"的摄持可以透过对不同"与材"的比较,判别其高下,进而影响"主观满足"的强度。"现行单元"越能发现自身经验之中的"对比",便越能提升且深化它的经验。反之,较原始的"现行单元"不能发现经验之中的"对比",致使自身经验趋于浅薄无聊。

③ 27 种解释范畴在解释现行世界之为创生历程,以及 8 种存在范畴的意义与功能。其中第 1 点到第 10 点之中,除了第 7 点与"永象"有关,其余皆在说明"现行单元"的"生成变化"(the becoming of the actual entities)。从第 10 点起到第 13 点解释"摄持",以及相关的"主观形式"。第 14 点解释"聚结",第 15 点解释"命题",第 16 点解释"杂多",第 17 点解释"对比"。第 18 点论及"本体原理"(the ontological principle)或"动力因与目的因原理"(the principle of efficient and final causation):任何现行单元的存在与变化生成,均有其理由。第 19 点说明基本的实物为"现行单元"与"永象",第 20 点到第 24 点说明"现行单元"的功能,第 25 点到第 27 点说明"现行单元"变化生成的最后阶段是"满足"。

④ 9 种范畴义务在说明个别与集体的"现行单元"在创生进程中的各种原理。这 9 种范畴义务为:(1) 主观单体范畴(The Category of Subjective Unity);(2) 客观同一性范畴(The Category of Objective Identity);(3) 客观歧异性范畴(The Category of Objective Diversity);(4) 概念评价范畴(The Category of Conceptual Valuation);(5) 概念贬价范畴(The Category of Conceptual Reversion);(6) 变质范畴(The Category of Transmutation);(7) 主观和谐范畴(The Category of Subjective Harmony);(8) 主观强度范畴(The Category of Subjective Intensity);(9) 自由与决定范畴(The Category of Freedom and Determination)。

原初性（primordial nature）与后效性（consequent nature）①，社群（society）——社群秩序（social order），延展连续性（extensive continuity），经验的二极——心极（mental pole）与物极（physical pole）等等。这些范畴与概念说明了怀特海的基本哲学立场是多元实在论（pluralistic realism），同时以历程为宇宙真际的机体哲学。历程之中有变有常，机体哲学的特征正在打破西方传统哲学种种的两元论（dualism）与二元对立（opposites），例如：实体与属性、实现与潜存、因与果、心与物、主与客、不定与决定、消亡与不朽、真际与表象、个人与社群、整体与部分、内在与超越、连续与断续等等。② 怀特海在该书中不断绵密地描述宇宙真际之为历程的实相，并进一步发展他的认识论、命题论、摄持论、延展论（theory of extension）、神论等等。

《过程与实在》之后的著作——《观念的历险》与《思想的表态》在理论与重要性上，均不能超越前书。除了继续一些《过程与实在》中议题的讨论之外，多属阐扬怀特海在文化哲学方面的理想。哲学必关乎个人与社群的全体经验；包括知识、道德、艺术、宗教等等，而"文化"（civilization）正是这些经验的总名。而怀特海对于"文化"议题，总是站在人道主义（humanitarianism）的立场，肯定人不仅有情绪、感受、知觉，更有理解和判断是非、善恶、美丑的能力，因而能群策群力，创造高度的文明。③

除了大规模的著作之外，怀特海也讲学不辍。直到1937年他才正式

---

① 怀特海的"神"近乎亚里士多德的神，都是形上学最终的预设——"自因者"（self-caused）。不过后者将"神"视为最高层次的实体，前者以神与其他实存一般，也是现行单元。类同于"现行单元"的三重特征，神也有三重特征：一是"原初性"，即神之为现行单元，以所有"永象"作为他"概念摄持"（conceptual prehension, or conceptual feeling）的内容，神则为"永象"的评价者；二是"后效性"，即神之为现行单元，以所有参与创化的"现行单元"作为他"物质摄持"（physical prehension）的内容；三是"超体性"（superjective nature），即神在不同时劫因他的特殊满足唯条件的超越创化造成的实用价值。根据这三重特征，怀特海的神既是一切潜存永象的保障，也参与现行世界的创化。神超越世间，世间也超越神，神内在于世间，世间也内在于神。因此怀特海的神论可说是"万有在神论"（panentheism）。详见后文。

② 参见 A. N. Whitehead, "Preface," *Process and Reality*; F. B. Wallack, "Preface," *The Epochal Nature of Process in Whitehead's Metaphysics* (Albany: State University of New York Press, 1980).

③ A. N. Whitehead, *Adventures of Ideas*, p. 11ff.

从哈佛大学退休,时年 76。虽然不再上课,怀特海在学校附近的宿舍,却是学者、知识分子经常造访请益的地方。怀特海谦冲为怀,平易近人,总使拜访者尽兴而归。1947 年 12 月 30 日,怀特海以 88 岁的高龄,溘然长逝,留给当时学界无限的追思。

二、怀特海哲学发展阶段

根据前述可知怀特海思想发展至少经历三个重要的时期:即数学与逻辑时期、自然科学哲学或本体论与认识论时期,以及思辨哲学或宇宙论时期。这样的分期符合大多数怀特海学者的看法。罗威(Victor Lowe)即认为怀特海在其学术生涯的第一时期致力于数学与逻辑的研究,第二时期致力于自然科学哲学,第三时期致力于形上学以及形上观念在文明历史上扮演的角色。① 克司勤(W. A. Christian)也认为怀特海的著作可分为三期:第一期在剑桥以及伦敦大学学院时,研究数学与逻辑。第二期在伦敦科学技术皇家学院,自 1914 年起,研究自然科学哲学。最后一期,自 1924 年起至哈佛大学转而研究思辨哲学,企图"构作融贯一致、逻辑的、必然的普遍概念系统,借以诠释我们经验中的各个成分"。② 梅斯(Wolfe Mays)与克司勤持相同看法,认为怀特海的三期著作分别为数学与数学逻辑、自然哲学(于其中怀特海似乎提出一反映自然世界的逻辑结构,借以说明数学与物理的概念如何衍生自经验的事实),以及形上学时期。③ 施密特(Paul Schmidt)则根据怀特海知觉论的发展,稍有不同的指出《论物质世界的数学概念》一文与《思想的组织》代表怀特海早期逻辑思想,《自然知识原理探究》、《自然的概念》、《相对性原理》代表他的科学哲学思想,《科学与现代世界》、《过程与实在》、《观念的冒险》则代表他的宇宙

---

① Victor Lowe, "The Development of Whitehead's Philosophy," *The Philosophy of Alfred North Whitehead*, p.1.

② 参见 William A. Christian, *An Interpretation of Whitehead' Metaphysics* (1959, Westport, Connecticut: Greenwood Press, Publishers, 1977), p.1。

③ W. Mays, *The Philosophy of Whitehead* (London: George Allen & Unwin Ltd., 1959), p.17.

论思想。①

虽然各家对于怀特海思想发展的分期并无太大不同看法,然而对于各时期之间的关系,却颇多争议。究竟怀特海早期数学与逻辑思想,是否为他晚期形上学与宇宙论思想做了准备？还是他认为逻辑与数学哲学过于抽象狭隘,造成他思想上的瓶颈,以致完全放弃这方面的研究,转而致力于形上学与思辨哲学？罗威认为怀特海的思想发展有连续整体性,从《普遍代数论》一书是哲学的著作,以及《论物质世界的数学概念》一文含有对科学唯物论的批判便可见,怀特海并不如一般人以为他早期只热衷于数学与逻辑的研究。事实上怀特海一开始的兴趣就在数学宇宙论(mathematical cosmology),而他也持续致力于结合几何学与变迁的世界。② 克司勤却认为虽然数学物理学(mathematical physics)引导怀特海研究自然哲学,就好像自然哲学的问题引导他研究思辨哲学,但不能因此说怀特海从一开始就思考形上学的问题;他的形上学著作还是从1925年出版的《科学与现代世界》一书开始的。③ 梅斯则不同意克司勤的看法,他认为怀特海晚期形上学的著作,正是以他早期数学逻辑的研究为源头。表面看来怀特海晚期形上学著作中有大量令人难以理解的哲学术语,与他早期数学逻辑的著作迥然不同,事实上经过仔细的考察可知,这些哲学术语只是他早期观念的扩大运用而已。梅斯因此认为怀特海的形上学只是一种应用逻辑,近乎现代操控学(cybernetics)的思辨研究。④ 梅斯的说法颇不可取,他似乎完全忽视了怀特海思想中诗学的、形上学的、价值学的层面,只是一味盲目的想将怀特海纳入以假设演证法(hypothetical-demonstrative method)为基础的科学主流。施密特虽与梅斯的看法接近,

---

① Paul F. Schmidt, *Perception and Cosmology in Whitehead's Philosophy* (New Jersey: New Brunswick, 1967), p. 3.

② Victor Lowe, "The Development of Whitehead' Philosophy," pp. 18—46.

③ A. N. Whitehead, "Preface," *Process and Reality*.

④ 梅斯认为《过程与实在》中的哲学方法与现代逻辑的公设法(the axiomatic method)极为相似,怀特海早期著作中对于外在世界知觉的研究近于现象论(phenomenalism),而晚期作品中更明白的肯定可经验的感觉性质在知觉历程中是经由生理与物理的活动而取得;其中运用现代逻辑的定理法以强调复杂关联的系统,以及肯定现代物理学的场域理论以强调物理系统的历史性,这些正是怀特海晚期著作的两大特色。加上他在《论物质世界的数学概念》一文中提及多元关系(many-termed relation)与《过程与实在》中电磁事件背后的普遍系统极为相似,足以证明怀特海早期与晚期著作关系密切。参见 W. Mays, *The Philosophy of Whitehead*, pp. 17—20。

认为从怀特海知觉论的发展可见他的思想是持续一贯的，知觉观与自然科学哲学、形上学的发展密不可分；但是施密特仍观察到怀特海早期论文与自然科学哲学时期的著作有显著的不同。前者没有将"事件"与"对象"区别开来，且将科学与形上学的研究分开；后者则对于"事件"与"对象"有所区分，且强调科学与形上学研究的关系紧密。[①]

上述学者（除克司勤外）大致同意怀特海的思想发展有其一贯性，站在机体哲学的立场，作者认为怀特海早期数学与逻辑的素养，当然对他晚期哲学思想的形成有所影响。但是这影响见于应用数学描写物理世界的理念，而不是符号逻辑与数学运算的本身。怀特海早期对于应用数学、几何学于描写具体时空之中的经验物质世界深具兴趣。另一方面，本着莱布尼茨"普遍数学"的理想，怀特海一度认为数学推理可应用于一切追求严格精密思想的领域，不过哲学与文学想象当一并被排斥在外，在《普遍代数论》一书的序言中他说："数学的理想在建立一个计算方式（calculus），来帮助我们对思想或外在世界经验进行推论，借以确认并精确的描述思想或事件的前续后继。除开哲学、归纳推论和文学想象，所有严肃的思想应当是由一计算方式发展出来的数学。"[②]由此可见在这个时期，怀特海不认为哲学和数学是一样的"严肃思想"。即使《普遍代数论》一书是属于数学哲学的领域，怀特海在其中没有表示对真正的哲学或形上学有任何兴趣。其后怀特海继续应用几何学于自然世界的研究，如《论物质世界的数学概念》正是这方面的研究成果。该文首度质疑空间的点尘、时间的刹那、物质的粒子这些概念是否合乎逻辑，但是这项质疑是出于几何学的立场，不是出于思辨哲学的立场。正如罗威曾指出，事实上于该文中怀特海排除哲学的讨论；在谈到物质世界可能是"在人们感觉缺陷之下永不可知的（对象）"时，他说："这是一个与我们无关的哲学问题"。有关物

---

① 施密特认为《论物质世界的数学概念》一文原在阐析物质世界的数学逻辑结构，这早期著作中便含有怀特海晚期对现代科学观念的批判，以及对知觉观念反省的重要线索。该文中提到多种"基本关系"（Fundamental Relations），各关系有其关联的方向，这关系的方向正是以后《过程与实在》中所谓"摄持的向量特质"（the vector character of a prehension）。有关"线性客观实在"（linear objective reals）的描述，也近乎《过程与实在》中所谓简单的物理感受（simple physical feelings）。施密特此说是否言过其实，有待论定，但是怀特海在《论物质世界的数学概念》一文中已开始对现代科学唯物论加以批判，确是不争的事实。参见 Paul F. Schmidt, *Perception and Cosmology in Whitehead's Philosophy*, pp.3—14。

② A.N. Whitehead, *A Treatise on Universal Algebra*, viii.

质世界的数学概念形成的问题,"完全是为了逻辑或数学自身而被提出,与哲学只有间接关系,只是因为逻辑与数学能把物质世界的基本观念从特殊偶性概念的纠缠中分解开来"①。由此可见怀特海这时主要的兴趣在将几何学与这个变迁世界结合起来,虽然开始碰触到科学哲学,却未曾触及形上思辨问题。

怀特海最早符合一般称作"哲学"的著作,要算是自1915年起发表的《空间、时间、相对性》等有关认识论与科学哲学方面的短文。这时起怀特海开始感到形上学的价值,他认为科学的研究不能减少对形上学的需求,有关可能性与实现性之间的关系,尤其有赖于形上学的研究,"科学甚至使得形上学的需求更为迫切"。② 于是怀特海早期应用数学、几何学的模型以描写自然世界的构想,进一步的与哲学(认识论与自然科学哲学)结合,《自然知识原理探究》等三本有关自然科学哲学的著作,正是这方面努力的成果,也是机体哲学发展的第一个阶段。在1925年《自然知识原理探究》再版序里,怀特海说希望"在不久的将来能将这些书(《自然知识原理探究》、《自然的概念》、《相对性原理》)中的观点,在一更为完整的形上学中具体呈现。"果然不久之后,怀特海的第一本形上学著作《科学与现代世界》就出版了。在序言里他强调哲学在批判宇宙论中的功能是:"在协调、更新,以至于证明对于事物性质不同的直观"。为了充分发挥这项功能,甚至需要排除认识论的讨论,③更遑论数理逻辑了。《科学与现代世界》代表机体哲学发展的第二个阶段,是怀特海思想发展由自然科学哲学过渡到形上学和宇宙论的一部最重要著作。其后的《过程与实在》一书更是机体哲学的灌顶之作;怀特海以大量篇幅站在思辨哲学的立场,提出他的"现行单元"的本体论,阐述机体哲学及其解决传统哲学问题的高度价值,以及机体哲学的摄持论(Theory of Prehension)。其中只有第四部分的《延展论》("Theory of Extension"),涉及机体之间的数学关系的讨论,是怀特海应用数学以描写自然真际的理念的持续。

总结以上所说可知:

一、怀特海思想发展经历三时期:数学与逻辑时期、自然科学哲学时期,以及形上学时期。

---

① Victor Lowe, "The Development of Whitehead's Philosophy," p. 44.
② Ibid., p. 62.
③ A. N. Whitehead, *Science and the Modern World*, vii—ix.

二、第一时期中有关数理逻辑的研究，在他的第二、第三时期的思想发展中，并未扮演重要的角色，也未见其影响力；但有关应用数学、几何学以描写自然真际的理念，却贯串了三个时期。

三、第一时期怀特海确实区分数学与形上学的研究，并显示对形上学不感兴趣。

因此，怀特海的哲学研究以及机体哲学的发展应以第二、第三时期为主。

三、机体思想发展

怀特海的哲学以批判现代世界观的基本预设——科学唯物论——为起点，而以机体哲学的完满建构为终点。[1] 在早期有关自然科学哲学的著作，怀特海根据当代科学的新发现——马克斯威尔的电磁场理论、相对论与量子物理学，便一再批评17世纪科学兴起以来的唯物自然观。自然或宇宙最终的事实，并不是科学唯物论以为的存在于刹那定点的物质，如原子或者微粒，而是处于连续不断时空（space-time continuum）之中的"机体"。

怀特海在《自然知识原理探究》一书之中，首先援用生物学"生命有机体"的概念来挑战物理学质点的概念。他与柏格森（Henri Bergson）的生机论（vitalism）立场一致，认为生物原理无法化约为物理原理，唯物论无法解释生命现象，物质质点也不得作为自然宇宙最终的事实（the ultimate fact of nature）。[2] 怀特海说："生物学里生命有机体的概念是无法以存在于刹那之间的质点来表达，生命有机体绵延于空间之中，它的本质在于功能（function）。功能的发挥有待时间，因此生命有机体就是一个具有

---

[1] 西方学者多认为怀特海最重要的哲学成就即《过程与实在》（Process and Reality）一书，怀氏则称该书——事实上是他在爱丁堡大学（University of Edinburgh）一系列的吉福讲稿（Gifford Lectures）合编成册——旨在阐扬"机体哲学"的传统。较早于《科学与现代世界》（Science and the Modern World）一书中，怀氏也表明拟以"机体论"（doctrine of organism）取代"唯物论"的立场。参见 A. N. Whitehead, *Process and Reality*, xi., *Science and the Modern World*, p. 36。

[2] Henri Bergson, *Creative Evolution*, translated by Arthur Mitchell (New York: The Modern Library, 1911).

时空延展性(spatio-temporal extension)的个体。"①

在《自然的概念》一书中,怀特海指出自然系继续不断发生的历程,其间各种"事件"处于时空关联(space/time relation)之中,并不如牛顿物理学所设想的处于绝对时空之中。现代科学的物质观(即微粒说)在本体论与知识论上,不可避免的导致"自然两橛的谬误"(the fallacy of bifurcation of nature):主张自然是由无数质点构成,人们透过感官知觉认识外在世界的色、声、香、味、触等种种性质,不过是心理主观的添加(psychic additions),而不是外在世界真实的性质。至于真实的物质世界无声、无色,不是感官经验所能及。如此一来,就本体论而言,科学唯物论假设有一高度抽象、远离常识的微粒世界,较诸日常亲身体验的世界尤为真实;在认识论上则假设真正的实存(reality)虽然是引发知觉的原因,但却不同于人们所知觉到的现象,反之人们所知觉到的现象,并不是真正的实存。② 在《相对性原理》一书中怀特海也指出,知觉经验到的自然事实,是存在于一"流程"(passage)、一"时段"(duration)之中的"事件",不是处于某刹那(an instantaneous and simultaneous moment)的质点。③ 一般科学家以为自然科学研究的对象是感官知觉呈现的表象世界(the apparent world),事实上他们却以研究引发感官知觉、又以超乎感官知觉的粒子活动(如电子、光波、电磁)为其主要成就。至于那感官知觉所呈现的表面世界,则被化约为受到粒子活动刺激后产生的心理反应。这些构想显然没有顾及自然正是所有"事件"的总和这个事实,而知觉经验本身只是"事件"的一部分。④ 其后在《科学与现代世界》一书中,怀特海则指出现代科学三度进向的绝对空间观与一度进向的绝对时间观,以及孤立的质

---

① A. N. Whitehead, *An Enquiry concerning the Principles of Natural Knowledge*, p. 3.

② A. N. Whitehead, *The Concept of Nature*, pp. 26—48. 科学唯物论的这项立场,早自喀布勒(Johannes Kepler, 1571—1630)、伽俐略(Galileo Galilei, 1564—1642)提出的微粒说(corpuscular theory)时,已明显可见。其后洛克(John Locke, 1632—1704)并据此发展出物体有初性、次性(primary and secondary qualities)与第三性(The Third-ness)的理论;认为物自身不可知,可知者并非物体自身的性质,而是感官知觉赋予物体的性质。主要参见 J. Locke, *An Essay concerning Human Understanding* (Oxford: Clarendon Press, 1975), Chapter VIII, Book II.

③ A. N. Whitehead, *The Principle of Relativity*, pp. 7—9.

④ Ibid., p. 61. 怀特海所谓的"表象世界"就是指感官知觉所观察到的事物,如色、声、香、味、触、距离,与其间的关系的集合。

点观,构成了"简单定位观"(Idea of Simple Location),事实上是思想高度抽象作用的结果。如果以之为真实,就犯了"具体性错置的谬误"(Fallacy of Misplaced Concreteness),既不符合常识经验,也经不起新科学的挑战。①

怀特海的"机体哲学"正是为了矫正科学唯物论的谬误,渐次发展出来的。如前所述,从科学的新发现以及思辨哲学的立场看来,宇宙自然最终的事实,具体的存在,不是"简单定位"了的物质,而是存在于连续时空关联之中、而以"历程"与生成变化(becoming)为特征的"机体"。"机体"或"生命有机体"一词,无疑地带有浓厚的生物学色彩。在生物学上是指拥有新陈代谢(metabolism)、繁殖死亡等生命现象、能与环境交互作用(adaptation)、各部分彼此关联(organic)、得以发挥各种功能的个体。② 新新不停,生生不已,是生命有机体的特征,站在生物学的立场,有生命的机体与无生命的物质有着不可跨越的鸿沟,不可相提并比。怀特海使用"机体"一词无疑地袭取了生物学的概念,强烈的暗示终极存在具有生长、生成变化、转化(transform)、成熟、毁灭等等特征,以及生物自体各部分、生物与生物之间交锁相连的关系。然而同时他也以"机体"一词指涉所有的基本存在,跨越生物学的领域,他视所有的微粒分子为"机体",包括原子、电子在内。

在《自然知识原理探究》与《自然的概念》里,怀特海以"事件"一词指称"机体"。在前书中他说:"所有物理与生物的解释必须要表达的是自然最终的事实,正是存在于时空关系之中的事件,而这些关系大致能化约为事件的性质,也就是事件能涵盖(extended over)其他事件作为它的一部分。"③据此怀特海发展出"延展抽象法"的理论:"事件"作为自然界最基本的实在(actuality),也是一种"关联"(relatedness),一种时空关联;时间与空间并不是绝对存在,必须依附"事件";"事件"与"事件"之间或重迭或交锁,总以"'涵盖'其他事件作为它的一部分"作为它的特性,因此"事件"具备时空延展性。④"事件"既然是变迁不已的自然事实,那么所

---

① A. N. Whitehead, *Science and the Modern World*, pp. 48—51.

② 参见 Ralph Stayner Lillie, *General Biology and Philosophy of Organism* (Chicago: University of Chicago Press, 1945)。

③ A. N. Whitehead, *An Enquiry concerning the Principles of Natural Knowledge*, p. 4.

④ Ibid., p. 68ff.

有的自然知识一定出于人们对于"事件"的直接"知觉"(perception)。不过不断异动变化的"事件",不能给予自然知识恒定的基础,怀特海于是提出"客体对象"或"对象"概念,作为"事件"恒常的性质,而"事件"则成为"对象"间的时空关系①。怀特海说:"事物间的关联(即'事件')是自然知识的主要课题,如果不考虑知觉的一般特性,将无法理解这个主要课题。我们对自然事件与对象的知觉,也发生在自然的情境之中,不是冷漠的外于自然取得知觉。"②此后怀特海站在经验论的立场,强调"立即经验"(immediate experiences)及其所知觉对象的真实性,并把描写"事件"与"对象"间的关系,当作机体哲学的首要工作。

在《自然的概念》一书中,怀特海提出"感官觉察"(sense-awareness)的概念:所有的自然知识都来自于我们对自然的"感官觉察"。③ "感官觉察"到的"自然",是一延绵不绝、交锁关联的自然事实,这个事实独立于思想之外,因此不同于思想。"感官觉察"与思想结合,便可认知个别的思想对象,这所思的对象就是"实物"(entity)。"感官觉察"所得是自然的事实或构成事实的成分(factors),全凭个人感受,无法转知(incommunicable)他人;思想所得是具有个别性(individuality)的"实物",自然物,可以转知他人(communicable)。"实物"具有客观性,因而也可称之为"事物"(thing),至于"事件"则是觉察的对象,也可称作"关联者"(relata)。"事件"与"对象"正是自然知识的主要内涵,二者之间有密不可分的关系。为了说明这样的关系,怀特海首先在《自然的概念》里提出"契入"的理论:"'契入'一词系指物体对象与事件间的一般关系"④,对象不"契入"事件之中,便无法为人所认知;事件中如果没有对象的"契入",就没有可为人认知的特质(characteristics),而对象之"契入"事件是自然界最普遍基本的事实。怀特海说:"如果没有对象契入事件,自然就没有任何事件与对象能存在。"⑤

"契入"是对象与机体(事件)之间的关系,"摄持"(prehension)就是机体作为"能知"主体的功能。⑥ 在早期著作中,怀特海一再强调"知觉"

---

① A. N. Whitehead, *An Enquiry concerning the Principles of Natural Knowledge*, p.60.

② Ibid., pp.12—13.

③ A. N. Whitehead, *The Concept of Nature*, pp.3—13.

④ Ibid., p.144.

⑤ Ibid.

⑥ 这里能知是指广义的主动含摄,并不限于认知,认知只是含摄的一种形式。

是一切自然知识与概念的根源。不过"知觉"一词具有强烈的意识作用与认知含义,为了扩大"知觉"涵盖的范围,在《科学与现代世界》一书中,怀特海特别提出"摄持"的概念——非认知的体会(non-cognitive apprehension),以取代"知觉"。"知觉"能使杂多的、可知觉的对象统整于认知的心灵之中,而"摄持"则更广义的从自身的角度含摄一切在时空之中认知与非认知性的对象。怀特海说:"知觉一词,照一般的用法就是指认知性的体会(apprehension)。体会一词也就是这个意思,只是前面'认知性'的形容词给省略掉而已。我会用'摄持'一词表达可能是或者可能不是认知性的体会。"①"摄持"作为统整对象的作用,乃是最基本、最具体的存在,而自然最具体的事实就是摄持的历程。唯物论无法解释事件与事件之间重迭、对象契入事件、事件摄持对象种种交锁关联的情形,怀特海于是提出机体论以取代之。

唯物机械论(material mechanism)的基本预设是"简单定位",机体机械论(organic mechanism)的基本预设则是"机体"。"机体"涵盖了传统生命有机体以及一切"无生命"的基本存在,包括分子、原子、电子在内。这些基本粒子不是盲目死寂的物质,而是有计划与生命韵律的机体。怀特海因而批评传统生机论(vitalism)任意将自然划分有生命与机械物质两种领域,他说:"这种学说事实上是一种妥协。它允许机械论横行霸道于整个无生命的自然之中,只有在有生命的个体里它的势力才稍微减退。我认为生机论是个无法令人满意的妥协。有生命与死寂物质间的界线含混不清,无法支撑这种任意区分,而且也无法避免那于理不当的二元论。"②唯物论所预设"简单定位"的物质,事实上是高度抽象的实物(entity)。物质单元依循机械法则聚散离合,毫无目的与意图。然而真实具体存在的实物是机体,其中每部分的特征均受到整个机体计划的影响,怀特海于是提出"机体机械论"以取代唯"物机械论"。

为了使"机体"的概念更具时间感,说明其本质为一种"历程",怀特海渐次以"现行机缘"(actual occasion)取代"事件";同时为了强调对象的永恒性,乃提出"永象"(eternal object)的概念。"现行机缘"是宇宙自然最基本的实在,立即直接的经验(或经历)的点滴;"永象"则是指可以从"事件"或"现行机缘"中抽离出来的、事物永恒的因素或性质。

---

① A. N. Whitehead, *Science and the Modern World*, p. 69.
② Ibid., p. 79.

怀特海首先在《科学与现代世界》一书提出"现行机缘"一词,他说"'现行机缘'构成我们的立即经验"①,这个经验不是孤立的,而是与其他所有机缘交锁关联的。在《过程与实在》一书中,他更进一步提出"现行单元"的理论。"现行单元"或称"现行机缘","是构成世界的最终真实事物。他们彼此之间似有高低层级的不同,最高至神,最卑微至虚空中最渺小的点尘,都是'现行单元'。'现行单元'是经验的点滴,极为复杂,也彼此依赖"②。现行单元论正是一种多元实在论,与莱布尼兹的单子说(Monadology)极为接近;只是单子无窗户,"现行单元"却不仅彼此依成,更能相即相入。为了描写"现行单元"在自然历程之中各种关系与成毁,于是怀特海提出范畴论。③ 首先在自然历程之中,每个现行单元都是创生进程(creative advance)中的新生事物,彼此各个不相同,说明这项终极事实的范畴就是终极范畴(The Category of the Ultimate)——"创生"(creativity),也就是创新的原理(the principle of novelty)。所有现行单元共聚一堂,彼此互相摄持,可名之为"聚结"(nexus),在不断创化进程之中,现行单元承先启后,聚合在一起,这聚合就是"共生"(concrescence)。其次就存在的范畴而言,现行单元(与永象)是最基本的存在。最后,根据解释范畴,现行单元在共生的历程中,带动了摄持、聚结、主观形式、杂多以及其他与永象综合的存在;如命题、对比的更新。主观形式指的是现行单元因其主观目的(subjective aim)④而决定的摄持模式(patterns of prehensions);比如情绪、评价、意图、不厌恶、厌恶、意识等等,⑤杂多则是指现行单元分散的状况。现行单元在共生的过程之中,某些现行单元的潜存性实现于另一些现行单元之中,就是"对象化作用"(objectification)。因此作为一个机体,现行单元在共生的过程中,有感受(feeling)、有主观目的、有最后的满足(satisfaction)。

现行单元显示自然界变化生成的现象,乃是不断创化的经验,而永象是变中不变的因素。在《科学与现代世界》一书中,怀特海认为永恒性(eternality)的事物、变化(change)的事物与持久(endurance)的事物,同为自然的事实。青山持久存在,因风雨侵蚀而产生变化,可是青山的"青

---

① A. N. Whitehead, *Science and the Modern World*, p.153.
② A. N. Whitehead, *Process and Reality*, p.18.
③ Ibid., p.19.
④ "主观目的"是现行单元对于自己未来要如何生成变化的理想,也是形塑现行单元、促成其自我创造(self-creation)的力量。
⑤ A. N. Whitehead, *Process and Reality*, p.24.

色"却是永恒而不变的,这"青色"便是"永象"。① 永象是超越的共相(universals),现行单元是具体的,与之相反的,永象是抽象的。怀特海说:"所谓抽象,我是指永象自身的性质也就是它的本质,无须涉及任何个别经验的'机缘',便可为人所理解。抽象就是超越个别具体、现行发生的机缘。"② 永象具有个别性(individuality)、独特性(uniqueness),也是一种可能性(possibility)。永象虽近乎柏拉图的理型(forms)——也是一种共相,但不同于理型的是永象不能脱离现行机缘而存在,必须契入现行机缘之中;就像前述事件与对象之间的关系一般。在《过程与实在》里,怀特海描写永象契入现行单元的方式,更为细腻。永象是纯粹的潜存,处于时间之流的现行单元借着参与超时间的、永恒的对象,取得其特征。在现行单元自我创造(self-creation)的历程之中,各种不同永象不断的契入,使得潜存变为实现,超越外在(transcendent)、不确定的永象,成为现行单元内在(immanent)而确定的性质。如此有些永象是决定现行单元的客观与材(objective datum)的原因(cause),也有些永象是造成现行单元主观形式的结果(effect)。因此可以说永象既能主观地决定现行单元的主观形式,也能客观地决定现行单元的与材内容。③ 现行单元本质上是一能摄持的主体(a prehending subject),如果摄持与材(data of prehensions)是现行单元,其摄持即为物理摄持(physical prehensions);如果以永象作为摄持与材,则为概念摄持(conceptual prehension)。因此可以说现行单元既具有物理的层面(physical side),即受到其他现行单元的作用,产生"因果对象化作用"(causal objectification);也具有心灵的层面(mental side),即根据其主观形式与目的满足,促成永象的实现。

至此可以说怀特海的机体哲学,根据现行单元的理论——最基本的实在为立即经验——似以一泛经验论(panexperientialism)④或泛心灵论

---

① A. N. Whitehead, *Process and Reality*, pp. 86—87.
② Ibid., p. 159.
③ Ibid., p. 32, p. 63, p. 249.
④ 怀特海以现行机缘(即现行单元)为"经验的机缘"(occasions of experience),他认为现行机缘为一自然事件、具体经验,涵盖认知经验的各种形式,包括记忆、期待、想象和思想。A. N. Whitehead, *Science and the Modern World*, p. 170. 格里芬(David R. Griffin)称此说为"泛经验论":即主张自然是由具创造性的、经验的事件所构成。David Ray Griffin, "Charles Hartshorne," in D. R. Griffin, J. B. Cobb, et al. *Founders of Constructive Postmodern Philosophy Peirce, James, Bergson, Whitehead, and Hartshorne* (Albany: State University of New York, 1993), p. 202。

(panpsychism)①、泛主体论(pansubjectivism)②为其基础,在本体论上建立起多元实在论,在宇宙论上发展出历程宇宙论(process cosmology)。如此机体哲学不仅在反对科学唯物论及其形上默认的实体论(Substantialism),也批驳了它们所造成的各种二元论。根据机体哲学,现行单元既为心,又为物;既为主,又为客;既具目的因,又具机械因。作为宇宙最终极的实在,现行单元是感受(a feeling),立即经验之点滴(a drop of immediate experience),是能摄持的主体,具有其自身主观目的、主观形式与不同满足。在共生的历程之中,现行单元因为成为其他现行单元的客体与材,在对象化作用中成为引发物理摄持的机械因。其次就现行单元与永象间的关系而言,由于现行单元变化生成的历程之中,时时有永象的契入,可以说现行单元既为实现,又有潜存的因素;该因素既是超越的外在者;又是内在者。现行单元既为殊别的个体,也具有普遍的性质;既为最具体的存有,也有抽象的成分;既处于时间之流中,不断变化生成,又有超时间的永恒事物参与契入。于是在怀特海机体哲学的图像之中,各种传统的二元对立,心物、主客、内外、机械因与目的因、潜存与实现、普遍与殊别、抽象与具体、存有与生成、常与变、内在与超越,立即冰消瓦解。

为了追求形上学体系的完整,怀特海在《科学与现代世界》里首先提出"神"的概念,作为机体哲学的终极预设。在《神》的那一章他开宗明义的说,他的神接近亚里士多德的神,是一个形而上的、哲学概念的神。只是亚里士多德的神是原动者(Prime Mover),超越一切万有之上,推动宇宙而自身不动;这种神的观念正如亚氏的物理学与宇宙论一般,不再为现代人所接受。怀特海于是以神作为"具体原理"(Principle of Concretion)取代之;现行机缘与永象或与其他现行机缘相结合变化生成的历程本身,就是具体实现各种可能的历程,神提供了一切可能性的原理。神同时也

---

① 怀特海认为每个现行单元均有感受(feeling),哈兹洵(Charles Hartshorn)称之为"泛心灵论",亦即所有存在均有其心理层面,拥有灵魂、主体,或为经验的单元,参见Charles Hartshorne, *Beyond Humanism: Essays in the Philosophy of Nature* (1937; Lincoln: University of Nebraska Press, 1968), pp.165—177; Charles Hartshorne, "Panpsychism," in Vergilius Ferm ed., *A History of Philosophical Systems* (New York: The Philosophical Library, 1950), pp.442—452。

② 福特(Lewis S. Ford)认为怀特海的现行单元既为现行立即经验,则必有主体,直指经验拥有者自身,因而可称作是"泛主体论"。参见Lewis S. Ford, *The Emergence of Whitehead's Metaphysics* (Albany: State University of New York Press, 1984)。

是"限制原理"(a principle of limitation);现行机缘处于具体时空关联之中,本身即具有限制性。现行机缘与永象或其他现行机缘的综合,原是一种限制(limitation),个别的现行机缘有个别的限制,神是普遍的限制原理(the general principle of limitation)。① 同理,现行机缘作为最基本的现实存有,是一个别的活动(individual activity),神则是以个别活动为其样态的"普遍活动"(general activity)。怀特海以斯宾诺莎(B. Spinoza, 1632—1677)的无限实体比喻之;神就是斯宾诺莎的一元无限实体:"他的属性就是杂多样态个体化的特质(its character of individualisation into a multiplicity of modes)以及永象之域,后者则以不同方式与这些样态结合。"② 神作为普遍的限制原理,同时提供个体活动各种标准与价值选择。可以说现行机缘在变化生成的历程之中产生价值,正是出于神的限制原理。至于为何以神作为形而上的限制原理?难以宣说其理由。虽然所有的理性均来自于神,神自身只得说是终极的非理性(the ultimate irrationality),也就是说神是超越理性所能解释的。③ 怀特海于是诉诸于直接的宗教经验与宗教直观;对于超卓无上存有(Supreme Being, First Cause)的宗教经验是人类文明历史上的事实,并不是空洞的抽象理性所能发现的。④ 在这个阶段怀特海的神论近乎斯宾诺莎的泛神论(pantheism);不同于有神论(theism)以神为世界的超越原理(the principle of transcendence),创造世界之后即超然独立于世界之外,怀特海的神是世界的内在原理(the principle of immanence),神内存于世界,世界内存于神。不过斯宾诺莎的神是建立在"实体—偶性"的形式上,且为一无目的意图的神,这与怀特海的构想颇有不同。

在《过程与实在》中,怀特海的神论则发展成一"万有在神论"(pan-

---

① 在变化生成的历程之中,现行机缘与永象结合有无限的可能性,与其他现行机缘结合也有无限的可能性。永象由外契入,使得现行机缘由非存有变为存有,由潜存变为实现。永象原为抽象的可能性,一旦契入,便具体决定了现行机缘的性质,促成了现行机缘的实现。同样的现行机缘一旦进入另一现行机缘之中,便成为其一部分,决定了新机缘的性质或本质。怀特海因而以限制原理一词说明具体实在者在创化进程之中,一方面必受时空关系与具体内容限制与决定,另一方面则仍不失其可能性与未来。见 A.N. Whitehead, *Science and the Modern World*, p. 174。

② Ibid., p. 177.

③ Ibid., p. 178.

④ Ibid., p. 179.

entheism):神既超越现行世界,又内在于现行世界。① 神之为真实存有,与一般现行单元并无不同;只是神没有过去。现行单元具有心物二极,神也同时具有心理层面与物理层面:就前者,神原初的概念摄持以永象为对象,造成他的原初性(primordial nature);就后者,神后效的物理摄持以现行世界为对象,造成他的后效性(consequent nature)。事实上,正是借着神的原初性,给予一切潜存的永象无限制的概念评价(unconditioned conceptual valuation),才能使得尚未契入现行单元的永象不致堕入虚无。而神自身具备主观目的与原初意欲(primordial appetition),提供永象与现行单元以"秩序"(order)与"创新"(novelty),以及二者之间的真实联系(real relevance)。② 怀特海说:"神这观念是内在于现行世界中的一个现行单元,但他超越了有限的宇宙历劫(cosmic epoch)——一个同时是实现的、永恒的、内在的、超越的存有。事实上并不是只有神具备超越性,每一个不断创新的现行单元均超越它的宇宙,神也包括在内。"③"如果没有神的干预,这世界就不会有新生事物,也不会有秩序。整个创造的历程会变成无效果的一片死寂,各种不相容的力量将排除一切平衡与坚持(balance and intensity)。"④于是怀特海的机体哲学以神为最原初的(aboriginal)"机体";在神的主观目的与原初意欲的影响之下,所有衍生的(derivative)现行单元聚集成为通体相关的团结体(solidarity)。但是这原初的机体(神)不是创造主,而是价值提供者:"神没有创造世界,他只是

---

① 所谓万有在神论是指一综合有神论与泛神论的神观。有神论主张神为一创造世界、超越世界的无上存有,神本身纯粹、永恒、绝对、完美、无限、完全实现,任何与上述概念相反的性质,均不适用于神。泛神论者如斯宾诺莎则主张神虽为能产的自然(Natura naturans),亦为所产的自然(Natura naturata),神不得自外于世界。万有在神论综合有神论以神超越世界,泛神论以神内在于世界的观点,提出神既超越又内在于世界的理论。神原为难以言宣者,任何引发对立的概念均不足以片面的表达神。所有对立的概念相反相成,神既为完全的实现,也是无上的潜存;既为主动,又为被动;既为存有,又为变化生成;既为严格的绝对者,又为普遍相对者;既为永恒,又为现行(temporal)。哈兹洵认为怀特海的神观与德国观念论者谢林(F. W. J. Schelling, 1775—1854)与费希那(G. T. Fechner, 1801—1887)一致,可称作是万有在神论。参见 Charles Hartshorne and William L. Reese eds., *Philosophers Speak of God* (Chicago: The University of Chicago Press, 1976), pp.1—16。

② A. N. Whitehead, *Process and Reality*, p.31.
③ Ibid., p.93.
④ Ibid., p.247.

保守世界(save the world):或者更确实的说,他是世界的诗人(the poet of the world),怀着温柔的耐心,以他对真美善的观照引导世界。"①

由上述可知,怀特海机体哲学的发展至少经过三阶段:一是以"事件"与"对象"为核心的本体论与认识论阶段,二是以"机体机械论"为核心的形上学阶段,最后则是以"现行单元"、"创生"为核心的宇宙论阶段。就哲学议题而言,机体哲学从批判科学唯物论开始,在知识论上渐次发展出知觉论、摄持论、象征论等理论,在本体论上提出"现行机缘论"与"永象论"的学说,在宇宙论与神学方面,主张"历程宇宙论"与"万有在神论";涵盖体系庞大完整,堪称20世纪最重要的哲学理论。

---

① A. N. Whitehead, *Process and Reality*, p.346.

附录三

怀特海与后现代世界观[*]

"后现代"(postmodernity)是当代哲学中最受广泛讨论、而又最不明确的概念。首先"后现代"一词衍生自"现代"(modernity);谈"后现代"必先及于"现代"。而"现代"(modern)一词的字源是拉丁文 moderni,衍生自副词"最近"(modo),最早出现于公元 5 世纪末至 6 世纪,表面看来是个与"古代"(antiqui)对立的语词。然而罗马史学家卡西欧德(Cassiodorus)使用这个字说道:"在这'新'(现代)时代里,'古'(古代)罗马的道德与实践……",根据这里的上下文,"现代"一词并没有和"古代"对立的意思,只是指人们以新的文理脉络"转译"(translating)古代的智慧与实践的做法。随后"现代"一词被用以指称"基督化的欧洲"(Christian Europe),以有别于之前的异教古文明。等到 14 世纪文艺复兴的时代,佩脱拉克(Petrarch)曾将西方历史区分为中世纪的"古代"与当时的"现代"。这时他以"现代"一词表示从黑暗的沉睡中清醒过来、一种人文觉醒的状态;这时"现代"的概念不再与"古代"对立,反而是指人们借着对古希罗文化的重新发现、文明的复活再生,将人文主义从中世纪黑暗的宗教信仰中唤醒。直到 17 世纪之后,"现代"一词才确定产生与"古代"不兼容的意思。"现代"的概念包含了以下的含义:以自然是被主宰的对

---

[*] 本文原载于 2003 年 7 月《东海大学文学院学报》,第 44 卷,第 246—278 页。

象,而不是沉思冥想的对象;使自然数学化、物质化,反对最终因的解释;认为知识的目的在追求健康、快乐、免于痛苦,而不是智慧;认为不受限制、自由地追求科学知识可带来极大的社会利益,而不正义的来源是资源的稀少,这个问题可透过不断改进社会与政治机制来解决。① 于是从17世纪西方科学兴起,开启现代的纪元之后,直至今日吾人仍自许为现代人。"现代"的概念以肯定个人理性与社会进步,重视科学知识与物质自然为其特征,而崇尚科学与民主,发展科技与自由经济的现代化运动(modernization),在西方历经四百年的演变,终于成为锐不可挡的文明趋势。

当代社会学家韦伯(Max Weber)曾提出"普遍历史"(universal history)的概念,认为欧洲以外的地区终将在科学、艺术、政治或者经济发展上,走上西欧文明的道路。这以"西方理性论"(Occidental rationalism)为指导原理的"现代化"的过程,是世界历史的宿命。② 而面临全球化运动一波又一波的浪潮,世界各地对"现代化"以及"西化"的热切追求,似乎也印证了韦伯的说法。然而从20世纪70年代晚期开始,欧美学界突然流行起"后现代"的思维。③ "后现代"一词似乎有两种含义,一是"在现

---

① 参见 Robert B. Pippin, *Modernism as a Philosophical Problem On the Dissatisfactions of European High Culture* (Cambridge, Massachusetts: Basil Blackwell, Inc., 1991), pp.17—20。原则上"modern"应译作"现代","modernity"译作"现代性","modernism"译作"现代主义",不过这三个语词经常纠缠在一起,有时并没有明显的区分。

② Max Weber, *The Protestant Ethic and the Spirit of Capitalism*, trans. Talcott Parsons (New York: Charles Scribner's Sons, 1958), pp.23—26;又根据哈伯玛斯的说法,"现代化"一词约出现在20世纪50年代,是社会科学功能论(social-scientific functionalism)的用语,用以指称一套的社会变化的历程,包括:资本和社会资源流动的形成、制造生产能力的提升与劳动生产力的增加、中央政权的建立以及国家认同的形成、政治参与权力的扩大、都市化生活与正式学校系统的形成、价值与规范的世俗化等等,参见 Jurgen Habermas, F. Lawrence tr., *The Philosophical Discourse of Modernity* (Frankfurt: Suhrkamp Verlag, 1985), p.2。

③ 事实上"后现代"一词的出现是在20世纪30年代,文艺评论家欧尼斯(Federico de Onis)以"postmodernismo"一词形容一种"竭尽所能而又温和保守的现代主义"(exhausted and mildly conservative modernismo)。到了20世纪50年代,美国艺文界有感于"现代主义"运动的萧条,才提出"后现代主义"一词展示新意,以期追求"现代主义"的新高潮。于是60与70年代的建筑、舞蹈、绘画、文学、电影、音乐、广告,乃至各种形式的社会批判运动,均被广泛地冠予"后现代主义"之名。由此可见从欧美大众文化、艺文发展的角度来看,"后现代主义"并非与"现代主义"对立的概念,只是"现代主义"的延续发展、推陈出新。

代之后",也就是说"现代"已然终结了,还有"在现代之后"的时代承续着"现代"的发展;另一是"超越现代",也就是说"现代"并不是人类文明发展的究极境界,还应有超越"现代"的发展。

无论是哪一种含义,"后现代"显然是与"现代"对立的概念。在哲学上也有与"现代"对立的"后现代"思潮,而其先驱人物最早甚至可以溯及18世纪的哲学家休谟(David Hume, 1771—1776)与康德(Immanuel Kant, 1724—1804)。西方哲学史向以笛卡儿(Rene Descartes)为现代思潮的代表人物,他颂扬科学理性,相信人类知识(如数学)的普遍有效性,肯定机械的物理世界以及自由的精神世界同时存在,也保留了"上帝"的神圣地位。凡此种种,均可视为现代思潮的表征。然而休谟以否定先天理性、上帝、人格同一性(personal identity)等等概念,并否定外在世界的实在性等主张,导致破坏传统世界观的怀疑论。而康德则否定传统形上学,对理性活动的范围加以批判与限制,并以先验主体性(transcendental subjectivity)取代外在世界的客观性,他们两人均为后现代哲学思潮播下种籽。至于19世纪的浪漫主义(Romanticism)以及与之关系密切的德国观念论(German idealism),崇尚美感、想象、意志、激情、欲望、直觉等非理性的人心作用,更显示部分欧洲人对启蒙运动以来"科学理性"至上的一种反动。此后,欧美艺文界发展出打破传统、刻意叛逆、伸张个人意识、重视自觉的种种文学、绘画、建筑、音乐、舞蹈、戏剧、以及各类平面与立体艺术,乃至社会批判理论、心理分析学说种种活动,虽说号称是"现代主义"的表现,但也正是"后现代主义"继承"现代主义"的部分。

由此可见"后现代"一词含义广泛,而哲学上的"后现代主义"囊括了大多数的当代哲学,包括维也纳学派的逻辑实证论(logical positivism)、卡那普(R. Carnap)的物理主义(physicalism)、维根斯坦(Ludwig Wittgenstein)的语言哲学、海德格(Martin Heidegger)的诠释现象学(hermeneutic phenomenology)、德洛兹(Gilles Deleuze)、德悉达(Jacques Derrida)、福科(Michel Foucault)等人的法国后结构主义(poststructuralism)、蒯因(W. V. Quine)的美国逻辑行为主义(logical behaviorism),以及洛帝(R. Rorty)的新实用主义(neo-pragmatism)等,均可纳入"后现代主义"之列。而尼采(F. W. Nietzsche, 1844—1900)作为20世纪的先知、《权力意志》(*Will to Power*)一书的作者,是在海德格之前、后现代主义的标竿人物。

自从尼采在其《欧洲虚无主义》("European Nihilism")一文中宣布"基督教的终结"(the end of Christianity)、"上帝死亡"(God is dead.)之后,海德格接着宣称"哲学的终结"(the end of philosophy),于是后现代哲

附录三
怀特海与后现代世界观

学家们也纷纷提出"人的终结"(the end of man)、"历史的终结"(the end of history)、"理性的终结"(the end of reason)、"现代的终结"(the end of modernity)等等说辞。加之语言意义解构论(deconstructionism)的提出,后现代主义遂弥漫着全盘否定西方传统价值信仰、历史文化、人格理性的硝烟气氛。后现代哲学虽然不是一无可取,在批判反省科技为害、打倒独裁主义、关怀弱势团体、解放受压迫的性别与阶级、以及重视生态环保等等议题上,后现代哲学家们可谓颇有贡献。但不可讳言的是在颠覆传统之余[即使以多元主义(pluralism)——价值与社会的多元——为掩护],后现代哲学已步上"虚无主义"的不归路。"虚无主义"否定一切价值理想、观念意义、企图目的,唯遂一己情绪之好恶,必将丧失自我批判(批判"虚无主义"自身)或自我反省的能力,导致个人与社会的终极毁灭。

怀特海(Alfred North Whitehead, 1861—1947)是20世纪西方一位伟大的形上学家,在面对当代西方哲学反形上学洪流之时,怀特海仍坚持形上学有其哲学的必要性与价值,这使他在当代哲学界取得举足轻重的地位。许多"后现代哲学家"在批判"现代科学世界观"之余,宣称哲学的工作便是在对构成世界观的各种因素进行"解构"(deconstruction)。举凡观念、理想、价值、意义、目的、人格、语言、文化,都成为他们"解构"的对象。怀特海虽与"后现代哲学家"一致,以批判现代科学世界观及其预设为哲学发展的起点,但他仍肯定哲学形而上的思辨功能;并且坚信理性与经验的结合,足以使吾人认识自然事物之间的相互关系。根据他的"机体哲学"(philosophy of organism),一切实有都是具备"自我创生能力的机体"(self-creative organism),因之自然便是"创生进程"(creative advance),而自然的历程即宇宙的真相(process as reality)。怀特海称他的哲学是"机体实在论"(organic realism);他与后现代哲学家"反形上学"、"反实在论"以及"反理性论"的立场显然有别。在美国的怀特海哲学家科布(John Cobb)与格里芬(David R. Griffin)则认为走向"虚无主义"的"后现代主义"是"解构的"、"消除的"后现代主义(deconstructive/eliminative postmodernism),而帕思(Charles Sanders Peirce, 1839—1914)、詹姆士(William James, 1842—1910)、柏格森(Henri Bergson, 1859—1941)、怀特海以及哈兹洵(Charles Hartshorne)等人的哲学则是"建构的"、"积极的"后现代主义(constructive/positive postmodernism)。① 这些后现代哲学家一致对现代科学的基本预设:如笛卡儿的"心物二元论"以及"表象认识论"加以批判,同时也提出建构新世界观必备要素。其中,帕思与詹姆士是美国"实用主义"(pragmatism)的创始人,柏格森是法国的"生机论者"(the vitalist),他们的学说虽然对于建构的后现代哲学有所贡献,但对于思辨哲学的形而上传统仍然持保留的态度。帕思与詹姆士反对传统的形上学,柏格森的直觉论也有反智主义(anti-intellectualism)的倾向。唯有当代"机体哲学"与"历程哲学"的奠基者怀特海,坚持思辨哲学的传统,提供了一系形上学,建构一个完整的后现代世界观,值得吾人深究。

怀特海的后现代世界观有其独具特色的发展过程。身为一位数学家与科学家,他对现代科学以及科学新发现,如相对论、电磁场理论以及量子理论皆有了解。他曾对爱因斯坦相对论中的"同时性"(simultaneity)概念提出批判,也曾运用相对论中的"时空套具说"(theory of space-time continuum)以及马克斯威尔(Maxwell)的"电磁场"概念,提出他的"事件论"(doctrine of event)。② 原则上,这些现代科学新发现都是针对牛顿的"古典物理学"而起,可说是"后现代科学"的先驱。如果以牛顿的"古典物理学"作为"现代科学"与"现代世界观"的基本预设,那么"量子理论"可说是"后现代科学"与"后现代世界观"的基本预设。早在20世纪初怀特海在发展他的"机体哲学"时,便已深受这些"后现代科学"先驱的影响,并以批判现代科学的预设作为他哲学思考的起点。而怀特海以后的"后现代科学家",如英国的量子论学家玻姆(David Bohm)以及比利时的

---

① John Cobb, "From Crisis Theology to the Post-Modern World," *Centennial Review* 8 (Spring 1964), 209—220; David R. Griffin, "Post-Modern Theology for a New Christian Existence," *John Cobb's Theology in Process* (Philadelphia: Westminster Press, 1977), Introduction; Frederick Ferre, *Shaping the Future: Resources for the Postmodern World* (San Francisco: Harper & Row, 1976). 参见 David Ray Griffin & John B. Cobb, jr. & Marcus P. Ford & Pete A. Y. Gunter & Peter Ochs, *Founders of Constructive Postmodern Philosophy Peirce, James, Bergson, Whitehead, and Hartshorne* (Albany: State University of New York Press., 1993), p.33.

② 参见 A. N. Whitehead, *An Enquiry concerning the Principles of Natural Knowledge* (Cambridge, Cambridge University Press, 1919), Chapter 2, 3; Filmer S. C. Northrop, "Whitehead's Philosophy of Science," in Schilpp, Paul, A., ed. *The Philosophy of A. N. Whitehead* (Evanston & Chicago, Northwestern University Press, 1941), pp. 167—207.

热力学家普里戈金(I. Prigogine),对怀特海的哲学也十分重视和欣赏。①他们可说都是深具人文素养的科学家,也一致认为科学与哲学的鸿沟可以透过"机体"的观点加以化解。本文拟分三部分探讨怀特海的"后现代世界观";首先将说明上述与怀特海"后现代世界观"相关的"后现代科学理论",其次说明怀特海对"现代科学世界观"的批判,最后说明怀特海"机体哲学"中所显示的"建构的后现代世界观"。

一、后现代世界观与后现代科学

哲学上的"后现代趋势"早已有之,"后现代"一词则出现较晚。根据格里芬的说法,最早以"后现代"一词形容怀特海哲学的是科布,见于他在 1964 年发表的《从危机神学到后现代世界》一文("From Crisis Theology to the Post-Modern World")中。他本人在 1972 年与 1977 年撰文介绍科布的说法时,也曾以"后现代"一词形容怀特海的哲学,这可见于他的《新基督教徒的后现代神学》("Post-Modern Theology for a New Christian Existence")一文。他们对于"后现代"一词成为解构的"后现代主义"的专利,似乎感到无奈。根据这项构想,广义地说只要是对"现代"概念提出批判的,均可称之为"后现代"。而怀特海的思想之所以被形容为"后现代",正因他以批判"现代科学世界观"作为哲学起点,并且兼顾到科学的新发现。如果我们根据科学理论的发展,将"现代"简单定义为"根据 17 世纪伽利略、笛卡儿、培根与牛顿的科学思想所发展出来的世界观"。这"现代世界观"基本上是以"机械唯物论"(mechanistic materialism)、"数学形式主义"(mathematical formalism)为其预设,认为自然的终极事实是处于绝对时空中的物质,其运动变化遵守机械的物理法则,得以数学测量描写之。而"后现代"是指挑战"现代科学"的"新科学世界观",包括受到爱因

---

① 根据卢卡斯的说法,怀特海的思想影响到物理学家与科学家,包括爱亭顿(Arthur Eddington)、吉恩(James Jeans)、普里戈金(Ilya Prigogine)、玻姆(David Bohm),他的思想也和海森堡(Werner Heisenberg)、迪波吉(Louis deBroglie)、克派(Milic Capek)等科学家接近。受限于作者的科学知识,本文仅取其中与怀氏关系最为密切的两位科学家,玻姆与普里戈金加以讨论。参见 George R. Lucas Jr., *The Rehabilitation of Whitehead An Analytic and Historical Assessment of Process Philosophy* (Albany: State University of New York Press), p. 47。

斯坦相对论、量子论或者热力学第二定律等所影响而产生（或者与之兼容）的"后现代科学世界观"。这后现代世界观，根据爱因斯坦的相对论，认为时空不是绝对的、物理测量的架构，而是相对的"连续时空套具"（space-time continuum），自然最终的事实不是物质，而是能量。根据"量子理论"，能量的活动并不依循机械因果的必然法则，只是基于"机率性地零散运动"（probabilistic, discrete movement）。至于"量子现象"更显示观察实验的本身会影响到被观察的对象；一个本来是粒子的电子可能表现为波动的行为，而本来是波动的光线，也可能表现为粒子的行为，端看它们所处的"实验背景"（experimental context）而定。如此一来，可以说事物的性质取决于其所处的实验背景；而这项说法正违反了"机械论"以事物的性质独立于实验背景的论点。

根据英国物理学家玻姆的说法，"量子理论"这项特性使科学家开始从"机体的"（organic）观点，而不是"机械的"（mechanic）观点，来看待自然。事物与其所处的背景脉络之间有密不可分的交互关系，而不是单纯地作为参照架构而已。机械论一向主张物质占据特定的时空，彼此之间并没有远距离的作用，拥有所谓"定位性"（locality）与"连续性"（continuity）。量子论则主张在某种情况下，即使远距离的事物之间也互相关联，即所谓"非定位性"（nonlocality）与"断续性"（discontinuity）。又量子论主张整体组织了（organize）部分，而部分也影响了整体，整体与其部分之间有内在关系，这与机械论的看法也不相同。[①]

"量子现象"展示出自然界无法以机械律加以解释的另一层面，使我们可以发展出一"更为完整、非机械论的物理学"（more fully nonmechanistic physics）。"机械论"主张宇宙自然是由基本粒子（如原子、电子、夸克）构成，这些基本粒子散布于空间，彼此独立，互相外在（external to each other），各据自性。基本粒子之间并没有机体的关联，因之无法形成一个整体，只像机器的零件而已。粒子之间以撞击推动的方式，只是外在的相互作用，不至影响到粒子本身的性质。"量子论"的出现，打破了上述的机械观。量子运动不是连续的外力作用，而是断续的跳跃。量子同时具备质量与能量的双重性质，也拥有"非定位性"。量子现象显示部分与整体之间有"内在关系"，而不只是"外在关系"。根据这些不同于"机械论"

---

① David Bohm, "Postmodern Science and a Postmodern World," in D. R. Griffin ed., *The Reenchantment of Science Postmodern Proposals* (Albany: State University of New York Press, 1998), pp.57—65.

附录三
怀特海与后现代世界观

的观点,玻姆于是发展出"牢不可破的整体观"(a view of unbroken wholeness)来。"机械论"认为宇宙基本上是由分散的物体所构成,至于机体生命和心灵的发展乃是次要的。玻姆则认为事实正好相反,内藏与发展的整体运动("the unbroken movements of enfolding or unfolding, or holomovements")才是基本的。就某种程度而言,整个宇宙主动地隐含在宇宙的每个部分;整体内藏于部分之中,而部分则会开展为一整体。因此宇宙中部分与整体之间的内在关连(internal relatedness)才是基本的,而"机械论"所主张的外在关系则是衍生的、次要的。前者显示宇宙的"隐含秩序"(implicate/enfolding order),后者则显示其"外显秩序"(explicate/unfolding order)。玻姆于是认为根据"量子论",我们可以发展出不同于"机械论"的"后现代世界观"。"现代世界观"的思维模式是零散的、不和谐的、毁灭性的,而"后现代世界观"则是"有秩序的"、"和谐的"、"创造性的"。事实上,自然与人文世界已内藏于我们的思想历程之中;这世界正是我们生命意义的泉源。"后现代科学"如果采取整体的观点,必能克服事实与价值、伦理与物欲的对立二分。①

玻姆认为"量子论"动摇了"机械论"的宇宙观;宇宙秩序不再是可认知的、可预测的铁则,我们所能把握的只是局部的现象。这使得20世纪的"现代心灵"(modern mind)倾向相对论与实用论,丧失了追求"绝对真理"的兴趣,失去了整体人生的意义。人生失去意义,价值便无从安立。这使得社会陷入盲目动乱、互相毁灭的危机。玻姆因此建议我们应该发展一"后现代世界观",以化解世界秩序濒临解体的困境。"现代世界观"将人生意义与宇宙事实分割开来,而"后现代世界观"则在将二者重新结合。物质与意识,事实与价值均为一体,不可分割。科学本身也有不可摆脱的道德本质,真理和美德对科学知识而言,占据相同的地位。② 玻姆的这些观点,与怀特海的构想十分契合。怀特海曾受到这些"后现代科学观"的影响,而他机体哲学的思想也正符合量子理论的理念,甚而可说他是这一派思想的先驱。

玻姆不仅认同怀特海的机体思想,他也同意怀氏对"真际"的看法:

---

① David Bohm, "Postmodern Science and a Postmodern World," in D. R. Griffin ed., *The Reenchantment of Science Postmodern Proposals* (Albany: State University of New York Press, 1998), pp. 63—68.

② David Bohm, "Postmodern Science and a Postmodern World," *The Reenchantment of Science*, p. 60.

真际即历程。① 不过量子理论是以"微观宇宙"为解释对象，不如热力学更能说明"真际即历程"的意义，而 1977 年诺贝尔奖得主普里戈金曾针对这点作过精辟的分析。他在与史坦格女士合著的《秩序出于浑沌》(Order out of Chaos)一书中指出，时间在现代物理学里没有地位。物质粒子所构成的宇宙是死寂的、被动的自动机器，受到可逆转的(reversible)、因果的(causal)、决定的(determinative)物理法则所支配，而独立于时间因素的影响之外。因此时间对现代物理学而言，只是一种常数架构(parameter)，过去与未来可说同量等值。他的说法与怀特海对"简单定位的物质概念"所做的批评一致。然而自从热力学第二定律被发现之后，引进了"时间箭矢"(the arrow of time)的概念。从此时间便成为解释自然不可或缺的因素，物质也不再只是被动的实体，而且能主动活动。普里戈金承认"后现代的自然观"与柏格森和怀特海的形上学极为接近，但他自己仍会从科学的立场作更进一步的研究。②

这里我们必须简单说明热力学的第二定律。根据"机械论"，在一封闭的系统中，质能守恒互换以及物体的运动都是"可逆转的历程"(reversible processes)。然而根据热力学的第二定律，"热能"在封闭或孤立系统中，会产生"不可逆转"的变化，较热的部分会朝向较冷的部分耗散其能量，直到该系统的温度达到均衡为止。耗散作用(dissipative force)造成热能失散，使原本保持均衡状态的系统趋向混乱(disorder)，即所谓"熵"(entropy)。如果把宇宙看做是一封闭系统，视其演化为一不可逆转的历程，那么宇宙的"熵"将趋向于最大值。但演化的事实却显示宇宙日趋于高度复杂与组织化。因为所有自然的历程处于开放系统中，而不是封闭的系统，因此"不可逆转"的自然演化不是"耗散的"，而是"创生的"。事实上，任何新的事物或结构的出现，并不是出于处于"均衡状态"(一系统中各种性质如温度、压力、密度均完全相同)的系统，而是出于"系统的不

---

① David Bohm, *Wholeness and the Implicate Order* (London: Ark Paperbacks, 1983), pp. 48—50.

② Ilya Prigogine and Isabelle Stengers, *Order out of Chaos*, pp. 10—11. 普里戈金认为在古典物理学里"时间"问题没有地位，而对柏格森和怀特海这样的哲学家而言，"时间"具有更为重要的角色。前者立场可称之为"实证的"(positivistic)，后者则可称之为"形而上的"(metaphysical)，他本人拟采第三种立场，主张传统物理学与化学简化时间的演化，或是因为这些科学只考虑简化的情况，而不曾顾及真相的复杂性。

均衡"(far-from-equilibrium)。在不均衡的状态中,物质不再是"盲目的",开始"有知觉",进而以各种不同方式对外在世界作种种反应。普里戈金认为这项"不可逆转的历程"将时间引入了无时间性的机械宇宙中,使得物质不再接受机械的因果决定,而得到选择机遇的机会。① 相对于唯物机械论以"决定论"(determinism)、"简单性"(simplicity)及"可逆转性"(reversibility)作为解释物质宇宙的核心概念,而热力学则以"机遇性"(randomness)、"复杂性"(complexity)及"不可逆转性"(irreversibility)作为解释自然演化的核心概念。②

热力学第二定律的核心概念为西方17世纪科学兴起以来,为了人文与科学,或者机械论与目的论对立二分的世界,搭起了新的桥梁。普里戈金认为怀特海正是少数相信科学与人文可相互结合而不对立的哲学家之一。怀特海观察到自然的创化不可能只是出于永恒不变的物质粒子之间的运动变化,而事物在变化中仍有不变的成分在。哲学家的工作便在协调自然的"恒常性"与"变化性";事物本身便是生成变化的历程(process of becoming),"生成变化"便是"存有"的本质(Becoming is the essence of being.)。怀特海强调"事物"与"关系"两者同样是真实的,自然中的万物彼此相互依存。从宇宙创生演化的观点出发,怀特海和柏格森一致肯定那些更为开放、广阔的科学概念,足以化除科学与哲学的二分对立。又怀氏的机体思想强调时间因素以及宇宙创生演化的事实,视真际为历程,与热力学第二定律的核心概念"不可逆转的历程"关系密切。③ 普里戈金对于怀特海机体思想的推崇,也显示怀氏思想的"后现代性格"。原则上,怀特海的思想是以批判现代世界观为起点,自然以建立新的"后现代世界观"为目的。科布与格里芬说他是"建构的后现代主义"的一位代表

---

① Ilya Prigogine and Isabelle Stengers, *Order out of Chaos*, pp. 8—16.
② Ibid., p. 54.
③ 普里戈金认为怀特海和柏格森同是反对机械论的哲学家,他们都极为重视自然创生演化的事实,以时间作为事物生成变化的本质条件。他们肯定存在最终的单元是"时段"(duration),而不是处于刹那之间的点尘。此外,普里戈金也以爱因斯坦(Einstein)、普斯特(Proust)、弗洛伊德(Freud)、德日进(Teilhard)、帕思(Peirce)等人,都是注意到时间因素的思想家。作者则认为爱因斯坦的思想仍不能摆脱机械决定论,弗洛伊德以文明进步只在压抑盲目的本能冲动,无法保障个人的自由,"时间"的概念对他们而言,并没有机体演化的含义。参见 Ilya Prigogine and Isabelle Stengers, foreword by Alvin Toffler, *Order out of Chaos Man's New Dialogue with Nature* (New York: Bantam Books, 1984), pp. 10—17。

人物,谁曰不宜?①

当然这项"后现代"概念与不同于流行的"后现代"概念。格里芬称这样的后现代主义是"建构的或者修正的后现代主义",他说:"其所以优胜于'现代世界观',不在取消建立世界观的可能性,而在借着修正现代世界观的预设与传统观念,以建构'后现代世界观'。建构的或者修正的后现代主义统合了科学的、审美的、以及宗教的直观。建构的后现代主义不反对科学,只是反对'科学主义'(scientism),因为科学主义只容许科学提供我们建立世界观的材料。"②科学以其特定的方法与解释,揭露了自然的性质与法则,使吾人对于客观世界的知识突飞猛进,得免于愚昧与迷信。然而随之而起的'科学主义',将所有人类经验化约为科学知识,所有思维方式化约为科学方法。自然作为观察、测量、预测、控制的对象,不仅自然自身的地位受到贬抑,连生活在自然中的人类也受到了贬抑。即如格里芬所说:"在这样的宇宙中,不仅没有意图、价值、理想、各种可能性与性质失去其地位,也失去了自由、创生、时间或者神圣性。甚而失去了规范与真理,一切的一切终究是无意义的。"③而怀特海早在20世纪初便已观察到这项危机,于是他开始对"现代科学世界观"提出批判。

二、怀特海对现代科学世界观的批判

怀特海哲学原以批判现代科学世界观的基本预设——科学唯物论(scientific materialism)为起点。在早期自然科学哲学的著作里;如《思想的组织》(*The Organization of Thought*, 1917)、《自然知识原理探究》(*An Enquiry concerning the Principles of Natural Knowledge*, 1919)、《自然的概念》(*The Concept of Nature*, 1920)、《相对性原理》(*Principle of Relativity*, 1922),怀特海根据20世纪科学的新发现:相对论与量子物理学,一再批评17世纪西方科学兴起以来的自然观。在晚期的著作《科学与现代世界》(*Science and the Modern World*, 1925)、《过程与实在》(*Process and Reality*, 1929)中,怀特海不仅持续早期的批判,进而发展出新的"历程宇宙

---

① David Ray Griffin, etc. eds., *Founders of Constructive Postmodern Philosophy*, p.2.
② Ibid., x.
③ Ibid., p.3.

论"(process cosmology)或者"机体哲学"以取代这现代科学世界观。① 本文将针对这些批判中最基本的三项议题加以讨论:一是《科学与现代世界》中"简单定位"(simple-location)的概念与"具体性错置的谬误"(the fallacy of misplaced concreteness),二是《自然的概念》中"自然两橛的谬误"(the fallacy of the bifurcation of nature)的理论,三是《过程与实在》中"空洞现行性的谬误"(the fallacy of vacuous actuality)的理论。

(一)"简单定位"与"具体性错置的谬误"

"简单定位"的概念与"具体性错置的谬误"是怀特海在《科学与现代世界》一书中所提出的。早在1905年《论物质世界的数学概念》("On Mathematical Concepts of the Material World")一文中,他便提到传统古典物理学认为物质世界的终极存在(the class of ultimate existents)是由三类彼此互斥的单元(entities)——物质的粒子(particles)、空间的点尘(points)、以及时间的刹那(instants)——所构成,②这"时—空—物质观"(space-time-matter)是现代科学的预设,这也就是所谓的"微粒说"(the corpuscular theory)。根据"微粒说",所有物体都是由极其微小的粒子所构成,而所有自然现象都可以用物体的运动加以解释。③"微粒说"的核

---

① 怀特海对"现代科学世界观"的批判可见于他各个时期的著作之中。在他晚期出版的《过程与实在》一书,他反对下列九种思维习惯:(一)对思辨哲学(speculative philosophy)的不信任;(二)相信语言是表达命题的适当方式;(三)主张官能心理学(faculty psychology)以及受到官能心理学所影响的哲学思考;(四)主述式的表达形式;(五)感觉主义的知觉论;(六)空洞现行性的学说(doctrine of vacuous actuality);(七)将客观世界视为由纯粹主观经验所构成的康德学说;(八)归谬论证中的独断演证(Arbitrary deduction in *ex absurdo* arguments);(九)相信逻辑的不一致性显示前面论证以外的某些逻辑的错误。这里本文所讨论的是与"现代科学世界观"关系最为密切的"空洞现行性的学说",其他部分也会涉及,只是逻辑与语言哲学的部分多属衍生性的问题,将暂予搁置。参见 A. N. Whitehead, *Process and Reality* (New York: Macmillan Company, 1929), Preface, xiii。

② A. N. Whitehead, "On Mathematical Concepts of the Material World," in *Alfred North Whitehead: An Anthology*, pp. 13—15。

③ 根据微粒说,所有物体是由某种非常小的粒子或微粒构成,至于这微粒是否可以再分割,学者看法不一。在古典物理学里,包括克卜勒(J. Kepler)、伽利略(G. Galileo)、波以耳(R. Boyle)、嘉山第(Gassendi)、惠更斯(Huygens)、牛顿都是原子论者,主张微粒不可再分割,笛卡儿与莱布尼茨则持反对的立场。参见 Sir William Cecil Dampier, *A History of Science* (London: Cambridge University Press, 1979)。

心概念便是"三度进向的绝对空间"、"一度进向的绝对时间"和"物质粒子"。

这样的粒子概念在牛顿的《光学》(*Optics*)一书中说得最为清楚：

> 对我来说，上帝一开始就以固体的、有质量的、坚硬的、可穿透的、可移动的、具有大小形状的、且具其他性质的粒子构成的物质，在空间里以一定比例，根据他的目的来构成事物。而这些基本粒子(primitive particles)既然是固体的，就远比那些有缝隙的物体来得坚硬。①

"基本物质粒子"具有质量与不可穿透性，在绝对空间之中占据一定点，在绝对时间之中占据一刹那，正如怀特海在《科学与现代世界》里所形容的，这个概念所预设的是：

> 以不可化约而又赤裸裸的物质或质料作为终极的事实(the ultimate fact of an irreducible brute matter)，这物质在大块之流中(a flux of configurations)弥布空间。就其自身而言，这物质没有感觉、没有价值、没有目的。它只是盲目地跟随外在关系加诸其身的固定规则行事，而非出于自身的性质行事。②

怀特海称这项预设即"科学唯物论"。处于刹那点尘的物质粒子，在时间或空间上有"不相连接的延展性"(the disconnection of extension in space or in time)③；换言之，这物质粒子孤立存在，与任何其他因素无关。如此"科学唯物论"所谓自然的"终极事实"(the ultimate fact)，是于一刹那间散布于广袤的空间的物质，而这同一物质可于另一刹那间散布于相同的空间之中。④ 具有时空"不相连接的延展性"的物质粒子，即是具备了"定点定时"、"简单定位"特性的物质，便是"科学唯物论"和"唯物机械论"的基本预设。怀特海解释说：

> 我所谓"物质"或"质料"，就是指有"简单定位"性质(simple-lo-

---

① Issac Newton, *Optics*, 摘自 Sir William Cecil Dampier, *A History of Science*, p. 170。

② A. N. Whitehead, *Science and the Modern World* (New York: Macmillan Company, 1925), p. 17.

③ A. N. Whitehead, *An Enquiry concerning the Principles of Natural Knowledge* (London: Cambridge University Press, 1919), p. 1.

④ Ibid., p. 2.

cated)的事物。所谓"简单定位"是指……时空所共同具备的特征:物质可以无须参照任何其他时空区域的说明,以一完全确定的意义,被指称现在就在这个空间、就在这个时间,或说它现在就在这时空之中。……不管你怎么决定,你所谓时空中一个确定的地点,就能恰当的说明某个物体与时空的关系,说它在此时此地,就"简单定位"而言,便再没有别的什么好说了。①

如此"简单定位"包含下列命题:(一)事物的成分是物质,这物质是"物自身",而且占据一定时空。(二)物质占据的时空只是事物所在的指标,由于事物之间是分开来的(discontinuously extensive),因此与事物相关的时空也是分开来的。(三)物质具有惯性(inertia),"简单定位"了的物质只能根据机械法则"运动"(in motion),但由于本身不具备主动性,因此不能"活动"(in activity)。

基于"简单定位"的假设,物质宇宙是一孤绝的、静态的、死寂的宇宙,只有许多不相连续的物质个体散布其中,盲目地进行机械性的运动。怀特海指出这"不相连接的延展性"原理虽是"唯物论"的预设,却与许多古典物理学的概念不兼容。因为这原理默认了物质点尘存在于一绝对分离的时空系统之中,其中任何分离的两个质点之间,没有产生因果作用的可能性。而古典物理学的重要概念,如速度、加速度、与角动量(momentum)等等,都需要假设物质具备时空"连续的延展性"(connective extension)。如此一来,物质必需占据一定体积的空间与一定时距的时间,而不只是占据无延展性的点尘(volumeless point)与无时距的刹那(durationless instant)。速率与加速度等概念不只是关系到物质位置的改变,且关系到物质所处相对情境的改变。② 孤立的物质概念足以威胁到因果机械论(causal mechanism)。③ 根据"因果机械论",任何事物只要是由当前发生的事物(the happenings of the present)所决定,就会成为未来事物的特质。因先果后,先前的状态必然决定随后的状态,这是"动力因"(efficient cause)的基本原理。④ 过去事件决定现在事件的发生,现在事件决定未来事件的发生,如此一来,过去、现在与未来又岂能各自为政?果然如此,归

---

① A. N. Whitehead, *Science and the Modern World*, p. 49.
② Ibid.
③ Ibid., p. 9.
④ 参见 Milic Capek, *The Philosophical Impact of Contemporary Physics* (New Jersey: D. Van Nostrand Co. Inc., 1961), pp. 121—122.

纳法与自然齐一律也会丧失其基础。怀特海于是根据时空连续性原理，主张自然的事实建立在相关性(relatedness)之上，包括知觉本身，被知觉的自然事件，以及知觉意识觉察到的自然事件之间的时空关系，这些因素构成了事物的总体(totality)，其中的任何一个因素都与其他因素相关。①

就"后现代科学"的观点看来，怀特海所批评具有"简单定位"性质的物质概念，有其"定位性"与"决定性"，但缺乏"连续性"。不过这"不连续性"只是威胁到"机械决定论"，使得自然弥漫着彼此无关的物质粒子，丧失其整体性；却并没有因此使得粒子的活动得到更大的自由。

"简单定位"物质的概念虽然威胁到古典物理学，但也为科学研究带来极大的便利与成功。不过这项概念是高度抽象科学思想的产物，并不是自然的事实。抽象思想本身并不是一项"谬误"，但我们如果把抽象概念看成是具体真实的事物，那么就不免于陷于谬误的泥沼之中了。怀特海称这便是"具体性错置的谬误"。他解释道，"简单定位"的概念有两大特征：一是时空局限在事物自身，而事物则处于此时此地，并且和其他物质点尘及其所处的时空无关，这就是"简单定位"的孤绝性(isolability)、独特性(uniqueness)和单一性(singularity)。二是凡是具有"简单定位"性质的事物，便可以化约为科学的或逻辑的实体。这样的实体一方面被空间化了，不含任何时间成分；另一方面被抽象化了，不含任何情境成分。然而上举事物的这些性质只是高度的抽象概念；同样的事物原来是极为具体的事实，但是经由抽象的逻辑建构，成为"简单定位了的物质"(simple-located matter)。如果我们把抽象的概念看做是具体事实，那就犯了"具体性错置的谬误"。这项谬误不仅在本体论上，导致各种不当的二元区分；在认识论上，也会造成可知不真实、真实不可知的严重后果。我们会把事物区分成自存的"实体"和依附实体而存在的"属性"，进而区分事物本身具有的真实"初性"，和另因心灵而有的、可感觉的"次性"。事实上这是将心物高度抽象化的结果：物质成为一堆交错排列的粒子，而心灵成为观念、印象、或者感觉与料(sense-data)的集合体。科学的抽象作用固然有其功效，能帮助我们简化复杂的现象，精确的进行测量与预测，但那终究是一种思考的工具而已。"具体性错置谬误"的产生，不在科学思考本身，而在于把抽象的建构误认为是具体的存在，把方法上的方便法门

---

① A. N. Whitehead, *The Principle of Relativity* (London: Cambridge University Press, 1922), pp. 15—17.

强加于复杂的真实界(reality)之上,并且把它看成是对真实界的正确描绘。这样的谬误正可以说明现代科学世界观中"自然两橛论"的难题。

(二) 自然两橛论的谬误(Fallacy of the Bifurcation of Nature)

怀特海首先在《自然的概念》一书中提到所谓"自然的两橛",也就是说把自然硬生生的分成"两橛"。在本体论上,有引发感官知觉的"原因的自然"(causal nature),即物自身;以及感官知觉所得的"表象的自然"(apparent nature),即表象(appearances)。在认识论上,有初性(primary qualities)与次性(secondary qualities)的二分。"初性"是物体自身的性质,但无法为感官知觉所认识。"次性"则是物体可知觉的性质,但只是心理主观的添加物(psychic additions),而不是物体自身的性质。"原因自然"与"表象自然"的区分可说是"自然两橛"的因果论(the causal theory);"初性与次性的二分"则可说是"自然两橛"的心理添加论(the theory of psychic additions)。如此一来"自然的两橛"导致可知的自然不真实,而真实的自然不可知的后果。① 怀特海认为牛顿的光学正是属于这类的理论;传导事物可见性质的是细微的光粒子,可是我们所见到的却是颜色。而洛克主张"初性与次性的二分",更是"自然两橛论"有系统的发展。根据洛克的理论,"初性"包括固态性(solidity)、延展性、形状、数量,以及动态性(mobility)等,是物体自身的性质。当"初性"大到可以为感官所知觉的时候,透过光粒子作用于眼睛之上,便可使人产生各种"初性"的观念。"初性"内存于物体自身,无论是否有人知觉到它,都不影响到它的实在性,洛克因而称之为"真实性质"(real qualities)。另一方面"次性"是由不可感知的"初性"(insensible primary qualities)作用于眼、耳、鼻、舌、身五官之上,使人产生色、声、香、味、触等观念。"次性"依附人的感知而有,并不是物体自身的性质,如果没有知觉者,"次性"就无法存在,洛克因而称之为"可感觉性质"(sensible qualities)。② 如此一来,"初性"虽然

---

① A. N. Whitehead, *Concept of Nature*, pp. 30—32.
② John Locke, *An Essay Concerning Human Understanding* (Oxford: The Clarendon Press, 1973), pp. 134—140. 洛克区分真实的性质(物自身)与可感的性质正是一"表象实在论"(representative realism)的立场。承续笛卡儿的心物二元论,洛克认为心灵无法直接认识事物其自身或实体,必须透过观念(ideas)或表象(representation)的中介,得到有关事物属性与性质的间接知识。准此,事物其自身成为认识的原因,观念或表象则是结果。

是物体自身真实的性质,但是在大多数情况之下无法为人所知觉,是不可感知的;而"次性"虽可以为人知觉,却不是事物自身的性质。自然因此被割裂为无声、无色、无臭的粒子世界,和花香鸟语的感觉世界;前者真实而不可知,后者可知却不真实。诚如怀特海所说:

> 如此说来,物体被知觉到的性质实际上不属于这些物体,纯粹是心灵的产物。如此,自然所得到的性质:无论是玫瑰的芬芳,夜莺的低唱,还是太阳的热力,真正应该归属我们的心灵。诗人完全错了。他们应当对自己的心灵歌颂,把对自然的礼赞改换成对人心卓越表现的恭维。实际上自然是个了无生趣的东西,无声、无味、无色,只是一群匆匆去来的物质,没有目的,没有意义。①

由此可见,如果我们在本体论上采取"简单定位"的物质概念,在认识论上便会产生"自然两橛论"的后果。"知觉表象论"(the representative theory of perception)、"知觉因果论"(the causal theory of perception)、"素朴经验论"(naïve empiricism)、"实证论"(positivism)、"现象论"或者"感觉论"(sensationalism)都因此而衍生出来。当代哲学中各种形式的实证论与感觉论,甚而心理学的行为主义(behaviorism)都不脱这自然两橛的认识论。而在怀特海看来,这样的知觉理论只说明了"知觉"的两种型态:"立即呈现性"(presentational immediacy)"因果效应性"(causal efficacy),并不足以解释"知觉"的全貌。"知觉"还涉及与意义、概念有关的"象征指涉性"(symbolic reference)。如果把复杂的"经验"化约为"知觉",又将"知觉"限定为"感觉"(sense-perception),那将使心灵功能丧失其深度与广度。这样的做法,不但不能说明人的精神功能,也忽视了记忆、想象、意志、情感、直觉、评价种种心灵作用。站在"机体实在论"的立场,怀特海一面试图以"知觉的关系论"(relational theory of perception)取代"知觉的因果论",②一面发展"知觉三态论",以肯定"表象的自然"便是自然本身。自然只有一个,其中没有"表象"与"原因"的区分。

(三) 空洞现行性的谬误(Fallacy of Vacuous Actuality)

怀特海将"空洞现行性"定义为:"缺乏主体立即性的实有(a *res vera*

---

① A. N. Whitehead, *Science and the Modern World*, p.54.
② 详见拙著:《怀特海自然哲学——机体哲学初探》,台北:正中书局,2001年,第六章"对象论"。

devoid of subjective immediacy)",或者缺乏主体经验的实有;这个概念和"性质内存于实体"(quality inherent in substance)的概念密切相关。① "空洞现行性"是从"简单定位"的物质概念衍生出来的;换言之,从"唯物论"的观点,任何物质都缺乏"主体经验"、"主体感受"。时空只是物理测量的参照架构,物质的存在不会受现行时空因素的影响,物质与时空之间没有"内在关系"。不仅如此,"唯物论"还认为物质是被动的、惯性的存在。物质与物质之间也只有外在的、机械的因果关系,而没有任何内在关联。物质本身没有自发性(spontaneity),不具备任何引发自身变化的作用,足以显示其存在的价值与意义。而与此相关的"物质实体"概念,也只是静态的托体,其性质寄托于实体,而与其他事物无关。我们有"绿叶"、"圆球"之类的概念,正是基于这"实体支托属性"的默认。怀特海认为无论是"空洞现行性"或是"实体",都是高度抽象的概念,如果加以适当地运用,有极高的实用价值。但"空洞现行性"并不是具体的事实,事实是"离开了主体的经验,就什么都没有了,没有了,只是空空如也"。②

"唯物机械论"认为物质没有主体经验是基于常识之见,平常我们可以区分"有机的生命"(organic life)与"无机的物质"(inorganic material)。前者有意识、感觉、目的、意图,有新陈代谢,能生长繁殖,后者则没有这些变化。但怀特海却认为所有的存在都是"机体"。"机体",不论有生命或者是无生命,有机或者是无机,都会因为参与其他更大型的机体而改变其自身的"计划"与"特质"。他说:

> 具体的实存(the concrete enduring entities)是机体,所以整个机体的计划会影响那些进入机体之中附属机体(subordinate organism)的特质。以动物为例,其心灵状态进入整个机体的计划之中,影响了其后进入附属机体的计划,乃至影响到最细微的机体,如电子。因之,在一有生命的躯体中的电子不同于在躯体之外的电子,因为前者受到躯体计划的影响。③

根据怀特海的说法,无论是高级复杂的生命有机体,或是简单的电子、原子、分子,都是彼此相关的"机体"。在自然界中,没有独立自存、与任何事物毫不相关的物质粒子。怀特海这项打破心物、有生命与无生命

---

① A. N. Whitehead, *Process and Reality*, p. 29, p. 167.
② Ibid.
③ Ibid., p. 79.

界线的做法,正是他与"生机论者"最大的不同。他曾批评"生机论"(vitalism)任意将自然划分为有生命与机械物质两种领域,不免陷于不当的"心物二元论"。他说"生机论"事实上只是一种妥协;"生机论"允许"机械论"横行霸道于整个无生命的自然之中,只有在有生命的个体里限制"机械论"的势力。但有生命的机体与死寂物质之间并没有明显的界线,足以划分二者的不同。① 在《科学与现代世界》中,怀特海称他的这项构想为"机体机械论"(the theory of organic mechanism),根据这个理论,物质粒子也许会根据普遍的法则盲目地奔驰,但也会根据其自身所处情境,照整体有机的计划(the general organic plans of the situations)而作改变。② 在《过程与实在》里,他提出宇宙最基本的实有是"现行单元"(actual entities);"现行单元"渺小如虚空中的微尘,崇高如超卓的上帝,一体均为最真实的存在。正如普里戈金所观察,他一方面反对将主体经验界定为意识、思想和感官知觉,另一方面视所有的物理存在(physical existence)为具有享受、感受、冲动、渴望、嗜欲的机体,其目的便在打破"科学唯物论"所划下的心物界线。③ 这使得怀特海成为西方哲学史上,少数脱心物、主客二元困境的哲学家之一。

三、建构的后现代世界观

"机体哲学"主张自然的终极事实是处于时空连续体中的"机体"。"机体"具有"主体立即性"(subjective immediacy),乃经验的主体,不是空洞的物质,这也便是科布与格里芬所谓的"泛经验论"(pan-experientialism)。④ 任何"机体"不仅与其他"机体"交相关联,而且也与整个自然关联在一起。"机体"最为显著的特征是在随着时空的变迁,展开自我创造

---

① A. N. Whitehead, *Process and Reality*, p.29, p.69.
② Ibid., p.80.
③ Ilya Prigogine and Isabelle Stengers, *Order out of Chaos*, p.94.
④ 怀特海曾根据培根(Francis Bacon)"知觉"以及巴克莱(G. Berkeley)"意义"(significance)的理论,发展出"摄持"(prehension)的概念。"摄持"是"非认知性的体会"(non-cognitive apprehension),所有的实有都有"摄持"的功能。怀特海的这项学说,被学者诠释为是一"泛心灵论"(panpsychism)、"泛主体论"(pansubjectivism),也就是"泛经验论"(panexperientialism)。详见下文。

的历程。整个宇宙自然的演化,也可视为是这样的创生进程。站在机体哲学的立场,经验不能化约为知觉,而知觉也不能化约为"感官知觉"或者仅是"感觉与料"的取得。经验包括思想、判断、记忆、情感、意志、想象、直觉、评价等等,而知觉则是多种条件配合下的产物。"知觉因果论"只能解释最简单的知觉关系(即知觉者与被知觉物之间的关系),却忽略了产生知觉的时空背景、以及与之相关的种种条件。因此知觉的"因果论"必须为"关系论"所取代。怀特海的这些论点得到玻姆以及普里戈金的重视,也提供建构"后现代世界观"的线索。

根据"后现代科学"(尤其是量子论与热力学第二定律)对"现代科学"唯物机械观的批评,我们应可发展出更为整体的、复杂的、具有时间性与内在相关性的世界观来。科布与格里芬一致认为怀特海的思想提供了建构"后现代世界观"的重要因素。唯限于篇幅,在此仅举四点说明之:(一)后现代思辨理性;(二)泛经验论;(三)知觉三态论(Three Modes of Perception);(四)万有在神论(panentheism)。

(一) 后现代的思辨理性

"解构的后现代主义"的重要特征是对现代理性的强烈批判与不信任。"反理性主义"(antirationalism)与"非理性主义"(irrationalism)充斥着解构的后现代哲学家的著作中。大多数的后现代哲学家似乎认为,"现代"的特征是"科学",而"科学"的特征是"理性"。因此反现代的后现代哲学家对于理性,也就是"科学理性",总是不假辞色。就这点而言,怀特海有不同的观察。他认为"科学理性"本身也是反理性的;因为"科学理性"只追求事物发生的起源,而排斥"思辨理性"所追求的、事物的终极原因,且轻忽理性认识整体的功能。如他在分析西方现代科学起源的历史时说:

> 宗教改革和科学运动可说是同一历史革命的两面,它们主导了文艺复兴晚期的智性运动。基督宗教追求起源和弗朗西斯培根(Francis Bacon)追求动力因以反对目的因,是这思想革命的两面。……如果把这历史革命看做是对理性的追求,那就大错特错了。正好相反,这完全是个反智主义的运动。这个运动回到赤裸裸事实的思考上,回到中世纪思想僵化的理性上。[①]

---

① A. N. Whitehead, *Science and the Modern World*, pp. 8—9.

现代科学运用理性,不在取得对宇宙人生更为完整、终极的看法,而在提出精确的方法,考察局部的事实。正如怀特海在《理性的功能》一书中所指出:

> 思辨理性的功能不受制于"方法";思辨理性超越有限的理由,以深入事实背后的普遍理由,超越一切的"方法",以了解所有研究事物性质的"方法"。……方法的理性往往自满于该方法有成效的有限领域……而思辨的理性则质疑方法的本身,以使其不安。①

事实上,科学的目的原是在寻求一套能完备地、精确地解释经验事实的理论,这样的目的本身应当是"理性的"。只是科学家往往以为只要运用"科学方法"便可达到这样的目的,怀特海认为这种想法却是"不理性的"。如果我们不能对宇宙有完整的、形而上的理解,便无法清晰明确地了解任何构成我们宇宙经验的命题。② 然而"科学理性"的一大特征便是在反对传统形上学,也就是排斥寻求事物终极性的解释,放弃对宇宙人生的整体认识。

如果把"现代"界定为"我们可以乐观的相信透过对事物精确的描述,便可知道事物的真相",那么放弃这项乐观的态度,便可称之为"后现代"。站在这个立场,"后现代"可说始于休谟和康德。③ 不过如果从怀特海的观点看来,其实在现代科学肇端之始,"反理性主义"已有星火燎原之势。休谟和康德只能算是现代"反理性主义"第二段落的代表人物而已,而尼采、海德格、德悉达等人的思想则可视为这"反理性主义"更为极端的表现。因此表面上"后现代反理性主义"对"现代科学理性"抱着批判的态度,但实质上却是从现代反理性思潮导出的必然结论。

现代科学要求知识专精,各门学科彼此互不交通,使我们无法掌握事物之间的整体关联。科学也不以掌握整体为目的。怀特海想建构的"后现代世界观",则在寻求知识的整体性与事物的相关性。④ 他认为唯有从整体的、机体的观点出发,才能正确地掌握世界的真相。思辨哲学的目的

---

① A. N. Whitehead, *Function of Reason* (Princeton: Princeton University Press, 1929), pp. 65—66.

② Ibid., p. 68.

③ John Cobb, "Alfred North Whitehead," in *Founders of Constructive Postmodern Philosophy*, p. 169.

④ Ibid., pp. 169—170.

在通观整体;不同于各种科学以某些特定的事实为其研究对象,思辨哲学是以一切实现的(actual)与可能(possible)的事物为研究对象。根据这样的信念,怀特海在《过程与实在》一书中开宗明义地说:

> 思辨哲学在构作融贯一致、逻辑的、必然的普遍概念系统,借以诠释吾人经验的每个成分。思辨是哲学的根本功能;唯有思辨才能超越一切概念的对立与限制,解释吾人的全面经验。①

怀特海认为"思辨理性"所具体呈现的,是一套说明现阶段宇宙普遍特质的"范畴系统"(categorical schemes),借以解释人的全面经验。哲学的功能便是"宇宙论批判"(the critic of cosmologies),也就是对各种抽象思想的批判(the critic of abstractions),其目的在协调我们对于自然不同的直观,使科学面对具体的事实。②

由此可见,怀特海的基本哲学信念与归趋(philosophical commitment),和"解构的后现代哲学家"大异其趣。他曾为传统理性功能辩护,并强调理性是文明的与合乎逻辑的思维,是人类渐次由生物求生层次、发展到追求懿美人生的真正动力。③ 与此相较,"解构后现代哲学家"若不是将"理性"视为"科学理性"、"科技理性"、"工具理性",甚或"沟通理性",便是以理性为无稽之谈、有待解构的对象。在他们看来,"非理性"(irrationality)才是主导人类活动的力量。

(二) 泛经验论

在《过程与实在》一书中怀特海曾说,他的整个形而上的立场便在驳斥"空洞现行性"的学说。④ "空洞现行性"即前文所指传统哲学的"实体"概念,以及现代科学的"物质"概念。这些概念的共同特征是,它们的存在独立于时空关系,时空只是一种参照架构,不会影响它们的性质。"实体"是所谓"变中不变的"、事物的同一性,而"简单定位的物质"则不占体积(volume)与时段(duration),仅处于刹那之间。这些概念都是高度抽象的概念,并不符合具体事实。我们经验到的具体事实是:所有的存在都占据一段时间,以及定量的容积,而非刹那点尘。为了说明这项事实,

---

① A. N. Whitehead, *Process and Reality*, p. 3.
② A. N. Whitehead, *Science and the Modern World*, Preface, p. 87.
③ A. N. Whitehead, *Function of Reason*, p. 4ff.
④ A. N. Whitehead, *Process and Reality*, xiii.

怀特海先提出"事件"(event)的概念,作为"时空关联体"(space-time relata),且有"摄持"(prehension)的功能;"事件"与"事件"之间,因为时空的"延展连续性"(extensive continuum),彼此之间有"内在关系"(internal relation)或者"内在相关性"(internal relatedness)。① 接着他提出"机体"概念取代"事件",最后又提出"现行机缘"(actual occasions)或者"现行单元"(actual entities),作为"最终的事实"。

怀特海提出这些概念,其目的一方面是想要以"机体论"取代"唯物论";另一方面是想要化解笛卡儿的"心物二元论"。笛卡儿将心物看成是绝然不同的两个"实体",造成了"心物二元论"。接受这二元论,就好像是相信"机器里有个鬼魂"("a ghost in the machine")一样荒谬。② 如果把"实体"看做是"事件","心理事件"(mental events)和"物理事件"(physical events)之间就不会有那么大的不同。③ 以有意识的经验为例,每个经验历程中的"事件"彼此间是前继后续的,有不可或分的整体关系。好比两人谈话,一连串"声音事件"的发生,彼此前继后续,直到最后一个声音发出为止,听者才能完整地掌握到说者的意思。这项"听觉事件"很明显地有"摄持综合"(syntheses of prehensions)的作用,也就是听者能主动地将已发出声音之间的关联综合起来,使之成为有意义的语句。至于没有意识的"原子事件",虽然不能与人类经验相比,但因为它们和其他事件之间的关系有一定的模式(pattern),而具有一定的特质。因此"原子事件"或者"次原子事件"之间的关系,也可视为是一种"摄持综合"的关系,而不是"实体"与"属性"之间的关系。④

无论是"事件",或"机体",或"现行机缘",或"现行单元",都有其"时间性"(temporality),同时也是"经验的点滴"(drops of experience)。⑤ 在怀特海看来,一切实有都在时间流逝的历程中生成变化。从过去到现在,从现在到未来。在这不可逆转的历程中,经验的单元有成有毁。怀特

---

① 详见拙作:《怀特海自然哲学——机体哲学初探》,台北:正中书局,2001年,第五章,事件论。

② David Griffin, "Introduction: Constructive Postmodern Philosophy," in *Founders of Constructive Postmodern Philosophy*, p. 5.

③ John Cobb, "Alfred North Whitehead," in *Founders of Constructive Postmodern Philosophy*, p. 172.

④ Ibid., p. 173.

⑤ A. N. Whitehead, *Process and Reality*, p. 18.

海的这项学说被其后的研究者诠释为"泛心灵论"(panpsychism)、或者"泛主体论"(pansubjectivism)、"泛经验论"(panexperientialism)。上举语词不曾见于怀特海的著作之中,其中"泛心灵论"一词最早是哈兹洵所提出的。根据哈兹洵的说法"泛心灵论"与"唯物论"的立场相反,主张一切实有都有感受、意图,或者心理层面,包括那些常识上被认为没有心理层面的无机物在内(根据"唯物论"的说法,无机物只是一堆惯性物质的集聚,但事实上无机物有其特定的结构,可视为具有最低程度的灵魂)。而怀特海的学说正属于"泛心灵论"。① 刘易斯福特(Lewis Ford)则认为怀氏的思想开始虽是"泛心灵论",但后来发展为"泛主体论"。"泛心灵论"狭义地以为一切实有均有其心理层面(All actual entities have mentality.),而"泛主体论"则广义地认为所有的事件均有知觉(摄持)、内在性(interiority)和本有价值(intrinsic value)。怀特海的"现行单元"既为现行的立即经验,那必然是拥有经验的主体,因而可称作是"泛主体论";福特主张"泛主体论"是怀氏晚期思想的一大特色。②

科布和格里芬认为"泛心灵论"就是"泛经验论"。"泛经验论"主张就每个"事件"不需要外在事物便可自存看来,"事件"是物质性的;但是就其内在的、为其自身存在而言,它是有意识的,或者是具有心理性的。对外,它与其他个体以"动力因"的关系交互作用;对内,则根据"目的因"过着有意图的生活。其中内外交荡、动力因与目的因的相互冲击。如此"事件"成为一个经验的主体,能根据自己的决定对动力因作出反应,同时它所经验到的过去也会影响到它的未来。③ "泛经验论"提供科学解释

---

① 参见 Charles Hartshorne, *Beyond Humanism: Essays in the Philosophy of Nature* (Lincoln: University of Nebraska Press, 1968), pp. 165—177; Charles Hartshorne, "Panpsychism," in Vergilius Ferm ed., *A History of Philosophical Systems* (New York: The Philosophical Library, 1950), pp. 442—452; Lewis S. Ford, *The Emergence of Whitehead's Metaphysics* (Albany: State University of New York Press, 1984), p. 3.

② 福特认为怀特海早先没有分别"心理性"(mentality)和"主体性"(subjectivity)的不同,但在其晚期理论中,怀氏以"主体性"为所有"现行单元"都具备的、自身生成变化的立即性,而"心理性"则指根据"现行单元"各自具有不同程度的复杂度和创新能力。至于"意识"则只有高度精神性的"现行单元"才具备,他们能享有智性感受(intellectual feelings)。参见 Lewis S. Ford, *The Emergence of Whitehead's Metaphysics*, p. 3, 38。

③ David Griffin, "Introduction: The Reenchantment of Science," in *The Reenchantment of Science*, pp. 23—24.

动力因以外的思考方向。科学不当受制于"唯物机械论"的信念,认为自然单元没有经验、没有本质价值、没有内在关系,也没有时间性;或者把自然法则看成只是自然单元作用后产生的表象,自然之中没有目的因,没有意图,也没有自由。① 如果我们把自然单元看做是经验的主体,便能摆脱"唯物机械论"的种种限制。

要而言之,从前述玻姆和普里戈金的理论看来,"后现代科学"正在寻求一个重视自然"时间性"、"内在相关性"、"复杂性"和"创新性"的世界观。而怀特海的"泛经验论"不仅能化解心物二元论的困难,且能符合这"后现代科学的世界观"。

(三) 知觉三态论

先前提到,怀特海认为"经验"不能化约为"知觉",而"知觉"也不能化约为"感官知觉"或者仅是"感觉与料"的取得;而"泛经验论"正具体呈现了他的这项构想。传统"感觉论"往往以为"知觉"是以感官作为取得外在世界知识的唯一途径,怀特海却认为还有"非感官的"(nonsensory)的知觉型态。他说:"感官知觉虽然在我们的意识里地位卓越,却是非常肤浅的经验。"②他还说:"如果我们发现非感官知觉的例证,却又暗自将知觉等同于感官知觉,那将是阻碍系统形上学发展的致命错误。"③为了更完整的说明"知觉"与"经验"的全貌,怀特海于是提出"知觉三态论",以取代现代哲学的"感觉论"。

怀特海认为"知觉"有三种形态:一是"呈现立即性"(presentational immediacy),二是"因果效应性"(causal efficacy),三是"象征指涉性"(symbolic reference)。其中前两种涉及以外在世界为认识对象的感官知觉,或称"直接认知"(direct recognition);"象征指涉性"则涉及我们对"感觉与料"所作的概念分析。又三种知觉型态中,"因果效应性"是"非感官"的知觉。④

所谓"呈现立即性"(也可反称之为"立即呈现"immediate presenta-

---

① David Griffin, "Introduction: The Reenchantment of Science," in *The Reenchantment of Science*, p. 28.
② A. N. Whitehead, *Adventures of Ideas* (New York: Free Press, 1967), p. 212.
③ Ibid., p. 231.
④ David Griffin & John Cobb, *Founders of Constructive Postmodern Philosophy*, pp. 14—23; pp. 179—187.

tion),是指我们对外在世界的立即知觉。知觉透过立即感觉对我们呈现外物的种种性质;而我们立即经验到的这个周遭世界,似乎被感觉饰以弥尔(John S. Mill)所谓的"感觉与材"。不过弥尔"感觉与材"概念,也就是休谟所谓的"印象",并没有涉及与可感性质相关的时空关系。怀特海的"呈现立即性"则特别重视知觉发生的时间性、知觉对象所在的空间延展性,以及知觉者和知觉对象之间的时空关系。①

所谓"因果效应性"(也可反称之为"动力因果"efficient causation),是指对"呈现立即性"因果性的知觉,也就是对因果效应的直接知觉。针对休谟主张"因果关系"出于思想的习惯或者信念,康德主张"因果关系"是悟性先验的范畴形式,怀特海特别提出知觉的"因果效应性"概念。虽然理论上有所不同,但休谟与康德一致认为"因果关系"不是知觉可以直接认识的对象。怀特海认为我们知觉到"立即现前"(immediate present)本身,便已预设了现前必须顺应"立即先前"(immediate past)提供的"环境"。越是低级的生物,受到"先前环境"的影响越大。因此"因果效应性"是最原始的知觉型态,是机体对"环境"的顺应;而这里"环境"是指我们的身体与相关的器官,以及外在世界。对于像人类这样的高级动物,"因果效应性"会和其他心灵作用相结合;譬如愤怒、憎恨、恐惧会使人"退却"(retreat from),而吸引、爱、饥渴、热切、享受会使人"朝向"(expansion towards)。我们的情感趋向,必伴随着真实事物作用于我们身上的清晰认知。比如说我们讨厌一个人,我们所讨厌的不会是种种"感觉与材"的集合,而是引起我们讨厌的那个人(a causal, efficacious man)。② 总之,因先果后的作用,是知觉的先决条件。休谟显然误把"呈现立即性"当成是唯一的知觉型态,而把"因果效应性"看成是从前者衍生出来的。③ 事实却正好相反,我们对于"立即先前"产生"非感官"的、"因果效应性"的知觉,总是先乎感官知觉。

至于所谓"象征指涉性",是指综合前述两种型态的知觉活动,这个知觉的类型涉及概念分析(conceptual analysis)的功能。怀特海认为人心本有象征性的作用,当经验中的某些成分激发起经验中另一些成分中的意识、信念、情绪、与作用时,前者即所谓"象征"(symbols),后者即所谓

---

① A. N. Whitehead, *Symbolism It Meaning and Effect* (New York: Macmillan Company, 1927), pp. 15—18.

② Ibid., pp, 35—56.

③ Ibid., p. 61.

"意义"(meanings)。而心灵从"象征"过渡到"意义"所发挥的有机功能,便是所谓的"象征指涉"。"象征指涉"是知觉者本有的主动综合能力,[①]能将"呈现立即性"和"因果效应性"综合成为一个有意义的知觉。换言之,当我们直接认识到外在世界的种种性质,得到"感觉与材"之后,那些"感觉与材"引发我们经验的种种感受,并涉及概念分析,这便是"象征指涉"的作用。因此,直接认知本身,无论是"呈现立即性"或是"因果效应性",都不会造成任何知觉错误。只有因为"象征指涉"错误的综合作用,才会造成错误的知觉。怀特海举例说"伊索寓言"中的狗,因为误认自己口中含的肉在水中的倒影是真的,正想抢食水中之肉时,反而丢失了口中的肉。这狗的"直接认知"并没有错,只是从"呈现立即性"到"因果效应性"的"象征指涉"的作用错了。只有这综合作用才会造成错误;而"象征指涉"正是受到先前给予事物所影响的、相当原始的一种综合活动。[②]"象征指涉性"虽然是知觉的基本综合作用,但已涉及概念分析,因而可作为思想与材。这时知觉的"象征指涉性"和思想概念的架构以符合逻辑一贯性为原则,便可得到对宇宙真际更为完整的认知。[③]

怀特海的"知觉三态论"建立在"实在论"的基础之上。他反对将知觉局限在"感官"认识的范围,或者将之等同于"感觉与材"。我们对于因果的知觉,虽然是"非感官"的,但却是"感官知觉"的来源。我们对于有一外在世界真实存在的身体感受(bodily feelings),先于任何眼前的知觉,这便是"因果效应性"。我们所看见的,不会是"褐色的"、"圆形"的集合,而是"圆桌",这便是"呈现立即性"。至于我们判断这圆桌很结实,可以置物,看来适于放在客厅等等,则是"象征指涉性"。总之,对怀特海而言,知觉的含义广泛,包括思想、判断、直觉、感受、享受、满足在内,可以说只要是现前的实际经验,都是知觉。这样的知觉概念,不仅丰富了我们的经验内容,更能反映世界的真相。

(四) 万有在神论

西方思潮现代化的一大特色便是"世俗主义"(secularism),现代人不

[①] A. N. Whitehead, *Symbolism It Meaning and Effect* (New York: Macmillan Company, 1927), p. 9.

[②] Ibid., p. 24.

[③] Ibid., pp. 64—65.

再相信传统宗教加诸自然与人的神圣性。① 虽然现代科学与哲学原本容忍基督宗教的"上帝",牛顿甚而利用"上帝"保障科学理论的正确性,但随着"唯物论"和"无神论"的声势高涨,传统的"有神论"也就日渐式微。然而在西方基督宗教有长达两千余年的文化传统,是西方宗教信仰、道德信念、人文价值和精神生活的基石,一旦受到毁弃,必然导致西方现代文明走向虚无主义的途径。然而经过科学和现代化的洗礼,西方文明也不可能回到前科学的时代,其传统宗教信仰也无法满足现代人的精神需求。如何化解科学与宗教、世俗与神圣的对立,成为刻不容缓的哲学课题。怀特海身为具有深厚宗教经验的科学家,企图以历程宇宙论中的哲学之神,响应这项挑战。

如前面一再提到,现代科学预设了"唯物机械的宇宙观",这使人与自然成为没有目的、没有意义的物质集合,而"唯物决定论"更剥夺了人的自由与道德自主性。然而西方传统的"有神论"相信"上帝"是超自然的造物主,是自然秩序与道德法则的制定者,也是世界终极的审判者;这"人格神"(personal God)的概念难以符合理性的要求。② 于是怀特海提出以"上帝"作为"形上原理"的构想,企图从哲学的观点揭露"上帝"的真实性质。他认为"上帝"不但是造物主,也是造物本身。"上帝"和所有"现行单元"一样,既具有"心理"的层面,也具有"物理"的层面。"上帝"的心理层面是他的"原初性"(primordial nature),他的物理层面是"后效性"(consequent nature)。根据机械因果律,每个"事件"都会受到先前"事件"的决定,过去会决定现在,现在会决定未来。但从机体哲学的观点看来,"事件"是摄持的主体,在生成变化的历程中虽然会受到过去的影响,事实的决定,却仍保有对未来"可能性"进行选择的自由。这时"上帝的原初性"提供这项选择形而上的保障,在他的"概念感"(conceptual feelings)中有无限潜存的"永象"(eternal objects),足供"事件"或者"机体"进行选择。如果实有只遵循盲目标机械法则,不断地重复相同模式的

---

① 牛顿和波以耳等人认为,如果物质是被动的,又有惯性,那么引发它们运动的一定是超自然的神。牛顿也以远距离的自然单元之间会产生作用力,不是出于物质内在的力量。万有引力显示必有神存在,使得所有物质之间有互相吸引的作用。参见 David Griffin, "Introduction: The Reenchantment of Science," in *The Reenchantment of Science*, pp. 10—12.

② A. N. Whitehead, *Religion in the Making* (New York: Macmillan Company, 1926), p. 61ff.

行为,那如何能解释宇宙创生演化的事实?怀特海认为唯有靠"上帝"一方面作为"秩序原理"(principle of order),维护现行宇宙的秩序,另一方面作为"创新原理"(principle of novelty),提供实有不断创新的机会,才足以彰显自然创化的事实。而"上帝"除了有"概念感",还有"物理感"(physical feeling),他对现行世界的"物理感"便是他的"后效性"。这"后效性"将现行世界统整为一体,其中的"现行单元"虽然不完美,时时受到因果律的支配,但总会寻求与其"原初性"相结合,以发挥创新的功能。①总之,"上帝"的原初性与后效性,使他既超越又内在于这个世界。

如此一来,怀特海的"上帝"概念发展成一"万有在神论"(panentheism)。所谓"万有在神论"是指一种综合"有神论"与"泛神论"的上帝观。"有神论"主张"上帝"是创造世界、超越世界的无上存有,"上帝"本身纯粹、永恒、绝对、完美、无限、完全实现。任何与上述概念相反的性质,均不适用于"上帝"。"泛神论者"如斯宾诺莎(Spinoza)则认为如果"上帝"是唯一终极的实体,那他必内在于"世界","世界"则是"上帝"的显态(manifestation)。"万有在神论"综合这两种观点,提出"上帝"既超越又内在于世界的理论。"上帝"原为难以言宣者,任何引发对立的概念,均不足以片面的表达"上帝"。而所有对立的概念相反相成,"上帝"既为完全的实现,也是无上的潜存;既为主动,又为被动;既为存有,又为变化生成;既为严格的绝对者,又为普遍相对者;既为永恒,又为时变(temporal)。哈兹洵认为怀特海的"上帝观"和德国观念论者谢林(F. W. J. Schelling, 1775—1854)与费希那(G. T. Fechner, 1801—1887)一致,可称作是"万有在神论"。②

基于"万有在神论"的理念,怀特海形容"上帝"与"世界"之间的关系如下:

"上帝"是恒常的,"世界"是变迁的;但说"世界"是恒常的,"上帝"是变迁的也对。

"上帝"是一,"世界"是多;但说"世界"是一,"上帝"是多也对。

"上帝"与"世界"相比,是真实卓越;但说"世界"与"上帝"相比,是真实卓越的也对。

---

① A. N. Whitehead, *Process and Reality*, p. 345.
② 参见 Charles Hartshorne and William L. Reese eds., *Philosophers Speak of God* (Chicago: The University of Chicago Press, 1976), pp. 1—16。

"世界"内在于"上帝";但说"上帝"内在于"世界"也对。
"上帝"超越"世界";但说"世界"超越"上帝"也对。
"上帝"创造"世界";但说"世界"创造"上帝"也对。①

怀特海的"上帝观"在后现代引发一波新神学运动,虽然他的"上帝"本质上是哲学神,却提供后现代基督教神学新的选择。这当是他始料未及的吧!

韦伯曾以"解除世界的魔咒"(disenchantment of the world)来形容西方的现代化。"现代化"以科学为前提,使人摆脱了前科学时期的迷信与愚昧,不再受制于传统权威与宗教信仰。科技的空前发展与进步,带给人类生活巨大变革;社会生活民主化与科层体制化,经济生活自由化与世俗化,生产方式科技化与知识化。这一切的一切使得人类不但依赖科学,甚而把科学当作是另一个"魔咒"了。虽然怀特海与解构的后现代哲学家一样,曾对现代科学的世界观与科学理性的独断感到不满,但是他并没有因此否定理性的功能,更没有放弃建立世界观所必备的理念:观念、理想、意义、价值、文化,甚至于上帝。追根究底,解构的现代哲学家大多以取消形上学为其哲学工作的前提,排斥传统哲学的使命——追求普遍或终极原理以解释万事万物、指导人生所行所为。他们抹杀形上学之为精神功能的表征、价值理想的泉源这重大事实。而怀特海身为本世纪最伟大的形上学家,不但充分发挥了哲学的思辨功能,对于"现代科学"的新趋势也极为重视。他的哲学打破了西方哲学传统各种二元对立。举凡因与果、实现与潜存、主与客、心与物、不定与决定、毁灭与不朽、实在与表象、私人与社会、整体与部分、内在与超越、动与不动、连续与断续、变化与永恒等等,西方传统哲学认为不相容的概念,在怀特海的哲学中均交锁关连,互补相成。他的哲学显然有别于解构的后现代哲学,堪称之为"建构的后现代主义"。缘于此,美国的怀特海学者呼吁世人重视怀特海哲学,重视科学重施魔咒(the reenchantment of science)之弊,庶几发展出符合后现代科学的世界观,进而重新建构科学与人文之间的桥梁,值得吾人肯定。

---

① A. N. Whitehead, *Process and Reality*, p.348.

参考书目

中文部分：

东海大学哲学研究所主编：《中国哲学与怀德海》，台北：东大出版，1989年。
朱建民编译：《现代形上学的祭酒怀德海》，台北：允晨文化出版，1982年。
沈清松著：《现代哲学论衡》，台北：黎明文化出版，1985年。
沈清松著：《体系圆融的大哲怀德海》，沈清松主编：《时代心灵之钥当代哲学思想家》，台北：正中书局出版，1991年。
陈奎德著：《怀特海》，台北：东大出版，1994年。
傅佩荣译：《科学与现代世界》，台北：黎明文化事业有限公司出版，1987年。

西文部分：

Alexander, Samuel. *Space, Time and Deity*. London, 1920.
Bergson, Henri. *Time and Free Will, An Essay on the Immediate Data of Consciousness.* Translated by F. L. Pogson. New York, The Macmillan, 1901.
——. *Mind-Energy Lectures and Essays*. Translated by H. Wildon Carr. London, Macmillan and Co. Limited, 1920.
——. *Creative Evolution*. Translated by Arthur Mitchell. New York, Random House, Inc., 1944.
——. *The Creative Mind, An Introduction to Metaphysics*. New York, Citadel Press, 1946.
——. *Matter and Memory*. Translated by Nancy Margaret Paul and W. Scott Palmer. New York, Doubleday & Company, Inc., 1959.
Berkeley, G. *An Essay Towards a New Theory of Vision* in *Berkeley's Philosophical Writing*. Armstrong, A., ed. New York, Macmillan Company, 1965.
——. *The Principles of Human Knowledge* in *Berkeley's Philosophical Writings*. Armstrong,

David M., ed. New York, Collier Macmillan Company, 1965.
Blyth, John. W. *Whitehead's Theory of Knowledge.* Providence, Brown University Press., 1941.
Bohm, David. *Wholeness and the Implicate Order.* London & New York, Ark Paperback, 1983.
Bradley, F. H. *Appearance and Reality.* London, Oxford University Press, 1969.
——. *Essays on Truth and Reality.* Oxford, The Clarendon Press, 1914.
Bright, Lawrence. *Whitehead's Philosophy of Physics.* London & New York, Sheed and Ward, 1958.
Browning, D. & Myers, W. T., eds. *Philosophers of Process.* New York, Fordham University Press, 1988.
Buchler, Justus, ed. *Philosophcial Writings of Peirce.* New York, Dover Publications, Inc., 1940.
Bunge, Mario. *Causality and Modern Science.* New York, Dover Publications, Inc, 1978.
Burtt, E. A. *Metaphysical Foundations of Modern Physical Science.* London, Routledge & Kegan Paul Ltd., 1049.
Capek, Milic. *The Philosophical Impact of Contemporary Physics.* New Jersey, D. Van Nostrand Co. Inc., 1961.
Christian, William A. *An Interpretation of Whitehead's Metaphysics.* New Haven, Yale University Press, 1959.
——. *An Interpretation of Whitehead's Metaphysics.* Westport, Connecticut, Greenwood Press, 1977.
Copleston, F. *A History of Philosophy.* London, Jarrold and Sons Ltd., Vol. VIII, 1966.
Das, R. *The Philosophy of Whitehead.* London, James Clarke & Co, 1938.
Einstein, Albert. & Infeld, Leopold. *The Evolution of Physics.* New York, A Touchstone Book, 1966.
Emmet, Dorothy M. (1932). *Whitehead's Philosophy of Organism.* London, Macmillan & Co, Ltd.
Ford, Lewis S. *The Emergence of Whitehead's Metaphysics.* Albany, State University of New York Press, 1984.
Griffin, David. Ray. & Cobb, jr., John B. & Ford, Marcus P. & Gunter, Pete A. Y. &Ochs, Peter. *Founders of Constructive Postmodern Philosophy Peirce, James, Bergson, Whitehead, and Hartshorne.* Albany, State University of New York Press, 1993.
Hammerschmidt, W. W. *Whitehead's Philosophy of Time.* New York, King's Crown Press, 1947.
Hartshorne, Charles. *Beyond Humanism: Essays in the Philosophy of Nature.* Lincoln, University of Nebraska Press, 1968.
——. *Creativity in American Philosophy.* Albany: State University of New York Press, 1984.
Hartshorne, Charles & Peden, Creighton. *Whitehead's View of Reality.* New York, The Pilgrim Press, 1981.
Hume, David. *Enquiries concerning Human Understanding and concerning the Principles of Morals.* Oxford, Clarendon Press, 1975.

James, Williams. *The Essential Writings*. Wilshire, Bruce W., ed. Albany, State University of New York Press, 1984.
Johnson, A. H. *Whitehead's Theory of Reality*. New York, Dover Publication, 1962.
Kirk, James. *Organism as Reenchantment: Whitehead, Prigogine, and Barth*. New York, Peter Lang Pub., 1993.
Kline, G. L., ed. *Alfred North Whitehead: Essays on His Philosophy*. Englewood Cliffs, N. J.: Prentice-Hall, 1963.
Kraus, Elizabeth. *The Metaphysics of Experience A Companion to Whitehead's Process and Reality*. New York, Fordham University Press, 1979.
Kuntz, Paul Grimley. *Alfred North Whitehead*. Boston, Twayne Publishers, 1984.
Lawrence, Nathaniel. *Whitehead's Philosophical Development*. Berkeley & Los Angeles, University of California Press, 1956.
——. *Alfred North Whitehead, A Primer of His Philosophy*. New York, Twayne Publishers, Inc., 1974.
Leclere, Ivor, ed. *The Relevance of Whitehead*. London, George Allen & Unwin Ltd, 1961.
——. *Whitehead's Metaphysics, An Introductory Exposition*. Boston, University Press of America, 1986.
Lille, Ralph. S. *General Biology and the Philosophy of Organism*. Chicago, University of Chicago Press, 1945.
Locke, John. *An Essay Concerning Human Understanding*. Oxford, The Clarendon Press, 1973.
Lovejoy, Arthur. O. *The Revolt Against Dualism*. Chicago, Open Court Publishing Co., 1930.
Lowe, Victor. *Understanding Whitehead*. Baltimore, Johns Hopkins Press, 1962.
Lowe, V. & Hartshorne, C. & Johnson, A. H. *Whitehead and the Modern World*. Boston, The Beacon Press, 1950.
Lucas Jr. & George. R. *The Rehabilitation of Whitehead An Analytic and Historical Assessment of Process Philosophy*. Albany, State University of New York Press, 1989.
Mack, R. D. *The Appeal to Immediate Experience*. New York, King's Crown Press, 1945.
Mays, W. *The Philosophy of Whitehead*. London, George Allen & Unwin Ltd., 1959.
McDermott, John J., ed. *Writings of William James*. New York, Random House Inc., 1968.
Miller, David. L. & Centry, G. V. *The Philosophy of A. N. Whitehead*. Minneapolis, Burgess Publishing Co., 1938.
Nietzsche, Friedrich. *The Will to Power*. Kaufmann, Walter, ed. New York, Random House, 1986.
Nobo, Jorge Luis. *Whitehead's Metaphysics of Extension and Solidarity*. Albany, State University of New York Press, 1986.
Palter, Robert M. *Whitehead's Philosophy of Science*. Chicago, The University of Chicago Press. 1960.
Peterson, Aage. *Niels Bohr: A Centenary Volume*. French A. and Kenndy, P., eds. Cambridge, Harvard University Press, 1985.
Price, Lucien. *Dialogues of Alfred North Whitehead*. Boston, Little and Brown

Company, 1954.

Prigogine, Ilya & Stengers, Isabelle. *Order out of Chaos Man's New Dialogue with Nature.* New York, Bantam Books, 1984.

Resse, William L. & Freeman, Eugene, eds. *Process and Divinity.* New York, Open Court Publishing, 1964.

Santayana, George. *Reason in Science.* New York, Scribner's, 1906.

——. *Scepticism and Animal Faith, Introduction to a System of Philosophy.* New York, Dover Publications, Inc., 1955.

Saxon, David S. *Elementary Quantum Mechanics.* San Fransico, Holden-Day, 1968.

Schilpp, Paul, A., ed. *The Philosophy of A. N. Whitehead.* Evanston & Chicago, Northwestern University Press, 1941.

Schmidt, Paul F. *Perception and Cosmology in Whitehead's Philosophy.* New Jersey, New Brunswick, 1967.

Shahan, Ewing P. *Whitehead's Theory of Experience.* New York, Columbia University King's Crown Press, 1950.

Sherburne, Donald. W. *A Whiteheadian Aesthetic.* New Haven, Yale University Press, 1961.

——. *A Key to Whitehead's Process and Reality.* Chicago, Chicago University Press, 1966.

Sir Dampier, William Cecil. *A History of Science.* London, Cambridge University Press, 1979.

Wallack, F. Bradford. *The Epochal Nature of Process in Whitehead's Metaphysics.* Albany, State University of New York Press, 1980.

Wells, Harry K. *Process and Unreality. A Criticism of Method in Whitehead's Philosophy.* New York, Columbia University, King's Crown Press, 1950.

Wheeler, John. A. & Zurek, Wojciech H. *Quantum Theory and Measurement.* New Jersey, Princeton University Press, 1983.

Whitehead, A. N. *A Treatise on Universal Algebra with Applications.* Cambridge, Cambridge University Press, 1898.

Whitehead, A. N. & Russell, B. *Principia Mathematica*, 3 vols. Cambridge, Cambridge University Press, 1910—1913.

Whitehead, A. N. *An Introduction to Mathematics.* London, Home University Library of Modern Knowledge, 1911.

——. *The Organisation of Thought Educational and Scientific.* London, Williams and Norgate, 1917.

——. *An Enquiry Concerning the Principles of Natural Knowledge.* Cambridge, Cambridge University Press, 1919.

——. *The Concept of Nature.* Cambridge, Cambridge University Press, 1920.

——. *The Principle of Relativity.* Cambridge University Press, 1922.

——. *Science and the Modern World.* New York, Macmillan Company, 1925.

——. *Religion in the Making.* New York, Macmillan Company, 1926.

——. *Symbolism Its Meaning and Effect.* New York, Macmillan Company, 1927.

——. *The Aims of Education and Other Essays.* New York, Macmillan Company, 1929.

——. *The Function of Reason.* Princeton, Princeton University Press, 1929.

——. *Process and Reality*. New York, Macmillan Company, 1929.
——. *Adventures of Ideas*. New York, Macmillan Company, 1933.
——. *Modes of Thought*. New York, Macmillan Company, 1938.
——. *Essays in Science and Philosophy*. New York, Philosophical Library, 1947.
——. On Mathematical Concepts of the Material World, in *Alfred North Whitehead: An Anthology*. Northrop, F. S. C. and Gross, Mason W., eds. New York, Macmillan Co., 1953.
——. *Essays in Science and Philosophy*. New York, Philosophical Library, 1947.
Wilmot, Lawrence F. *Whitehead and God Prolegomena to Theological Reconstruction*. Canada, Waterloo Wilfrid Laurier University Press, 1979.
Wilshire, Bruce W., ed. *William James The Essential Writings*. New York, State University of New York Press, 1984.

Articles:
Agar, W. E., "The Concept of Purpose in Biology," *Quarterly Review of Biology*, 13 (1938), 255—273.
Alexander, S., "The Basis of Realism," in *Proceedings of the British Academy*, London, Oxford University Press, 1913—1914, 279—314.
Alston, W. P., "Whitehead's Denial of Simple Location," *Journal of Philosophy*, 48 (1951), 713—721.
Balz, A. G. A. "Whitehead, Descartes and the Bifurcation of Nature," *Journal of Philosophy*, 31 (1934), 281—297.
Bidney, D., "The Problem of Substance in Spinoza and Whitehead," *Philosophical Review*, 45 (1936), 574—592.
Broad, C. D., "Review of The Principles of Naturnal Knowledge," *Mind*, 29 (1920), 216—231.
Chappell, Vere, "Whitehead's Theory of Becoming," *Journal of Philosophy*, 58 (1961), 516—527.
Cory, D. Dr., "Whitehead on Perception," *Journal of Philosophy*, 30 (1933), 29—43.
Dewey, J., "Whitehead's Philosophy," in *The Philosophy of A. N. Whitehead*, op. cit., pp. 643—661.
Eddington, A. S. A., "Comparison of Whitehead's and Einstein's Formulae," *Nature*, 113. (1924), 192.
Emmet, Dorothy, Braithwaite, R. B., Masterman, Margaret, Sheldranke, Rupert & Westphal, Johnathan, "Whitehead's Earlier Stance," *Process Studies*, 16 (Summer 1987), 83—145.
Fowler, Dean R., "Whitehead's Theory of Relativity," *Process Studies*, 5 (1975), 159—174.
Gentry, G. V., "Eternal Objects and the Philosophy of Organism," *Philosophy of Science*, 13 (1946), 252—260.
Grünbaum, Adolf, "Whitehead's Method of Extensive Abstraction," *British Journal for Philosophy of Science*, 4 (1953—1954), 215—226.
Hartshorne, Charles, "Panpsychism," in *A History of Philosophical Systems*, ed. Vergilius Ferm. New York, The Philosophical Library, 1950, pp. 442—452.

Hopper, S. E., "Professor Whitehead's *Nature and Life*," *Philosophy*, 9 (1934), 465—472.

——, "Whitehead's Philosophy: Space, Time, and Things," *Philosophy*, 18 (1943), 204—230.

——, "Whitehead's Philosophy: Theory of Perception," *Philosophy*, 19 (1944), 136—158.

——, "Whitehead's Philosophy: The World as Process," *Philosophy*, 23—24 (1948—1949), 140—161.

Johnson, A. H., "Whitehead's Theory of Intuition," *Journal of General Psychology*, 37 (1947), 410—414.

——, "Leibniz and Whitehead," *Philosophy and Phenomenological Research*, 19 (1958—1959), 285—305.

Kultgen, John H., "An Early Whiteheadian View of Perception," *Process Studies*, 2 (1972 Summer), 126—136.

Lawrence, N., "Single Location, Simple Location, and Misplaced Concreteness," *Review of Metaphysics*, 7 (1953—1954), 225—247.

——, "Whitehead's Method of Extensive Abstraction," *Philosophy of Science*, 17 (1950), 142—163.

Leclerc, Ivor, "Whitehead and the Problem of Extension," *Journal of Philosophy*, 58 (1961), 559—565.

Lowe, Victor, "Influence of Bergson, James and Alexander on Whitehead," *Journal of the History of Ideas*, 10 (1949), 267—296.

Mackenzie, W. L., "What Does Dr. Whitehead Mean by 'Event'?" *Proceedings of the Aristotelian Society*, N. S. 23 (1922—1923), 229—244.

McGilvary, E. B., "Space-time, Simple Location, and Prehension," in *The Philosophy of A. N. Whitehead*, op. cit., pp. 211—239.

Morgan, G. L., "The Bifurcation of Nature," *Monist*, 40 (1930), 161—181.

Nobo, Jorge Luis, "The Approach to Whitehead: Traditional? Genetic? Or Systematic?" *Process Studies*, 27 (1998), 48—63.

Northrop, F. S. C., "Whitehead's Philosophy of Science," in *The Philosophy of A. N. Whitehead*, op. cit., pp. 167—207.

Rescher, Nicholas, "On Situating Process Philosophy," *Process Studies*, 28 (1999), 37—42.

Robinson, D. S., "Dr. Whitehead's Theory of Events," *Philosophical Review*, 30 (1921), 41—52.

Santayana, George, "The Being Proper to Essences," in *A Modern Introduction to Metaphysics*, Drennen, D. A., ed., New York: Free Press of Glencoe, 1962, pp. 471—476.

Smith, N. K., "Whitehead's Philosophy of Nature," *University of California Publications in Philosophy*, 4 (1923), 197—224.

Sprigge, Timothy, "Whitehead and Santayana," *Process Studies*, 28 (1999), 43—55.

Stapledon, O., "The Location of Physical Objects," *Philosophy*, 4 (1929), 64—75.

Stebbing, Susan, "Universals and Professor Whitehead's Theory of Objects," *Proceedings of the Aristotelian Society*, (1924—1925), 305—330.

———, "Professor Whitehead's "Perceptual object"," *The Journal of Philosophy*, 23 (1926), 197—213.

———, "Symposium: Is the "Fallacy of Simple Location" a Fallacy?" *Aristotelian Society Supplementary*, 7 (1927), 207—243.

Vlastos, G., "Organic Categories in Whitehead," *Journald of Philosophy*, 34 (1937), 263—267.

Whitehead, A. N. "Uniformity and Contingency," in *Essays in Science and Philosophy*, op. cit., pp. 132—148.

索 引

阿基米得(Archimedes) 146
艾尔西芬(Alciphron)
爱丁顿(A. S. Eddington) 43
爱因斯坦(Albert Einstein, 1879—1955)
  18,234

巴包(Ian Baubour) 3
巴克莱(George Berkeley, 1681—1741)
  16
巴克莱的两难(Berkeleyan Dilemma)
  101
柏格森(Henri Bergson, 1859—1941)
  17,263
柏拉图(Plato, 428—348 B. C) 17
柏拉图的理型(Platonic forms) 31
邦吉(Mario Bunge) 109
鲍桑葵(Bernard Bosanquet, 1848—
  1923) 16
背景(context) 30
悖律(antinomies) 26
被动认识(passive cognizance) 157
本体论原理(the ontological principle)
  15
本质(essence) 31,127,129
本质实在性(intrinsic reality) 85

毕达哥拉斯(Pythagoras, 497 B. C.) 11
表象(appearances) 23,275
表象(representations) 25
表象实在论(representative realism)
  25,83,275
表象主义(representationalism) 32
波尔(Niels Bohr) 86
波以耳(R. Boyle) 72,271
不规律的对象(non-uniform objects)
  138
不确定性(indeterminacy) 39
布德利(Francis Herbert Bradley, 1846—
  1924) 16,234
布朗宁(Douglas Browning) 38

参与(participation) 24,238
操控学(cybernetics) 9,246
测不准定理(the principle of indeterminacy) 86
常性的判断(judgment of constancy)
  135
超人(the Overman) 38
超体特质(superjective character) 12
成分(factors) 252
呈现立即性(presentational immediacy)

297

284
持久(endurance) 85,254
持续性(persistence) 66
创化(creativity) 14
创化演化(creative evolution) 40
创化演化论(theory of creative evolution) 17
创化综合论(theory of creative syntheses) 36
创生进程(creative advance) 254
纯粹经验(pure experience) 27
纯粹时段(pure duration) 29
纯量(scalar) 66
存有(being) 72

达尔文(Charles Darwin, 1809—1882) 17,233
单纯性(simplicity) 56,146
单纯性收敛原理(the principle of convergence to simplicity) 56
单体(a unity) 137
单元(entity) 14,242
倒退(retrogression) 179
德模克利图(Democritus) 72
笛卡儿(Rene Descartes, 1596—1650) 34
电磁场理论(theory of electromagnetic field) 233,238
电磁效应说(electromagnetic effect) 18
动力因(efficient cause) 77,109,273
独我论(Solipsism) 196
杜威(John Dewey) 38
杜威(John Dewey, 1859—1952) 20
堆积(assemblage) 50
对比(contrast) 14,139,242
对象(object) 8,127,238
多项关系(many-termed relation) 186
多样性(diversity) 39
多元实在论(Pluralistic Realism) 21

发生(happening) 8,170,237
法拉第(Michael Faraday, 1791—1867) 18

泛经验论(pan-experientialism) 218,278
泛物理学(pan-physics) 85
泛心灵论(panpsychism) 255
泛主体论(pan-subjectivism) 218
范畴义务(categoreal obligations) 15
福劳尔(D. R. Fowler) 43
福特(Lewis Ford) 3,283
附随现象(epi-phenomenon) 166
复杂性(complexity) 39

伽利略(G. Galileo) 72,271

概念摄持(conceptual prehension) 255
感官觉察(sense-awareness) 24,51,106,150,252
感觉呈现(sense-presentation) 50
感觉对象(sense-objects) 21
感觉类型(type of sense) 57
感觉论(sensationalism) 68
感觉内容(sense-content) 62
感觉强度(intensity of sense) 57
感觉认知(sense-recognition) 134
感觉性质(quality of sense) 57
感觉与材(sense-data) 98
感觉主义原理(the sensationalist principle) 217
感受(feeling) 27,139,218,254,255
哥本哈根诠释(the Copenhagen interpretation) 86
歌德(Johann Wolfgang von Goethe) 37
格里芬(David R. Griffin) 218,255,263
格林(T. H. Green, 1836—1882) 18,234
更新(novelty) 37
更新的原理(the principle of novelty) 14
功利论(utilitarianism) 18
共存(cogredience) 22
共相的共相(the universal of universals) 14,242
官能心理学(faculty psychology) 270
规律的对象(uniform objects) 138

298

规律性(regularity) 67
过程(process) 2
过渡(transition) 116

哈兹洵(Charles Hartshorne) 3,263
海森堡(Werner Heisenberg) 86,264
赫丹爵士(Lord Haldane) 16,230,234
赫拉克利图斯(Heraclitus) 37,114
黑格尔(Georg Wilhelm Friedrich Hegel, 1770—1831) 16
后效性(consequent nature) 243,258
互补性原理(the principle of complementarity) 86
互为主体性(intersubjectivity) 162
化约主义(reductionism) 98
怀特海(Alfred North Whitehead, 1861—1947) 1,232,263
回忆(recollection) 132,134
惠更斯(Huygens) 72,271

机率性的机械法则(probabilistic mechanics) 86
机体机械论(organic mechanism) 253
机体论(organicisms) 17
机体目的论(organic teleology) 33
机体哲学(philosophy of organism) 1
机械必然性(mechanical necessity) 39
机械论(classical mechanics) 86
基本关系(essential relation) 34
吉福讲座(Gifford Lectures) 5
极端经验论(radical empiricism) 28
集合论(the class theory) 25
嘉山第(Gassendi) 72,271
假设的感觉呈现(hypothetical sense-presentation) 58
假设演证法(the hypothetical-demonstrative method) 9
简单的物理感(simple physical feelings) 8
简单定位(simple location) 22
经验认识论(experiential epistemology) 21
经验形上学(experiential metaphysics) 216

具体性错置(misplaced concreteness) 22
聚合原理(the principle of concretion) 12
聚结(nexus) 14,242
觉察(awareness) 83
觉知对象(a percipient object) 105
觉知事件(a percipient event) 105
绝对观念论(absolute idealism) 18
绝对机遇(absolute chance) 39
绝对一元论(absolute monism) 27
绝对者(the Absolute) 26,234

卡德(E. Caird, 1835—1908) 18,234
卡尔(H. Wildon Carr) 17
卡普来斯顿(F. Copleston) 18,234
康德(Immanuel Kant, 1724—1804) 17,233
科派(Milic Capek) 3,65
科学对象(scientific objects) 138
科学唯物论(scientific materialism) 2,270
可能性(possibility) 12,255
克卜勒(J. Kepler) 72,271
克利欧佩脱的针(Cleopatra's Needle)
克罗齐(Croce) 214
克司勤(William Christian) 3
客观论(objectivism) 30
控制论(the control theory) 25

拉福约(A. O. Lovejoy, 1873—1962) 19
拉马克(Chevalier de Lamarck, 1744—1829) 17
拉佩斯(Marquis de Laplace, 1749—1827) 65
来克瑞(Ivor Leclerc) 3
浪漫运动(romantic movement) 33
劳伦斯(H. A. Lorentz, 1853—1928) 115
劳伦斯(Nathaniel Lawrence) 3
勒弗乔(Arthur O. Lovejoy) 78
李奇(D. G. Ritchie) 18,234
理解(understanding) 26

299

理想经验(ideal experiences) 49
理想知觉(ideal perceptions) 49
历程宇宙论(process cosmology) 240,256
过程哲学(process philosophy) 2,38,39
历史路径(historical route) 203
立即经验(immediate experience) 22
联念论(associationism) 25
两元论(dualism) 16,244
量子理论(quantum theory) 18
领悟(comprehension) 26
刘易斯(Wyndham Lewis) 40
流程(passage) 177
卢卡斯(George Lucas) 30
卢西帕斯(Leucippus) 72
罗格斯(A. K. Rogers, 1868—1936) 19
罗素(Bertrand Russell) 4,168,228,235
罗威(Victor Lowe) 3,245
洛克(John Locke, 1632—1704) 21,250

马克斯威尔(James Clerk Maxwell, 1831—1879) 18,238
麦克盖维(E. B. McGilvary) 43
麦克吉弗瑞(Evander Bradley McCilvary) 90
麦克塔嘉(John McTaggart Ellis McTaggart, 1866—1925) 16
梅耶斯(William T. Myers) 38
蒙塔克(William Pepperell Montague) 19
米德(George Herbert Mead) 38
闵可夫斯基(H. Minkowski) 18
命题(proposition) 14,242
模式(pattern) 139,282
目的因(final causation) 15,216,218,243,256
目的宇宙论(teleological cosmology) 126
穆拉其(John C. Mullarkey) 39

拿脱普(Filmer S. C. Northrop) 17
内省(introspection) 52
内在关系(internal relation) 24,234

尼采(Friedrich Nietzsche) 38
拟人论(anthropomorphism) 32
牛顿(Issac Newton, 1642—1727) 45
诺柏(Jorge Luis Nobo) 7

偶然关系(contingent relations) 34

帕思(Charles Sanders Peirce, 1839—1914) 20,263
帕特(J. B. Pratt, 1875—1944) 19
帕特(Robert M. Palter) 119
派瑞(Ralph Barton Perry, 1876—1957) 19
培根(Francis Bacon) 220,278,279
批判实在论(critical realism) 20
平哥派提生(A. S. Pringle-Pattison) 18
普遍与特殊相对论(general and special theories of relativity) 18
普郎克(Max Plank, 1858—1947) 18

齐一意义(uniform significance) 24,98,99,199
契入(ingression) 24,186,238
全等(congruence) 135

人格观念论者(personal idealist) 16
认知(recognition) 132
融入(interfusion) 85
瑞斯恪(Nicholas Rescher) 23

赛吉(J. L. Synge) 43
桑塔耶那(G. Santayana, 1863—1925) 19
沙乐(R. W. Sellars) 19
刹那(instant) 55
摄持(prehension) 12,220,240,252,278,282
摄持的向量特质(the vector character of a prehension) 8,247
神创论(creationism) 17
神秘一元论(mystical monism) 30
生成(becoming) 37,41
生机(vitality) 36
生机论(vitalism) 249,253

300

生命力(e'lan vital) 36
施密特(Paul Schmidt) 3,245
时段(duration) 281
时间阶层化(time-stratification) 206
时间原子(temporal atom) 41
时空关联(space-time relata) 8
时空连续体(space-time continuum) 67
实体(substance) 194,196
实现性(actuality) 12,59
实用主义(Pragmatism) 20
实在论(Realism) 18
实证论(positivism) 18
史德宾(Susan Stebbing) 196
史强(C. A. Strong, 1862—1940) 19
史特灵(J. H. Stirling, 1820—1909) 18,234
事件(event) 8,237,282
事件本体论(event-ontology) 2,4
事物(thing) 196
视觉对象(sight-object) 21
疏导(canalisation) 155
属性(adjective) 157
属性粒子(adjectival particle) 203
思辨演化论者(pre-Darwinian speculative evolutionists) 37
思考(cogitation) 153
思想对象(thought-object) 21
素朴的实在论(naive realism) 162
素朴经验论(Naïve Empiricism) 25
素朴实在论(naïve realism) 32
索来(W. R. Sorley) 18,234

特殊现前的(specious present) 28
体会(apprehension) 12,240,253
同构型(homogeneous) 37
托马斯凯斯(Thomas Case, 1844—1925) 18

外在关系(external relation) 24
完美物种(perfect species) 17
完形心理学(Gestalt Psychology) 68
万有在神论(Panentheism) 12
威尔生(John Cook Wilson, 1849—1915) 19

微粒说(the corpuscular theory) 72,271
唯物机械论(materialistic mechanism) 12,77
唯物实在论(materialistic realism) 165
物理摄持(physical prehension) 12

先验论(transcendentalism) 30
现象论(phenomenalism) 9,168,246
现行机缘(actual occasion) 12,240,253
线性客观实在(linear objective reals) 8,247
相对时空连续体的理论(theory of relativistic space-time continuum) 18
《相关性》(Relatedness) 4
想象的再制(imaginative reproduction) 49
象征表象(symbolic representation) 40
象征指涉(symbolic reference) 168,221
小柯布(John B. Cobb, Jr.) 3
校长罗威尔(President Lowell) 5
歇本(Donald Sherburne) 3
谢林(Schelling) 37
新黑格尔主义(Neo-Hegelism) 234
休谟(David Hume, 1711—1776) 17

亚历山大(Samuel Alexander, 1859—1938) 19
亚司顿(William P. Alston) 79
延展抽象法(the method of extensive abstraction) 22,118,238
演化论(theory of evolution) 17
要素(elements) 129
以太(ether) 66
异质性(heterogeneity) 177
异质性(heterogeneous) 29
意义(significance) 177
因果效应性(causal efficacy) 284
印象(impressions) 27
永劫反复(eternal recurrence) 38
永象(eternal object) 12,241,253
攸弗仑勒(Euphranon) 103
原初性(primordial nature) 243,258
原型(archetypes) 129
约翰·赫丹(John S. Haldane) 18

301

韵律（rhythm） 37

杂多（multiplicity） 14,242
载体（substratum） 208
詹姆士（William James, 1842—1910） 20,263
詹姆士—史高特讲座（James-Scott Lecture） 4
真际（reality） 26,234
知觉判断（perceptual judgment） 141
直觉（intuition） 93,175
樌克（D. Drake, 1898—1933） 19

中立一元论（neutral monism） 27
钟斯（Sir H. Jones） 18,234
主动认识（active cognizance） 157
主观观念论（subjective idealism） 19,102
主体形式（subjective forms） 12
主体主义原理（the subjectivist principle） 217
自然的两橛（bifurcation of nature） 22,238
自我创造（self-creation） 254,255
总体（totality） 26,77,274